DIE TERRITORIEN DES REICHS
IM ZEITALTER DER REFORMATION
UND KONFESSIONALISIERUNG

7

DIE TERRITORIEN DES REICHS IM ZEITALTER DER REFORMATION UND KONFESSIONALISIERUNG

Land und Konfession 1500–1650

7

Bilanz – Forschungsperspektiven – Register

Mit Beiträgen von

Matthias Asche
Barbara Henze
Johannes Merz
Manfred Rudersdorf
Anton Schindling
Sabine Schlögl
Georg Schmidt
Dieter Stievermann
Walter Ziegler

Herausgegeben von
Anton Schindling
und Walter Ziegler

unter Mitarbeit von
Franz Brendle

ASCHENDORFF MÜNSTER

KATHOLISCHES LEBEN UND KIRCHENREFORM
IM ZEITALTER DER GLAUBENSSPALTUNG

Vereinsschriften der Gesellschaft zur
Herausgabe des Corpus Catholicorum
Herausgegeben von Klaus Ganzer

57

© 1997 Aschendorffsche Verlagsbuchhandlung GmbH & Co., Münster

Das Werk ist urheberrechtlich geschützt. Die dadurch begründeten Rechte, insbesondere die der Übersetzung, des Nachdrucks, der Entnahme von Abbildungen, der Funksendung, der Wiedergabe auf fotomechanischem oder ähnlichem Wege und der Speicherung in Datenverarbeitungsanlagen bleiben, auch bei nur auszugsweiser Verwertung, vorbehalten. Die Vergütungsansprüche des § 54, Abs. 2, UrhG, werden durch die Verwertungsgesellschaft Wort wahrgenommen.

Gesamtherstellung: Druckhaus Aschendorff, Münster, 1997

Gedruckt auf säurefreiem, alterungsbeständigem Papier ∞

ISSN 0170-7302
ISBN 3-402-02978-2

Inhalt

Verzeichnis der Mitarbeiter	6
Vorwort	7
Konfessionalisierung und Grenzen von Konfessionalisierbarkeit *von Anton Schindling*	9
Evangelische Territorien im Konfessionalisierungsprozeß *von Dieter Stievermann*	45
Altgläubige Territorien im Konfessionalisierungsprozeß *von Walter Ziegler*	67
Orden und ihre Klöster in der Umbruchszeit der Konfessionalisierung *von Barbara Henze*	91
Landstädte und Reformation *von Johannes Merz*	107
Die Generation der lutherischen Landesväter im Reich. Bausteine zu einer Typologie des deutschen Reformationsfürsten *von Manfred Rudersdorf*	137
Konfessionalisierung, Reich und deutsche Nation *von Georg Schmidt*	171
Gesamtregister der KLK-Territorien-Hefte I–VII *von Matthias Asche und Sabine Schlögl*	201

Verzeichnis der Mitarbeiter

Dr. Matthias Asche, Wissenschaftlicher Assistent, Tübingen
Dr. Franz Brendle, Wissenschaftlicher Assistent, Tübingen
Dr. Barbara Henze, Akademische Rätin, Freiburg im Breisgau
Dr. Johannes Merz, Wissenschaftlicher Angestellter, München
Dr. Manfred Rudersdorf, Universitätsprofessor, Leipzig
Dr. Anton Schindling, Universitätsprofessor, Tübingen
Sabine Schlögl, Studienreferendarin, München
Dr. Georg Schmidt, Universitätsprofessor, Jena
Dr. Dieter Stievermann, Universitätsprofessor, Erfurt
Dr. Walter Ziegler, Universitätsprofessor, München

Vorwort

Mit der Veröffentlichung dieses Heftes liegt die Reihe „Die Territorien des Reichs im Zeitalter der Reformation und Konfessionalisierung. Land und Konfession 1500–1650" abgeschlossen vor. Sie umfaßt fünf regional bestimmte Hefte (1. Südosten, 2. Nordosten, 3. Nordwesten, 4. Mittleres Deutschland, 5. Südwesten), ein Heft Nachträge und nun dieses letzte Heft, das das Gesamtregister für alle sieben Teile und darüber hinaus zusammenfassende und weiterführende Beiträge zum Thema selbst bringt.

Als die Gesellschaft zur Herausgabe des Corpus Catholicorum im Jahr 1986 beschloß, eine solche Territorien-Reihe in ihren Jahresheften erscheinen zu lassen und die Herausgeber der Hefte damit beauftragte, war es ihr Ziel, die wichtigsten Territorien des Reichs mit kurzen aber gründlichen, vergleichbar gegliederten und an den modernen Fragestellungen der Reformationsgeschichte ausgerichteten Darstellungen durch Kenner der Materie zu präsentieren; im Hintergrund stand die Einsicht von der Bedeutung der regionalen Einheiten für die konkrete Ausgestaltung des christlichen Kirchenwesens von der Reformation bis heute. Dem wissenschaftlichen Charakter der Beiträge gemäß wurde großer Wert auch auf Quellen- und Literaturhinweise sowie auf die Beigabe von Karten gelegt, aus denen Diözesan- und Territorialgrenzen dieser Epochen entnommen werden können. Es wird in der Rückschau erlaubt sein, zu sagen, daß dieses Ziel nun nach der Vorlage dieses letzten Heftes im wesentlichen erreicht worden ist; dies zeigt auch die freundliche Aufnahme der Reihe in der wissenschaftlichen Welt.

Der Gesellschaft zur Herausgabe des Corpus Catholicorum, dann besonders den beiden Herausgebern bleibt zuerst, den Autoren, dem Kartographen und den nicht wenigen stillen Mitarbeitern, die eine solche Publikation ermöglicht haben, für ihren Einsatz von Herzen zu danken. Für die redaktionelle Bearbeitung des vorliegenden siebten Heftes hat sich insbesondere Herr Dr. Franz Brendle (Tübingen) große Verdienste erworben. Die mühsame Arbeit der Erstellung des Gesamtregisters für alle sieben KLK-Territorien-Hefte haben Herr Dr. Matthias Asche (Tübingen) und Frau Sabine Schlögl (München) übernommen, tatkräftig unterstützt durch Frau Yasmin Obst und besonders Frau Claudia Wöllert (ebenfalls München). Der Dank aller Mitwirkenden gilt desgleichen dem Verlag für sein Engagement und sein hilfreiches Verständnis. Es ist zu hoffen, daß die Vorlage der sieben Hefte die Bemühungen um die Geschichte der Reformation weiter vorantreiben wird; dies möge nicht nur der wissenschaftlichen Erkenntnis dienen, sondern auch die Ursachen der Spaltung in der Christenheit besser erkennen lassen, damit das Ringen um deren Einheit immer neu unterstützt wird.

In den Beiträgen dieses Heftes wird auf die einzelnen Artikel der vorangegangenen sechs Territorien-Hefte in den Fußnoten in der Weise verwiesen, daß zunächst der Name des betreffenden Territoriums bzw. der Stadt genannt wird und dann in Klammern die Nummer des Heftes in der Territorien-Reihe in römischen und die Seiten in dem betreffenden Heft in arabischen Zahlen erscheinen.

KONFESSIONALISIERUNG
UND GRENZEN VON KONFESSIONALISIERBARKEIT

von Anton Schindling

Auf dem Deutschen Historikertag in Ulm 1956 hielt Ernst Walter Zeeden einen Vortrag über „Grundlagen und Wege der Konfessionsbildung in Deutschland im Zeitalter der Glaubenskämpfe". Dieser Vortrag, der zwei Jahre später, 1958, in erweiterter Fassung als Aufsatz in der Historischen Zeitschrift erschien sowie ein daraus erwachsenes Buch desselben Autors über „Die Entstehung der Konfessionen" stehen am Beginn einer Forschungsrichtung, die sich seitdem zu einem Schwerpunkt der deutschen Frühneuzeitdiskussion entwickelt hat.[1] Ende der 1950er und Anfang der 1960er Jahre begann auch die Etablierung der Geschichte der Frühen Neuzeit als ein akademisches Spezialfach an den Universitäten der Bundesrepublik, die sich damit dem Standard der angloamerikanischen und französischen Universitäten anglichen. Für die neu entstehende Teildisziplin der Geschichtswissenschaft sollte die konfessionsgeschichtliche Forschung – zunächst unter Zeedens Leitbegriff der „Konfessionsbildung", dann unter dem der „Konfessionalisierung" – zu einer fruchtbaren Herausforderung werden. Neben den von Bernd Moeller angestoßenen Studien über „Reichsstadt und Reformation" und den Forschungen zu Bauernkrieg und radikaler Reformation bot sich hier ein drittes großes Themenfeld, welches in der Korrelierung von Kirchen- und Profangeschichte, von Verfassungs-, Sozial- und Kulturgeschichte, schließlich auch Mentalitätsgeschichte seine Faszination für eine Beschäftigung mit der älteren Frühen Neuzeit ausübte. Parallel gerichtete Tendenzen in der französischen und der angloamerikanischen Geschichtswissenschaft bestätigten die deutschen Forscher.

---

[1] E. W. ZEEDEN, Grundlagen und Wege der Konfessionsbildung in Deutschland im Zeitalter der Glaubenskämpfe, jetzt in: Ders., Konfessionsbildung. Studien zur Reformation, Gegenreformation und katholischen Reform, 1985, 67–112; DERS., Die Entstehung der Konfessionen, 1965. – In dem vorliegenden Beitrag möchte ich eine kritische Reflexion über den Stand der Konfessionalisierungsforschung anstellen. Ich beziehe mich dabei auf die sechs KLK-Territorien-Hefte sowie auf die drei Tagungsbände zur reformierten, lutherischen und katholischen Konfessionalisierung (vgl. Anm. 5), die auf Tagungen des Vereins für Reformationsgeschichte zurückgehen, im Falle des Bandes über die katholische Konfessionalisierung auf eine gemeinsame Tagung des Vereins für Reformationsgeschichte und der Gesellschaft zur Herausgabe des Corpus Catholicorum. Auf diese Veröffentlichungen und die darin zu findenden umfangreichen Literaturnennungen verweise ich an dieser Stelle pauschal. Im folgenden beschränke ich mich auf die notwendigsten Einzelnachweise und die Nennung einiger Spezialstudien, die mir anregend oder repräsentativ erscheinen.

Ausgehend von den Verhältnissen des Alten Reiches profilierte sich die deutsche Diskussion durch eigene methodische Ansätze, nämlich die konsequente Verknüpfung von Reichsgeschichte und Landesgeschichte sowie die Verfahren der komparatistischen Betrachtung und der Typologisierung. Hatte in der älteren deutschen Geschichtsschreibung das „Zeitalter der Gegenreformation" nur eine zweitrangige Rolle hinter der Reformationsepoche gespielt, so trat jetzt das durch Otto Brunner und Karl Eder als „Konfessionelles Zeitalter"[2] bezeichnete Jahrhundert zwischen dem Augsburger Religionsfrieden und dem Westfälischen Frieden mehr und mehr in das Zentrum des Interesses. Neben Ernst Walter Zeeden wären hier als Impulsgeber mehrere Historiker seiner und der damals jüngeren Generation zu nennen, die die Geschichtsmächtigkeit des konfessionellen Faktors in der Frühen Neuzeit aus unterschiedlichen Blickwinkeln herausarbeiteten und die auch Dissertationen und Habilitationen zu einschlägigen Themen anregten[3]. Mit Blick auf die methodisch besonders innovative Verbindung von Reichsgeschichte und Landesgeschichte will ich hier besonders die Arbeiten von Volker Press nennen.[4]

In den 1980er Jahren erweiterte sich das Forschungsfeld der Konfessionsbildung durch das Konzept der Konfessionalisierung, das von den sozialwissenschaftlichen Modernisierungstheorien angestoßen wurde und das in Verbindung mit Gerhard Oestreichs Kategorien der Entstehung des frühmodernen Staates und der „Sozialdisziplinierung" einen gesamtgesellschaftlichen Fundamentalprozeß herausarbeiten will. Heinz Schilling und Wolfgang Reinhard versuchten mit dieser inzwischen zum „Konfessionalisierungs-Paradigma" aufgewerteten Fragestellung ein systematisches Raster zur Analyse frühneuzeitlicher Verdichtungs- und Disziplinierungsprozesse an die Hand zu geben. Drei die Diskussion befruchtende Symposien zur reformierten, lutherischen und katholischen Konfessionalisierung haben in den zurückliegenden Jahren die Leistungsfähigkeit des theoretisch entfalteten Konfessionalisierungsbegriffs bewiesen.[5] Mit der angenommenen Vergleichbarkeit und Paralle-

---

[2] O. BRUNNER, Das Konfessionelle Zeitalter 1555–1648, in: P. Rassow, Hg., Deutsche Geschichte im Überblick, 1953, 284–316, 3. Aufl. 1973, 286–317; K. EDER, Geschichte der Kirche im Zeitalter des konfessionellen Absolutismus 1555–1648, 1949.

[3] Hier denke ich an Dieter Albrecht, Fritz Dickmann, Andreas Kraus, Heinrich Lutz, Konrad Repgen, Friedrich Hermann Schubert, Stephan Skalweit u. a.

[4] V. PRESS, Calvinismus und Territorialstaat. Regierung und Zentralbehörden der Kurpfalz 1559–1619, 1970; DERS., Kriege und Krisen. Deutschland 1600–1715, 1991.

[5] H. SCHILLING, Hg., Die reformierte Konfessionalisierung in Deutschland. Das Problem der „Zweiten Reformation", 1986; H.-Ch. RUBLACK, Hg., Die lutherische Konfessionalisierung in Deutschland, 1992; W. REINHARD / H. SCHILLING, Hg., Die katholische Konfessionalisierung, 1995. – In dem Tagungsband über die katholische Konfessionalisierung geben die beiden Herausgeber die aktuell-

lisierung der Konfessionalisierungsprozesse in den drei von den großen Konfessionskirchen bestimmten europäischen Lebenswelten wurde eine vorher ungewohnte neue Sichtweise ermöglicht – ein anderer Blick auf Phänomene, die früher mit konfessionell einfarbiger Brille gesehen wurden oder denen gegenüber eine säkularistische Geschichtsschreibung vorsätzlich blind blieb.

Im Kontext des sogenannten Konfessionalisierungsparadigmas fanden religiöse Phänomene auch das Interesse eines säkularen historischen Denkens. Inzwischen greift dieses konfessionsgeschichtliche Interesse über die Frühe Neuzeit hinaus und zeigt sich auch in Studien zum 19. und 20. Jahrhundert, die weniger den klassischen Fragestellungen der Kirchengeschichte, als solchen der modernen Sozial- und Kulturgeschichte verpflichtet sind.[6] Gemessen an dem traditionellen Bild der deutschen Geschichtswissenschaft von den bewegenden Kräften der Neuzeit ist dies eine bemerkenswerte Neubewertung. An die Stelle des protestantisch-nationalliberalen Paradigmas deutscher Nationalgeschichte könnte am Ende des 20. Jahrhunderts doch vielleicht noch ein pluralistisch offenes, europäisches und interkulturelles Bild der Frühen Neuzeit treten und die historische Erinnerung beeinflussen. Ob ein solches neues Bild allerdings in die historisch-politische Kultur und in den Identitätsdiskurs der Bundesrepublik Deutschland Eingang finden wird, bleibt abzuwarten.

Konfessionalisierung und Konfession

Dieser Beitrag will einige Gedanken zum Stand der wissenschaftlichen Fachdiskussion vortragen. Es scheint so, daß in ihr ein Punkt erreicht ist, an dem die weitere Entfaltung des sogenannten Konfessionalisierungsparadigmas einer Gegenkontrolle bedarf. Die heuristische Fruchtbarkeit des Konfessionalisierungs-Begriffs – auch über den Begriff der Konfessionsbildung hinaus – hat sich erwiesen. Aber so wie die Absolutismus-Forschung schließlich entscheidende Fortschritte der Kontrollfrage nach den Grenzen des Absolutismus verdankte, so muß heute, nach den Forschungen und Debatten der letzten 15 Jahre, die Frage nach den Grenzen der Konfessionalisierung gestellt werden. Welche Reichweite hatten die Konfessionalisierungsprozesse in der Frühen Neuzeit? Kann die Charakterisierung als Fundamentalprozeß Einwänden

sten zusammenfassenden Darstellungen der von ihnen vertretenen Interpretationsansätze; dort sind jeweils auch ihre früheren einschlägigen Publikationen zitiert.

[6] Zum Beispiel: D. LANGEWIESCHE, Vom Gebildeten zum Bildungsbürger? Umrisse eines katholischen Bildungsbürgertums im wilhelminischen Deutschland, in: M. Huber / G. Lauer, Hg., Bildung und Konfession. Politik, Religion und literarische Identitätsbildung 1850–1918, 1996, 107–132.

standhalten? Und wo endete die Konfessionalisierbarkeit? Gab es einen nackten und resistenten Säkularismus vor der modernen Säkularisierung? Schließlich ist auch die Frage nach der grundsätzlichen Vergleichbarkeit der Konfessionalisierung bei Lutheranern, Reformierten und Katholiken noch einmal in den Blick zu nehmen. Gab es nicht doch wesentliche Unterschiede? Wie steht es im Prozeß der Konfessionalisierung mit der Konfession?

Das Konzept der Konfessionalisierung als ein makrohistorischer Erklärungsansatz wurzelt in den sozialwissenschaftlichen Modernisierungstheorien der 1960er und 1970er Jahre. Die Verbindung mit Gerhard Oestreichs Begriff der Sozialdisziplinierung, die fast schon selbstverständlich geworden ist, kommt nicht von ungefähr. Dabei droht freilich die Gefahr, daß „propria", also spezifische Eigenheiten der Konfessionen allzu leicht nivelliert werden. Die theologische Wahrheitsfrage wird im Spektrum geschichtswissenschaftlicher Forschung nicht gestellt. Aber auch aus profangeschichtlichem Blickwinkel gilt, daß Theologie, Spiritualität und gelebte Frömmigkeit sich nicht nur nach einem konfessionsneutralen Einheitsraster erfassen oder als akzidentiell einstufen lassen. Dadurch wären wir sehr bald bei einer Konfessionalisierung ohne Konfession – und so bei einer sinnentleerten Worthülse. Das Defizit des Konfessionalisierungskonzepts in der Geschichte von Theologie, Frömmigkeit und Spiritualität ist sehr deutlich – es werden nur Außenschalen wahrgenommen, nicht der Kern, das innere kirchliche Leben, nicht die Erlebnisse, Wahrnehmungen und Deutungen der handelnden und betroffenen Menschen, nicht der subjektiv gemeinte und erfahrene Sinn. Demgegenüber gilt es, an die einfache Tatsache zu erinnern, daß die Konfessionen zunächst und vor allem – durch konkurrierende Glaubensbekenntnisse herausgeforderte – ausdifferenzierte Manifestationen der christlichen Religion, des kirchlichen Lebens, der Frömmigkeit und der Theologie sind. Die gemeinsame Herkunft aus der christlichen Tradition und ihrer bereits früh formulierten Glaubenslehre ist dabei ebenso grundlegend wie die jeweils konfessionsspezifische Ausgestaltung und Weiterentwicklung dieser Vorgaben.[7] Ohne das jeweilige „proprium" an Theologie, Kirchlichkeit und Frömmigkeit sind die Konfessionalisie-

---

[7] Konfession als geschichtswissenschaftliche Kategorie darf nicht nur ein Synonym für Religion sein; daher wird der Konfessionsbegriff bis zur Sinnlosigkeit entstellt, wenn er auch auf Juden oder sogar Muslime angewendet wird. Ebenso ist es problematisch, ob die Vorstellungen von Konfession und Konfessionalisierung mit ihren spezifischen Voraussetzungen im abendländischen Christentum ohne weiteres zur Charakterisierung der orientalischen und orthodoxen christlichen Kirchen benützt werden können. Hierzu wäre eine vergleichende Typologie erst noch zu erarbeiten, die auch eventuelle Rückwirkungen der abendländischen Konfessionalisierung auf die orthodoxen Kirchen Rußlands, Griechenlands und des Balkans seit der Frühen Neuzeit einschließt.

rungsprozesse nicht adäquat zu erfassen, sondern ihre Darstellung wird zu einem sozialwissenschaftlichen Konstrukt – abgeleitet von Konzepten wie dem des frühmodernen Staates und dem der Sozialdisziplinierung. Es gab keine Konfessionalisierung ohne Konfession. Aber die Entstehung konfessioneller Kirchlichkeit ist auch nicht vollständig deckungsgleich mit Konfessionalisierung oder von ihr einsinnig ableitbar, vielmehr bleibt eine zusätzliche Dimension. Kirche als eine geistliche Gemeinschaft von Individuen und Gruppen, Männern und Frauen, Alten und Jungen, Priestern und Laien, Predigern und Zuhörern, Gläubigen und Weniger-Gläubigen hat eigene Lebenskreise und stellt einen eigenen Erfahrungsraum dar, der nicht nur von außen pauschal erfaßt, sondern auch von innen differenziert beschrieben werden sollte. Eine säkulare Deutung der Konfessionalisierungsprozesse ist zwar fraglos legitim und erkenntnisfördernd, aber sie greift letztlich doch zu kurz. Der Erwartungshorizont der Gläubigen war nicht der von modernen Sozialhistorikern, auch wenn diese aus der Sicht „ex post" durch Perspektivenwechsel manches „besser" wissen mögen. Demgegenüber kann die Kategorie des „subjektiv gemeinten Sinns" als Korrektiv weiterführen, die Max Weber als wesentlichen Bestandteil von Wirklichkeit dargestellt hat; – Konfessionalisierung war auch eine soziale Konstruktion von Einheit der Gläubigen durch einen umfassenden Kommunikationsprozeß, wobei subjektive Erwartungshaltungen und symbolische Sinngebungen mit den Erfahrungsbedingungen der Umwelt in Wechselwirkung standen.[8]

Auf einer solchen Basis werden freilich auch Fragen neu zu formulieren sein. So zum Beispiel zur Geschichte von Theologie und Spiritualität: Wie profilierte sich konfessionelles Wissen auf den verschiedenen Ebenen der Gesellschaft vom gelehrten Theologen bis zum einfachen Gläubigen, die ja alle an dem Kommunikationsprozeß der Konfessionalisierung Anteil hatten? Gab es dabei generationsspezifische Erfahrungseinheiten und Erfahrungsschwellen bei der konfessionellen Identitätsbildung, bei Ausgrenzung und Abgrenzung? Welche Rolle spielte bei allen Gegensätzen in der Lehre und bei allen Lehrverwerfungen doch die gemeinsame dogmen- und exegesegeschichtliche Grundlage? – die Ireniker des 17. Jahrhunderts hätten vom Konsens der ersten fünf Jahrhunderte des Christentums gesprochen. Welches Bild der „alten Kirche" und ihrer Tradition war jeweils bei den miteinander konkurrierenden Konfessionen wirksam und vermittelte handlungsanleitende Orientierung? Lassen sich Vergleiche anstellen, die Eigen- und Fremderfahrung

[8] M. WEBER, Über einige Kategorien der verstehenden Soziologie, in: Ders., Gesammelte Aufsätze zur Wissenschaftslehre, hg. v. J. Winckelmann, 7. Aufl. 1988, 427ff. – Vgl. auch P. L. BERGER / Th. LUCKMANN, Die gesellschaftliche Konstruktion der Wirklichkeit. Eine Theorie der Wissenssoziologie, 1992 (zuerst amerik. 1966); R. HITZLER, Sinnwelten. Ein Beitrag zum Verstehen von Kultur, 1988.

aneinander messen? Wie wirkten der erasmianische Humanismus und die damit verbundenen Mittelpositionen einer „via media" über den Konfessionsstreit hinaus weiter? Und auf einer anderen Ebene: Welche Traditionen der mittelalterlichen Mystik befruchteten die Spiritualität von Frömmigkeitsbewegungen in allen drei Konfessionen?

Mit den soeben gegebenen Stichworten werden Grenzen der Konfessionalisierung markiert, und zwar Grenzen im innersten Kreis des religiösen Lebens der christlichen Gemeinde. Um Beispiele anzuführen: Die historische Bibelexegese entfaltete sich im 17. Jahrhundert quer zu den Konfessionsgrenzen. Oder: Das vorreformatorische Buch des Thomas a Kempis über die Nachfolge Christi blieb Konfessionen übergreifend ein vielgelesener religiöser Ratgeber. Der entstehende protestantische Pietismus schöpfte ohne Vorbehalte aus den Quellen der spätmittelalterlichen Ordensmystik. Einerseits die humanistisch-gelehrte und andererseits die mystisch-spirituelle Tradition blieben widerspenstig gegen eine vollständige Konfessionalisierung. Hier lag eine Grenze der Konfessionalisierbarkeit im geistig-geistlichen Leben der Christen, die es verbietet, die religiös-kirchliche Geschichte des europäischen Christentums im 16. und 17. Jahrhundert ausschließlich unter dem Konfessionalisierungsparadigma zu sehen. Teresa von Avila paßt ebensowenig in dieses Raster wie Philippo Neri, Franz von Sales, Johannes Arndt oder gar ein Spiritualist wie Jakob Böhme. In der Sprache der Pietisten könnte gesagt werden, daß die „Mauerkirche" der Konfessionalisten und die inspirierte „Geistkirche" der „Frommen im Lande" im Widerstreit lagen. Der Kommunikationsprozeß der Konfessionalisierungen blieb jedoch grundsätzlich offen auch für einzelne religiös inspirierte und charismatische Persönlichkeiten und Gemeinschaften – solange nicht die Grenzen zur Häresie überschritten wurden.

Nicht-konfessionelle Faktoren im Zeitalter der Konfessionalisierung

Humanistische und mystisch-spiritualistische Resistenz gegen konfessionalisierende Trennschärfe blieben innerhalb des Spektrums christlicher Geistesgeschichte. Dies gilt auch für die versprengte und vielerorts illegale Diaspora der Täufergemeinschaften und der Antitrinitarier. Eine intellektuelle Alternative wiesen jedoch einzelne Freidenker auf, die als Skeptiker, Epikureer oder Pantheisten, wie ein Montaigne, ein Rabelais oder ein Giordano Bruno, ihre philosophischen Freiräume jenseits der christlichen Orthodoxien suchten.[9] Eine Gegenwelt schließlich eröffneten die magischen Vorstellungen, die gerade in der Epoche um 1600 viele Menschen in ihren Bann schlugen. Nicht nur die Magie der

---

[9] S. WOLLGAST, Philosophie in Deutschland zwischen Reformation und Aufklärung 1550–1650, 1988.

Volksreligion ist hier zu nennen, die sich in einer exzessiv negativen Ausprägung im Hexenglauben verdichtete und den Nährboden für die großen Hexenprozeßwellen seit den 1580er Jahren bildete. Die intensive Hexenforschung der zurückliegenden Jahre hat ergeben, daß die Hexenverfolger und ihre Opfer konfessionell nicht eindeutig zugeordnet werden können. Exponenten der Konfessionalisierung waren zwar häufig auch harte Hexenjäger, wie im Reich einige Fürstbischöfe der Gegenreformation[10] – aber daraus ist wohl nur die verallgemeinernde Aussage abzuleiten, daß die verschärften Konfessionalisierungen ein Zeitklima schufen, in dem Hexenprozesse sprunghaft zunahmen. Andere Faktoren traten für die Prozeßwellen als Auslöser hinzu, so daß die Hexenverfolgungen nur indirekt die Wirkmächtigkeit der Konfessionalisierung belegen können. Das magische Denken blieb auch nicht auf das Weltbild des einfachen Volkes beschränkt; humanistische Gelehrte, wie Jean Bodin, und höchste gesellschaftliche Kreise, wie der Hof Kaiser Rudolfs II. in Prag[11], öffneten sich ihm. In der Gestalt des Teufelsbündners Dr. Johannes Faust hat das spätere 16. Jahrhundert für den Drang zur Magie eine Symbolfigur von faszinierender Einprägsamkeit imaginiert. Auch Dr. Faustus paßt in kein konfessionelles Raster, er schafft sich jedoch eine virtuelle Gegenwelt.

Kaiser Rudolf in Prag personifizierte die Zerrissenheit der Epoche: offiziell ein katholischer Herrscher mit gegenreformatorischen Tendenzen tauchte er in seiner Abgeschiedenheit auf dem Prager Hradschin ein in Vorstellungsräume der Magie und Astrologie, die von den Theologen aller drei Konfessionskirchen als Aberglauben abgelehnt wurden. Die manieristische Hofkunst Kaiser Rudolfs verbildlichte in Prag experimentelle Seinsdeutungen, die mit den konfessionalisierenden Zwecksetzungen nichts mehr zu tun hatten. Beim Kampf um die kulturelle Hegemonie und die Sinndeutungsmonopole gab es eine schillernde, schwer festlegbare Konkurrenz zu den konfessionellen Orthodoxien – eine Konkurrenz, die vor allem von dem vielarmigen Strom humanistischer Antike-Rezeption gespeist wurde. Trotz der Prägekraft der Konfessionalisierungen zeigte sich so eine unkontrollierbare Vielgestaltigkeit des Lebens, das gerade im „eisernen Jahrhundert"[12] des Konfessionalismus mit kreativer Phantasie aus den disziplinierenden Mustern ausbrach und nach neuen Welten und Scheinwelten suchte. Alchimie und Astrologie, Magie und Manierismus markierten Grenzen der Konfessionalisierung und der Konfessionalisierbarkeit, jenseits deren sich ein weites, unbe-

---

[10] Bamberg (IV 161f.). – Eichstätt (IV 177). – Kurköln (III 80f.). – Kurmainz (IV 89). – Kurtrier (V 65f.). – Paderborn (III 158). – Würzburg (IV 121).

[11] R. J. W. EVANS, Rudolf II. Ohnmacht und Einsamkeit, 1980; V. PRESS, Rudolf II. (1576–1612), in: A. Schindling / W. Ziegler, Hg., Die Kaiser der Neuzeit 1519–1918. Heiliges Römisches Reich, Österreich, Deutschland, 1990, 98–111; K. VOCELKA, Rudolf II. und seine Zeit, 1985.

[12] H. KAMEN, The Iron Century. Social Change in Europe 1550–1660, 1971.

kanntes Land verlockend zu öffnen schien. Auf dem Höhepunkt des Konfessionellen Zeitalters hat die Geistesgeschichte hier wohl nicht zu Unrecht Wurzeln der Moderne gesucht. War Kaiser Rudolf demgemäß – in Abwandlung eines Wortes von Jacob Burckhardt über den Staufer Friedrich II. – der „erste moderne Mensch auf dem Thron"[13]? Das wohl nicht – aber das rudolfinische Prag steht für die Gebrochenheit und widersprüchliche Begrenztheit der Konfessionalisierung in einem ihrer politischen und geistigen Zentren. Diese Gebrochenheit ging durch die Menschen und ihr Denken hindurch, wie Kaiser Rudolf und der Dr. Faustus des Volksbuchs exemplarisch zeigen. „Zwei Seelen wohnen ach in meiner Brust", könnte so als Selbstdiagnose vor den Anforderungen der konfessionalisierenden Programme und als schuldbewußtes Eingeständnis persönlicher Zerrissenheit auch schon der erste Faust gesagt haben.

Die Konfessionen konkurrierten nicht nur untereinander, sondern in der europäischen Bildungswelt ebenso mit der säkularen Antike-Rezeption der Humanisten. Das klassische Altertum bot imaginierte Gegenwelten zur christlichen Heilsbotschaft. Wenn immer wieder versucht wurde, die alten Heiden nachträglich noch zu taufen, so gelang dies nur teilweise. Die heidnischen Götter waren nirgendwo leibhaftiger präsent als im päpstlichen Rom, wo ihre Standbilder im apostolischen Palast standen und wo Maler und Bildhauer antike Diesseitigkeit und christliche Transzendenz in hinreißender Bildlichkeit darzustellen und zu vereinigen wußten. Auf dem Höhepunkt der Epoche ist dafür in Rom der Maler Caravaggio mit seinen unkonventionellen, kühnen Bilderfindungen ein faszinierendes Beispiel.[14] Die antike Überlieferung bot immer wieder neue Imaginationspotentiale, die durch die päpstlicherseits geförderten archäologischen Ausgrabungen in der „urbs" gespeist wurden. Das kulturelle Wissen der Renaissance wurde in Italien durch die Gegenreformation (in einem dialektischen Sinne) aufgehoben, nicht aber verdrängt. Die europäische Rezeption der italienischen Renaissance erreichte nach Breite und Tiefe vielmehr einen Höhepunkt im Konfessionellen Zeitalter, nicht zuletzt durch die jetzt zur Regel gewordenen Bildungsreisen des Adels, die Konfessionen übergreifend Rom als Zielort einschlossen.

Es gelang den drei konkurrierenden Konfessionen, über die für ihr Selbstverständnis notwendige Pflege von Wissenschaft und Bildung die rationalisierenden Denkansätze der Renaissance und des Humanismus in ihr Programm einzubinden und zu instrumentalisieren.[15] Die Antike

[13] J. BURCKHARDT, Die Kultur der Renaissance in Italien. Ein Versuch, Erstausgabe 1860, hier: 1966, 5.
[14] J. HELD, Caravaggio. Politik und Martyrium der Körper, 1996.
[15] A. SCHINDLING, Schulen und Universitäten im 16. und 17. Jahrhundert. Zehn Thesen zu Bildungsexpansion, Laienbildung und Konfessionalisierung nach der Reformation, in: W. Brandmüller u. a., Hg., Ecclesia Militans. Studien zur Kon-

wurde im Schulhumanismus bei Philipp Melanchthon, Johannes Sturm und den Jesuiten wiederum christlich gesehen. Zentren der konfessionalisierenden Bestrebungen wie Rom, München, Tübingen, Wittenberg, Heidelberg und die Städte in Holland waren auch Zentren späthumanistischer Gelehrtenkultur. Damit blieb auch ein Stück Dialogfähigkeit erhalten, das über das Konfessionelle Zeitalter hinaus in die europäische Frühaufklärung reichte. Die Konfessionalisierung könnte im Blickwinkel eines Epochen übergreifenden Rationalisierungsprozesses somit bloß als eine geistesgeschichtliche Verzögerung und Einschränkung erscheinen. Von einem Rückfall ins Mittelalter war gelegentlich auch schon die Rede. Heinrich von Treitschke, der wortmächtige Historiograph von Bismarcks preußisch-kleindeutschem Nationalstaat, verortete im Konfessionellen Zeitalter schlicht „die häßlichsten Zeiten deutscher Geschichte".[16] Jedoch ist zu betonen, daß die Überwindung der magischen Vorstellungswelten nicht eine Leistung von Renaissance und Humanismus war, sondern dem parallelen und konzertierten Bemühen der Konfessionalisierungen zuzuschreiben ist. Durch die Stigmatisierung als Aberglauben konnten die magischen Imaginationen allmählich aus der Volkskultur ebenso wie aus der Elitenkultur verdrängt werden. Wäre dies also ein Beleg für die Geschichtsmächtigkeit des Konfessionalisierungsparadigmas? Ja, aber der ablaufende Prozeß ist ebenso auch mit dem Deutungsmuster der französischen Forschung zu begreifen als eine innere Christianisierung der europäischen Gesellschaften, als eine durchgreifende Christianisierung auch des einfachen Volkes, als Geburt eines Christentums des gemeinen Mannes (und der gemeinen Frau). Verwiesen werden kann hier auf die Arbeiten von Jean Delumeau und Louis Châtellier.[17] Der Vergleich zwischen den drei Konfessionalisierungen im Umgang mit Formen des Aberglaubens, aber auch mit Männern und Frauen aus Randgruppen wie scheinbar Besessenen, Depressiven, psychisch Kranken, Wahrsagern, Hellsehern und Selbstmördern ist noch ein Forschungsthema für die Zukunft. War die Melancholie eine Krankheit der Lutheraner, wie behauptet worden ist? Oder wie weit

---

zilien- und Reformationsgeschichte, Festschrift für R. Bäumer, Bd. 2, 1988, 561–570; P. BAUMGART, Die deutschen Universitäten im Zeichen des Konfessionalismus, in: A. Patschovsky / H. Rabe, Hg., Die Universität in Alteuropa, 1994, 147–168; H. DICKERHOF, Die katholische Gelehrtenschule des konfessionellen Zeitalters im Heiligen Römischen Reich, in: Reinhard/Schilling, Hg., Katholische Konfessionalisierung (wie Anm. 5) 348–370.

[16] H. VON TREITSCHKE, Deutsche Geschichte im neunzehnten Jahrhundert. Erster Teil, Erstausgabe 1879, 9. Aufl. 1913, Nachdr. 1981, 4.

[17] L. CHÂTELLIER, L'Europe des dévots, 1987; DERS., La religion des pauvres. Les sources du christianisme moderne XVIe–XIXe siècles, 1993; J. DELUMEAU, Stirbt das Christentum? 1978; DERS., Angst im Abendland. Die Geschichte kollektiver Ängste im Europa des 14. bis 18. Jahrhunderts, 2 Bde., 1985.

läßt sich die Geschichte menschlicher Gefühle und Seelenregungen mit konfessionellen Schnittmustern erfassen? Die Frage nach Reichweite und Grenzen muß hier offenbleiben.[18]

Regionen und Erfahrungsräume der Konfessionalisierung

Während die individuellen Seelenlandschaften Europas ins Unbestimmte verschwimmen, läßt sich die reale Verteilung der Konfessionen demgegenüber mit einiger Zuverlässigkeit kartographisch erfassen. Jedoch gilt es, die bekannten Konfessionskarten auch in Konfrontation mit der Konfessionalisierungstheorie nach äußeren und inneren Grenzen der geographischen Räume von Konfessionalisierung zu befragen. Eine äußere Grenze erscheint sehr eindeutig: Die Konfessionalisierungen waren ein Phänomen der abendländischen, der lateinischen Christenheit, die von Rom geprägt war. Die orthodoxe Ostkirche erfuhr eine andere Entwicklung, weil in Byzanz und Moskau die mittelalterlichen Voraussetzungen des Westens fehlten, etwa der Investiturstreit, die gelehrte scholastische Universitätskultur und der verdichtete Kommunikationsraum der zahlreichen Höfe und Städte. Andere geographische Grenzen der Konfessionalisierung im Abendland sind schwieriger zu bestimmen. Die bisherige Konfessionalisierungsdebatte ging davon aus, daß in den drei großkirchlichen Räumen von Konfessionalisierung die jeweiligen spezifischen Kriterien gleichmäßig zu erwarten seien – also lutherische Konfessionalisierung von Tübingen bis Trondheim, katholische von Osnabrück bis Syrakus und reformierte von Appenzell bis Massachusetts. Demgegenüber kann die vergleichende Forschung jedoch auch das Ergebnis nahelegen, daß Konfessionalisierung – in dem von der neueren deutschen Forschung beschriebenen Sinne – vor allem ein Phänomen jener Großräume war, in denen die Konfessionen in ihren antagonistischen Bemühungen aneinander grenzten und aufeinanderstießen. Es gilt dies für eine Kernzone in Ostmitteleuropa, Mitteleuropa und Westeuropa, die das Alte Reich und den alten deutschen Sprachraum, die Schweiz, die Niederlande und Frankreich einschließt sowie das Doppelreich Polen-Litauen und die Länder der ungarischen Stephanskrone. War Konfessionalisierung ein Reflex auf die Erfahrung der konfessionellen Grenze? Demnach könnten Erlebnis, Wahrnehmung und Deutung der sich ausbildenden Konfessionsgrenze und das heißt Verarbeitung und Bewältigung der neuen Erfahrung von fremdkonfessioneller engerer oder weiterer Nachbarschaft seit der Mitte des 16. Jahrhunderts konstitutiv für diejenigen Räume gewesen sein, in de-

---

[18] Anregend: H. C. E. MIDELFORT, Selbstmord im Urteil von Reformation und Gegenreformation, in: Reinhard/Schilling, Hg., Katholische Konfessionalisierung (wie Anm. 5) 296–310.

nen Konfessionalisierung sich als ein epochenbestimmendes Phänomen profilierte. Es handelte sich um politisch-kirchliche Handlungsräume mit schroffen Konfliktkonstellationen und damit korrelierenden Kommunikations- und Kulturverdichtungen auf beiden Seiten der konfessionellen Grenze, die als solche ältere Lebenszusammenhänge zerschnitt. Die Gegner blieben als Nachbarn auch im harten Verdrängungskampf aufeinander bezogen.

Die katholischen Länder am Mittelmeer kannten, abgesehen von Südfrankreich, keinen Protestantismus und entsprechend auch keine Rekatholisierung und Gegenreformation (im strikten Sinne). Hier war die Kontinuität der Kirche seit der Antike nicht unterbrochen, nur die katholische Reform markierte Zäsurphänomene. Der Kampf der spanischen Krone gegen die Moriskos und Maranen in Südspanien war etwas anderes als die katholische Konfessionalisierung in Bayern; und es verbietet sich für eine historisch differenzierende Betrachtung, Granada und Altötting über einen Kamm scheren zu wollen.[19] Im katholischen Bereich ist der Unterschied zwischen Ländern der ungebrochenen Kontinuität im Süden einerseits und Ländern des Konfessionskampfes in Mitteleuropa andererseits besonders augenfällig; aber auch das Luthertum in Deutschland zum einen und in Skandinavien zum anderen scheint unterschiedlich bedingt und strukturiert gewesen zu sein – so daß ähnliche Phänomene des Konfessionalisierungsprozesses doch verschieden bewertet werden müssen. Für den Calvinismus hat die Forschung die Differenzierung zwischen Westeuropa und einer deutsch-reformierten Tradition bereits seit längerem herausgearbeitet.[20] Die insulare Situation in England, Schottland und Irland verdient ohnehin eine besondere Würdigung, von den amerikanischen Kolonien einmal ganz abgesehen.

Aus diesen hier nur skizzierten Überlegungen ergibt sich, daß die Konfessionalisierungen geographisch nach Großräumen unterschieden werden müssen, und zwar nicht allein gemäß den jeweiligen glaubensverwandten Ländern und Regionen, sondern gerade auch Konfessionen übergreifend nach Mischungs- und Konflikträumen, nach Erfahrungsräumen von fremdkonfessioneller Nachbarschaft und Auseinandersetzung. Die Rahmenbedingungen in diesen Konflikträumen sowie die Konfliktkonfigurationen bestimmten den Verlauf, die Wahrnehmung

---

[19] W. MONTER, Zwangskonfessionalisierung? Die spanische Inquisition gegen Lutheraner und Morisken, in: Reinhard/Schilling, Hg., Katholische Konfessionalisierung (wie Anm. 5) 135-144. Der Begriff der Konfessionalisierung verliert jeden spezifischen Sinn, wenn er synonym mit Christianisierung gebraucht wird.

[20] H. R. SCHMIDT, Konfessionalisierung im 16. Jahrhundert, 1992, 44ff.; J. MERZ, Calvinismus im Territorialstaat? Zur Begriffs- und Traditionsbildung in der deutschen Historiographie, in: Zs. f. bayer. Landesgesch. 57 (1994) 45-68.

und die Ausformungen der Konfessionalisierungsprozesse bei den miteinander um die Vorherrschaft ringenden Konfessionskirchen. Der bayerische Katholizismus hatte an prägenden Erfahrungsbedingungen doch wohl mehr mit dem württembergischen Luthertum als mit den glaubensverwandten Andalusiern oder Sizilianern gemeinsam. Konfessionalisierung wäre also im präzisierten Sinne ein Phänomen der konfessionellen Grenz- und Konflikträume gewesen, wo das Erlebnis, die Wahrnehmung und die Deutung der Nachbarschaftskonkurrenz zu außergewöhnlichen Anstrengungen führten. Angestrengtheit und Bewährungszwang würden im besonderen die konfessionalisierten Erfahrungen und Verhaltensweisen der Menschen in diesen Grenzräumen charakterisieren. Da solche Grenzräume hier weit gefaßt werden, ist darunter allerdings fast die gesamte soeben vorgestellte mitteleuropäische und westeuropäische Kernzone der Konfessionskonflikte und des Konfessionalisierungsgeschehens zu verstehen. Binnendifferenzierungen nach verschiedenen Regionen zwischen Flandern und dem Baltikum, Schleswig-Holstein und Südtirol sind natürlich notwendig. Jedenfalls erscheint die Verräumlichung des Konfessionalisierungsgeschehens, die regionale Verdichtung von Erfahrungsbedingungen und Erfahrungsebenen bei der Entstehung der Konfessionen als ein maßgebliches Kriterium für die geschichtliche Analyse und die historiographische Darstellung.

Frühe und späte Konfessionalisierungen in den Territorien des Reichs

Die territoriale Vielgestaltigkeit und Verdichtung im Heiligen Römischen Reich hatte im Zeichen des „cuius regio eius religio" unmittelbare konfessionelle Auswirkungen. Es gab jedoch nicht nur die reinen, typenkonstituierenden Ausformungen von Konfessionsbildungen und Konfessionalisierungen im konfessionell geschlossenen Territorium oder der homogenen Reichsstadt. Kursachsen, Hessen und Württemberg, Bayern, Tirol und Würzburg, Nassau-Dillenburg, Nürnberg und Straßburg sind in der Forschung immer wieder angeführte Modelle. Die Entwicklung konnte auch in glaubensverwandten Territorien sehr unterschiedlich verlaufen, je nach zeitlichem Beginn und Erstreckung, Intensität und Durchsetzungsgrad des Konfessionalisierungsprozesses. Das großflächig-generalisierende Konfessionalisierungsparadigma erweist sich vielfach als zu idealtypisch und zu abstrahierend, wenn es mit der bunten Realität der Reichsterritorien konfrontiert wird. Die sechs KLK-Territorien-Hefte bieten jetzt hierfür in ihren Artikeln über Territorien und Reichsstädte ein breites Anschauungsmaterial. Diese Einzelbeispiele gilt es, nach typologisierenden Gesichtspunkten zu prüfen und zu ordnen, wie es in den Beiträgen des vorliegenden Bandes versucht wird. Für eine solche Typologie ist die Unterscheidung von frühen und späten

Konfessionalisierungen grundlegend.[21] Erhellend ist die Frage nach den Gestalttypen der Reichsfürsten als den Schlüsselfiguren für reformatorische und konfessionalisierende Weichenstellungen: Manfred Rudersdorf arbeitet hierzu in dem vorliegenden Band das Wirken der von ihm als solche charakterisierten Landesväter-Generation deutscher Fürsten heraus. Der Vergleich von Territorien zeigt spezifische Unterschiede zwischen neugläubig-evangelischen und altgläubig-katholischen Konfessionsentscheidungen und Konfessionalisierungen, was in dem Nebeneinander der Beiträge von Dieter Stievermann und Walter Ziegler sehr pointiert zum Ausdruck kommt. Grenzen der Konfessionalisierung und Grenzen der Konfessionalisierbarkeit einerseits in der Verfassung des Reichsverbands, andererseits in den ständisch verfaßten Territorien mit autonomen Städten markieren schließlich die Beiträge von Johannes Merz und Georg Schmidt.

Der Zeitpunkt, zu dem in einem Territorium mit konsequenten Maßnahmen im Sinne der Konfessionalisierung begonnen wurde, war in vielfältiger Hinsicht entscheidend. Vereinfachend kann gesagt werden, daß die frühen Konfessionalisierungen in den ersten Jahrzehnten nach dem Augsburger Religionsfrieden (mit einer Grundlegung schon zuvor in der Reformationsepoche) in der Regel erfolgreich waren, während die späten Konfessionalisierungen nach der Jahrhundertwende um 1600 oft nur Teilerfolge oder Scheinerfolge erzielen konnten. Die bekannten konfessionellen Modellstaaten – Sachsen[22], Hessen[23], Württemberg[24], Bayern[25], Tirol[26], als Reichsstädte Nürnberg[27] und Straßburg[28] – stehen bei den Frühstartern. Am Rande und außerhalb des Reiches gehören hierzu auch der säkularisierte Deutschordensstaat als lutherisches Her-

---

[21] A. SCHINDLING, Delayed Confessionalization. Retarding Factors and Religious Minorities in the Territories of the Holy Roman Empire, 1555–1648, in: Ch. Ingrao, Hg., State and Society in Early Modern Austria, 1994, 54–70; DERS., Verspätete Konfessionalisierungen im Reich der Frühen Neuzeit. Retardierende Kräfte und religiöse Minderheiten in den deutschen Territorien 1555–1648, in: K. Borchardt / E. Bünz, Hg., Papstgeschichte, Reichsgeschichte, Landesgeschichte, Festschrift für P. Herde, erscheint 1998.

[22] Ernestin. Sachsen (IV 8ff.). – Albertin. Sachsen (II 8ff.).

[23] Hessen (IV 254ff.).

[24] Württemberg (V 168ff.). – Dazu demnächst: F. BRENDLE, Dynastie und Reformation. Die württembergischen Herzöge Ulrich und Christoph zwischen Habsburg, Frankreich und dem Reichsfürstenstand, Diss. phil., Tübingen 1997.

[25] Bayern (I 56ff.).

[26] Tirol, Brixen, Trient (I 86ff.).

[27] Nürnberg (I 32ff.). – Auf die modellbildende Zusammenarbeit der Reichsstadt Nürnberg mit den fränkischen Markgraftümern der Hohenzollern bei der Organisation der evangelischen Kirche sei hier hingewiesen: Brandenburg-Ansbach und Brandenburg-Kulmbach/Bayreuth (I 18f.).

[28] Straßburg. Hochstift und Freie Reichsstadt (V 72ff.).

zogtum Preußen[29] und das katholische Herzogtum Lothringen[30] sowie die zentralen Kantone der katholischen und der reformierten Schweiz[31].

Auf der Nachzüglerseite sind – ungeachtet aller Verschiedenheiten – die für die deutsche Geschichte so wichtigen Länderkomplexe der Habsburger und der Hohenzollern zu nennen. In den habsburgischen Ländern war die gewaltsame Gegenreformation, die von Innerösterreich ausging und mit Kaiser Ferdinand II. triumphierte, nur scheinbar von durchschlagendem Erfolg gekrönt[32] (eine Sonderrolle spielten Tirol und Vorderösterreich[33], die immer erstaunlich unbeirrt am Katholizismus festhielten). Trotz aller gegenreformatorischen Anstrengungen blieb es bei dem Problem des Geheimprotestantismus in Nieder- und Oberösterreich, in Kärnten und der Steiermark, in Böhmen und Mähren. In Schlesien mußte den Protestanten im Westfälischen Frieden sogar eine von Schweden garantierte öffentliche Stellung eingeräumt werden. Die Friedenskirchen und später noch die Gnadenkirchen markierten hier die Grenzen der kaiserlichen Gegenreformation.[34] Demgemäß hatte die geschlossene Katholizität im habsburgisch-österreichischen Modell eines konfessionellen Absolutismus ihre Lücken. Andererseits gab es im Norden in den hohenzollernschen Kernterritorien Mark Brandenburg und Herzogtum Preußen seit 1613 (in Preußen seit 1619) den Gegensatz zwischen reformiertem landesherrlichem Hof und lutherischem Land mit der spezifischen Konstellation eines Herrscherhauses, das der Minderheitenkirche angehörte.[35] Hinzu kam noch die von den Erbverträgen vorgeschriebene Duldung aller drei Konfessionen in den westlichen Gebieten der Hohenzollern, in Kleve, Mark und Ravensberg, wo die Herzöge von Kleve auf die Durchsetzung einer landeseinheitlichen Konfessionalisierung verzichtet hatten.[36] Der Versuch einer Zwei-

---

[29] Herzogtum Preußen (II 220ff.).
[30] Lothringen, Metz, Toul, Verdun (V 96ff.).
[31] Schweiz (V 278ff.).
[32] Innerösterreich (I 113f.). – Nieder- und Oberösterreich (I 130ff.). – Böhmen (I 149).
[33] Tirol, Brixen, Trient (I 92ff.). – Österreichische Vorlande (V 265ff.). – H. MAIER / V. PRESS / D. STIEVERMANN, Hg., Vorderösterreich in der frühen Neuzeit, 1989.
[34] Schlesien (II 134f.). – N. CONRADS, Die Durchführung der Altranstädter Konvention in Schlesien 1707–1709, 1971, 198ff.
[35] Kurbrandenburg (II 54ff.). – M. RUDERSDORF / A. SCHINDLING, Die Reformation in Kurbrandenburg, in: Wichmann-Jahrbuch des Diözesangeschichtsvereins Berlin NF 3 (1994/95) 141–157. – Herzogtum Preußen (II 230ff.).
[36] Jülich-Kleve-Berg (III 102f.). – CH. SCHULTE, Versuchte konfessionelle Neutralität im Reformationszeitalter. Die Herzogtümer Jülich-Kleve-Berg unter Johann III. und Wilhelm V. und das Fürstbistum Münster unter Wilhelm von Ketteler, 1995.

ten Reformation blieb in Berlin und der Mark Brandenburg im Ansatz stecken, im preußischen Königsberg war er von vornherein chancenlos.

In den erbländischen Reichsteilen Österreichs und im späterhin stärksten Staat von „Reichstags-Deutschland"[37], Kurbrandenburg, waren also aus unterschiedlichen Gründen Grenzen einerseits der katholischen und andererseits der lutherischen bzw. reformierten Konfessionalisierung deutlich geworden und wirkten sich dauerhaft aus. Es handelte sich in beiden Fällen um zusammengesetzte Gesamtstaaten, um monarchische Länderunionen, die jeweils auch Gebiete außerhalb des Reiches – das Königreich Ungarn mit seinen Nebenländern und das Herzogtum Preußen – umfaßten. Die politischen Konsequenzen, die in Wien und Berlin gezogen wurden, waren freilich vorerst ganz unterschiedlich. Die katholischen Habsburger setzten weiterhin auf das konfessionalisierte Modell des religiös homogenisierten, geschlossenen Territoriums, während die reformierten Hohenzollern abweichend davon allmählich zu einer Politik der praktischen Toleranz und der Mehrkonfessionalität übergingen. Grenzen der Konfessionalisierbarkeit blieben sowohl in den Erblanden als auch in Brandenburg-Preußen unüberwindlich bestehen. Kaiser Joseph II. hat dies schließlich 1781 in seinem berühmten Toleranz-Edikt öffentlich eingeräumt, indem er den Protestanten Augsburgischer und Helvetischer Konfession in den Erblanden Duldung gewährte.

In den europäischen zusammengesetzten Unions-Monarchien außerhalb des Reiches stellte sich das Problem der Mehrkonfessionalität im übrigen in einer mit Österreich und Brandenburg-Preußen vergleichbaren Weise dar: In Ungarn und Siebenbürgen mußten die Habsburger den Protestanten eine öffentliche Position einräumen, ebenso die polnischen Könige ihren evangelischen Untertanen in Westpreußen[38] und im Baltikum. Die spanischen Habsburger scheiterten bei dem Versuch, in den Niederlanden die katholische Konfessionseinheit durchzusetzen, waren allerdings in der Franche Comté erfolgreich.[39] In den skandinavischen Königreichen bildete das Luthertum die Reichsreligion[40], dagegen konnte die britische Monarchie das Problem der Konfessionsverschiedenheit zwar zwischen England und Schottland, aber nicht gegenüber ihrem „katholischen Nebenland" Irland zu einer befriedigenden Lösung bringen.

---

[37] P. MORAW, Über König und Reich. Aufsätze zur deutschen Verfassungsgeschichte des späten Mittelalters, hg. v. R. Ch. Schwinges, 1995, 69f.

[38] Königlich Preußen, Ermland (II 211ff.).

[39] Niederlande, Lüttich (III 216ff.). – Freigrafschaft Burgund/Franche Comté, (VI 211ff.).

[40] Schleswig-Holstein (II 152ff.).

Konfessionelle Niemandsländer

In den Territorien und Städten des Heiligen Römischen Reichs trafen frühe und späte Konfessionalisierungen im Zeitraum zwischen dem Augsburger Religionsfrieden und dem Dreißigjährigen Krieg offenbar auf einen von Generation zu Generation sich verdichtenden Prozeß der religiös-konfessionellen Identitätsfindung und Traditionsbildung – ein Prozeß, in dem sich Druck von oben und Akzeptanz von unten verbanden. Abgesehen von Stammländern der Reformation wie Sachsen, Hessen und (Herzogtum) Preußen und den früh evangelischen Städten wie Nürnberg, Straßburg und Hamburg war der Prozeß der breitenwirksamen Ausbildung von neugläubig-protestantischem und altgläubig-katholischem Kollektivbewußtsein zeitlich sehr gestreckt. Die Formierung fester Identitäten und eines kollektiven konfessionellen Erinnerns ist eher spät als früh zu datieren. Der Zwang zur Konfessionalisierung seit 1555 durch die Auswirkungen des „cuius regio eius religio"-Prinzips und der Kampf um die Landeskonfession wurden dabei regional sehr unterschiedlich wahrgenommen. In vielen Regionen gab es Mischformen zwischen alter Kirche und neuem Glauben, und es gab auch „konfessionelles Niemandsland", wie Volker Press es für Gebiete und Familien der Reichsritterschaft[41] formuliert hat.

Die konfessionelle Unentschiedenheit und das Offenhalten von Optionen waren in Kreisen des ritterschaftlichen Adels verbreitet, vor allem wenn männliche und weibliche Familienangehörige in reichskirchlichen Domkapiteln und Damenstiften bepfründet waren und die Entscheidung für den neuen Glauben den Verlust von Pfründenchancen bedeutete. Stabile konfessionelle Familienprofile bildeten die Niederadeligen – sowohl reichsritterschaftliche[42] als auch im Territorium landsässige Familien[43] – oft erst im Laufe des 17. Jahrhunderts aus. Die Reichsritterschaft als reichsunmittelbare Korporation vermied jedoch im Ganzen eine konfessionelle Festlegung ebenso wie ihre Teilgliederungen, die Ritterkreise und Ritterkantone. Im Falle der Reichsritter erwiesen sich die Strukturen des Reichs – ebenso wie bei den anderen Reichs-

---

[41] V. Press, Adel im Reich um 1600, in: G. Klingenstein / H. Lutz, Hg., Spezialforschung und ‚Gesamtgeschichte'. Beispiele und Methodenfragen zur Geschichte der Frühen Neuzeit, 1981, 15–47, hier: 28.

[42] Reichsritterschaft in Franken (IV 199ff.). – Ch. Bauer, Die Einführung der Reformation, die Ausgestaltung des evangelischen Kirchenwesens und die Auswirkungen der Gegenreformation im Gebiet der Herren von Thüngen, 1985; H. Neumaier, Reformation und Gegenreformation im Bauland unter besonderer Berücksichtigung der Ritterschaft, 1978; ders., Zum konfessionellen Verhalten der fränkischen Reichsritterschaft. Ort Odenwald im späten 16. Jahrhundert, in: Zs. f. württ. Landesgesch. 55 (1996) 109–130.

[43] Ch. Hoffmann, Ritterschaftlicher Adel im geistlichen Fürstentum. Die Familie von Bar und das Hochstift Osnabrück, 1996.

korporationen der Reichsgrafen und der Reichsstädte – als nicht konfessionalisierbar, die Reichsverfassung blieb resistent gegenüber jeglichen Vereinnahmungsabsichten von seiten einer Konfessionspartei. Hier klafften Lücken zwischen den konkurrierenden Konfessionalisierungen – und zwar mehrfach ganz konkret auf der konfessionellen Landkarte.

Konfessionelle Niemandsländer waren nicht nur reichsritterschaftliche Gebiete, sondern auch manche Kondominate von verschiedenkonfessionellen Herren, so die zweiherrischen oder mehrherrischen Gemeinherrschaften der badischen Markgrafen[44] oder der Kurfürsten von Mainz und der Pfalz. In manchen Kondominaten war faktisch Religionsfreiheit für die Untertanen gegeben, die sich der Konfession eines der konkurrierenden Kondominatsherren anschließen konnten. Das Normaljahr 1624 galt natürlich nach dem Westfälischen Frieden für die Benützung der Kirchen. In der kleinen Lebenswelt der badischen, pfälzischen und mainzischen Kondominate im Schwarzwald, im Hunsrück und im Taunus bildete sich ein besonderes Nebeneinander der Konfessionen im Alltag der Menschen heraus. Gerade aus Kondominaten werden eigentümliche Bräuche des konfessionellen Zusammenlebens erzählt:[45] In Tigerfeld auf der Schwäbischen Alb, einem Kondominatsdorf zwischen Württemberg und einem Reichsritter, gab es ein konfessionell geteiltes Bauernhaus; je nachdem in welcher Haushälfte die Kinder geboren wurden, erhielten sie die Taufe in der ritterschaftlich-katholischen oder in der württembergisch-evangelischen Kirche. In Eppstein, einem kurmainzisch-hessischen Kondominat im Taunus, fand sich der Brauch bei konfessionell gemischten Ehen, daß die Trauung in der einen Kirche und die Kindstaufen in der anderen erfolgten. Die Familien lebten hier buchstäblich zwischen den Konfessionen. Solche Kondominatsverhältnisse zeigen lebenspraktische Grenzen der territorialstaatlichen Konfessionalisierung. Allerdings scheint es in manchen Kondominaten sowie in reichsritterschaftlichen Herrschaften, deren Inhaber die Konfession wechselten, auch eine feste Korrelation von Konfession, bäuerlichem Besitz und Sozialstruktur gegeben zu haben, vor allem wenn nach dem Dreißigjährigen Krieg eine von dem Normaljahrsbekenntnis

---

[44] Baden und badische Kondominate (V 147ff.). – H.-J. KÖHLER, Obrigkeitliche Konfessionsänderung in Kondominaten. Eine Fallstudie über ihre Bedingungen und Methoden am Beispiel der baden-badischen Religionspolitik unter der Regierung Markgraf Wilhelms (1622–1677), 1975.

[45] Die im folgenden mitgeteilten beiden Beispiele sind mir nur aus Erzählungen bekannt. Ein quellenkritischer Vorbehalt ist also angezeigt. Auf die Tigerfelder Geschichte war Volker Press bei seinen reichsritterschaftlichen Studien gestoßen; ein Nachweis aus seinem Nachlaß liegt jedoch nicht vor. Das Eppsteiner Beispiel ist mir als Verhaltensmuster von Angehörigen der älteren Generation berichtet worden.

abweichende anderskonfessionelle Zuwanderung erfolgte.[46] Insgesamt ist zu betonen, daß die allzu wenig bekannte Konfessionsgeschichte der reichsritterschaftlichen Herrschaften ebenso wie die der Kondominate noch ein lohnendes Feld für künftige Forschungen ist; – gerade wenn es darum geht, die Reichweite von erkenntnisleitenden Fragestellungen des Konfessionalisierungsparadigmas zu überprüfen. Die Häufigkeit und Praxis von konfessionell gemischten Ehen wäre dabei ein besonderes Problem, und zwar auf der Ebene der Herrschaft ebenso wie auf der der Untertanen.

Die Aufteilung der konfessionellen Niemandsländer und die Sortierung der Gläubigen erfolgten oft erst nach dem Friedensschluß von 1648. Jetzt bildeten sich auch fest geprägte konfessionelle Erinnerungskulturen aus, gerade im Zusammenhang mit dem Dreißigjährigen Krieg und dem Westfälischen Frieden – im Gedenken an Kriegsnöte durch Friedensfeste, Buß- und Bettage, Reformationsfeste, Gelöbnistage, Prozessionen und Wallfahrten. Die Feiern zum Gedenken an den Westfälischen Frieden waren dabei zunächst eine spezifisch protestantische Form des Erinnerns. Besonders augenfällig war die späte konfessionelle Aufteilung im Fürstbistum Osnabrück, das bis zum Beginn des Dreißigjährigen Krieges ein konfessionelles Niemandsland besonders verworrener Art geblieben war. Als der tridentinisch-katholische Visitator Lucenius in den 1620er Jahren die Osnabrücker Kirchengemeinden überprüfte, wußten die Pfarrer meist nicht, was die Unterscheidungsmerkmale zwischen Katholizismus und Luthertum waren. Mischformen wie Laienkelch und Lutherlieder in der Messe sowie die Priesterehe wurden mit dem Osnabrücker Landesbrauch begründet. Der Schub der Konfessionalisierung war in Osnabrück bis dahin noch gar nicht angekommen.[47] Nach dem Westfälischen Frieden wurde im Fürstbistum Osnabrück in der Capitulatio Perpetua von 1650 die Konfession der Pfarrer und der Pfarrkirchen gemäß dem Normaljahr 1624 festgelegt. Die Untertanen hatten faktisch Wahlfreiheit zwischen Katholizismus und Luthertum, mußten sich aber für die kirchlichen Amtshandlungen Taufe,

---

[46] H. NEUMAIER, Simultaneum versus Reichsverfassung. Der Rosenberger Kirchenstreit 1658–1756, in: Wertheimer Jahrbuch 1993, 153–214, hier: 158ff.

[47] Osnabrück (III 137ff.). – J. KESSEL, Das Kirchspiel in Reformation und Gegenreformation, in: K. J. Bade / J. Kessel / H. Oberpenning / A. Schindling, Hg., Damme. Eine Stadt in ihrer Geschichte, 1993, 171–194; TH. PENNERS, Zur Konfessionsbildung im Fürstbistum Osnabrück. Die ländliche Bevölkerung im Wechsel der Reformationen des 17. Jahrhunderts, in: Jb. d. Gesell. f. niedersächs. Kirchengesch. 72 (1974) 1–26; DERS., Das Kirchspiel im Konflikt der Konfessionen, in: K. J. Bade / H.-R. Jarck / A. Schindling, Hg., Schelenburg – Kirchspiel – Landgemeinde. 900 Jahre Schledehausen, 1990, 89–105; F. JÜRGENSMEIER, Konfessionelle Weichenstellung für das Bistum Osnabrück in den Jahren 1623 und 1625, in: K. G. Kaster / G. Steinwascher, Hg., 450 Jahre Reformation in Osnabrück, 1993, 587–602.

Hochzeit und Beerdigung an die sprengelmäßig zuständige Pfarrkirche halten. Bei der Aufteilung der Pfarreien kam es mehrfach zu Ungerechtigkeiten in der Weise, daß die Konfession des Pfarrers gemäß Normaljahrstermin und die Konfession der Gemeindemehrheit gegensätzlich waren, woraus in der Folge noch mannigfache lokale Streitigkeiten erwuchsen. Erst 1786 wurden zwei besonders extreme Fälle durch Neugründung je einer evangelischen und einer katholischen Pfarrei bereinigt – der evangelischen in Schledehausen und der katholischen in Fürstenau; an dieser Maßnahme war der bekannte Osnabrücker Staatsmann und Aufklärer Justus Möser entscheidend beteiligt.[48] Trotz der Gemengelage und dem Nebeneinander im Alltag kam es im Osnabrükkischen nach 1648/50 zur Ausbildung bemerkenswert stabiler konfessioneller Identitäten in den Familien und zu einer unsichtbaren Grenze zwischen den beiden Konfessionsgemeinschaften in der Stadt Osnabrück und dem Hochstift. Dieselbe Verfestigung der konfessionellen Identitäten und der wechselseitigen Abgrenzung nach 1648 konnte Etienne François in der bikonfessionellen Reichsstadt Augsburg feststellen, wo konfessionelle Mischehen und Konversionen im späteren 17. und im 18. Jahrhundert äußerst selten waren.[49]

Nicht nur in Osnabrück vor dem Dreißigjährigen Krieg, sondern auch anderswo waren in Liturgie und kirchlichem Brauchtum die Grenzen zwischen Luthertum und alter katholischer Kirche noch bis ins 17. Jahrhundert hinein fließend – vor allem in norddeutschen und ostdeutschen Landeskirchen. Dies gilt für das Luthertum in der Mark Brandenburg und in Schlesien, das in den äußeren Formen stark altkirchlich geprägt blieb.[50] Altäre und Bilder in den Kirchen, die deutsche Messe, die Verwendung der alten liturgischen Gewänder, Versehgänge und die Feier der traditionellen kirchlichen Feiertage belegen diese Kontinuität über den Bruch in der theologischen Lehre hinweg.[51] In den welfischen Territorien bestanden Stifts- und Klosterkonvente fort mit einer evangelisch-monastischen Tradition.[52] Für die Wahrnehmung des einfachen

---

[48] M. RUDERSDORF, Justus Möser, Kurfürst Max Franz von Köln und das Simultaneum zu Schledehausen. Der Osnabrücker Religionsvergleich von 1786, in: Bade/Jarck/Schindling, Hg., 900 Jahre Schledehausen (wie Anm. 47) 107–136; K. H. L. WELKER, Rechtsgeschichte als Rechtspolitik. Justus Möser als Jurist und Staatsmann, Bd. 2, 1996, 922ff.
[49] Augsburg (VI 31f.). – E. FRANÇOIS, Die unsichtbare Grenze. Protestanten und Katholiken in Augsburg 1648–1806, 1991.
[50] E. W. ZEEDEN, Katholische Überlieferungen in den lutherischen Kirchenordnungen des 16. Jahrhunderts, in: Ders., Konfessionsbildung (wie Anm. 1) 113–191. – Schlesien (II 119f.).
[51] P. GRAFF, Geschichte der Auflösung der alten gottesdienstlichen Formen in der evangelischen Kirche Deutschlands, Bd. 1: Bis zum Eintritt der Aufklärung und des Rationalismus, 2. Aufl. 1937.
[52] Braunschweig-Lüneburg, Hildesheim (III 31ff.).

Volkes muß die Reformation im Erfahrungsraum solcher Landeskirchen eher als ein gleitender Übergang denn als eine grundsätzliche Wende erschienen sein.

Untertanen und Fürsten – Adressaten und Akteure von Konfessionalisierung

Die Anforderungen einer harten Konfessionalisierung konnten sich mit solchen religiösen Traditionsbeständen an der Basis sehr schwertun. Hier setzten regelmäßig die calvinistischen Kirchenreformer der sogenannten Zweiten Reformation an, die gegen den fortbestehenden „Papismus" zu Felde zogen. Die zum Reformiertentum übergehenden Grafschaften in der Wetterau, auf dem Westerwald und in Westfalen bieten hierfür einprägsame Beispiele, so etwa Nassau-Dillenburg[53], Lippe[54] und Bentheim-Tecklenburg[55]. Andererseits scheint es so, daß sich gerade die reformierte Konfessionalisierung mit der Akzeptanz in der Bevölkerung schwertat. Purifizierter Gottesdienst, Bilderverbot, Ächtung magieverdächtigen Brauchtums und strenge Sittenzucht kamen der Volksmentalität wohl wenig entgegen und stießen auf mentale Barrieren. Es ist jedenfalls eine bemerkenswerte Tatsache, daß im Gegensatz dazu späte Rekatholisierungen von calvinistisch beeinflußten Territorien noch erfolgreich waren, so an der Bergstraße und in der Oberpfalz[56], in Nassau-Hadamar und in einem Teil von Nassau-Siegen[57]. Der Calvinismus behielt in den deutschen Territorien einen Zug von Hof-, Beamten- und

---

[53] Nassau, Ottonische Linien (IV 243ff.). – R. GLAWISCHNIG, Niederlande, Kalvinismus und Reichsgrafenstand 1559–1584. Nassau-Dillenburg unter Graf Johann VI., 1973; G. MENK, Die Hohe Schule Herborn in ihrer Frühzeit (1584–1660). Ein Beitrag zum Hochschulwesen des deutschen Kalvinismus im Zeitalter der Gegenreformation, 1981; G. SCHMIDT, Der Wetterauer Grafenverein. Organisation und Politik einer Reichskorporation zwischen Reformation und Westfälischem Frieden, 1989.

[54] Lippe, Schaumburg (VI 163f.). – H. SCHILLING, Konfessionskonflikt und Staatsbildung. Eine Fallstudie über das Verhältnis von religiösem und sozialem Wandel in der Frühneuzeit am Beispiel der Grafschaft Lippe, 1981.

[55] Tecklenburg, Bentheim, Steinfurt, Lingen (III 189ff.). – Zur Zweiten Reformation in den westfälischen Grafschaften vgl. auch: A. SCHRÖER, Die Reformation in Westfalen. Der Glaubenskampf einer Landschaft, Bd. 1, 1979, 428–480.

[56] Kurpfalz, Rheinische Pfalz und Oberpfalz (V 40f.). – V. PRESS, Das evangelische Amberg zwischen Reformation und Gegenreformation, in: Amberg 1034–1984. Aus tausend Jahren Stadtgeschichte, 1984, 119–136; W. ZIEGLER, Die Rekatholisierung der Oberpfalz, in: H. Glaser, Hg., Um Glauben und Reich. Kurfürst Maximilian I. (Wittelsbach und Bayern II/1) 1980, 436–447.

[57] G. SPECHT, Johann VIII. von Nassau-Siegen und die katholische Restauration in der Grafschaft Siegen, 1964, 46ff..

Gelehrtenreligion[58], auch wenn eine gesellschaftliche Verankerung etwa in der Kurpfalz, in Nassau-Dillenburg, in Lippe und in Emden[59] andererseits möglich war. Die heikle Frage der Akzeptanzfähigkeit der verschiedenen Konfessionalisierungen in der breiten Bevölkerung wäre noch näherhin zu diskutieren, wobei die Visitationsakten als Quelle wohl noch nicht erschöpft sind.[60] Jedenfalls erwuchsen Grenzen von Konfessionalisierung und Konfessionalisierbarkeit nicht nur aus der Konkurrenz verschiedener Herrschaftsträger, sondern auch aus der traditionellen religiösen Mentalität der von konfessionalisierenden Maßnahmen betroffenen Bevölkerung. Überforderung und psychisch-moralische Überanstrengung waren zweifelsohne mit manchen Zwängen in den Programmen zur konfessionellen Regulierung des Alltagslebens verbunden. Die Bereitschaft zur „Selbstkonfessionalisierung" war wohl nicht immer sonderlich groß, andererseits blieb eine eventuelle Verweigerungshaltung offenkundig in Grenzen. Wie gelang es aber den Akteuren der miteinander konkurrierenden Konfessionalisierungen, das Verlangen der Menschen nach verständlicher religiöser Sinngebung und Daseinsbewältigung erfolgreich zu stillen?

Eine bessere Quellenlage als zu der Mentalitätsgeschichte der Untertanen steht für die der Fürsten zur Verfügung. Im deutschen Fürstenstaat waren Regent und Dynastie letztlich stets für Richtung und Tempo der Konfessionalisierungen verantwortlich. Inwieweit waren Fürstenerziehung, Fürstenbild und Fürstenverhalten konfessionalisierbar oder blieben von säkularen Orientierungen bestimmt? Der höfische Humanismus spielte als eine säkulare Bildungsprofilierung in den meisten Residenzen neben der konfessionellen Orientierung eine Rolle. Gerade auch in Zentren konfessionalisierender Bestrebungen wie München, Dresden, Heidelberg und Stuttgart entfaltete sich seit der Mitte des 16. Jahrhunderts eine späthumanistische Hofkultur; Herzog Albrecht V. von Bayern ist dafür ein einprägsames Beispiel als Kunstmäzen und katholischer Konfessionsfürst. Die Alternative Landesvater oder Renaissancefürst stellt sich bei fast allen Vertretern des Reichsfürstenstandes in der Zeit der Konfessionalisierungen: Hierzu kann auf die Studie von Manfred Rudersdorf in diesem Sammelband hingewiesen werden. Rolle und Position der Fürsten als der Hauptakteure und Entscheidungsträger im Konfessionalisierungsgeschehen[61] sind sicherlich beson-

---

[58] PRESS, Calvinismus und Territorialstaat (wie Anm. 4); M. SCHAAB, Hg., Territorialstaat und Calvinismus, 1993; F. H. SCHUBERT, Ludwig Camerarius 1573-1651, 1955.
[59] Ostfriesland (III 171ff.).
[60] P. Th. LANG, „Ein grobes, unbändiges Volk". Visitationsberichte und Volksfrömmigkeit, in: H. Molitor / H. Smolinsky, Hg., Volksfrömmigkeit in der frühen Neuzeit, KLK Nr. 54, 1994, 49-63.
[61] Modellstudien über einen katholischen und einen lutherischen Reichsfürsten im Zeitalter der Konfessionalisierung bieten: H. NOFLATSCHER, Glaube, Reich

ders geeignet, um empirisch abgesicherte Aussagen über die Anwendbarkeit des sogenannten Konfessionalisierungsparadigmas in der Territorialwelt des Alten Reiches zu erarbeiten.

Westfälischer Frieden und Normaljahr

Die Peripetie der Konfessionalisierungen im Reich wurde mit dem Dreißigjährigen Krieg erreicht, der in seinen Pendelschlägen gnadenlos die Grenzen und Mißerfolge der offensiven konfessionellen Anstrengungen offenlegte. Was – zumindest in der Wahrnehmung vieler Zeitgenossen – als deutscher Konfessionskrieg begonnen hatte, endete als europäischer Mächtekrieg. Der Triumph der Staatsräson, der sich auf europäischer Bühne vor allem in der Gestalt von Kardinal Richelieu verkörperte, markierte am einschneidendsten die Begrenzung des Konfessionalismus. Europäische Mächtepolitik erwies sich als nicht konfessionalisierbar, da die Interessengegensätze sich vorrangig an säkularen Zwecken ausrichteten. Eine Solidarität der katholischen Monarchen in Paris, Madrid und Wien war nicht möglich. Der Krieg überschattete die späten Konfessionalisierungen, zu denen es im Gefolge siegreicher Armeen kam. Nicht überall gelangen jetzt noch so durchgreifende Erfolge wie bei der bayerischen Rekatholisierung der Oberpfalz oder der kurmainzischen an der Bergstraße. Die wechselnden Besatzungen boten eher eine Chance für konfessionelles Überleben, selbst in großer Not. Schließlich fixierte das Normaljahr des Westfälischen Friedens, 1624, die Minderheitenpositionen, die sich bis dahin behaupten konnten.

Das Normaljahr erwies sich als ein reichsrechtlicher Schutzschild, der im Norden eher katholischen und im Süden eher evangelischen Minderheiten zugute kam. Solche jetzt vom Normaljahr abgesicherten Minderheitenpositionen markierten Grenzen der Konfessionalisierungen in den vorangegangenen Jahrzehnten – Grenzen, die sich manchmal aus glaubensfestem Widerstand von Minoritäten, manchmal auch nur aus Zufällen stabilisiert hatten. Die fortbestehenden katholischen Domherrenstellen, Stifte und Klöster in einem protestantischen Umfeld im Norden – vor allem in den ehemaligen Reichskirchen-Fürstentümern Magdeburg, Halberstadt und Minden[62] – hatten dem lutherischen Konfessionalisie-

---

und Dynastie. Maximilian der Deutschmeister (1558–1618), 1987; M. RUDERSDORF, Ludwig IV. Landgraf von Hessen-Marburg 1537–1604. Landesteilung und Luthertum in Hessen, 1991.

[62] Magdeburg (II 80ff.). – F. SCHRADER, Ringen, Untergang und Überleben der katholischen Klöster in den Hochstiften Magdeburg und Halberstadt von der Reformation bis zum Westfälischen Frieden, 1977; W. NEUGEBAUER, Die Stände in Magdeburg, Halberstadt und Minden im 17. und 18. Jahrhundert, in: P. Baumgart, Hg., Ständetum und Staatsbildung in Brandenburg-Preußen, 1983, 170–207.

rungsdruck standgehalten, ebenso wie gegenüber katholischen Landesherren die Protestanten in Erfurt und im habsburgischen Schlesien.[63] Sogar im evangelischen Fürstbistum Lübeck überlebten vier katholische Domherrenkanonikate im Domkapitel.[64] Die Konfessionsverteilung des Normaljahrs 1624 legte bis hinein in einzelne Ortschaften die Grenzen der gegenseitigen Konfessionalisierbarkeit unwiderruflich fest.[65] In einer Reihe von evangelischen Reichsstädten überdauerten so katholische Stifte und Klöster sowie die – ohnehin reichsunmittelbaren und damit dem Zugriff des reichsstädtischen Magistrats entzogenen – Kommenden des Deutschen Ordens. Frankfurt am Main, Nürnberg, Regensburg, Wetzlar, Worms, Dortmund, Ulm und Heilbronn seien hier als Beispiele genannt.[66] Ähnliches gilt für große autonome Territorialstädte wie Erfurt, Minden und Soest. Reichsständische Einheiten, auch wenn sie noch so klein waren und als Enklaven inmitten eines anderskonfessionellen Territoriums lagen, konnten sich jetzt in ihrem Konfessionsstand gesichert fühlen, so etwa als lutherische Inseln im katholischen Bayern die Reichsstadt Regensburg und die Grafschaft Ortenburg oder die kurmainzischen katholischen Ämter Amöneburg, Neustadt, Naumburg und Fritzlar im evangelischen Hessen.[67]

Veränderungen des Konfessionsstandes wurden durch das Reichsgrundgesetz des Westfälischen Friedens bis zum Ende des Alten Reiches weitgehend unmöglich gemacht; selbst bei Religionswechsel der Landesobrigkeit und Zuwanderung von Andersgläubigen war die 1648 festgeschriebene Konstellation kaum korrigierbar. Jetzt erst wurde die Landes-, Stadt- oder Ortskonfession zu einem festen Bestandteil der regionalen, lokalen und familiären Identitäten in Deutschland. In gemischtkonfessionellen Regionen konnte dies bis zur Konfession einzelner Bauernhöfe prägend und abgrenzend wirken. Das Fremde und das Eigene waren in den deutschen Ländern und in der wechselseitigen Wahrnehmung der Menschen des deutschen Sprachraums jetzt fast immer auch konfessionell konnotiert. Neben die geographischen, landsmannschaftlichen und politischen Grenzen trat die Grenze der Konfession. Im familiären und gesellschaftlichen Leben bewies die Konfessionalisierung so eine Prägekraft, die seit ihrer erfolgreichen Durchsetzung im 17. Jahr-

---

[63] Kurmainz (IV 94). – Schlesien (II 134f.). – V. Press, Zwischen Kurmainz, Kursachsen und dem Kaiser. Von städtischer Autonomie zur „Erfurter Reduktion" 1664, in: U. Weiß, Hg., Erfurt 724–1992, 1992, 385–402.
[64] Lübeck, Freie Reichsstadt und Hochstift (VI 126).
[65] Im Dorf Bötzingen am Kaiserstuhl bildete die Hauptstraße die siedlungstopographische Grenze zwischen Katholiken und Protestanten: Baden und badische Kondominate (V 161).
[66] Nürnberg (I 40). – Frankfurt am Main, Friedberg, Wetzlar (IV 47ff., 55f.). – Ulm und die evangelischen Reichsstädte im Südwesten (V 205ff., 209). – Regensburg (VI 46ff.). – Deutscher Orden (VI 232f.).
[67] Kurmainz (IV 93).

hundert über deren Restauration im 19. Jahrhundert bis an die Schwelle der Gegenwart fortwirkte. Grenzen der Konfessionalisierbarkeit gab es höchstens in gesellschaftlichen Unterschichten und Randgruppen. Aber auch hier wäre das Verhalten des Gesindes, der fahrenden Leute, der Wohnsitzlosen, der Bettler, der Zigeuner noch genauer zu untersuchen. Entzogen sie sich einer konfessionalisierenden Sozialdisziplinierung oder wurde diese mit passiver Akzeptanzbereitschaft hingenommen? Bei den randständischen Existenzen war die Wahrnehmung der konfessionalisierenden Programme fraglos anders als bei gesellschaftlich angesehenen und durch Besitz qualifizierten Bürgern und Bauern. Für Angehörige dieser beiden sozialen Gruppen konnte beispielsweise die eigene Kirchenbank ein wichtiges Statussymbol sein, das der Repräsentation ihres Ranges in der lokalen Gesellschaft diente. Solche Identifikation wirkte aber auch ausgrenzend gegenüber den Gläubigen einer anderen Konfession und gegenüber den Besitzlosen und Ortslosen. Das Normaljahr 1624 gehört jedenfalls in seinen sozialgeschichtlichen Auswirkungen zu den wirkungsmächtigsten Tatsachen der deutschen Geschichte. Es konstituierte Identitätsbewußtsein und Abgrenzungen für rund drei Jahrhunderte.

Die Reichsverfassung als Barriere gegen Konfessionalisierung

Das Normaljahr trennte die konfessionellen Besitzstände, sortierte die Menschen und errichtete feste Grenzen gegen jegliche weitergehenden konfessionalisierenden Absichten von welcher Seite auch immer. Die Reichsverfassung war durch die sich wechselseitig blockierenden Konfessionalisierungen zwar nach 1600 in eine sehr schwere Krise geraten; aber das Gesamtgefüge erwies sich als resistent und war nicht konfessionalisierbar. Im Westfälischen Frieden verankerte die Restauration des Reichssystems schließlich die Säkularisierung von Staat und Recht auf der Ebene des konfessionsneutralen Reichsverbands – des „Reichs-Staats", wie Georg Schmidt ihn in dem vorliegenden Sammelband analysiert.

Die Zurückweisung des päpstlichen Protests gegen den Westfälischen Frieden, die von Katholiken und Protestanten gleichermaßen getragen wurde, hatte eine zutiefst symbolische Bedeutung. Damit schnitt der nunmehr definitiv zwei- bzw. dreikonfessionelle Reichsverband seine theokratisch-sakrale Herkunft von dem mittelalterlichen sacrum imperium ab. Gegen Translationstheorie und päpstliche Ansprüche konstituierte sich ein säkulares „Teutsches Reich", das die Titulaturadjektive „heilig" und „römisch" fortan nur noch als sinnentleerte traditionelle Ornamente weiterführte. Das Reichsstaatsrecht, das im wesentlichen ein gelehrtes Werk der protestantischen Universitäten war, trug diese säkulare Wende geistig und legitimierte die erneuerte alte Herrschafts- und

Institutionenordnung des Reichs. Die akademische Rechtswissenschaft, die im 16. Jahrhundert mit Humanismus und Rezeption des Römischen Rechts einen eigenen Weg zwischen den Konfessionen genommen hatte, wies so einen Ausgang aus den Blockaden und Sackgassen der konkurrierenden Konfessionalisierungen und bewährte sich als friedensstiftende Kraft.[68]

Der Westfälische Frieden[69] dämmte das Konfessionsproblem in Deutschland durch zwei Rechtsprinzipien ein, die die Konfessionalisierungserfolge auf dem Status quo bestätigten, aber sie zugleich darauf begrenzten und alle weiterreichenden Aktionen untersagten. Das eine Rechtsprinzip war das Normaljahr 1624, das andere die Parität als Verfahren zur Konfliktregelung. Die beiden konfessionellen corpora am Reichstag, Corpus Catholicorum und Corpus Evangelicorum, die paritätische Berufung von Reichskammergerichts-Assessoren, die alternative Sukzession von katholischen und lutherischen Fürstbischöfen im Hochstift Osnabrück sowie die paritätische Besetzung aller städtischen Ämter in den schwäbischen Reichsstädten Augsburg, Biberach, Dinkelsbühl und Ravensburg waren die Mechanismen des Westfälischen Friedens zur dauerhaften Begrenzung von friedensstörenden Konfessionalisierungsaktionen.[70]

Mit diesen Paritätsregelungen ebenso wie mit dem Normaljahr 1624 wurden auf dem Friedenskongreß in Osnabrück und Münster 1648 die Lücken und Bruchstellen des Augsburger Religionsfriedens geschlossen und durch fortan dauerhafte Verfahrens- und Entscheidungsnormen ergänzt. Der geschichtlich gewachsene komplexe Reichsverband mit seinen hierarchischen und korporativen Strukturen hatte sich als nicht konfessionalisierbar erwiesen. Bereits Karl V. und Ferdinand I. hatten diese Einsicht – wie widerstrebend auch immer – in den frühen Religionsfriedständen von Nürnberg und Frankfurt 1532 und 1539 sowie schließlich im Augsburger Religionsfrieden von 1555 hingenommen. Dies war noch vor der verschärften konfessionellen Mobilisierung, die erst in den 1560er Jahren begann. Aber auch die konfessionalistischen Maximalprogramme der Folgezeit, das Restitutionsedikt Kaiser Ferdinands II. von 1629 oder Träume König Gustav Adolfs und des Kanzlers Oxenstierna von einem protestantischen Reich, stießen sich an den nicht konfessionalisierbaren Grundstrukturen der Reichsverfassung.

[68] F. H. SCHUBERT, Die deutschen Reichstage in der Staatslehre der frühen Neuzeit, 1966; M. STOLLEIS, Geschichte des öffentlichen Rechts in Deutschland. Bd. 1: 1600–1800, 1988.
[69] A. SCHINDLING, Der Westfälische Frieden und die deutsche Konfessionsfrage, in: M. Spieker, Hg., Friedenssicherung, Bd. 3, 1989, 19–36; DERS., Westfälischer Frieden, in: Handwörterbuch zur deutschen Rechtsgeschichte, 1995, Sp. 1302–1308.
[70] Osnabrück (III 143ff.). – Augsburg. Freie Reichsstadt und Hochstift (VI 28ff.). – Ulm und die evangelischen Reichsstädte im Südwesten (V 209ff.).

Weder ein habsburgisch-katholischer Reichsabsolutismus noch der Heilbronner Bund des schwedischen Kanzlers von 1633 konnten hanthabbare Modelle für das ganze Reich bieten, dessen ständische und regionale Komplexität nur durch ein flexibles und eben auch konfessionsneutrales politisches System zusammengehalten werden konnte. Je länger der Dreißigjährige Krieg dauerte, um so mehr wurde der Zusammenhalt des Reiches – des „Reichs-Staats" – von allen Reichsgliedern gewünscht; und dafür waren auch zunehmend alle bereit, den Preis der konfessionellen Selbstbescheidung zu zahlen. Der Wandel Kurfürst Maximilians von Bayern vom gegenreformatorischen Scharfmacher zum Mitarchitekten des Westfälischen Friedenswerks ist hierfür bezeichnend. Als Geprellte standen schließlich in Münster der päpstliche Nuntius, Fabio Chigi, und einige Kombattanten, wie der Fürstbischof von Osnabrück, Franz Wilhelm von Wartenberg, und der Prälat von Murrhardt, Adam Adami OSB, allein.

Selbst der führende Repräsentant der deutschen Reichskirche, der Mainzer Erzbischof Kurfürst Johann Philipp von Schönborn, begrüßte das Friedenswerk mit den Protestanten und gewährte seinen evangelischen Untertanen in Erfurt und (als Fürstbischof von Würzburg) in Kitzingen sowie im Amt Neuenhain am Taunus die Glaubensfreiheit.[71] Schönborn, der als geistlicher Oberhirte ein engagierter Anwalt der katholischen Kirchenreform war, kann für das katholische Reich als Symbolfigur für die Begrenzung des Konfessionalismus gelten. So wie er den Westfälischen Frieden mitgestaltete, so verstand er sein für die Reichsverfassung zentrales Amt des Erzkanzlers als eine Aufgabe, die Konfessionsparteien im Reich auszubalancieren und zu moderieren. Die Mainzer Reichskanzlei wäre ebenso wie andere Reichsinstitutionen nur um den Preis der Selbstaufgabe konfessionalisierbar im strikten Sinne gewesen. Das Reich lebte vom pragmatischen Kompromiß und bildete dafür Verfahren aus. Der katholische Mainzer Erzbischof krönte den Kaiser nicht mehr im katholischen Aachen, sondern in der lutherischen Reichsstadt Frankfurt am Main in der katholisch gebliebenen Stiftskirche St. Bartholomäus. Bei der Krönungsmesse verließen die Gesandten der evangelischen Kurfürsten während der für sie anstößigen Wandlung im Kanon der Messe für einige Zeit den Chor der Kirche. Über theologische Unterscheidungslehren wurde jetzt nicht mehr politisch gestritten.

Das System des Westfälischen Friedens konnte nicht noch einmal konfessionalistisch zurückgebildet werden. Es gab zwar im 18. Jahrhun-

---

[71] Kurmainz (IV 93f.). – F. JÜRGENSMEIER, Johann Philipp von Schönborn (1605–1673) und die römische Kurie, 1977, 124ff.; E. W. ZEEDEN, Ein landesherrliches Toleranzedikt aus dem 17. Jahrhundert. Der Gnadenbrief Johann Philipps von Schönborn für die Stadt Kitzingen (1650), in: Ders., Konfessionsbildung (wie Anm. 1), 349–369.

dert erneut eine ganze Reihe von konfessionellen oder konfessionell instrumentalisierten Konflikten – von den Kurpfälzer Religionsstreitigkeiten im Anschluß an die Rijswijker Klausel bis hin zu der konfessionellen Verdächtigungspropaganda des Siebenjährigen Krieges.[72] Das Reichssystem des Westfälischen Friedens erwies sich aber als flexibel und anpassungsfähig genug, um seinen säkularen und paritätischen Charakter gegen konfessionalisierende Zumutungen zu bewahren. Die Konfessionen blieben im Ordnungsgefüge des Reiches von größter Wichtigkeit – aber dies eben im Rahmen des grundsätzlich akzeptierten zwei- bzw. dreikonfessionellen Verfassungsrahmens des Westfälischen Friedens mit seinen Entscheidungs- und Konfliktregelungsmechanismen des Normaljahrs und der Parität. In diesem Verfassungsrahmen wurde oft um so verbissener um Rechtspositionen der Konfessionen und um Verfahrensweisen vor den Reichsinstitutionen gerungen. Die Situation im Reich des 18. Jahrhunderts blieb trotz mehrfacher, auch schwerer Krisen insgesamt in konfessionsgeschichtlicher Hinsicht stabil. Die Staat-Kirche-Beziehungen bewährten sich auf der Grundlage des Westfälischen Friedens im Reich und auf der Grundlage des vor allem von protestantischen Autoren entfalteten territorialistischen Staatskirchenrechts des „ius circa sacra" in den Territorien. Allerdings führten die konfessionsrechtlich erstarrten und versäulten Verhältnisse vielerorts, gerade auch in gemischtkonfessionellen und paritätischen Einheiten, zu politischen und sozialen Verkrustungen und beinahe zu struktureller Reformunfähigkeit.[73]

Im innerkirchlichen Raum erreichte die religiöse Durchdringung der Gesellschaft mit den Zielen des konfessionalisierenden Programms vielfach jetzt erst ihren Höhepunkt; dies gilt vor allem für den Barockkatholizismus, der in den katholischen Reichsteilen sich nach dem Dreißigjährigen Krieg voll zu entfalten begann. Aber diese Entwicklungen waren nunmehr die innere Geschichte der Konfessionalisierung im Kreise der Gläubigen. Nach außen hin war die Offensive einer defensiven Abgrenzung und dem Streben nach jeweils eigener Identitätsbewahrung gewichen. Die beiderseitige Tendenz zur Selbstgenügsamkeit führte schon im 17. Jahrhundert zu einer starken kulturellen und mentalen Entfrem-

---

[72] J. BURKHARDT, Abschied vom Religionskrieg. Der Siebenjährige Krieg und die päpstliche Diplomatie, 1985; G. HAUG-MORITZ, Württembergischer Ständekonflikt und deutscher Dualismus. Ein Beitrag zur Geschichte des Reichsverbands in der Mitte des 18. Jahrhunderts, 1992; DIES., Kaisertum und Parität. Reichspolitik und Konfessionen nach dem Westfälischen Frieden, in: Zs. f. hist. Forsch. 19 (1992) 445–482; J. LUH, Unheiliges Römisches Reich. Der konfessionelle Gegensatz 1648–1806, 1995; NEUMAIER, Rosenberger Kirchenstreit (wie Anm. 46); D. STIEVERMANN, Politik und Konfession im 18. Jahrhundert, in: Zs. f. hist. Forsch. 18 (1991) 177–199.
[73] M. RUDERSDORF, „Das Glück der Bettler". Justus Möser und die Welt der Armen. Mentalität und soziale Frage im Fürstbistum Osnabrück zwischen Aufklärung und Säkularisation, 1995.

dung zwischen den evangelischen und den katholischen Reichsteilen. Die Aufklärung des 18. Jahrhunderts begann hier wieder Brücken zu schlagen und insgesamt die Mauern der konfessionellen Vorbehalte und Vorurteile etwas abzuflachen. Kulturell schienen die konfessionell getrennten Reichshälften im späteren 18. Jahrhundert zu konvergieren[74], bevor dann das 19. Jahrhundert unter völlig gewandelten Rahmenbedingungen wieder neue Formen eines Konfessionalismus und eine deutliche Rekonfessionalisierung sowohl der innerkirchlichen als auch der interkonfessionellen Konstellationen brachte.

Mehrkonfessionalität durch Migration und Konversion

Der Westfälische Frieden sagte nichts aus über fremdkonfessionelle Zuwanderungen. Er sah – im Gegenteil – das Auswanderungsrecht von Dissidenten vor, die sich der vom Normaljahr 1624 festgelegten Landeskonfession nicht anschließen wollten und die unter Garantie ihres Besitzes in ein Territorium oder eine Stadt ihres Glaubens auswandern durften. Dieses „ius emigrandi" sollte der konfessionellen Homogenisierung von Territorien dienen, wie es noch 1732 bei der Ausweisung der Salzburger (Geheim-)Protestanten durch den Fürsterzbischof praktiziert wurde.[75] Andererseits ließ eine Reihe von Städten und Territorien im Reich aus wirtschaftlichen Gründen die Zuwanderung auch von Christen zu, die nicht der eigenen Konfession anhingen – die gleichfalls wirtschaftlich bedingte Zuwanderung von Juden muß hier außer Betracht bleiben. Die lutherischen Handelsstädte Frankfurt am Main und Hamburg sind bekannte Beispiele für Mehrkonfessionalität durch Migration[76]: Hier konnten Katholiken und Calvinisten sich – als Beisassen, nicht als Bürger – niederlassen und ihren Geschäften nachgehen; die Frage des öffentlichen Gottesdienstes war allerdings ein Problem, wenn nicht das Normaljahr zwingende Vorschriften zugunsten der Minderheit bereithielt (so zum Vorteil der Katholiken in Frankfurt). Im Fall von Hamburg nutzten der Graf von Schaumburg-Pinneberg und später der König von Dänemark die Situation und gewährten von sich aus Religionsfreiheit im benachbarten Altona (1592/94, 1640). Dabei wurden auch christliche Gruppen, wie die Mennoniten, einbezogen, für die das

---

[74] A. SCHINDLING, Bildung und Wissenschaft 1650–1800, 1994.
[75] Salzburg (I 84). – M. WALKER, Der Salzburger Handel. Vertreibung und Errettung der Salzburger Protestanten im 18. Jahrhundert, 1997.
[76] Frankfurt am Main, Friedberg, Wetzlar (IV 47ff.). – Lübeck, Wendische Hansestädte (VI 125f.). – Frankfurt am Main. Die Geschichte der Stadt, hg. v. d. Frankfurter Historischen Kommission, 2. Aufl. 1994, 209ff., 224ff., 261ff., 273, 292ff. (Beiträge von A. Schindling, H. Duchhardt); J. WHALEY, Religious Toleration and Social Change in Hamburg 1529–1819, 1985.

Reichsreligionsrecht des Westfälischen Friedens keine Duldung vorsah. Eine solche über das Reichsrecht hinausgehende Ermöglichung von Mehrkonfessionalität blieb allerdings vorerst die Ausnahme. Sie wurde in Schleswig-Holstein früh auch bei den Stadtneugründungen von Glückstadt (1616/17) und Friedrichstadt (1621) praktiziert.[77]

Die großen Wanderungsbewegungen, zu denen es im Reich nach dem Westfälischen Frieden kam, waren lange noch stark konfessionell geprägt – wie die Zuwanderung in die kriegszerstörten Gebiete der Kurpfalz, von Pfalz-Zweibrücken und Württemberg, nach Brandenburg-Preußen und nach Ungarn. Die reformierten Schweizer und die Waldenser wurden von der Pfälzer und der württembergischen Landeskirche integriert, die reformierten Hugenotten verstärkten in Brandenburg-Preußen, in Hessen-Kassel, in Hessen-Homburg oder in der wetterauischen Grafschaft Ysenburg die Konfession der gleichfalls reformierten Landesherren, die Salzburger kamen in Ostpreußen in ein lutherisch konfessionalisiertes Territorium, und zur Neubesiedlung Ungarns wurden zunächst nur katholische Donauschwaben eingeladen. Obwohl das Jahrhundert nach dem Westfälischen Frieden lebhafte Migrationsströme im Reich brachte, wurde dadurch die im Frieden festgeschriebene Konfessionskarte der deutschen Länder und Städte zunächst allenfalls lokal verändert – am meisten noch in der Kurpfalz und in Pfalz-Zweibrücken, zwei von der Ausgangslage her reformierten Territorien, die sich durch lutherische und katholische Zuwanderung seit der zweiten Hälfte des 17. Jahrhunderts zu dreikonfessionellen Gebieten verwandelten.[78]

Der Aufschwung des Katholizismus in der Kurpfalz, die vor dem Dreißigjährigen Krieg einmal das Herzland des deutschen Calvinismus gewesen war, resultierte aus dem dynastischen Herrscherwechsel des Jahres 1685: Auf die reformierte Simmerner Linie der Pfälzer Wittelsbacher folgte die katholische Linie Pfalz-Neuburg, von deren Kurfürsten die Rekatholisierung der Pfalz betrieben wurde – unter Umgehung des Westfälischen Friedens und mit einem zumindest teilweisen Erfolg. Die Neuburger Rekatholisierungspolitik in der Pfalz wurde möglich im Zusammenspiel mit Frankreich durch die Rijswijker Klausel von 1697, die in den Friedensvertrag nach dem Pfälzer Erbfolgekrieg eingefügt wurde und die in den während des Krieges von den Franzosen besetzten Orten den öffentlichen katholischen Gottesdienst garantierte. Es kam in der Folge in der Kurpfalz zu erheblichen konfessionellen Zwistigkeiten[79], die zwar die interkonfessionellen Beziehungen zwischen den Reichsständen

---

[77] Schleswig-Holstein (II 159ff.).
[78] Kurpfalz, Rheinische Pfalz und Oberpfalz (V 43f.). – Pfalz-Zweibrücken, Zweibrückische Nebenlinien (VI 184ff.). – A. ERNST, Die reformierte Kirche der Kurpfalz nach dem Dreißigjährigen Krieg (1649–1685), 1996, 270ff.
[79] M. SCHAAB, Geschichte der Kurpfalz, Bd. 2: Neuzeit, 1992, 154ff.

schwer belasteten, schließlich jedoch durch die von der Reichsverfassung bereitgestellten Konfliktregelungsmechanismen eingedämmt wurden und sich ebensowenig zu einem Flächenbrand ausweiteten wie alle noch nachfolgenden Konfessionsstreitigkeiten im Alten Reich. In den meisten Orten der Kurpfalz wurden die Kirchen dergestalt aufgeteilt, daß der durch eine Mauer abgetrennte Chor den Katholiken und das Schiff den Reformierten zur Verfügung standen; daneben gab es auch baulich nicht zerteilte Simultankirchen[80]. Auch die Lutheraner, die ebenso wie die Katholiken durch Zuwanderung ins Land kamen, erhielten Kirchen für ihren öffentlichen Gottesdienst; im Fall der Stadt Oppenheim am Rhein[81] schrieb dies sogar der Westfälische Frieden vor, der damit die mehrkonfessionelle Nachkriegsentwicklung der Kurpfalz einleitete. Die neue kurpfälzische Residenzstadt Mannheim bot im 18. Jahrhundert mit ihren repräsentativen Kirchenbauten – früher als andere deutsche Residenzen – auch im Stadtbild die architektonischen Zeichen für das mehrkonfessionelle Nebeneinander von Katholiken, Lutheranern und Reformierten.

Das Normaljahr des Westfälischen Friedens hinderte an sich Landesherren daran, ihre eigene Konfession oder eine persönliche Konversion auch den Untertanen aufzuzwingen. Obgleich der Westfälische Frieden das „ius reformandi" der Landesobrigkeit und damit das Prinzip des „cuius regio eius religio" explizit bestätigte, hob er es doch zugleich implizit mit der Überordnung des Normaljahrs für die Zukunft auf. Die Konversion des Landesherrn vom Protestantismus zum Katholizismus – was nach 1648 mehrfach vorkam[82] – konnte für ein evangelisches Land in unterschiedlichem Ausmaß das Nebeneinander von zwei Konfessionen nach sich ziehen, indem katholische Kirchengemeinden in Abweichung von dem Normaljahr 1624 neu errichtet und gefördert und so die Spielräume des Westfälischen Friedens jeweils ausgelotet wurden. In der Sekundogenitur Hessen-Rheinfels zum Beispiel ermöglichte der Konvertit Landgraf Ernst von Hessen-Rheinfels die Neugründung katholischer Gemeinden, im kleinen Fürstentum Pfalz-Sulzbach in der Oberpfalz führte Pfalzgraf Christian August in den Kirchen Simultaneen zugunsten seiner neuen katholischen Glaubensbrüder ein.[83] In Hannover unter Herzog Johann Friedrich, in Schwerin unter Herzog Christian

---

[80] K. ROSENDORN, Die rheinhessischen Simultankirchen bis zum Beginn des 18. Jahrhunderts. Eine rechtsgeschichtliche Untersuchung, 1958, 88ff.
[81] P. ZSCHUNKE, Konfession und Alltag in Oppenheim. Beiträge zur Geschichte von Bevölkerung und Gesellschaft einer gemischtkonfessionellen Kleinstadt in der Frühen Neuzeit, 1984.
[82] G. CHRIST, Fürst, Dynastie, Territorium und Konfession. Beobachtungen zu Fürstenkonversionen des ausgehenden 17. und beginnenden 18. Jahrhunderts, in: ders., Studien zur Reichskirche der Frühneuzeit, 1989, 111–131.
[83] Pfalz-Neuburg (I 54).

Louis und in Dresden seit August dem Starken blieb der Katholizismus auf eine Hofgemeinde im Umkreis des Fürsten und der fürstlichen Familie begrenzt. So war es dann auch bei den späteren Fürstenkonversionen im 18. Jahrhundert in Württemberg und Hessen-Kassel. In Pfalz-Zweibrücken hatte die katholische Zuwanderung in das kriegszerstörte Land bereits geraume Zeit vor der Nachfolge von katholischen Herzögen in der Landesherrschaft begonnen.[84] Die katholischen Residenzgemeinden in protestantischen Territorien der Barockzeit hatten neben dem persönlichen Umfeld des Fürsten noch ein besonderes Element durch die oft zahlreichen italienischen Hofkünstler, die als Architekten, Stukkateure, Maler, Theaterdekorateure, Musiker, Sänger und Schauspieler eine besondere Form der Arbeitsmigration mit konfessioneller Kontur darstellten.[85] An einer ganzen Reihe von deutschen Höfen wurden so – ähnlich wie in den großen Handelsstädten – die strengen Konformitätsmuster der Konfessionalisierung seit der zweiten Hälfte des 17. Jahrhunderts relativiert und in Frage gestellt.

Ebenfalls als ein Ausdruck der absolutistischen Fürstenpolitik nach dem Westfälischen Frieden, wenn auch auf einer völlig anderen sozialen Ebene, ist die Ermöglichung von katholischen Militärseelsorgsgemeinden für geworbene katholische Soldaten in Preußen zu erwähnen. Der Soldatenkönig Friedrich Wilhelm I. ließ in Potsdam die Gründung einer katholischen Gemeinde zu und gewährleistete so die Mehrkonfessionalität innerhalb der Armee. Auch vorher waren schon viele Armeen konfessionelle Freistätten: Wallenstein fragte keinen Söldner nach seinem Glauben, und in der Spätphase des Dreißigjährigen Kriegs waren auch die Heere des Kaisers, der Schweden und der Franzosen bunt zusammengesetzt. Mehrkonfessionalität in Gestalt einer geregelten Militärseelsorge scheint es allerdings erstmals in der preußischen Armee unter Friedrich Wilhelm I. gegeben zu haben. Das berühmte geflügelte Wort des jungen Preußenkönigs Friedrich II. aus dem Jahre 1740, daß bei ihm „jeder nach seiner Façon selig" werden könne, bezog sich übrigens auf den Religionsunterricht für katholische Soldatenkinder in der Garnison Potsdam. Bei der Integration des bikonfessionellen Schlesien in den preußischen Staat sollten sich bald schon die Vorteile der hohenzollernschen Toleranzpolitik erweisen.[86]

---

[84] Pfalz-Zweibrücken, Zweibrückische Nebenlinien (VI 184ff.).
[85] A. SCHINDLING, Bei Hofe und als Pomeranzenhändler. Italiener im Deutschland der Frühen Neuzeit, in: K. J. Bade, Hg., Deutsche im Ausland – Fremde in Deutschland. Migration in Geschichte und Gegenwart, 3. Aufl. 1993, 287–294.
[86] A. SCHINDLING, Friedrichs des Großen Toleranz und seine katholischen Untertanen, in: P. Baumgart, Hg., Kontinuität und Wandel. Schlesien zwischen Österreich und Preußen, 1990, 257–272.

Jenseits des Konfessionalisierungs-Paradigmas

Die Toleranz der Aufklärung steht am Ende der Konfessionalisierung. In den voranstehenden Überlegungen wurde jedoch deutlich, daß es auch im Konfessionellen Zeitalter zahlreiche Grenzen der Konfessionalisierung gab, ebenso Grenzen der Konfessionalisierbarkeit – äußere und innere Grenzen. Das Spektrum der widerspenstigen Faktoren reicht dabei von den langfristig wirkenden säkularen Prozessen der frühmodernen Staatsbildung, der europäischen Mächtepolitik und der Rationalisierung des Denkens über die Staatsräson bis hin zum „Forum internum" der Menschen in Andacht und religiös-mystischer Versenkung. Mit Jean Bodin und Justus Lipsius, mit Teresa von Avila und Johannes Arndt treten hierzu bekannte Zeugen auf. Grenzen der Konfessionalisierbarkeit im 16. und 17. Jahrhundert sind auch Grenzen des Konfessionalisierungs-Paradigmas in der heutigen Forschung. Die naheliegende Antithese Konfessionalisierung versus Säkularisierung ist aber oft zu einfach. Sie filtert Lebenswelten und Imaginationsräume der Menschen des 16. und 17. Jahrhunderts voreilig hinweg, weil sie vielleicht nicht mehr in ein modernes Erklärungsraster passen – von der mystischen Ergriffenheit und dem Enthusiasmus der Frommen bis hin zur schwarzen Magie eines faustischen Teufelsbündlers. All dies war aber real im Erleben, in der Wahrnehmung und in der Deutung der Zeitgenossen. In ihrem Erfahrungsraum kämpften nicht abstrakte Prinzipien einer modernen historischen Sozialwissenschaft um die Zukunftsfähigkeit, sondern Gott und der Teufel, Engel und Hexen, der Papst und das Evangelium, die Gläubigen und die Gottlosen, Kaiser, Fürsten und Stände, Ritter, Bürger und Bauern.

So wichtig makrohistorische Erklärungsansätze für Prozesse und Strukturen in der Gesellschaft sind, die Rasterungen der theoretischen Modelle dürfen nicht die Vielgestaltigkeit und Farbigkeit des aus den Quellen erkennbaren historischen Lebens und seiner Vorstellungswelten wegretouchieren. Die vielen Bilder in der Wahrnehmung und Erfahrung von konkreten Menschen haben ihren legitimen Platz. Konfessionalisierung war auch Erlebnis, Wahrnehmung und Deutung, war subjektiv verfolgter und erfahrener Sinn von Männern und Frauen. Sie war vor allem Konfessionalisierung mit und mittels einer Konfession, und das heißt mit der zentralen Stellung eines kirchlichen Glaubensbekenntnisses von Individuen und Gruppen bis hin zu ganzen Ländern. Soziale Wirklichkeit wird ebenso als objektives Faktum wie als subjektiv gemeinter Sinn sichtbar. Diese bedingen sich gegenseitig, denn Erfahrungen entstehen in der Rückkoppelung mit ihren gesellschaftlichen Voraussetzungen, während sich Gesellschaft erst über die Objektivierung dieser Erfahrungen in einem zeitbedingten Erwartungshorizont reproduziert. Eine sozialgeschichtliche Analyse kultureller Wissensbestände –

hier des konfessionellen Wissens – erfordert deshalb die wechselseitige Verknüpfung von individueller wie kollektiver Wahrnehmung und Erfahrung mit dem Kontext ihrer Entstehung. Diese Verknüpfung konstituiert sich über Kommunikation, deren Medien, Kanäle, Symbole und Inhalte für die Analyse von zentraler Bedeutung sind. Von einem solchen wahrnehmungs- und erfahrungsgeschichtlichen Ansatz[87] her sollten auch die Konfessionalisierungsprozesse noch einmal neu beleuchtet werden, um bei der historischen Interpretation die arg einseitige Anbindung an das Konzept der Sozialdisziplinierung zu hinterfragen und zu überprüfen.

Es sollten vor allem Hierarchisierungen von Erklärungskategorien nur sehr behutsam angepackt werden. Die Kontroverse, ob Konfessionalisierung oder Säkularisierung den übergeordneten Fundamentalprozeß in der Frühen Neuzeit markiere, dreht sich eher um ein Scheinproblem. Beide Tendenzen waren nebeneinander wichtig, vielfach verschränkt und einander wechselseitig bedingend; sie müssen ohne Zweifel auch nach Zeiträumen unterschiedlich gewichtet werden. Gestalten wie Kaiser Ferdinand II. und König Gustav Adolf von Schweden können beispielsweise je nach Blickwinkel entweder als konfessionalistische Glaubenskämpfer oder als säkularistische Anhänger der Staatsräson beurteilt werden – als handelnde Politiker waren sie beides. Es kommt jeweils darauf an, den Mischungsgrad verschiedener Motivationen darzustellen und die Anteile zu bemessen. Darauf kann dann die Typologisierung aufbauen, die selbstverständlich notwendig ist, die aber eher mit quellennahen Realtypen arbeiten sollte.

Die theorieorientierte Debatte über das Konfessionalisierungsparadigma hat die Erforschung der Epoche des Konfessionalismus und der Frühen Neuzeit insgesamt ohne Frage ein großes Stück vorangebracht. Aber wie eine Spirale an den Ausgangspunkt zurückkehrt, allerdings eine Drehung höher, so erscheint mir die Diskussion jetzt an einem Punkt angelangt zu sein, wo die empirische Erforschung einzelner Phänomene im Rahmen von Territorien, Städten und Regionen sowie deren komparatistische und typologisierende Einordnung in Typologien eines mittleren Abstraktionsgrades vorrangig zu betreiben sind. Notwendig ist eine empirische Forschung, die die Kategorien und Leitbegriffe, die Fragestellungen und abstrakten Typologisierungen der theoretischen Konfessionalisierungsdebatte integriert und die diese Konzepte an den Quellen erprobt. Der methodische Zugriff künftiger For-

---

[87] Vgl. R. KOSELLECK, Erfahrungswandel und Methodenwechsel. Eine historisch-anthropologische Skizze, in: Ch. Meier / J. Rüsen, Hg., Historische Methode, 1988, 13–61; DERS., ‚Erfahrungsraum' und ‚Erwartungshorizont' – zwei historische Kategorien, in: Ders., Vergangene Zukunft. Zur Semantik geschichtlicher Zeiten, 1989, 349–375; O. G. OEXLE, Geschichte als historische Kulturwissenschaft, in: W. Hardtwig / H.-U. Wehler, Hg., Kulturgeschichte heute, 1996, 14–40.

schungen muß im Reich mit dem doppelten Rüstzeug der Reichsgeschichte und der Landesgeschichte ausgestattet sein – hinter diese Forderung[88] darf es kein Zurück mehr geben. Die Theologie und die Geschichte von Frömmigkeit und Spiritualität müssen gleichfalls ihren unverzichtbaren Platz in der Konfessionalisierungsforschung einnehmen, die gerade unter diesem Blickwinkel sich von einer allzu engen Anbindung an das Konzept der Sozialdisziplinierung wieder lösen sollte. Der Kraftquell der Konfessionalisierungen waren zumindest zu einem sehr wesentlichen Teil genuin religiöse Kräfte und Bewegungen und nicht nur die Durchsetzungsfähigkeit von frühmodernen Staatsbildungen – so viel die letzteren auch bewirkten. Nicht jede Policey-Anordnung des werdenden absolutistischen Fürstenstaats, die Kirche und Moral betraf, kann kurzschlüssig mit dem Stichwort Konfessionalisierung verbunden oder gar als deren zentrales Anliegen gedeutet werden.

Modernisierung zwischen Konfessionalisierung und Säkularisierung

Zur adäquaten Beschreibung der historischen Phänomene werden neben dem präzisierten Konfessionalisierungsbegriff auch ältere forschungsleitende Grundbegriffe weiterhin unverzichtbar sein, so für die katholischen Entwicklungen die Begriffe „Gegenreformation", „katholische Restauration, Erneuerung oder Reform" bzw. Hubert Jedins Doppelbegriff „katholische Reform und Gegenreformation".[89] Ähnliches gilt für den Begriff der „Zweiten Reformation", wenn er auch theologisch

---

[88] P. MORAW / V. PRESS, Probleme der Sozial- und Verfassungsgeschichte des Heiligen Römischen Reiches im späten Mittelalter und in der frühen Neuzeit (13.–18. Jahrhundert). Zu einem Forschungsschwerpunkt, in: Zs. f. hist. Forsch. 2 (1975) 95–108; V. PRESS, Das Römisch-Deutsche Reich. Ein politisches System in verfassungs- und sozialgeschichtlicher Fragestellung, in: Klingenstein/Lutz, Hg., Spezialforschung und ‚Gesamtgeschichte' (wie Anm. 41) 221–242.

[89] Insbesondere muß darauf insistiert werden, daß Spiritualität und Frömmigkeit der katholischen Erneuerungsbewegung des 16. und 17. Jahrhunderts in den romanischen Ländern von dem Begriff einer katholischen Konfessionalisierung nur unzureichend erfaßt werden. Der Tagungsband, hg. v. REINHARD/SCHILLING (wie Anm. 5), mit Lücken in diesem Feld illustriert dies, obwohl doch gerade von hierher das Profil des neuzeitlichen Katholizismus maßgeblich zu bestimmen wäre. Dies gilt auch für die Architektur und die bildenden Künste im Dienst der erneuerten Kirche, für die neue Ästhetik und Bildkultur im katholischen Europa. Für die Interpretation von Michelangelo, Bernini, Borromini, El Greco, Caravaggio oder Rubens wäre das Konfessionalisierungsparadigma eine ebensolche Zwangsjacke wie für Teresa von Avila, Philippo Neri oder Franz von Sales.

umstritten ist.⁹⁰ Nicht nur aus Gründen der sprachlichen Variation, sondern auch aus Gründen der Erklärungskapazität ist es nicht weiterführend, alle komplexen Verwerfungen in den historischen Prozessen und Strukturen terminologisch glattzubügeln durch eine parallele Verwendung nur noch der Oberbegriffe einer katholischen, lutherischen oder reformierten Konfessionalisierung. Die Rezeption des Konfessionalisierungsbegriffs in den USA scheint diese Gefahr zu laufen.⁹¹ Solchen Unklarheiten durch Hypostasieren eines Begriffs sollten jeweils die Fragen nach den Quellen und den konkreten Beispielen sowie nach realitätsnahen Typologien als Kontrollinstanzen entgegengesetzt werden. Eine trennscharfe Begrenzung des Konfessionalisierungs-Begriffs auf die aus der abendländisch-lateinischen Kirche des Mittelalters hervorgegangenen christlichen Konfessionsgemeinschaften muß, wie bereits früher ausgeführt, ohnehin beachtet werden. In einem Zugriff, der sensibel für Differenzierungen bleibt und der auch ein Tableau benachbarter forschungsleitender Grundbegriffe nuancierend verwendet, wird das Konfessionalisierungskonzept sinnvoll zur historischen Erkenntnis beitragen.

Die Grenzen der Konfessionalisierung und der Konfessionalisierbarkeit müssen stets mitreflektiert werden, um die Erklärungsfähigkeit des Konfessionalisierungsparadigmas angemessen zu gewichten. Gerade wenn es sich um einen Fundamentalprozeß handelt – was hier nicht bestritten werden soll (wobei allerdings die Kategorie „Fundamentalprozeß" noch unspezifisch bleibt) –, muß die Frage nach Umfang und Grenzen sehr trennscharf, multiperspektivisch und mit vielen Facettierungen gestellt sein. Nur so wird die Grundanfrage, ob nicht die Säkularisierung doch der alles umfassende Hauptprozeß, der „mainstream" der europäischen Neuzeit gewesen sei, überzeugend beantwortet werden können. Hier liegt das theoretische Hauptproblem des Konfessionalisierungskonzepts. Gehören die Phänomene der Konfessionalisierung in das „Musterbuch der Moderne"⁹², als das Winfried Schulze die Frühe Neuzeit beschreibt? Das metahistorische Konstruktionsmodell der Geschichtserzählung zur europäischen Neuzeit, das teleologisch auf den abendländischen Prozeß der Rationalisierung und in der vielzitierten Formel von

---

⁹⁰ W. H. NEUSER, Die Erforschung der „Zweiten Reformation" – eine wissenschaftliche Fehlentwicklung, in: Schilling, Hg., Reformierte Konfessionalisierung (wie Anm. 5) 379–386.
⁹¹ R. P.-Ch. HSIA, Social Discipline in the Reformation. Central Europe 1555–1750, 1989; R. BIRELEY, Neue Orden, katholische Reform und Konfessionalisierung, in: Reinhard/Schilling, Hg., Katholische Konfessionalisierung, (wie Anm. 5) 145–157.
⁹² W. SCHULZE, „Von den großen Anfängen des neuen Welttheaters". Entwicklung, neuere Ansätze und Aufgaben der Frühneuzeitforschung, in: GWU 44 (1993) 3–18, hier: 18.

Max Weber auf die „Entzauberung der Welt"[93] zielt, wird vielfach als eine scheinbar selbstevidente Deutungskategorie unterlegt, und zwar durchaus in Symbiose mit der preußisch-protestantischen Tradition in der deutschen Geschichtswissenschaft. Zwar ist die damit intendierte Moderne inzwischen in ihrer Selbstsicherheit erschüttert, aber das von ihr geprägte Geschichtsbild kehrt auch in manchen Anwendungen des Konfessionalisierungsbegriffs zurück – so wenn dieser zeitlich und räumlich überdehnt wird und seine geschichtliche Situierung zwischen ca. 1550 und ca. 1650 zusammen mit seiner inhaltlichen Eigenart zu verlieren beginnt oder wenn Konfessionalisierung nur noch als eine religiös-moralische Einkleidung von staatlicher Sozialdisziplinierung verstanden wird. Hier sind Quellenstudium, eine komparatistisch-typologisierende Differenzierung bei der Interpretation und das Ernstnehmen von jeweils zeitgenössischen Deutungssystemen und Erwartungshorizonten anzumahnen. Die Wahrnehmung, die Erfahrung und die Zukunftsprojektion, der subjektiv gemeinte Sinn der in der Vergangenheit handelnden und betroffenen Menschen muß auch für die analysierende Beschreibung der Konfessionalisierungsprozesse ein entscheidender Maßstab sein, so sehr der Historiker gerade bei einem derart folgenschweren Thema geneigt ist, vom Ausgang und vom heute her als „rückwärtsgewandter Prophet" zu urteilen.

Konfessionalisierung und Säkularisierung als zwei fundamentale, miteinander konkurrierende Potenzen im Aufbau der Neuzeit traten in unterschiedlichen Konfigurationen und Facettierungen in Beziehung zueinander, sich wechselseitig stimulierend und begrenzend. Die Spannung zwischen beiden Grundströmungen macht ein wesentliches Stück der Identität Europas auf dem Weg zur Moderne aus. Deshalb ist die Kontrollfrage nach Grenzen der Konfessionalisierung und der Konfessionalisierbarkeit in der Frühen Neuzeit immer auch eine Anfrage an das Selbstverständnis der Moderne und an die von ihr zur eigenen Erfolgsgeschichte selektierte historische Erinnerung. Solche Grenzbestimmungen vermögen erst die Formierung Europas und der westlichen Zivilisation in der Frühen Neuzeit zu erklären und in einer von späteren Übermalungen gereinigten Rekonstruktion wiederzugewinnen. Konfessionsbildung und Konfessionalisierung waren in der Geschichte Europas und des neuzeitlichen Christentums ein formativer Prozeß; wichtig waren aber auch die Grenzen der Konfessionalisierung, die äußeren und die inneren; und sie bestimmen die Reichweite und den Fragehorizont am jeweils historisch konkreten Ort.

---

[93] M. WEBER, Wissenschaft als Beruf (1917/19). Studienausgabe, hg. v. W. J. Mommsen / W. Schluchter, 1994, 9, 17, 22; in der in Anm. 8 zitierten Ausgabe: 594, 604, 612.

Evangelische Territorien
im Konfessionalisierungsprozess

von Dieter Stievermann

Die Konfessionalisierung auf evangelischer Seite wird hier als der Prozeß von Einführung und Durchführung der Reformation verstanden. Dieser Beitrag versucht dabei nicht, eine durchgehende Typologie im strengen Sinne für den Gesamtverlauf der Konfessionalisierungsprozesse in den einzelnen evangelischen Territorien vorzunehmen. Eine solche ist wohl auch nicht möglich, ohne die historische Wirklichkeit mit ihren vielen Facetten und Brechungen zu sehr zu vereinfachen bzw. zu deformieren. Es geht statt dessen um zusammenfassende, generalisierende Beobachtungen zur faktischen Vielfalt innerhalb der einzelnen territorialen Konfessionalisierungsprozesse und ihrer Voraussetzungen. Dabei wird in einzelnen Bereichen sehr wohl auf unterschiedliche Typen hinzuweisen sein. Eine solche, wesentlich aus dem Vergleich erhobene behutsame Theoriebildung verzichtet auch auf eine ausgesprochene Problematisierung des an sich wichtigen Konfessionalisierungsbegriffes bzw. -Paradigmas.[1] Schon aus Raumgründen war es darüber hinaus nicht möglich, durchgehend eine chronologische Schichtung vorzunehmen.

Grundlagen

Die Konfessionalisierung in den evangelischen Territorien beruht häufig auf einer breiten Kontinuität fürstlicher Politik (Schlagwort: „vorreformatorisches landesherrliches Kirchenregiment"). Diese Kontinuität wird heute wieder verstärkt zur Kenntnis genommen.[2] Ihre allgemeine

---

[1] H.-C. RUBLACK, Hg., Die lutherische Konfessionalisierung in Deutschland, 1992; H. R. SCHMIDT, Konfessionalisierung im 16. Jahrhundert, 1992; W. REINHARD / H. SCHILLING, Hg., Die katholische Konfessionalisierung, 1995; vgl. auch R. DECOT, Kirchenreform durch Konfessionalisierung, in: S. Oehmig, Hg., 700 Jahre Wittenberg, Weimar 1995, 155–170; nach Abschluß des Mscr. erschien O. MÖRKE, Die politische Bedeutung des Konfessionellen im deutschen Reich und in der Republik der Vereinigten Niederlande. Oder: War die Konfessionalisierung ein „Fundamentalvorgang"? in: R. Asch / H. Duchhardt, Hg., Der Absolutismus – ein Mythos? 1996, 125–164 – dort sind einige der hier angesprochenen Überlegungen ebenfalls behandelt.

[2] Ernestinisches Sachsen (IV 14); Hessen (IV 258); Pommern (II 185); Brandenburg-Ansbach/Bayreuth (I 13); Kurbrandenburg (I 37); Württemberg (V 171f.); vgl. allgemein E. SEHLING, Geschichte der protestantischen Kirchenverfassung, 1907 (2. Aufl. 1914), 9–11; D. STIEVERMANN, Landesherrschaft und Klosterwesen im spätmittelalterlichen Württemberg, 1989, bes. 29ff. u. 144ff.;

Gewichtung kann sogar mit dazu beitragen, die Epochengrenze um 1500 in Frage zu stellen.³ Grundsätzlich ist dieses landesherrliche Kirchenregiment in den Zusammenhang des allgemeinen innerterritorialen Entwicklungsstandes zu stellen.⁴ Charakterisierende Stichworte dafür sind z. B.: Verstärkung der fürstlichen Gewalt, raumübergreifende dynastische Verflechtungen, Königsnähe, verdichtete kuriale Beziehungen, Ausbildung von Behörden und Landständen, Finanzwesen, Wirtschaft und Kultur.

Auf diesem Hintergrund ist festzuhalten, daß es wohl nicht zufällig entwickelte und größere Territorien sind, die als Vorreiter der Reformation auftreten: eben Kursachsen, Hessen, Preußen. Diesen können sich dann auch weniger entwickelte und sogar sehr schwache Reichsstände anschließen und damit Entwicklungsrückstände (nicht zuletzt auch im Süd-Nord- und West-Ost-Gefälle des Reiches) überspringen. Daß aber ein ausgeprägtes vorreformatorisches landesherrliches Kirchenregiment nicht zwangsläufig zum alsbaldigen Anschluß an die Reformation führt, beweist etwa das albertinische Sachsen unter Georg dem Bärtigen oder überhaupt Bayern.⁵ Insofern dürfte eine Typisierung der evangelischen Territorien nach der Ausprägung ihres vorreformatorischen landesherrlichen Kirchenregiments wenig Sinn haben. Ein durchweg hoher allgemeiner territorialer Entwicklungsstand mußte gleichfalls nicht besonders „anfällig" für die Reformation machen: So schließt sich das gering entwickelte Braunschweig-Lüneburg(-Celle) sehr viel früher der Reformation an als das fortgeschrittenere Braunschweig-Wolfenbüttel.⁶

Vielfach ist konstatiert worden, daß die landesfürstliche Reformation überhaupt erst einen stärkeren Ausbau des Territorialstaats ermöglicht.⁷ Das ist insofern richtig, als eine fürstliche Reformation in der Regel eine territorialstaatliche Weiterentwicklung nach sich zieht, von welchem Niveau sie auch immer ausgehen mag: Es ist aber nachdrücklich zu betonen, daß zumindest eine ausgeprägte Territorialherrschaft vorhanden sein muß, da es ja in den meisten Fällen bedeutende Gegenkräfte zu überwinden galt, zuallererst auf kirchlicher Seite.⁸ Wenn auch

---

Beachtung der Kontinuitäten auch bei F. KONERSMANN, Kirchenregiment und Kirchenzucht im frühneuzeitlichen Kleinstaat. Studien zu den herrschaftlichen und gesellschaftlichen Grundlagen des Kirchenregiments der Herzöge von Pfalz-Zweibrücken 1410-1793, 1996.

³ Th. A. BRADY jr. / H. A. OBERMAN / J. D. TRACY, Hg., Handbook of European History 1400-1600, 2 Bde., 1994/95.

⁴ P. MORAW, Die Entfaltung der deutschen Territorien im 14. und 15. Jahrhundert (zuerst 1984), jetzt in: Ders., Über König und Reich, 1995, 89-126.

⁵ Albertinisches Sachsen (II 8-32); Bayern (I 56-70).

⁶ Braunschweig-Lüneburg (III 19, 24).

⁷ Hessen (IV 261f.); Braunschweig-Lüneburg (III 19).

⁸ In unterschiedlicher Intensität von den Bischöfen und Orden, zum Teil auch von den Landständen bzw. Prälaten.

eine Zwangsläufigkeit der Entwicklungen keinesfalls behauptet werden soll, so erscheint doch aus territorialer Perspektive der Zeitpunkt für die Reformation im Reich insgesamt eben nicht zufällig, sondern wesentlich auch durch den Status der Landesstaaten insgesamt bestimmt. Gleichwohl spielten im Einzelfall häufiger persönliche und politische Konstellationen, nicht zuletzt die Beziehungen zum Kaiser selbst, eine wichtigere Rolle als der jeweilige territorialstaatliche Entwicklungsstand.[9]

Kann die territoriale Reformation also an die Vorgegebenheiten dynastischer Herrschaft im personalen Sinne wie auch an ihre Organisationsformen anknüpfen, so ist darüber hinaus zu verweisen auf schwerwiegende Veränderungs- und Formierungsprozesse auf Reichsebene: z. B. die Ausformung des Reichstags, überhaupt die allgemeine „Verdichtung".[10] Diese befanden sich zum Teil schon länger in Gang, entwickelten sich aber in Wechselwirkung mit den aktuellen Vorgängen in den Territorien auch weiter. Verbunden mit den besonderen Problemen des habsburgisch-spanischen Königtums in Deutschland hatte die Gruppe der größeren Territorien (nicht zuletzt auch das katholisch bleibende Bayern!) also die äußeren Spielräume gesichert bzw. war dabei, sie gerade zu schaffen, die als notwendige Voraussetzungen für eine territoriale Reformation anzusehen sind: einer Reformation, die ja eben nur in Konfrontation mit den alten Zentralmächten Kaiser und Papst zu vollziehen war. Es erscheint dabei wie eine Ironie der Geschichte, daß dann aber gerade die außerdeutsche Basis der Habsburger (noch unter Karl V., aber auch hinsichtlich der weiteren Rolle der spanischen Habsburger für das Alte Reich) später wesentlich mit dazu beigetragen hat, daß Deutschland als Ganzes nicht evangelisch wurde.

Unverzichtbare Grundlagen und Ansatzpunkte für reformierendes Handeln auch auf territorialer Ebene bilden selbstverständlich aber über alle persönlichen, politischen und strukturellen Voraussetzungen hinaus zunächst die von Luther angestoßenen Glaubensfragen, an denen sich die reformatorische Bewegung im Reich insgesamt entzündet: Das alles muß hier ausgeklammert bleiben.[11] Für unseren Zusammenhang ist aber hervorzuheben, daß die von Luther aufgeworfenen Fragen aus sachlichen und biographischen Zusammenhängen heraus mit der traditionellen Hierarchie und dem Mönchtum zwei ganz wesentliche

---

[9] So zu Recht ZIEGLER für Georg von Sachsen und Heinrich von Wolfenbüttel (Braunschweig-Lüneburg: III 24f.); vgl. auch hier die Bemerkungen zu „Wechselwirkungen".

[10] P. MORAW, Von offener Verfassung zu gestalteter Verdichtung. Das Reich im späten Mittelalter 1250–1490, 1989; K.-F. KRIEGER, König, Reich und Reichsreform im Spätmittelalter, 1992; vgl. auch den Beitrag von G. SCHMIDT in diesem Band.

[11] Überblick bei H. RABE, Reich und Glaubensspaltung. Deutschland 1500–1600, 1989; P. BLICKLE, Die Reformation im Reich, 2. Aufl. 1992; M. BRECHT, Martin Luther, 3 Bde., 1981/87.

Elemente der alten Kirche beseitigten, so daß in den Luther folgenden Territorien eine unabweisbare Notwendigkeit und großer Raum für Entscheidungen hinsichtlich des äußeren Kirchenaufbaus und des materiellen Bereichs entstanden – weit über die den Laien primär berührenden ortskirchlichen Verhältnisse hinausgehend.

Verlaufsformen territorialer Reformationen

In der Regel geht einer landesherrlichen Einführung der Reformation ein ungelenktes Eindringen reformatorischer Ideen und Praktiken voran (sog. „evangelische Bewegung").[12] Die Attraktivität der reformatorischen Lehre (bzw. zumindest von Teilen), die allgemeine Mobilität der Zeit, die zunehmende Vernetzung etwa durch Reichstage, Ordens- und Universitätsschienen und nicht zuletzt durch den Buchdruck schließen aus, daß es im Reich Regionen gibt, die überhaupt nicht erfaßt werden. Gleichwohl sind Zonen deutlich schwächeren Einflusses unverkennbar: etwa im Westen mit Lothringen, wo jedoch nicht ganz deutlich wird, ob dies Ursache oder Wirkung der landesherrlichen Katholizität ist.[13]

Davon abgesehen präsentieren sich Umfang und Intensität des evangelischen „Vorlaufs aus wilder Wurzel" in den einzelnen Territorien sehr unterschiedlich – selbstverständlich auch ganz stark von einem früheren oder späteren Zeitpunkt der offiziellen territorialen Reformation abhängig. Ganz allgemein scheint er nach den vorliegenden Zeugnissen im städtischen Bereich stärker gewesen zu sein.[14] Bei einer solchen Bewer-

---

[12] Brandenburg-Ansbach/Bayreuth (I 15); Mecklenburg (II 171); Kurpfalz (V 18ff.); Pfalz-Neuburg (I 46). Zu Recht macht W. ZIEGLER, Territorium und Reformation, in: Hist. Jahrbuch 110 (1990) 52-75 darauf aufmerksam, daß – was oft übersehen wird – die territorialen als die letztlich wirkungsmächtigen Reformationen recht spät erfolgen. Ähnlich hat schon SEHLING, Geschichte (wie Anm. 2) 5-8 darauf verwiesen, wie wenig tatsächliche Bedeutung den Jahren vor 1526 zukommt. 1525 liegt also nicht ein großer Bruch vor, wie heute gern betont wird, sondern es geht eigentlich erst richtig los. Vgl. allgemein auch die Gliederung in drei große Formen landesfürstlicher Reformationen bei E. WOLGAST, Formen landesfürstlicher Reformation in Deutschland, in: L. Grane / K. Horby, Die dänische Reformation vor ihrem internationalen Hintergrund, 1990, 57-90, bes. 65ff.

[13] Lothringen (V 99f.): zu berücksichtigen ist hier eben die frühe und konsequente Politik der katholischen Landesherren.

[14] Deutlich z. B. im welfischen Herzogtum Calenberg-Göttingen (Braunschweig-Lüneburg: III 22); Mecklenburg (II 169, 173); Pommern (II 188-192), Kurbrandenburg (II 42). Zur Reformation als städtischem Ereignis vgl. BLICKLE, Reformation (wie Anm. 11) 81ff.; vgl. aber auch die zum Teil durchaus berechtigten Einwände von ZIEGLER, Territorium (wie Anm. 12) 57f. gegen die Überschätzung der städtischen Reformation, die sich aus den Interessen der neueren Forschung ergibt.

tung werden jedoch immer die in der Regel sehr voneinander abweichenden Quellenlagen für Stadt und Land zu bedenken sein.[15] Bei aller Strahlkraft der evangelischen Bewegung ist allerdings sehr wohl zu unterscheiden zwischen Territorien mit stillschweigender fürstlicher Duldung reformatorischer Diffusion und solchen mit umfassenden fürstlichen Gegenmaßnahmen im Sinne des Wormser Edikts[16] oder zumindest gegen einzelne reformatorische Erscheinungen. Das Vorbild von Fürst und Hof für die eine oder andere Seite besitzt wegen ihrer Signalfunktion dabei besondere Bedeutung, auch dann, wenn die Einwirkung (noch) indirekter Art ist. Eine vollständige und dauerhafte Passivität auf fürstlicher Seite ist im übrigen selten: Auch der konsequenten Reformation von oben geht meist eine Phase mit Einzelmaßnahmen bzw. -anordnungen voran.[17] Dadurch wird es oft schwer, einen genauen Zeitpunkt für die Einführung der Reformation zu nennen. Besonders kompliziert entwickelt sich das territoriale Erscheinungsbild, wenn – wie etwa in Pommern und Mecklenburg – zwei Brüder mit unterschiedlicher Ausrichtung regieren.[18]

Entschließt sich der Landesfürst zur „offiziellen" Reformation, dann werden die bisherigen Ansätze durch obrigkeitliche Maßnahmen kanalisiert, vertieft und allgemein verbindlich gemacht: bis hin zu umfassenden Kirchenordnungen, die ihrerseits schon recht früh oder (wie in den meisten Fällen) mehr oder weniger spät nach Beginn der territorialen Reformation entstehen können. Reformation von oben (hier: „Fürstenreformation") und „spontane" Reformation von unten können zwar als Idealtypen benannt werden, sie sind aber im Falle der evangelisch gewordenen Territorien in der Wirklichkeit kaum auszumachen.[19] Eine klare Trennung der Typen ist nicht zuletzt auch deshalb so schwierig bzw. unmöglich, weil zwischen ihnen in der territorialen Realität vor einer definitiven fürstlichen Entscheidung oder überhaupt fürstlichen Maßnahmen häufig noch mehr oder weniger umfassende lokale Reformationen durch einzelne oder mehrere landsässige Herrschaftsträger[20] wie Magistrate und Adel erfolgen, die etwa im bedeutenden dynastischen Territorienverbund von Jülich, Kleve, Berg, Mark und Ravensberg unter singulären politischen Rahmenbedingungen zu einem dauer-

---

[15] Für Pommern z. B. bleiben die ländlichen Verhältnisse „im dunkeln" (II 192); zur bäuerlichen Reformation vgl. BLICKLE, Reformation (wie Anm. 11) 111ff.
[16] Umsetzung des Wormser Edikts z. B. im albertin. Sachsen (II 13–17), Kurbrandenburg bis 1535 (II 39) und im habsburgischen Württemberg (V 173).
[17] Selbst in der kleinen Grafschaft Wertheim (IV 218–220), dessen Landesherr früh zur Reformation neigte.
[18] Mecklenburg (II 169); Pommern (II 192).
[19] Teilweise anders ist die Sachlage in freien bzw. autonomen Städten; vgl. SCHMIDT, Konfessionalisierung (wie Anm. 1) 5ff.
[20] Mecklenburg (II 174).

haften Nebeneinander der drei Konfessionen führten. Vor allem kommt es zu solchen lokalen Reformationen dort, wo die Landesherren selbst – aus eigenem Antrieb oder gezwungen – länger, teilweise Jahrzehnte, lavieren.[21] Einen aufschlußreichen Sonderfall bilden auch die Reformationen ohne Landesherren, die von den organisierten Landständen im habsburgischen Herrschaftsbereich vorgenommen worden sind: Letztlich waren diese aber sämtlich zum Scheitern verurteilt.[22]

Widerstände gegen fürstliche Reformationen

Ähnlich deutliche Gegenbeispiele zu den am Ende mißlungenen ständischen Reformationen, das heißt für an den Ständen gescheiterte klar erkennbare fürstliche Reformationsinitiativen, gibt es zwar bezeichnenderweise nicht, doch gleichwohl lassen sich in unterschiedlicher Form und Intensität Widerstände bzw. Opposition gegen die Reformation erkennen.[23] In den Quellen manifestiert sich das anfangs vor allem bei herausgehobenen altkirchlichen Funktionsträgern, bei Klöstern (besonders in Frauenklöstern) oder beim Adel (hier vielfach zentriert um Kirchengut, Vogtei, Patronat). Statusfragen, wirtschaftliche Gesichtspunkte – bis hin zu elementaren Versorgungsproblemen (etwa für Mönche und besonders für Nonnen!) – spielten hier eine große Rolle, dazu ging es auch um gewohnte Privilegien und Vorrechte. Die Wahrung solcher äußerer Interessen ist dabei aber von religiösen Motiven, die durchaus auch vorhanden sind, auf Grund der Quellenlage oft nur schwer abzugrenzen. In vielen Fällen erinnert der klösterliche Widerstand gegen die Reformation in seinen Formen an die Vorkommnisse bei Einführung der vorreformatorischen Klosterreform.[24]

In späteren Phasen von Konfessionalisierungsprozessen, insbesondere wenn ein bereits verfestigter Konfessionsstand verändert werden sollte, gewinnen die Gegenkräfte durchweg ein deutlicheres und breiteres Profil, das über die unmittelbaren Nutznießer und Funktionäre des alten Systems weit hinausweist. Genuin religiöse Fragen und weitere Trägerschichten treten dann deutlicher entgegen: in der sog. Zweiten Reformation oder in der Gegenreformation im engeren Sinne (Eichsfeld, habsburgische Länder, Oberpfalz).[25] Nicht nur in den Fällen solcher lan-

---

[21] Brandenburgische Städte unter Joachim II. (Kurbrandenburg II 42); Jülich-Kleve-Berg (III 86–106); Kurpfalz (V 18ff.).
[22] Innerösterreich (I 102–116); Nieder- und Oberöstereich (I 118–133); Böhmen (I 134–152).
[23] Kurbrandenburg (II 45); Ernestin. Sachsen (IV 19); Braunschweig-Lüneburg (III 20, 23, 26, 30).
[24] Ein plastisches Beispiel aus Mecklenburg (II 175).
[25] Habsburgische Territorien vgl. Anm. 22; Oberpfalz (Kurpfalz: V 40f.).

desfürstlicher Gegenreformationen (eine Ausnahme – allerdings auf Grund besonderer politischer Voraussetzungen, nicht zuletzt wegen der Genese des erst spät ganz habsburgischen „Territoriums" – ist Schlesien)[26], sondern auch gegen die „Zweiten Reformationen" konnten die Widerstände letztlich nur hinhaltend wirken. Gegenbeispiele bietet dabei aber eher die Zweite Reformation, etwa in der Oberpfalz oder später in Kurbrandenburg und seinen Nebenländern;[27] hierbei spielt nicht zuletzt die schwierige reichsrechtliche Lage des Calvinismus eine Rolle. Entscheidend blieb in der Regel ganz unübersehbar die Person des Fürsten und dessen Option, von wem auch immer sie angeregt oder gar gesteuert wurde. Allerdings konnten sich Teile des deutschen Adels, auch des landsässigen, persönliche Freiräume in den Territorien erhalten.[28] Nur sehr viel eingeschränkter bzw. unter ganz besonderen Rahmenbedingungen vermochten das die Landstädte.[29]

So sind hier in der hochrangigen Glaubensfrage ganz entscheidende Indikatoren zu erheben für die innerterritoriale Machtverteilung bzw. die unterschiedlichen Möglichkeiten von Fürst und Ständen. In extremer Weise ist der Machtkampf in Österreich und Böhmen ausgetragen worden. Allerdings ist zugunsten des Adels (und bald auch hinsichtlich von Künstlern und Fachkräften) durch die Interessen der Hofgesellschaft in vielen Territorien (besonders stark in evangelischen) sehr früh wieder eine Aufweichung des territorialen Konfessionsprinzips erfolgt, ohne allerdings den Grundsatz der einen anerkannten Konfession für die „normalen" Untertanen aufzuheben. Später verhinderte dann mancherorts das reichsrechtlich verankerte Normaljahrsprinzip für den territorialen Konfessionsstand weitere bzw. allgemeinere Lockerungen.[30]

---

[26] Schlesien (II 102–138).
[27] Kurpfalz (V 33f.); Kurbrandenburg (II 56).
[28] Z. B. Protestanten im kurmainzischen Eichsfeld, im kurkölnischen Herzogtum Westfalen (Kurköln: III 79) und in Niederösterreich (I 132) – inwieweit die sog. Declaratio Ferdinandea tatsächlich eine Rolle spielte, muß dahingestellt bleiben. Noch verbreiteter war offenbar das Phänomen katholischer Adel in protestantischen Territorien, z. B. in Pfalz-Neuburg (I 47). Eine übergreifende Untersuchung zum Thema fehlt; vgl. allgemein R. ENDRES, Adel in der frühen Neuzeit, 1993.
[29] Zu den strukturellen Hintergründen solcher Verwerfungen über die der bekannten „paritätischen Reichsstädte" hinaus vgl. D. STIEVERMANN, Katholisches Stift in evangelischer Stadt, in: F. Jürgensmeier, Hg., Weihbischöfe und Stifte, 1995, 167–179; s. auch den Beitrag von J. MERZ in diesem Band.
[30] D. STIEVERMANN, Reichsrechtliche und reichspolitische Rahmenbedingungen für die Konfessionen in der Frühen Neuzeit, in: Rottenburger Jahrbuch für Kirchengeschichte 13 (1994) 11–24, bes. S. 23f.; zu den Konflikten jetzt J. LUH, „Unheiliges Römisches Reich". Der konfessionelle Gegensatz 1648 bis 1806, 1995.

Legitimierung, Absicherung, Garantie

Die Legitimierung der Eingriffe in die bestehenden kirchlichen Strukturen – und damit in die geltende Rechtsordnung – erfolgt primär auf Reichsebene, was hier nicht zu behandeln ist. Aber es gibt daneben vielfach auch Legitimierungen in den Territorien selbst – und zwar durch landständische Beteiligung[31] in unterschiedlichen Formen: von reformatorischen Forderungen auf Landtagen bis hin zu nachträglicher Zustimmung zu fürstlichen Maßnahmen.[32] Sonderfälle sind dabei einmal mehr die erwähnten Territorien im habsburgischen Herrschaftsbereich, in denen allein die Landstände reformatorisch handeln – und zwar mehr oder weniger dezidiert gegen den fürstlichen Willen, letztlich aber – wie schon gesagt – an der vom Landesherrn getragenen Gegenreformation scheitern. Insgesamt kann der Umfang landständischer Beteiligung wohl als Reflex des Entwicklungsstandes landesfürstlicher Herrschaft im allgemeinen gewertet werden, soweit er nicht als Reaktion auf eine besondere aktuelle Situation zu deuten ist (z. B. Herrschaftskrise durch Vormundschaft, Konflikt in der Dynastie usw.). Es sei aber noch einmal betont, daß die Stände letztlich keinen Fürsten an der Reformation haben hindern können, bestenfalls auf Einzelheiten ihrer Form Einfluß zu nehmen in der Lage waren, insbesondere etwa in der materiell so gewichtigen Klostergutfrage.

Da im Prozeß der Reformation Ergebnisse und Folgen lange nicht absehbar waren bzw. einzelne Territorien besondere Einflußmöglichkeiten besaßen, gibt es teilweise sogar Legitimierungen durch Verträge mit altkirchlichen Autoritäten: mit Bischöfen in Hessen (1528 Mainz) oder Sachsen (Meißen).[33] Sonderfälle sind hier die Abkommen mit Administratoren zweifelhafter Legitimität.[34]

Die erwähnte formelle Einbindung der Landstände bedeutet sowohl Legitimierung als auch eine interne politische Absicherung der territorialen Reformation. Nicht näher zu verfolgen ist die vor allem spätere, an sich wichtigere Absicherung auf der reichspolitischen Ebene. Weitere und gewichtigere Möglichkeiten im Überschneidungsfeld von

---

[31] Vgl. allgemein F. L. Carsten, Princes and Parliaments in Germany from the Fifteenth to the Eighteenth Century, 1959; P. Baumgart, Hg., Ständetum und Staatsbildung in Brandenburg-Preussen, 1983.

[32] Proevangelische Landtage: Ernestin. Sachsen 1523 (IV 19), Brandenburg-Ansbach/Bayreuth 1528 (I 16), Pommern 1531 (aber 1534/35 Konflikte um Modalitäten) (II 193–195), Kurbrandenburg 1540 (II 42); aber Landstände konnten sich auch widerstrebend gegen fürstl. Reformationsmaßnahmen zeigen: 1527 Pfalz-Neuburg (I 46), 1539 Albertin. Sachsen (II 17f.); vgl. auch Sehling, Geschichte (wie Anm. 2) 20f., und Wolgast, Formen (wie Anm. 12) passim.

[33] Hessen (IV 259, 265); Albertin. Sachsen (II 23f.).

[34] Z. B. betr. Schwerin und Ratzeburg: Mecklenburg (II 178).

Reichs- und Territitorialpolitik bieten dazu die Kooperationen mit Gleichgesinnten: etwa durch Erbeinungen und Bündnisse. Eine herausragende Rolle in der Reformationsgeschichte spielte bekanntlich die sächsisch-hessische Erbeinigung; auf Ehe- und Bündnisbeziehungen zur Sicherung der Reformationspolitik setzte Pommern.[35] Die entwickelteste Form bildet dabei der Schmalkaldische Bund, für dessen Erfolg es wichtig war, daß er die älteren Trennungslinien zwischen Nord und Süd, zwischen Fürsten und Städten überbrückte.[36]

Garanten für die tendenziell dauerhafte Festschreibung einer Reformation bilden zunächst ebenfalls die Landstände, durch Landtagsbeschlüsse oder durch vom Fürsten erlangte Zusagen auf Bewahrung des Konfessionsstandes: etwa durch Testament, im Zusammenhang der Erbhuldigungen und Privilegienbestätigungen oder – vor allem später – durch besondere Religionsreversalien, in manchen Fällen schließlich sogar durch ein ausdrücklich konzediertes Widerstandsrecht (bis hin zu einem Widerstandsgebot) gegen Veränderungen im Konfessionsstatus.[37] Dabei kann die territoriale Konfessionssicherung zur Einschränkung des Religionsbanns und damit der fürstlichen Herrschaftsrechte führen – das heißt auch, im Gegensatz zum reichsrechtlichen ius reformandi stehen. Ganz allgemein wird hier die überwiegend beharrende Tendenz der Landstände deutlich, im evangelischen Lager insbesondere die Affinität zum Luthertum. Zu den Absicherungsmaßnahmen der Territorien für ihren Konfessionsstand gehören dann auch die ausdrücklichen und schriftlichen Verpflichtungen von Funktionsträgern (Geistliche, Räte, Beamte, Professoren) auf feste Bekenntnisformeln.[38]

Wechselwirkungen

Für den Entschluß zur Reformation und die Art ihrer Durchführung in einem Territorium spielt – neben der oft nur schwer einzuschätzenden persönlichen Entscheidung des Fürsten – die Wechselwirkung mit anderen eine große Rolle bzw. ist häufig sogar entscheidend. Mit an erster Stelle steht gerade für die kleinen Reichstände die Rücksicht auf

---

[35] Hessen (IV 263); vgl. auch: Hessen und Thüringen (Ausst.-Kat.) 1992, 255–261; Bündnis: Braunschweig-Lüneburg (III 19); Ehe- und Bündnisverhandlungen: Pommern-Kursachsen (II 198).

[36] Vgl. den Beitrag von G. SCHMIDT in diesem Band.

[37] Zusicherungen gegenüber Landständen: 1553/55 Herzogtum Calenberg-Göttingen (III 23), Württemberg 1565 (V 81), Kurbrandenburg 1572 (II 48); fürstl. Testamente: Hessen 1562 (IV 274f.), Pfalz-Neuburg 1613 (I 51); vgl. WOLGAST, Formen, (wie Anm. 12) 89f.

[38] Albertinisches Sachsen 1580 (II 26), Württemberg (V 186). In katholischen Territorien entspricht dem die Verpflichtung auf die Professio fidei des Konzils von Trient, z. B. in Bayern (I 64).

den mächtigen Nachbarn. Die politische Konkurrenz bei etwa gleichwertigen Territorialgewalten kann aber auch zu bewußt gegenteiligen Entscheidungen führen: In der Frühphase ist das z. B. bei den beiden Sachsen zu konstatieren. Die geographische Randlage erscheint als ein wichtiger Faktor für den frühen Zeitpunkt der Reformation in Preußen. Extreme Konsequenzen hatten politische und nachbarschaftliche Einwirkungen für die erste württembergische Reformationsphase, die zunächst in zwei geographisch voneinander abgeteilten Formen erfolgte, die erst später verschmolzen.[39]

Dynastische Beziehungen sind in der Regel ebenfalls von Bedeutung und können sich ähnlich wie die geographische Situation sehr unterschiedlich auswirken. Den Ehefrauen von Landesherren kommt dabei besondere Bedeutung zu.[40] Günstig für die Reformation waren die Rückbindungen Albrechts von Preußen nach Franken[41], langfristig sehr nachteilig die gnadenlose Konkurrenz zwischen den einzelnen Linien der Wettiner und Wittelsbacher. Von erheblichem Gewicht zeigen sich traditionelle und aktuelle politische Lagerbildungen: etwa die Entfremdung der Ernestiner gegenüber dem Haus Habsburg, oder die Nähe der Albertiner und welfischer Linien.[42] Es war politisch schon ein Risiko, das es genau zu kalkulieren galt, den Entschluß zur Reformation zu fassen und damit gegen den kaiserlichen Willen zu verstoßen. In diesem Sinne sind besonders moderate Reformationen traditionell kaisernaher Reichsstände wie Nürnberg und Brandenburg-Ansbach ein Stück weit zu erklären, im Gegensatz zu „rabiaten" wie etwa in Hessen.[43] Besondere Verwerfungen ergeben sich zwangsläufig, wenn die persönlichen Überzeugungen eines Landesherrn im Gegensatz zu den politisch-nachbarlichen Rücksichten stehen. Dann ist die Kunst des Dissimulierens gefragt, die späteren Historikern Bewertungsprobleme beschert.

In den skizzierten Gleisen nachbarschaftlicher, dynastischer und politischer Beziehungen vollzieht sich häufig auch ein Personentransfer, der für konfessionelle Optionen als ganze oder für Einzelheiten wichtig werden kann. Das gilt in der Frühphase weniger für die „Mutterländer der Reformation" wie das ernestinische Sachsen (und mit Einschränkung Hessen), wo sozusagen die „Entwickler der Reformation" bereits im Lande saßen und ihren Einfluß ausübten. Von großer Bedeutung und

---

[39] Württemberg (III 174f.).
[40] Evangelische Fürstin im Gegensatz zum altkirchlichen Gemahl z. B. in: Calenberg-Göttingen seit 1533 (Braunschweig-Lüneburg: III, 21) und Kurbrandenburg seit 1527 (II 40). Vgl. auch den Beitrag von M. RUDERSDORF in diesem Band.
[41] Beziehungen Albrechts: Brandenburg-Ansbach/Bayreuth (I 14).
[42] Georg von Sachsen und Heinrich von Wolfenbüttel: Braunschweig-Lüneburg (II 24f.).
[43] Nürnberg und Brandenburg-Ansbach: Brandenburg-Ansbach/Bayreuth (I 17); „rabiate Art der hessischen Klostersäkularisation": Hessen (IV 4).

klar greifbar ist dann aber der Personaltransfer für die nachfolgenden territorialen Reformationen: Zunächst für das Wachsen der Grundsatzentscheidung („Beeinflussung" des Fürsten durch Räte, Theologen, Hofleute, nicht zuletzt auch Gattinnen), dann aber noch deutlicher für die organisierte Durchführung, für die man sich gerne erfahrene Fachleute von außen holte, zum Teil „auslieh". Unter den „Ausgeliehenen" ist besonders der Württemberger Jakob Andreä mit seinen vielen Missionen in verschiedene Territorien zu nennen.[44] Spitzen-Theologen erscheinen im 16. Jahrhundert wie Spitzen-Juristen als besonders gesuchte und daher sehr mobile Fachleute. Es liegt auf der Hand, daß solche Ein- und Wechselwirkungen Vor- und Leitbilder entstehen lassen, ja direkt zur Übernahme von Modellen bzw. Kirchenordnungen führen können, die allerdings nicht dauerhaft verbindlich bleiben mußten.[45]

Instrumente und Institutionen evangelischer Konfessionalisierung

Zur Durchführung der territorialen Reformation stehen zunächst traditionelle Instrumente wie Synoden und vor allem Visitationen zur Verfügung, die aus dem alten kirchlichen Bereich von den Landesherren übernommen werden.[46] Vorreformatorische Traditionslinien finden sich mit den Sendschöffen selbst beim Institut der reformierten Ältesten[47] oder überhaupt bei der Ortskirchenverwaltung, wie z. B. mit den Kirchmeistern. Visitationen durch ad hoc bestellte Kommissionen – und weniger häufig Synoden unterschiedlicher Zusammensetzung – prägen gerade die Anfangsphasen der territorialen Reformationen, die vielfach (aber nicht immer) größere kirchliche Freiräume aufweisen als die Spätphasen. In der späteren Institutionalisierungs- und Verfestigungsphase werden auch diese Instrumente in der Regel stärker im obrigkeitlichen Sinne genutzt, in ein geschlossenes System eingebaut: zum Beispiel die verbreiteten ordentlichen Visitationen durch Superintendenten in festen Sprengeln (Kapiteln, Dekanaten u.ä.).[48]

[44] Württemberg (V 185).
[45] Vgl. z. B. die Kurswechsel in Nassau: Nassau, Otton. Linien (IV 239, 242f.); vgl. zu Leit- und Vorbildern auch hier die folgenden Abschnitte sowie zur württembergischen Vorbildlichkeit schon SEHLING, Geschichte (wie Anm. 2) 26f.
[46] E. W. ZEEDEN / P. T. LANG, Hg., Kirche und Visitation. Beiträge zur Erforschung des frühneuzeitlichen Visitationswesens in Europa, 1984; vgl. auch Art. „Visitation, kanonische", in: LThK, 2. Aufl. Bd. 10, 1965, Sp. 813f. (H. HACK) und Art. „Diözesansynode", in: ebd. Bd. 3, 1959, Sp. 413 (E. RÖSSER) – demnächst auch Art. „Synode" in: Lexikon des Mittelalters, Bd. 8.
[47] Nassau, Otton. Linien (IV 240f.); vgl. SEHLING, Geschichte (wie Anm. 2) 31–33.
[48] Auf Einzelbelege zur Fülle der Visitationen kann hier verzichtet werden; vgl. SEHLING, Geschichte (wie Anm. 2) 11–13, 28f.; E. WOLF, Ordnung der Kirche, 1961, 377f.

Effizienz im fürstlichen Sinne wird in der Regel durch die Bevormundung der Gemeinden ermöglicht, das heißt durch den Aufbau neuer kirchlicher Hierarchien, die meist in einer späteren Phase entstehen – jetzt konsequent territorialintern ausgerichtet und zunehmend vom Fürsten bzw. seinen Zentralbehörden abhängig. Hier spielt die Figur des Superintendenten bzw. -attendenten die entscheidende Rolle. Dabei kann je nach Gegebenheiten (vor allem hinsichtlich der territorialen Größe) eine kirchenleitende Person genügen, die gerade in der noch nicht institutionalisierten Anfangsphase mit dem Landesherrn oft durch ein besonderes Vertrauensverhältnis verbunden ist. In größeren Territorien entwickelt sich meist recht bald ein ganzes Netz von Aufsichts- und Leitungsfunktionären, im ernestinischen Sachsen z. B. 12, in Brandenburg-Ansbach gar 34.[49] Dort kommt es dann meist auch zur Ausformung von verschiedenen Ämtern an der territorialen Spitze und auf der mittleren Ebene, z. B. Generalsuperintendenten und Superintendenten mit je festen Sprengeln. Auch die Einrichtung der Synode kann dauerhaft fortleben, wobei institutionalisierte Spätformen sich von der ursprünglichen Veranstaltung meist stark unterscheiden.[50] Das Verschwinden des alten bischöflichen Amtes bzw. Titels vollzieht sich dabei im evangelischen Bereich nicht überall abrupt: Besonders lange dauert das Verschwinden verständlicherweise dort, wo Bistümer mehr oder weniger vollständig säkularisiert und mediatisiert werden konnten, wie in Sachsen, Brandenburg, Pommern und Preußen.[51]

Ganz besonders wichtig und bis in die Gegenwart nachwirkend zeigen sich schließlich die neuen fürstlichen Behörden (Kirchenrat, Konsistorium), die sich nach unterschiedlichen Experimenten doch meist recht ähnlich etablieren und dem Prozeß der Bildung von Landeskirchen einen gewissen Abschluß geben.[52] Sie erscheinen zunehmend bürokratisiert und in die territoriale Behördenstruktur eingebaut bzw. ihrer Spitze untergeordnet. Der Aufgabenkreis ist teils enger (primär: Ehegericht), überwiegend aber weiter gefaßt (umfassende Kirchenleitung, -aufsicht und -verwaltung). Neben Theologen finden sich dort Juristen, die in der Regel das Übergewicht erringen und vielfach gleichzeitig auch andere rein weltliche Positionen innehaben (ein typisch frühmo-

[49] Ernestin. Sachsen (IV 17); Brandenburg-Ansbach/Bayreuth (I 18).
[50] Z. B. Württemberg (V 179); vgl. SEHLING, Geschichte (wie Anm. 2) 29f., 33f.; W. MAURER, Typen und Formen aus der Geschichte der Synode, in: Ders., Die Kirche und ihr Recht, 1976, 76–98.
[51] Zum Bischofsamt im ev. Bereich vgl. SEHLING, Geschichte (wie Anm. 2) 15–17.
[52] Auch hier kann wegen der Fülle auf Einzelbelege verzichtet werden – vgl. aber zu Kirchenrat/Konsistorium SEHLING, Geschichte (wie Anm. 2) 17f., 23–28; jetzt auch Deutsche Verwaltungsgeschichte, Bd. 1, hg. v. K. G. A. Jeserich u. a., 1983: zusammenfassend 361ff. (D. WILLOWEIT) sowie ebd. die Territorienartikel.

dernes Prinzip der Personalverflechtungen bzw. -unionen zwischen Behörden, Hofämtern usw.). So wird auch in den Spitzenstellungen der kirchliche Autonomieraum, der in der frühen Reformation oft noch recht groß war, weiter eingeengt.

Entscheidende Etappen für die territorialen Reformationen bilden die Kirchenordnungen, die eine unverkennbare Tendenz zur Ausweitung der behandelten Materien haben. Sie sind dabei den Landes- und Polizeiordnungen vergleichbar, wobei zwischen beiden Gruppen überhaupt große Überschneidungen vorkommen: etwa im Bereich Sittlichkeit und Armut. Kirchenordnungen können früher oder später nach Beginn der territorialen Reformation fixiert werden, schließlich werden sie neben anderen Ordnungen zum Regelfall für den wohlverwalteten Territorialstaat.[53] Für die neuen geistlichen Hierarchien, für die neuen Sachbehörden und nicht zuletzt die umfassenden Kirchenordnungen lassen sich Entwicklungsreihen und Verwandtschaften aufzeigen.[54] Diese müssen allerdings nicht für alle Elemente der Landeskirche die gleichen Verbindungen aufweisen, selektive Übernahmen sind durchaus an der Tagesordnung. Da sich in ähnlicher Weise wie die Ausbreitung der obrigkeitlichen Reformation im 16. Jahrhundert auch die Entwicklungen im Rechtsbereich vollziehen, so sind die Stemmata von Kirchenordnungen vergleichbar etwa denen von Hofgerichtsordnungen: Man bearbeitete häufig genug bereits vorliegende Ordnungen anderer Territorien.

Die Ähnlichkeiten zwischen dem Rechts- und dem Kirchenbereich im Territorium sind dabei nicht nur äußerlicher Art, auf inhaltliche Überschneidungen zwischen Kirchen- und Landesordnungen wurde ja bereits hingewiesen. Auch im kirchlichen Bereich ging es nicht nur um staatliche Glaubensfürsorge, sondern eben immer auch um Grundfragen von fürstlicher Herrschaft. Ob sich auf längere Sicht ein synodaler von einem obrigkeitlich-bürokratischen Landeskirchentyp in der territorialen Wirklichkeit scheiden läßt, muß bezweifelt werden.[55] Im Ergebnis ist es im bunten Bild der Kirchenverfassungen in Deutschland nicht zu übersehen, daß über die Grenzen innerhalb des evangelischen Lagers

[53] Deutsche Verwaltungsgeschichte (wie Anm. 52); vgl. auch Art. „Kirchenordnung", in: HRG 2, 1978, 762–771 (A. NIEBERGALL).
[54] Eine besondere Wirkung übte die brandenburg.-nürnberg. Kirchenordnung aus: in Süddeutschland, aber auch für Kurbrandenburg und Preußen: Brandenburg-Ansbach/Bayreuth (I 19); vgl. auch Kurbrandenburg (II 43); Mecklenburg (III 170).
[55] Kompromisse zu Gunsten der weltlich-landesherrlichen Dominanz auch in deutsch-reformierten Territorien: Nassau, Otton. Linien (IV 244); Kurpfalz: V. PRESS, Calvinismus und Territorialstaat. Regierung und Zentralbehörden der Kurpfalz 1559–1619, 1970, 123; vgl. zusammenfassend J. F. G. GOETERS, Genesis, Formen und Hauptthemen des reformierten Bekenntnisses in Deutschland. Eine Übersicht, in: H. Schilling, Hg., Die reformierte Konfessionalisierung in Deutschland – Das Problem der „Zweiten Reformation", 1986, 44–59.

hinweg die obrigkeitliche Prägung sich schließlich als gemeinsamer Grundzug durchsetzt, der auch das calvinistische Gemeinde- und Synodalprinzip überformt. Eine Ausnahme bildet einmal mehr Jülich-Berg-Kleve-Mark, wo es lange keine evangelische Obrigkeit gab, die „schützend" und fürsorglich[56] entsprechende Strukturen hätte aufbauen wollen und können, sondern die Kirchen „unter dem Kreuz" auf Selbstorganisation angewiesen waren.

Ergebnisse der Reformation im einzelnen

A) Die konkreten Ergebnisse der Reformation betreffen selbstverständlich zunächst das kirchliche Leben im engeren Sinne.[57] Das ist evident, im übrigen muß der Bereich der Konfessionsmorphologie, einschließlich der Differenzierungen im evangelischen Lager, ausgeklammert bleiben: Auf die Veränderungen z. B. in bezug auf Liturgie, Lieder, Bibelübersetzung, Messe und Priesteramt, Klosterwesen, Heiligenverehrung, Wallfahrten kann nur pauschal verwiesen werden; Priesterehe und Laienkelch werden bekanntlich erst spät zu Trennungskriterien; im Interim wird ja noch versucht, ihnen eine Brückenfunktion zu geben. Allgemein ist jedoch festzuhalten, daß einschlägige Eingriffe einer andersgläubigen Obrigkeit in diese Bereiche im weiteren Verlauf des 16. Jahrhunderts oder dann gar nach 1600 in der Regel zunehmend schmerzhafter empfunden werden, da das religiöse und konfessionelle Bewußtsein sich geschärft hat.

B) Sehr wichtige Ergebnisse bringt die Reformation auch für den Bildungssektor[58]: Ausbau des Schulwesens allgemein; Schaffung landesherrlicher Stipendien, Gründung von Landesschulen und neuen Universitäten (Marburg, Jena, Helmstedt). Große und auch mittlere Territorien werden dabei zu autonomen Bildungslandschaften geformt, wobei häufig – wegen der neuen Konfessionsschranken – alte überterritoriale Verbindungen gekappt werden. Es können aber auch neue Beziehungen auf der konfessionellen Schiene entstehen.

C) Weiterhin wird, im Kontext vor allem der Kirchenzucht, mit den zunehmend entwickelten Instrumenten einer „Sozialdisziplinierung" (die Vorläufer in der Durchsetzungsphase der Reformation und in vorreformatorischer Zeit haben) nicht zuletzt die sog. „Volkskultur" erfaßt.[59] Das

---

[56] Vgl. dazu eine aufschlußreiche Argumentation von 1577: Nassau, Otton. Linien (IV 244).
[57] Vgl. die Literatur in Anm. 1 und 11.
[58] Vgl. jetzt A. SCHINDLING, Bildung und Wissenschaft in der Frühen Neuzeit 1650–1800, 1994 (auch für den vorherigen Abschnitt ergiebig).
[59] Vgl. H. R. SCHMIDT, Konfessionalisierung (wie Anm. 1) 94ff.; einschlägig auch H. MOLITOR / H. SMOLINSKY, Hg., Volksfrömmigkeit in der Frühen Neuzeit,

ist ein Bereich, der zur Zeit stark beachtet wird. Da sich in den katholischen wie in den evangelischen Territorien zwar nicht gleiche, aber doch in vielem ähnliche Bilder zeigen (einschließlich der Hexenfrage), kann hier auf eine nähere Behandlung verzichtet werden.

D) Die sozialen Verhältnisse und Strukturen werden ebenfalls durch die Reformation verändert.[60] Auch dieser Bereich kann nur schlagwortartig angesprochen werden: Es geht z. B. um karitative Einrichtungen (mit der Tendenz zur Zentralisierung und Bürokratisierung, damit verbunden ist eine veränderte Einschätzung und Behandlung von Armut); um das Verschwinden des Mönchsstandes; um die Entwicklung des bürgerlichen evangelischen Pfarrerstandes bzw. Pfarrhauses; um den Auszug des Adels aus den Kirchenstellen und dann um damit zusammenhängende Versorgungsprobleme und ihre Folgen.

E) Besonders nachhaltig sind die Ergebnisse der Reformation im Hinblick auf das Kirchengut.[61] Auf lokaler Ebene besteht allgemein die Tendenz zur Zentralisierung und Rationalisierung (der Zugriff ist dabei häufiger verbunden mit „Säkularisationen" bzw. Entfremdungen), zumindest aber zur territorialstaatlichen Kontrolle. Die durchweg zu beobachtende Reduzierung des spirituellen Sektors (Wegfall von gestifteten Messen und Pfründen, Beseitigung von Kapellen) ist zum Teil mit Aufgaben- bzw. Ausgabenausweitungen in anderen Bereichen verbunden – etwa im Armenwesen und besonders im Bildungsbereich. Substanziell wichtiger und entscheidender ist das Schicksal des häufig sehr umfangreichen Klostergutes. Seine Geschichte spiegelt die inneren und äußeren Machtverhältnisse eines Territoriums: Kleinen und Schwachen gelingt kein so umfassender Zugriff[62] wie etwa Hessen, Sachsen und Württemberg. Die Aufteilung zwischen Landesherr und anderen Interessenten (Adel, Städten) ist ebenfalls nicht gleich. Über Inventarisierung, Sequester und dann Säkularisation (Verpfändung, Verkauf, Umwandlung in Domänen) bzw. neuer Zweckbindung (Schulen, Universitätsbesitzungen, weltliche Stifte, Anstalten) geht in der Regel der Weg. Da die Güter beträchtlich sind, und mit dem monastischen Leben der Primärzweck ganz verschwindet (anders als im Bereich des Ortskirchenvermögens), liegt hier eine enorme Dispositionsmasse, wenngleich für die Ab-

---

1994. GOETERS, Genesis (wie Anm. 55) 53–55 betont zu Recht, daß die Kirchenzucht nur begrenzt als reformiertes Spezifikum zu betrachten ist – ähnlich schon SEHLING (wie Anm. 2) 32f.

[60] V. PRESS, Soziale Folgen der Reformation in Deutschland, in: M. Biskup / K. Zernack, Hg., Schichtung und Entwicklung der Gesellschaft in Polen und Deutschland im 16. und 17. Jahrhundert, 1983, 196–243.

[61] Zur Problematik jetzt wichtig: D. KRATSCH, Justiz-Religion-Politik. Das Reichskammergericht und die Klosterprozesse im ausgehenden sechzehnten Jahrhundert, 1990; W. SEIBRICH, Gegenreformation als Restauration. Die restaurativen Bemühungen der alten Orden im deutschen Reich von 1580 bis 1648, 1991.

[62] Vgl. etwa Wertheim (IV 224–227).

findung und Versorgung der alten Klosterinsassen oft noch lange Verpflichtungen bestehen.[63]

F) Schließlich aber ist der umfassendste Aspekt anzusprechen: Der Summepiscopat der evangelischen Fürsten[64], das heißt das territoriale Kirchenregiment mit der Verfügung über Kirchenleitung (einschließlich Stellenbesetzung) und Kirchengut. Dabei handelt es sich um ganz entscheidende Elemente der Herrschaftsordnung, wozu noch Veränderungen in der landständischen Struktur (Verschwinden bzw. Umformung der Prälatenbank) kommen. In diesen Zusammenhang gehört auch die gebietsmäßige Arrondierung evangelischer Territorien durch Einziehung bzw. Inkorporation von Kirchengut bis hin zu großen Abteien mit eigenen Herrschaften bzw. ganzen Hochstiften.[65] Damit verbunden ist die verstärkte innere Homogenisierung und die Betonung der Grenze, zumal gegenüber andersgläubigen Nachbarschaften: u. a. mit Konsequenzen für Heiratskreise, Wirtschaft, aber auch für Dialekt, Sitte und Brauch. Es liegt auf der Hand, daß Kondominate hier schwierige Spannungsfelder erzeugen.[66]

Besonderheiten der „Zweiten Reformation"

Unter diesem Begriff wird hier die calvinistische Ausprägung des deutschen Protestantismus verstanden, die als „Spätform" in manchen Territorien das Luthertum ablöste, z. T. auch nur überlagerte.[67] Von der Genese her ist diese sehr stark „Elitenkonfession", das heißt über Lektüre und Bildungswege vermittelt, weniger den religiösen Bedürfnissen der breiten Masse entsprechend. Sehr häufig begegnet daher in ihrem Umfeld das Problem der „Beeinflussung" des Fürsten, nur selten ist ein vorheriges, größere Gruppen erfassendes Wachstum im Land zu beobachten; unübersehbar bedeutend ist die Rolle von „Fremden" (Adlige, Geistliche, Gelehrte, Kaufleute), zu einem guten Teil bedingt durch die Mobilität der westeuropäischen Exulanten. Allgemein ist ein starker Elitentransfer, besonders bei der Geistlichkeit, mit der Einführung oder

---

[63] Vgl. z. B. Hessen (IV 263).
[64] Zum Summepiscopat vgl. RGG, 3. Aufl. 1962, 525f. (U. SCHEUNER); WOLF, Ordnung (wie Anm. 48) 382–384.
[65] Besonders erfolgreich waren hier neben Kurbrandenburg das Albertin. Sachsen betr. Naumburg, Merseburg und Meißen (II 24); Mecklenburg betr. Schwerin und Ratzeburg (II 176–178), Pommern betr. Cammin (II 199f., 204).
[66] Z. B. Baden (V 147ff.); vgl. dazu auch H.-J. KÖHLER, Obrigkeitliche Konfessionsänderung in Kondominaten, 1975.
[67] Vgl. umfassend: SCHILLING, Die reformierte Konfessionalisierung (wie Anm. 55); H. J. COHN, The Territorial Princes in Germany's Second Reformation, in: M. Prestwich, Hg., International Calvinism 1541–1715, 1985, 135–165.

Abwehr der „Zweiten Reformation" verbunden[68], ähnlich wie bei der „Gegenreformation" im engeren Sinne. Die damit in Zusammenhang stehende Widerstandsfrage wurde bereits angesprochen; hier ist noch auf den wichtigen Zusammenhang von erfolgreichem Widerstand und dem Beginn anerkannter Koexistenz („Toleranz") von mehreren Konfessionen in einem Territorium zu verweisen.[69] Im Hintergrund steht nicht eine besondere Disposition der Calvinisten zur Toleranz, sondern die Tatsache ihrer bis 1648 reichsrechtlich prekären Lage.

Auf die Überformung des Gemeindeprinzips durch die Gegebenheiten des landesherrlichen Kirchenregiments[70] ist ebenfalls schon eingegangen worden. So bedeutet allein die obrigkeitliche Einführung des reformierten Bekenntnisses einen fundamentalen Widerspruch gegen dessen Grundsätze, da der Kirchenaufbau von unten an sich konstitutiv ist. Der gern hergestellte Zusammenhang der „Zweiten Reformation" mit einem modernen fürstlichen Staatsverständnis ist weder linear noch exklusiv: Ständischer Widerstand und fürstliche „Modernisierungs"-Berater als schließlich geopferte Sündenböcke finden sich so eben nicht nur im Kontext des Ringens um eine „Zweite Reformation" wie im albertinischen Sachsen (1601 Nikolaus Krell hingerichtet), sondern auch im durchweg lutherisch bleibenden Württemberg (1613 Matthäus Enzlin hingerichtet).[71] Auch im Hinblick auf die Erscheinungsformen der Kirchenzucht wird der reformierten Konfession im Alten Reich häufig eine zu starke Sonderstellung eingeräumt.[72]

Schlußüberlegungen

Die langfristig wichtigsten Folgen (und damit in vielen Bereichen auch Differenzen zu den Entwicklungen in katholischen Territorien) sind vornehmlich in den gegen Ende des vorletzten Abschnitts ange-

---

[68] Vgl. dazu besonders die Vorgänge im Ernestin. Sachsen (IV 22); Beispiel für Gegenreformation ist Pfalz-Neuburg (I 53).

[69] Zum Widerstand von Ständen vgl. hier bei Anm. 32 und 37; gegen die Zweite Reformation z. B. erfolgreich im Albertin. Sachsen (II 26f.), in Mecklenburg (II 179) und in Kurbrandenburg (II 59), erfolglos in Anhalt (II 99). SEHLING, Geschichte (wie Anm. 2) 8, Anm. 2 verweist zu Recht auf den Zusammenhang von landständischem Widerstand und Ansätzen von Toleranz in Brandenburg und Anhalt; vgl. auch ZIEGLER, Territorium (wie Anm. 12) 71–74 – mit entspr. Hinweis für Ostfriesland (1599) und Brandenburg. Siehe auch Ostfriesland (III 174).

[70] Zum Prinzipienkonflikt in der Kirchenstruktur zwischen Aufbau von unten (Gemeinden) und Behördenleitung von oben vgl. Nassau, Otton. Linien (IV bes. 243f.); vgl. auch WILLOWEIT (wie Anm. 52) 367f. und hier Anm. 55.

[71] Albert. Sachsen (II 26-28); Württemberg (V 186f.); zur Bewertung des Calvinismus vgl. Nassau, Otton. Linien (IV 247f.), Kurbrandenburg (II 60f.).

[72] Zum Problem Kirchenzucht vgl. Anm. 59.

sprochenen Punkten zu sehen. Das heißt in der Begünstigung einer verstärkten Entwicklung zum territorialfürstlichen „Absolutismus", wie relativiert bzw. modifiziert dieser Begriff auch immer zu verstehen ist[73] – nicht zuletzt durch die Aufwertung der evangelischen Fürsten in Richtung einer „Omnipotenz", das heißt wesentlich auch durch ihre neue Qualität eben als Herren einer je eigenen Kirche. Der alte Dualismus zwischen Staat und Kirche bzw. weltlicher und geistlicher Gewalt[74], dessen Herausformung weite Strecken der mittelalterlichen Geschichte tief geprägt hat, ist damit in evangelischen Territorien im Prinzip erledigt: Das schließt zwar selbst tiefgehende Konflikte zwischen Landesherrn und Geistlichkeit keinesfalls aus[75], doch besteht eine im Vergleich zum katholischen Raum grundsätzlich veränderte Grundsituation. Allerdings ist nicht zu übersehen, daß der evangelische Landesherr und „Notbischof" auch Ähnlichkeiten zu dem schon älteren Modell des geistlichen Fürsten und Landesherrn aufweist. Fragen nach „Modernisierung" oder gar „Säkularisierung"[76] sollten daher nur ganz vorsichtig beantwortet werden.

Die Durchführung der Reformation bringt aber nicht nur den Summepiscopat mit neuen Befugnissen, sondern eben auch die grundsätzliche Verfügungsmöglichkeit über das Kirchengut und damit über meist ganz erhebliche neue Ressourcen, die der fürstlichen Politik erweiterte Spielräume eröffnen. Der Einsatz von säkularisiertem Kirchengut für die unmittelbaren Finanzbedürfnisse der Reformationszeit selbst ist vielfach nachgewiesen.[77] Damit hängt aber auch eine Fernwirkung zusammen, die Erosion des alten innerterritorialen Dualismus von Fürsten und Landständen.[78] Dazu mag hier ein Hinweis genügen auf die riesigen neuen Domänen in Brandenburg-Preußen, dessen Landesherren nicht zuletzt dank dieser Basis als Prototypen der deutschen Absolutisten auftreten konnten. Ein unmittelbarer Teilaspekt dabei wurde schon angesprochen, der Untergang bzw. die Deformierung der früheren Prälatenbänke in evangelischen Territorien. Die im evangelischen Bereich besonders umfassende und in vielen Ausprägungen neuartige Herausforderung „Kirchenregiment" hat dazu den Ausbau der territorialen Bürokratie ganz wesentlich gefördert, auch über den unmittelbaren Zweck hinaus – ähnlich wie später die steigenden Anforderungen für den Un-

---

[73] H. DUCHHARDT, Das Zeitalter des Absolutismus, 1989, 166–171; vgl. jetzt auch ASCH/DUCHHARDT, Absolutismus (wie Anm. 1).
[74] Zum Dualismus von Papsttum und Kaisertum bzw. geistlicher und weltlicher Gewalt in der Reichskirche als Ergebnis des Investiturstreits vgl. W. HARTMANN, Der Investiturstreit, 2. Aufl. 1996.
[75] Vgl. insbes. die Konflikte im ernestin. Sachsen (IV 22).
[76] Zum Problem „Säkularisierung" vgl. SCHMIDT, Konfessionalisierung (wie Anm. 1) S. 91–94.
[77] Hessen (IV 263f.), Württemberg (V 176: nur knapp).
[78] Vgl. die Lit. in Anm. 31.

terhalt der neuen stehenden Heere neue Entwicklungen in der Verwaltung nach sich zogen.[79]

Wenngleich der Summepiscopat evangelischer Fürsten aus heutiger, nachmonarchischer und zunehmend konfessionsneutraler bis religionsferner Perspektive deutliche Schattenseiten erkennen läßt, muß es aber gleichwohl insgesamt fraglich bleiben, ob die dauerhafte Existenz durchstrukturierter evangelischer Kirchenwesen überhaupt ohne landesherrliche (bzw. stadtobrigkeitliche) Flankierung denkbar sein konnte: So zerfiel im welfischen Fürstentum Calenberg-Göttingen die junge Kirchenorganisation, als der neue Landesherr seine Rolle nicht mehr spielte, weil er Katholik war.[80] Von einem solchen Beispiel ergeben sich wichtige Hinweise zur Beantwortung der häufig gestellten Frage, ob Luther in seiner Zeit überhaupt Spielräume oder Alternativen hatte, als er nach der definitiven Verurteilung durch Papstkirche und Kaisertum mit seinem religiösen Anliegen zunehmend auf den Fürstenstaat setzte – mit den bekannten Folgen.[81]

Nach allem ist es nicht erstaunlich, daß die staatliche Glaubensfürsorge und die Gestalt der evangelischen Landeskirchen stark von herrschaftlichen Elementen bzw. Prinzipien der Herrschaftstechnik geprägt erscheinen, wenn man es zugespitzt ausdrücken will. Aber bei allen Abweichungen infolge Fehlens einer durchorganisierten Landeskirche differiert dieses Bild denn eben doch nicht übermäßig von den Erscheinungen im katholischen Bereich[82]: Inanspruchnahme und Kontrolle der Kirche, Einsatz staatlicher Zwangs- und Machtmittel, Religionsmandate usw. Die ausgeprägte Kirchenherrschaft erscheint so nicht als besonderes Kennzeichen evangelischer Territorien, sondern als wesentlicher Teil frühmoderner Staatstätigkeit überhaupt[83], wobei sich in der Regel der Staat die Kirche dienstbar macht – und nicht umgekehrt.

Gleichwohl gibt es im Bezugsfeld Staat-Kirche durchaus bestimmte Erscheinungen, in denen vorübergehend der kirchliche Bereich den weltlichen nachhaltig beeinflußte: nicht zuletzt im landesväterlichen Selbstverständnis des Fürsten, etwa als „Amtmann Gottes".[84] Besonders spektakulär erweist sich das in dem bemerkenswerten württembergischen Projekt einer geistlichen und weltlichen Visitation[85], das heißt ei-

---

[79] Evident in Brandenburg-Preußen.
[80] Braunschweig-Lüneburg (III 23f.).
[81] Zu den kritischen Anfragen vgl. z. B. aus marxist. Perspektive H. TREBS, Martin Luther heute. Größe und Grenze des Reformators in sozialhistorischer Sicht, 1967; H. LÖWE / C.-J. ROEPKE, Hg., Luther und die Folgen. Beiträge zur sozialgeschichtlichen Bedeutung der lutherischen Reformation, 1983; B. MOELLER, Hg., Luther in der Neuzeit, 1983.
[82] Vgl. den Beitrag von W. ZIEGLER in diesem Band.
[83] D. WILLOWEIT, Deutsche Verfassungsgeschichte, 1990, 125ff.
[84] Vgl. den Beitrag von M. RUDERSDORF in diesem Band.
[85] Württemberg (V 181f.).

nes tendenziell totalen Überwachungsstaates. Aber selbst hier ist das Interesse primär politisch: Die Gefahr eines fundamentalistischen Gottesstaates auf dem Boden eines deutschen Territoriums hat nicht bestanden. Zu sehr dominierten in der Regel politische und dynastische Interessen, zu sehr achteten die Politiker und Juristen bei aller persönlichen Bekenntnistreue darauf, daß die Theologen letztlich in der „zweiten Reihe" blieben. Charakteristisch ist die Mahnung Landgraf Wilhelms von Hessen an seinen Bruder Ludwig von 1569: „... daß sie sich ihre Pfaffen nicht lassen auf den Kopf steigen ..."; und wenn sich Ludwig anders verhielt, als es sein Bruder erwartete, so hatte er dafür politisch-dynastische Gründe.[86]

Hinsichtlich der politischen „Spätfolgen" territorialer Reformationen sind schließlich Unterschiede zu machen zwischen dem lutherischen Bereich einerseits, der nach einer Bewegungsphase sich wieder verfestigte, in den Reichsverband einfügte und dann konservativ wirkte (auch in der Landständefrage) - und dann dem reformierten Bereich andererseits, der stärker offen blieb für Anregungen zur Weiterentwicklung eines modernen, westeuropäisch beeinflußten Staatsverständnisses.[87]

Wichtig für die weitere Entwicklung im Reich sind nicht zuletzt auch die territorialen Gewinne der großen evangelischen Territorien sowie die entsprechenden Abgänge bei den geistlichen Reichsfürsten: Größere Ländermassen wurden so für eine dynamische dynastische Politik frei - einmal mehr profitierten schließlich hier die Kurfürsten von Brandenburg, denen nach 1600 noch die ehemals geistlichen Staaten Preußen, Magdeburg, Halberstadt, Cammin und Minden zufielen. Auch für die Zusammensetzung des Reichstags hatte das alles Folgen.

Der lange gewachsene, 1648 endgültig fixierte Dualismus[88] zwischen Kaiser und Fürsten auf Reichsebene hat durch die Reformation schließlich eine besonders wirksame Überhöhung und Absicherung durch den konfessionellen Dissens zwischen Kaiser und evangelischen Ständen erhalten. Dabei haben allerdings die Folgen der neuartigen konfessionellen Heiratsbarrieren zwischen evangelischen und katholischen Fürsten

---

[86] Beispiele dazu: Ernestin. Sachsen 1561 (IV 21); Braunschweig-Lüneburg ca. 1578 (III 31) - Zitat von 1569 bei H. Th. GRÄF, Konfession und internationales System. Die Außenpolitik Hessen-Kassels im konfessionellen Zeitalter, 1993, 68 - Die pfälzische Kirchenordnung von 1564 hielt ausdrücklich fest, daß „... das weltliche regiment ... keinem kirchendiener zustehet ...": PRESS, Calvinismus (wie Anm. 55) 121. Nur ansatzweise und vorübergehend - und wohl nicht zufällig in kleinen Territorien - begegnen wir einer Unterordnung des Fürsten bzw. seiner Behörden unter kirchliche Strukturen: SEHLING, Geschichte (wie Anm. 2) 20 (betr. Henneberg), Nassau, Otton. Linien (IV 245).

[87] Prototyp ist Kurbrandenburg (II 60f.). Auch im lutherischen Bereich begegnet um 1600 der Typ des modernen Fürsten, etwa im Herzogtum Wolfenbüttel (Braunschweig-Lüneburg: III 31); vgl. auch hier oben bei Anm. 71.

[88] H. DUCHHARDT, Deutsche Verfassungsgeschichte 1495–1806, 1991, 143ff.

zeitweilig die dafür grundlegende fürstliche Solidarität gefährdet. Später konnte die konfessionelle Spaltung noch die spezifische Ausformung des österreichisch-preußischen Dualismus begünstigen.

Die evangelische Konfessionalisierung brachte den von ihr erfaßten Territorialstaaten alles in allem eine neue Qualität, da sie nicht nur das religiöse Profil betraf (und hier unbestreitbar stärkere Kontinuitätsbrüche bewirkte als die in mancher Hinsicht vergleichbaren Vorgänge in katholischen Territorien), sondern die Gesamtstruktur des Landesstaates auch in seinen äußeren Formen wesentlich veränderte und insofern eine ganz besondere Herausforderung für diesen bedeutete: Hier liegt ein nicht zu vernachlässigender Unterschied zu den katholischen Gebieten, der nicht überdeckt werden sollte. Insofern ist die „Grunderfahrung" der Konfessionalisierung in evangelischen Gebieten letztlich tiefgehender, wenngleich sie in den Fällen früher und kontinuierlich beibehaltener Reformationen wohl weniger schmerzhaft empfunden wurde als in Territorien mit einer späten „Gegenreformation" – wie etwa das Eichsfeld, die habsburgischen Länder, die Oberpfalz und zuletzt noch die Rheinpfalz.

Altgläubige Territorien
im Konfessionalisierungsprozess

von Walter Ziegler

Als Kurfürst Maximilian I. von Bayern 1641 sein Testament abfaßte – eines der großen politischen Testamente der Frühen Neuzeit –, schärfte er darin seinem Sohn ein, vor allem die tradierte Religion im Lande zu erhalten, nach seinen Worten die „ware, alte, Catholische, Römische allain seeligmachende Religion, darin Wir vnnd alle Vnnsere in Gott ruehende VorEltern ie vnnd alweg eiferig, bestendig vnnd ohne Vndterbruch gelebt vnnd verbliben sein".[1] Obwohl seit dem Ende des Mittelalters gut 150 Jahre vergangen waren und mittlerweile das konfessionelle Zeitalter sich fest etabliert hatte, war es für den Kurfürsten selbstverständlich, daß sein und seines Landes Glaube unverrückbar der althergebrachte sei, der uralte, wie es in anderen Dokumenten vielfach heißt[2], der gegen die von diesem abgefallenen Unkatholischen zu verteidigen sei. Demgegenüber hat seit einigen Jahrzehnten die deutsche Frühneuzeitforschung eine ganz andere Sicht entwickelt, nämlich daß aus der spätmittelalterlichen gemeinsamen europäischen Christenheit durch die Reformation und ihre Folgen im 16. Jahrhundert etwas völlig Neues entstanden sei: drei neue, im gegenseitigen Kampf entwickelte und schließlich durch spezifische Lehrgebäude und Lebenshaltungen festgefügte Konfessionen, die parallel und in strukturell gleichartiger Weise die jeweilige Gesellschaft in ihren Territorien mit der spezifischen Lehre und Disziplin um- und ausformten, oft gewaltsam, aber mit moderner Zielsetzung und Entwicklung. Nicht uralt sei demnach die damalige katholische Religion, wie der Kurfürst festgestellt hatte, sondern durchaus neu und modern, und von Trient sei es demnach nicht viel weniger weit zur mittelalterlichen Kirche als von Wittenberg oder von Genf[3].

Der Gegensatz, der hier scharf gezeichnet ist, bedeutet weit mehr als die Spannung zwischen äußerem Anschein und tieferer Sicht, er führt vielmehr grundsätzlich zu der Frage, was aus jenen Teilen Deutschlands

---

[1] Kommission für bayerische Landesgeschichte, Hg., Dokumente zur Geschichte von Staat und Gesellschaft in Bayern, Abt. I, Bd. 3, 2. Hälfte, 1992, 1139.

[2] Vgl. ebd. 1015 (zum Jahr 1628).

[3] Vgl. H. R. Schmidt, Konfessionalisierung im 16. Jahrhundert, 1992; H. Schilling, Die Konfessionalisierung von Kirche, Staat und Gesellschaft – Profil, Leistung, Defizite und Perspektiven eines geschichtswissenschaftlichen Paradigmas, in: W. Reinhard / H. Schilling, Hg., Die katholische Konfessionalisierung, 1995, 1–49. – Vgl. zu wichtigen Publikationen in diesem Bereich und zur Gesamtproblematik Th. Kaufmann, Die Konfessionalisierung von Staat und Gesellschaft (Sammelbericht über eine Forschungsdebatte), in: Theologische Literaturzeitung 121 (1996) 1009–1025 und 1112–1121.

geworden ist, die sich, um mit Ranke zu sprechen[4], um 1520/25 der allgemeinen Reformationsbewegung in der Kirche und Gesellschaft Deutschlands verweigert haben. Sind tatsächlich aus den nicht zur Reformation übergegangenen altgläubigen Gebieten am Ende des betrachteten Zeitalters neue, konfessionalisierte, den reformatorischen parallele Territorien geworden? Die Frage nach dem religiösen Schicksal derjenigen Gebiete des Reiches, die sich der Reformation nicht anschlossen, führt also zentral in die Probleme des konfessionellen Zeitalters hinein. Aus ihr ergibt sich auch die Hauptthese dieses Beitrags, die besagt, daß im konfessionellen Zeitalter die katholischen Territorien grundsätzlich unverändert altgläubig geblieben sind, so sehr sie auch durch die Reformation angefochten waren, daß sie freilich sich der Zeitlage anpassen mußten. Um diese These zu untermauern, ist es nötig, mit der Entwicklung der altgläubigen Territorien vor der Reformation zu beginnen. Daraus ergibt sich die Gliederung der folgenden Ausführungen: Nach der Betrachtung der Ausgangslage vor der Reformation wird das Schicksal der altgläubigen Territorien bis 1555 kurz erörtert; im Mittelpunkt steht dann die Frage, mit welchen Mitteln Veränderungen im Laufe des konfessionellen Zeitalters erreicht wurden und welches Ergebnis sie hatten. Am Ende soll noch einmal die Hauptthese herausgestellt werden.

Kirchliche Lage vor der Reformation

Auszugehen ist von der kirchlichen Lage vor der Reformation, und zwar nicht im Sinne der bekannten Fragestellung nach den Schäden der Kirche[5], sondern nach dem Stand der Kirchenreform, die ja das ganze 15. Jahrhundert erfüllt hat.[6] Hier ragen hervor die Klosterreform, die Lage der Seelsorge, die Bemühungen um die Bildung und das Verhältnis zu Bischöfen und Papst, wobei diese Aspekte jeweils im Rahmen jener Territorienwelt zu betrachten sind, die im Spätmittelalter sich endgültig herausgebildet hatte: die großen und kleinen weltlichen Mächte von den Fürstentümern über die Grafschaften bis zu den Reichsstädten, aber auch die geistlichen Herrschaften, die meist in eben diesen Jahren endgültig und fest etabliert wurden, auch hier in Abstufungen von den geistlichen Kurstaaten über große und kleine Hochstifte

---

[4] L. v. RANKE, Deutsche Geschichte im Zeitalter der Reformation, hg. v. P. Joachimsen, Bd. 2, 1925, 112ff.

[5] Diese wurde etwa behandelt von W. ANDREAS, Deutschland vor der Reformation, hg. v. H. Angermeier, 7. Aufl. 1972; vgl. zum Thema H. RABE, Deutsche Geschichte 1500–1600. Das Jahrhundert der Glaubensspaltung, 1991, 148ff.

[6] Vgl. J. HELMRATH, Theorie und Praxis der Kirchenreform im Spätmittelalter, in: Rottenburger Jahrbuch für Kirchengeschichte 11 (1992) 41–70; vgl. auch J. MIETHKE, in: Lexikon des Mittelalters 7, 1995, 543–550.

bis zu den Reichsklöstern, soweit diese geistlichen Herrschaften – vor allem im Westen und im Zentrum des Reiches – der Mediatisierung und Säkularisation durch die weltlichen Herren im Spätmittelalter entgangen waren.[7]

Am leichtesten territorial zu fassen sind die Klosterreformen, da sie vielfach nur mit landesherrlicher Hilfe zum Tragen kamen: die Durchsetzung der Bursfelder Benediktiner in den Welfenlanden, der Melker in Bayern oder der verschiedenen Observanzen der Bettelorden vor allem in den sächsischen Territorien legt dafür ein eindrucksvolles Zeugnis ab.[8] Exemplarische Beispiele bieten etwa Wilhelm III. von Sachsen-Thüringen (1445–1482), der sich besonders der Reform der Bettelklöster annahm, Philipp der Aufrichtige, Kurfürst von der Pfalz (1476–1508), unter dem kaum ein Kloster unreformiert blieb, oder der Eichstätter Fürstbischof Wilhelm von Reichenau, der – bis auf das Schottenkloster in Eichstätt – eine bemerkenswert positive Klosterbilanz vorlegen konnte; Negativbeispiele sind das Hochstift Straßburg, wo nur die Dominikanerinnen voll reformiert werden konnten, oder die Stadt Regensburg mit ihren – bis auf St. Emmeram – fast unreformierbaren Reichsstiften und einem moralisch fragwürdigen Domkapitel.[9] Jedenfalls ist deutlich, daß im Bereich der Klosterreform mit Erfolgen und Mißerfolgen eine gegenüber früher klar veränderte Situation entstanden war, die allerdings örtlich vielfach uneinheitlich blieb – so lautete etwa in der Reichsstadt Besançon das Ergebnis der Reform: Dominikaner und Karmeliten gut, Franziskaner und Jakobiner schlecht, Domkapitel katastrophal[10] – und, was positive Ergebnisse betrifft, deutlich territoriale Schwerpunkte aufwies (meist größere weltliche und geistliche Herrschaften wie Bayern, Sachsen oder Münster).

Im engen Zusammenhang mit dem Klosterwesen steht das Verhältnis der Territorien zu Bischöfen und Papst, was seinen Ausdruck im vorreformatorischen landesherrlichen Kirchenregiment findet. Hierbei ist strikt zu unterscheiden zwischen weltlichen und geistlichen Territorien. Für die weltlichen war die Hauptfrage, wieweit es gelang, die für die eigenen Lande zuständigen Diözesanbischöfe und deren Herrschaftsgebiete sich zu- bzw. unterzuordnen, was in vollem Maße bekanntlich nur im Osten, etwa in Brandenburg (Bistümer Brandenburg, Havelberg und

---

[7] Vgl. zum Territorialsystem des Spätmittelalters P. MORAW, Von offener Verfassung zu gestalteter Verdichtung. Das Reich im späten Mittelalter 1250–1490, 1985, 183ff.

[8] Vgl. K. ELM, Hg., Reformbemühungen und Observanzbestrebungen im spätmittelalterlichen Ordenswesen, 1989; M. NIEDERKORN-BRUCK, Die Melker Reform im Spiegel der Visitationen, 1994.

[9] Ernestinisches Sachsen (IV 14). – Kurpfalz (V 14). – Eichstätt (IV 169). – Straßburg (V 74f.). – Regensburg (VI 39).

[10] Freigrafschaft Burgund (VI 204).

Lebus) oder Pommern (Bistum Cammin) erfolgte[11], aber doch auch in anderen Teilen des Reiches vorangeschritten war, etwa bei den Bistümern Speyer und Worms in bezug auf die Pfalz oder bei Freising und Regensburg in bezug auf Bayern[12], hier freilich auf mehr indirekte Weise, durch Gewinnung von Bischofssitzen für die eigene Dynastie oder sonstige personelle Einflußnahme, wobei päpstliche Privilegien für die Besetzung der Bischofsstühle am meisten begehrt, allerdings keineswegs sehr weit verbreitet waren.[13] Immerhin kann man davon sprechen, daß bei vielen weltlichen Territorien sich die Bindungen zum päpstlichen Stuhl sehr eng gestalteten, und zwar mit deutlich antiepiskopaler Tendenz, so für Tirol (gegen Brixen und Trient), für Bayern oder für Brandenburg.[14] Nicht wenige Territorien vermochten sich den traditionellen geistlichen Gerichten zu entziehen[15], manche Stadt faktisch auch der Diözesangewalt[16]; andererseits gelang es über die Inanspruchnahme allgemeiner Schutzprivilegien, laufend mehr Einfluß auf die Stellenbesetzung in Pfarreien und höheren Pfründen zu erlangen. Ganz anders, aber keineswegs zu vernachlässigen, war die Lage bei den geistlichen Fürstentümern, bei denen in den eigenen Stiften Landes- und Diözesanherrschaft zusammenfielen, also von besonderer Kraft sein mußten. Dagegen stand man hier dem Papsttum und seinen Eingriffen eher distanziert gegenüber, die weltlichen Landesherren und die Städte waren die geborenen Feinde. Da diesen beiden gegenüber die Stifte ihre Selbständigkeit behaupten mußten, war der kirchenreformerische Impetus hier im allgemeinen geringer, hätte doch eine Reform die weltliche Herrschaft der Bischöfe selbst gefährden können, wie etwa am Verhältnis von Hochstift und Reichsstadt Straßburg zu sehen ist.[17]

Die Seelsorge war das ureigenste Gebiet der Bischöfe, die Beschwerden darüber ein wichtiger Teil der Gravamina der Territorien gegen den Klerus.[18] Hier stehen im Mittelpunkt der Reform die Organisation der Pfarreien, die gegenüber früher vermehrt und verändert wurden, die Visitationen, um deren Zustände festzustellen und zu bessern, die Einrichtung von Prädikaturen, um das Verständnis der Laien für kirchliche Dinge zu heben, und die Wiederbelebung der Synoden. Ein Ver-

---

[11] Brandenburg (II 36). - Pommern (II 185).
[12] Kurpfalz (V 13f.). - W. BRANDMÜLLER, Hg., Handbuch der bayerischen Kirchengeschichte, Bd. 2, 1993, 4.
[13] H. E. FEINE, Kirchliche Rechtsgeschichte. I. Die katholische Kirche, 3. Aufl. 1955, 437f.
[14] Tirol (I 89). - Bayern (I 58f.). - Kurbrandenburg (II 37).
[15] So etwa Jülich-Kleve-Berg (III 89) oder Württemberg (V 171f.).
[16] So etwa die Stadt Braunschweig, vgl. Braunschweig-Lüneburg (III 13); Nürnberg erreichte das Stellenbesetzungsrecht für die beiden Stadtpfarreien (I 35).
[17] Straßburg (V 76f.).
[18] Deutsche Reichstagsakten unter Karl V., II, 1896, 662ff.; vgl. Theologische Realenzyklopädie 14, 1985, 131-34 (E. WOLGAST).

gleich der Aktivitäten der Bischöfe ist auf diesem Gebiet noch nicht durchgeführt, obwohl einige deutlich hervorragen, etwa die in der Diözese Passau (in Oberösterreich) bei der Neuerrichtung von Pfarreien, die freilich vielfach in der Hand von Adel und Klöstern waren[19], die Diözese Regensburg mit Visitationen 1508 und 1526, die übrigens kein ganz negatives Bild des Klerus erbrachten[20], oder die große Zahl von Städten und die kleinere von Domkapiteln, die neue Predigtstiftungen errichteten[21] – bekanntlich dann eine der Einbruchstellen reformatorischen Gedankenguts.[22] Besonders interessant ist hier, wie weit in den einzelnen Reichsstädten und anderen weltlichen Territorien der Zugriff auf die Kirchen und Pfarrbesetzungen vorangeschritten war: in Nürnberg, wo die Stadt durch päpstliches Privileg und Vertrag mit Bamberg 1477/1513 die Besetzung der beiden Hauptpfarreien an sich bringen konnte, stark, in Magdeburg kaum.[23]

Schließlich die Bildungsreform, die ein Hauptanliegen der Kirchenreform darstellte. Sie ist am leichtesten zu fassen in der Gründung von Universitäten, die allerdings nur von größeren Territorien unternommen werden konnte, wobei die weltlichen Staaten überwiegen. Damit war ein Aufschwung in der Klerikerbildung gegeben, was sich auf die Pfarrseelsorge, auf die Predigttätigkeit – für die Domprädikaturen etwa war akademische Ausbildung, z. T. sogar die Promotion, erforderlich[24] – wie auch schon auf die Vorbildung der Bischöfe auswirkte.[25] Neben den Universitäten bemühte man sich allgemein um Lateinschulen und auch schon um deutsche Schulen, besonders in den Städten.[26] Entscheidend aber wurden die Anstöße, die aus der Bildungsbewegung des Humanismus in den deutschen Territorien wirksam wurden. Humanistenbischöfe, wie Lorenz von Bibra in Würzburg oder Albrecht von Brandenburg in Mainz, oder humanistisch gesinnte Landesherrn wie die Kurfür-

[19] Nieder- und Oberösterreich (I 121f.). – K. EDER, Studien zur Reformationsgeschichte Oberösterreichs, I. Das Land ob der Enns vor der Glaubensspaltung, 1932, 5–33; allerdings stellt R. ZINNHOBLER (Die Passauer Bistumsmatrikeln für das westliche Offizialat, I, 1978, 98) fest, daß das Pfarrnetz im 15. Jahrhundert erstarrt war, ein Ausbau nur bei untergeordneten Seelsorgstellen (Filialen, Vikariate, Benefizien) erfolgte.
[20] Regensburg (VI 39); zur Frage der Interpretation der Konkubinatsfälle vgl. P. Th. LANG, Die Erforschung der frühneuzeitlichen Kirchenvisitationen: soll erscheinen in: Rottenburger Jahrbuch für Kirchengeschichte 16 (1997).
[21] Augsburg (VI 13 „Zechprediger"). – Würzburg (IV 103 Domprediger).
[22] H. SCHILLING, Aufbruch und Krise. Deutschland 1517–1648, 1988, 121.
[23] Nürnberg (I 35). – Für Magdeburg vgl. Fr. HÜLßE, Die Erforschung der Reformation in der Stadt Magdeburg, in: Geschichtsblätter für Stadt und Land Magdeburg 18 (1883) 209–369.
[24] A. SCHMID, Die Anfänge der Domprädikaturen in den deutschsprachigen Diözesen, in: Römische Quartalschrift 89 (1994) 78–110, hier 89.
[25] Z. B. Eichstätt (IV 169).
[26] Vgl. z. B: Lausitzen (VI 98).

sten von der Pfalz oder die Herzöge von Sachsen sammelten angesehene und weit wirkende Persönlichkeiten um sich, die in Fragen der Kirchenreform maßgeblich wurden.[27] Freilich gab es nicht überall solche Anstöße und Gruppen, vor allem kleine und abgelegene Gebiete blieben davon oft unberührt (etwa Lausitzen, Oldenburg).

Überblickt man das Ganze, so ist deutlich, daß die Kirchenreform in den deutschen Territorien vielfach begonnen hatte, aber ganz unterschiedlich weit vorangeschritten war – sowohl die von reformatorischer Seite gern geübte Schwarzmalerei wie die gegenteilige Behauptung, daß die Kirche vor der Reformation eine Blütezeit erlebt habe, wie man gern von den kunstgeschichtlichen Erzeugnissen her schließt, sind nicht haltbar.[28] Der entscheidende Vorgang war dabei, daß die Kirchenreform maßgeblich von den Landesherrn, ob weltlichen oder geistlichen (in ihrem Stiftsgebiet) befördert wurde; angesichts des deutlich zurückgehenden Einflusses der Bischöfe als Ordinarien wurde die von der Reform beeinflußte Kirche weitgehend landesherrlich regionalisiert, wobei nur die engen Bindungen zum Papsttum einen Ausgleich boten. Damit wurde die Territorialstruktur des Reiches mehr und mehr zu einem konstitutiven Element der Kirchenreform, ja zu ihrem Schicksal. Dies zeigt sich in den strukturellen Unterschieden, die geistliche und weltliche Territorien, große und kleine, mächtige und unbedeutende in ihren reformerischen Aktivitäten aufweisen; dazu treten die geographischen, wirtschaftlichen und politischen Einflüsse, die von den personellen Verbindungen über die kraftvolle oder ohnmächtige Finanzlage bis zu Zentren reichspolitischer oder landesherrlicher Einflußnahme, besonders in den Residenzen und Hauptstädten, reichen. Von besonderer Bedeutung sind auch die Persönlichkeiten, die die Reform vorantrieben oder hinderten, und die konkreten Ereignisse wie Kriege oder Konzilien. Insgesamt eine durchaus bunte Szenerie, deren Differenziertheit für die Folgezeit im Auge behalten werden muß.

Glaubensentscheidung in der Reformation

Auch für die seit 1517 eintretende Sonderung der deutschen Territorien in Glaubensfragen sind grundsätzliche Feststellungen nötig, bevor das Schicksal der altgläubig gebliebenen Gebiete behandelt wird. Zuerst ist die – selbstverständlich scheinende, aber durchaus wichtige – Tatsache zu nennen, daß einige Territorien (anfangs sehr wenige) mit den

---

[27] Würzburg (IV 104ff.). – Mainz (IV 68f.). – Kurpfalz (V 15). – Albertinisches Sachsen (II 11f.).

[28] Vgl. etwa K. D. SCHMIDT, Grundriß der Kirchengeschichte, 1954, 261f. gegenüber K. BIHLMEYER / H. TÜCHLE, Kirchengeschichte, II, 16. Aufl. 1958, 499f.; ausgewogen dagegen etwa schon P. JOACHIMSEN, Die Reformation als Epoche der deutschen Geschichte, hg. von O. Schottenloher, 1951, 15f., 47ff.

Ideen Luthers und der von ihm ausgelösten Bewegung sympathisierten und sich ihm bis 1530 anschlossen, andere nicht. Nur die ersteren setzten dabei in der Kirchenreform neue Akzente, die anderen setzten die bisherigen fort: man kann keineswegs davon sprechen, als seien nur bei den Evangelischen Reformen erfolgt. Sodann wurde die neue evangelische Art der Reformen – bei dem entschlossenen Teil der Landesherrn wenigstens – durch einen weitgehenden Bruch mit der Theologie, Tradition und Organisation der mittelalterlichen Kirche vollzogen[29], was bei den altgläubigen Territorien nicht der Fall war. Schließlich traf die Entscheidung, die neue Glaubensform anzunehmen, fast allein die Landesherrschaft: Das Kaisertum beharrte auf dem bisherigen Weg der Reform, war also für den Übertritt zu den Neugläubigen ohne positive Bedeutung; die Bewegung aus der Gesellschaft, von unzufriedenen Intellektuellen, Bürgern und Bauern, war zwar in unterschiedlicher Weise deutlich, aber letztlich entschied, nach welchen Kriterien auch immer, die territoriale Obrigkeit, selbst in den weithin zum neuen Glauben neigenden Reichsstädten.[30] Was die Glaubensentscheidung evangelisch werdender Obrigkeiten selbst betrifft, so sind als Ursachen dafür, daß sie erfolgte und wann sie erfolgte, die Fülle der geschichtlichen Bedingungen und Handlungen zu nennen, von der religiösen Überzeugung von Einzelpersonen über die auf ihren Vorteil bedachte Obrigkeit bis zu bestimmten in den Territorien selbst liegenden Strukturen. Letztere entsprechen nicht ohne weiteres den oben festgestellten regionalen Strukturen der Kirchenreform vor 1517, sind ihnen aber doch nahe, etwa wenn die meisten Reichsstädte, aber auch einzelne Grafen und Ritter sehr schnell das Luthertum annahmen, die bedeutenden Kurstaaten (außer Sachsen), die großen Herzogtümer und die Länder des Kaisers jedoch nicht, schließlich die geistlichen Gebiete weithin altgläubig blieben, aber in der weiteren Verfolgung der Kirchenreform ziemlich untätig verharrten.[31] Eine bündige und allseits befriedigende Erklärung nach dem „warum gerade dieses Territorium und das andere nicht" wird dabei nicht zu finden sein: zu vielfältig sind die konkreten Anstöße für den Übergang zum neuen Glauben, zu unterschiedlich auch die Art des Übergangs selbst, der sich oft über Jahrzehnte hinzog, umgestoßen und erneut getroffen wurde, auch Obrigkeit und Bevölkerung nicht selten, etwa in den Stiften oder in Österreich, in langdauerndem Widerspruch

[29] Vgl. etwa H. A. OBERMAN, Die Reformation, 1986, 17f., 287f.; B. HAMM, Einheit und Vielfalt der Reformation – oder: was die Reformation zur Reformation machte, in: B. Hamm u. a., Reformationstheorien, 1995, 64 („systemsprengend").
[30] Vgl. etwa das Beispiel Rottweil (V 221ff.).
[31] Vgl. dazu die schon früher vom Vf. vorgetragene Einschätzung: Territorium und Reformation, Überlegungen zur Entscheidung der deutschen Territorien für oder gegen Luther, in: W. Brandmüller u. a., Hg., Ecclesia militans, Festschrift R. Bäumer, Bd. 2, 1988, 161–77.

sah, der erst spät auf die eine oder andere Weise gelöst wurde. Das Ergebnis, das man nach 1648 beobachten kann, verbindet deshalb nahtlos strukturelle Gesetzmäßigkeiten mit nicht weiter erklärbaren Zufälligkeiten.

In diesem Prozeß haben die altgläubig bleibenden Territorien durch ihr Festhalten an der Tradition im Fundament keine Entscheidung treffen müssen und auch keine getroffen – daß dies so war, erklärt gegenüber den entschlossen evangelischen Territorien auch einen Gutteil ihrer Schwäche. Wenn sie aber durch evangelische Strömungen im eigenen Land oder durch äußeren Druck angefochten wurden, mußten sie reagieren, indem sie entweder formal auf den bisherigen Traditionen, Gesetzen und Dogmen (mehr oder weniger aktiv) beharrten oder diese nun besonders bejahend betonten. Für jede der genannten Haltungen gibt es eindrucksvolle Beispiele: Für die nichtangefochtene und auch nicht inhaltlich reagierende Haltung etwa die Territorien im Westen oder Süden, wo es nur wenig Kontakte zur neuen Lehre gab (Franche Comté, Trier, Trient)[32], für die zwar angefochtenen, formal an der Tradition festhaltenden, aber wenig aktiven Territorien vor allem die Stifte (etwa Bamberg, Fulda, Bremen)[33], für die stark formal agierenden altgläubigen Obrigkeiten vor allem die Habsburger in Österreich, die Welfen oder die Pfalz[34], für die aktiv katholischen die altgläubigen Protagonisten Brandenburg, das Albertinische Sachsen, Bayern, Lothringen und besonders die habsburgischen Niederlande.[35] Auch die aktive Bejahung der altgläubigen Tradition blieb freilich anfangs bei den Obrigkeiten eher formaler Art, indem man sich auf die höchsten Autoritäten wie Kaiser und Papst berief und sich in die Glaubenstradition der Vorfahren stellte[36] – solches Vorgehen bereits als „Gegenreformation" zu bezeichnen, wie das nicht selten geschieht, ist sicher nicht haltbar.[37] Die altgläubig bleibenden Territorien hatten es dabei nur im Äußeren leichter, wenn sie sich auf die anerkannten Autoritäten und die Tradition berufen konnten (die übrigens durch die langandauernde Reformdiskussion längst nicht mehr unerschüttert waren); sie hatten es schwerer im theo-

---

[32] Freigrafschaft Burgund (VI 204f.). – Kurtrier (V 57). – Trient/Südliches Tirol (I 90ff.).

[33] Bamberg (IV 149ff.). – Fulda (IV 132ff.). – Bremen (III 52ff.).

[34] Nieder- und Oberösterreich (I 122ff.). – Braunschweig-Lüneburg (III 21ff.). – Kurpfalz (V 18ff.).

[35] Brandenburg (II 39f.). – Albertinisches Sachsen (II 11ff.). – Bayern (I 59f.). – Lothringen (V 102f.). – Niederlande (III 208ff.).

[36] Vgl. z. B. das 1. bayerische Religionsmandat vom 5. März 1522: V. A. WINTER, Geschichte der Schicksale der evangelischen Lehre in und durch Baiern, I, 1809, 313.

[37] Z. B. R. POHL, Die „gegenreformatorische" Politik der bayerischen Herzöge 1522–1528, unter besonderer Berücksichtigung der Bauern- und Wiedertäuferbewegung, Diss. phil., Erlangen 1972, 4f.

logischen Disput und gegenüber dem Veränderungsbedürfnis der Menschen.

Wenn sich schon beim ersten Auftreten Luthers zeigte, wie unterschiedlich die nichtreformatorischen Obrigkeiten reagierten – ein Spiegelbild der kirchlichen Regionalisierung –, so wird dies im Laufe der Jahre noch deutlicher. Denn wenn auch die Nichtentscheidung die altgläubigen Obrigkeiten prägte, beeinflußten die konkreten Entwicklungen in der Reformationszeit doch von Anfang an und trotz aller Regionalisierung die ganze Gesellschaft des Reiches tief. So verloren etwa die traditionellen Bemühungen um die Klosterreformen in dem Augenblick fast ihren Sinn, als sich, auch im altgläubigen Bereich, die Klöster leerten und der Nachwuchs rapide abnahm[38] oder, wie etwa in Franken und Schwaben, nicht wenige Klöster 1525 in Flammen aufgingen und dann schwer aufkamen oder veröedeten.[39] Über den Stiften schwebte stets die Gefahr der völligen Säkularisierung, was zwar deren territorialen Erhalt als weltliche Einheiten bedeuten konnte[40], genauso aber deren teilweise oder völlige Annexion und damit Vernichtung.[41] Auch weltliche Territorien waren in Mitleidenschaft gezogen, da das traditionelle kirchliche Leben (z. B. Sakramentenspendung, Wallfahrten, Stiftungen) teilweise zusammenbrach und der Priesternachwuchs dramatisch abnahm, überhaupt das alte Kirchenwesen weitgehend der Verachtung anheimfiel, freilich je nach Lage und Bemühungen in unterschiedlicher Weise.

Wenn so eigentlich ein Handeln der Landesherren auch auf altgläubiger Seite dringend erforderlich war, so wie es die evangelischen Obrigkeiten längst vormachten, so ist solches auch von Protagonisten wie Bayern und Brandenburg in positiver Weise erst nach längerem Zuwarten erfolgt. Der Hauptgrund dafür neben der Tatsache, daß Traditionen ja gar nicht zum Handeln aufrufen, war, daß Kaiser und Papst selbst mit positiven Schritten sich jahrzehntelang Zeit ließen. Der ständige Verweis auf das erwartete Konzil, von dem sich die Protestanten bald nichts mehr, die Katholiken aber um so mehr erwarteten und dabei auch mit einschneidenden Änderungen in der kirchlichen Praxis rechneten[42], lähmte alle Aktivitäten im altgläubig gebliebenen Bereich, und dies um so mehr, als im Laufe der Zeit der Kreis der an der alten Kirche festhaltenden Obrigkeiten deutlich kleiner wurde.

---

[38] Vgl. etwa Braunschweig-Lüneburg (III 25).
[39] Vgl. H. BUSZELLO u. a., Hg., Der deutsche Bauernkrieg, 3. Aufl. 1995; als Beispiel etwa das Franziskanerobservantenkloster Riedfeld in Neustadt a.d. Aisch/Franken, in: Bavaria Franciscana antiqua I, o. J., 298f.
[40] Z. B. Herzogtum Preußen (II 222f.).
[41] Vgl. etwa die Auflösung des Hochstifts Lebus durch Brandenburg (II 46).
[42] Vgl. H. JEDIN, Geschichte des Konzils von Trient, I, 2. Aufl. 1951, passim, etwa 235ff.

Überblickt man diesen Schrumpfungsprozeß der altgläubigen Territorien, die sich als solche bis 1555 erhalten haben, so läßt er sich, gewissermaßen als Gegenbild der Erfolge der evangelischen Seite, in etwa in die Phasen bis 1530, bis 1541 und bis und nach 1555 einteilen. Bis 1530 steht die altgläubige Territorienwelt nach außen noch fast ungebrochen, alle großen Territorien – bis auf Luthers Ernestinisches Sachsen –, also die Kurstaaten, die Herzogtümer und die größeren Herrschaften stehen traditionell oder dezidiert zur alten Kirche; ausgeschieden waren neben Kursachsen im wesentlichen nur die Landgrafschaft Hessen, das – weniger bedeutende – Braunschweig-Lüneburg(-Celle), Ansbach/Bayreuth und das Deutschordensland, dazu freilich die wichtigsten Reichsstädte wie Nürnberg, Straßburg, Frankfurt, Lübeck und Hamburg sowie eine Reihe oberschwäbischer Reichsstädte. Entscheidende Säulen des alten Kirchenwesens waren Bayern (Wilhelm IV. und Ludwig X.), das Albertinische Sachsen (Georg), Brandenburg (Joachim I.), im habsburgischen Bereich Kaiser Karl V. und sein Bruder Ferdinand, in Norddeutschland Braunschweig-Wolfenbüttel (Heinrich der Jüngere); dazu kamen in den Randgebieten des Reiches Lothringen, die Niederlande, die fünf katholischen Schweizer Orte. Von den größeren Stiften zeigten Festigkeit vor allem im Westen Trier und Paderborn, weniger Osnabrück und Köln, im Süden vor allem Würzburg, dann im Ausstrahlungsbereich Bayerns Eichstätt und Salzburg, wobei gerade bei den Stiften die einzelnen Bischofspersönlichkeiten eine erhebliche Rolle spielten (etwa der strikt altgläubige Erzbischof Christoph in Bremen gegenüber dem zum Luthertum neigenden Bischof Friedrich von Wied in Münster). Auch einige Reichsstädte, voran Köln und Rottweil, blieben beim alten Glauben.

Wie weitgehend aber schon bald die evangelischen Sympathien in den Fürstenhäusern, Verwaltungen und in der Bevölkerung verbreitet waren, wird in den Jahren nach dem Augsburger Reichstag 1530 deutlich. Nun gingen, wenn auch teilweise in langsamem Prozeß, Brandenburg und das Albertinische Sachsen, Herzogtümer wie Württemberg, Mecklenburg, Schleswig-Holstein und Pommern zur Reformation über, und daß auch in den anderen noch katholischen Gebieten die Lage höchst unsicher war, zeigen nicht nur der Täuferaufstand in Münster, sondern das rasche Fortschreiten der Reformation in den stiftischen Gebieten (z. B. Magdeburg, Passau) und in Österreich, von den Lausitzen oder Böhmen/Schlesien, wo nur noch wenige katholische Flecken vorhanden waren, ganz zu schweigen. So verwundert es nicht, daß nach dem Regensburger Reichstag von 1541, auf dem der Kaiser nun sogar eine Reform der geistlichen Fürstentümer in Aussicht stellte[43], vor allem aber nach 1552/55, als der Übergang zur neuen Lehre ohne reichsrecht-

---

[43] Reichsabschied Regensburg 1541, § 25: Neue und vollständigere Sammlung der Reichs-Abschiede, II, 1747, 434.

liche Folge vollziehbar war, die große Menge der Übertritte erfolgte: Kurpfalz, Pfalz-Neuburg, Braunschweig-Wolfenbüttel und -Calenberg (seit 1542) – auch der dann gescheiterte Reformationsversuch in Köln 1543 gehört in diese Reihe –, die im Osten gelegenen halbmediatisierten Hochstifte von Cammin bis Meißen, die norddeutschen Stifte wie Bremen, Lübeck oder Minden, bis zu kleineren Gebieten und Teilen der Reichsritterschaft. Nach 1555 waren so im Reich nicht mehr viele Gebiete beim alten Glauben geblieben: die meisten Stifte (jedoch viele nur nominell und durch die Declaratio Ferdinandea auch noch eingeschränkt), wenige weltliche Staaten, nämlich die kaiserlichen Gebiete, Bayern, Lothringen, ein Teil der Schweiz und bis zum Niederländischen Aufstand 1568 auch der Nordwesten, wo sonst nur noch Jülich-Kleve-Berg offiziell am alten Glauben festhielt, schließlich Königlich Preußen und Ermland im Osten, dazu ein paar Reichsstädte und einige Grafen, Ritter und kleine Adelige. Die Lage der altgläubigen Kirche in diesen Territorien war äußerst unterschiedlich und reichte von ungebrochener oder längst wieder aufgenommener Kirchenreform wie in Tirol und Bayern über dezidiert mittlere Positionen wie in Jülich-Kleve, Mischformen wie in Fulda oder Osnabrück bis zum fast völligen Niedergang in den katholischen Restbeständen im Österreich Kaiser Maximilians II.

Beginn der Restauration

Gegenüber dem Zustand in der Mitte des 16. Jahrhunderts zeigt sich 100 oder 150 Jahre später ein ganz anderes Bild: Aus den schwankenden, von der Reformation angefochtenen, sich kirchlich höchst unterschiedlich darstellenden noch altgläubigen Territorien sind religiös gefestigte, selbstbewußte, nach außen ausstrahlende Gebiete geworden, deren Zahl sich auch wieder deutlich vermehrt hat; die evangelische Bewegung in den altgläubigen Territorien ist zu Ende, altgläubiges Kirchenwesen, z. T. im neuen Gewand, allenthalben gesellschaftlich wieder wirksam, eine scharfe Abgrenzung zu protestantischem Denken und protestantischen Einflüssen ist erfolgt. Schließlich wird man zwar noch nicht von voller Einheitlichkeit des katholischen Kirchenwesens in den deutschen Territorien um 1650/1700 sprechen können, doch ist ein Zurücktreten der Unterschiede deutlich, die Regionalisierung der spätmittelalterlichen Kirchenwesen ist durch das wieder machtvoll auftretende Papsttum und den Zentralismus der Kurie deutlich eingeschränkt. Festgefügt und klar umrissen erscheint der alte Glaube für das kirchliche Denken als durch Restauration wiedergewonnen, für das weltliche als eine der im Reich obwaltenden Konfessionen, übrigens immer noch und jetzt wieder, da mit dem Kaisertum verbunden und der Mehrheit in Europa konform, als die vornehmste. Diese augenfällige Tatsache gibt zu mehrfachen Fragen Anlaß: nach dem Zeitpunkt, wann diese Veränderung sich vollzog, nach den Mitteln, mit denen sie erzielt wurde und nach dem Ergebnis, das erreicht worden ist; auch auf verschiedene Ausprägungen und Typen wird zu achten sein.

Es empfiehlt sich dabei, vorab konkrete Beispiele zu nennen, wofür hier mit Tirol und Paderborn je ein weltliches und ein geistliches Territorium ausgewählt werden. Tirol[44] erlebte in den zwanziger, dann nochmals in den vierziger Jahren eine nicht unbedeutende evangelische Bewegung, hauptsächlich von städtischen Einflüssen her genährt, sowie eine scharf radikale Täuferbewegung. Während diese im Zusammenhang mit dem Bauernkrieg beseitigt werden konnte, hielt jener gegenüber die alte Kirche, anders als sonst in den Habsburger Landen, durch den Zusammenhalt von Klerus, Adel, Bürgern und Beamten ohne große Erschütterung stand, was allerdings Probleme nicht ausschloß. Nachdem bereits 1560 Jesuiten nach Innsbruck berufen worden waren, begann mit dem Regierungsantritt Erzherzog Ferdinands II. (1564) eine deutlich neue Gangart, die mit allgemeinem Religionsmandat (1566), vielen weiteren Verordnungen, mit Schulreformen, Klerusvisitation und Seelsorgebemühungen (1593 Kapuziner) deutlich wurde, wobei zuerst der Landesfürst, später auch die in Konkurrenz mit ihm stehenden Bischöfe von Brixen und Trient initiativ wurden. Bis zum Ende des 17. Jahrhunderts war der katholische Konfessionsstaat hergestellt, die Gründung der Universität Innsbruck 1669 stellte gewissermaßen den Schlußstein dar. Im Hochstift Paderborn[45] faßte die Reformation, z. T. von Hessen her, über den westfälischen Adel und die Städte Fuß, wogegen Bischof Erich aus der Welfendynastie kaum einschritt; doch war ein Aufruhr nach des Bischofs Tod 1532 vom Nachfolger hart unterdrückt und damit die alte Kirche wieder stabilisiert worden. Eine weitere evangelische Bewegung der vierziger Jahre fand nur hinhaltenden Widerstand bei den Bischöfen; erst der sehr aktive Dietrich von Fürstenberg (Dompropst 1577, Bischof 1580) führte eine nun schnell erreichte Wende herbei, mit Jesuitenberufung, Visitationen, Einführung einer neuen Agende für Pfarrer; gleichzeitig wurde die Landesherrschaft gegen die Landstände und besonders die Städte mit hartem Zugriff ausgebaut. Die zeitweilige Eingliederung des Hochstifts in die Herrschaft der Wittelsbacher am Rhein (1618–1650) sicherte dann das Erreichte und ließ Paderborn als katholischen Keil zwischen dem protestantischen Hessen und Niedersachsen bestehen.

Faßt man nun die altgläubigen Territorien insgesamt ins Auge, so ist zuerst die *zeitliche Dimension* zu bedenken. Hier ist zu fragen, wann die überall beobachtete Wende vom defensiven Festhalten zur offensiven inneren und äußeren Aktion sich vollzog. Es verwundert nicht, daß hier kein Datum und kein Stichjahr zu nennen, also große Bandbreite gege-

---

[44] Tirol (I 87–101).
[45] Paderborn (III 149–161).

ben ist; es zeigen sich aber doch gewisse Schwerpunkte. Vergleicht man die verschiedenen zeitlichen Ansätze, die in den einzelnen Territorien stattfanden, und stellt man daraus den Zeitpunkt von Start und Höhepunkt der neuen Bemühungen auf dem Weg zur Konfessionalisierung fest, so zeigt sich bei den weltlichen Territorien, soweit sie überhaupt eine nennenswerte evangelische Bewegung aufzuweisen hatten, Bayern eindeutig als Vorreiter; hier beginnt unter Herzog Albrecht V. (1550–1579) bereits in den frühen fünfziger Jahren, trotz seiner vorsichtigen Politik, eine klare Wendung zu neuen Aktivitäten und straffem Durchgreifen im religiösen Bereich. Noch früher wird man nur solche Gebiete aktiv sehen, die nur wenig angefochten waren, Lothringen, die Franche Comté, Mailand.[46] Eine höchst bemerkenswerte Entwicklung zeigt die Reichsstadt Köln, in der beim Domkapitel, bei den Ordensgemeinschaften, den Pfarrern und nicht zuletzt den Laien eine enorme Abwehrkraft gegen die Reformation vorhanden war und auch sofort zum Handeln kam – keine andere deutsche Stadt kann sich damit messen.[47] Am Ende der zeitlichen Skala liegen eindeutig die habsburgischen Länder der niederösterreichischen Linie, wo ja nicht nur bis 1564 die Kaiser eine Vermittlungspolitik verfolgt hatten und Maximilian II. dann jede konfessionelle Aktivität hintanhielt, sondern auch die Herrscher seit Rudolf II. bis 1618 laufend aus politischen Gründen Kompromisse eingehen mußten. Zwar gab es hier erste frühe Initiativen (z. B. 1551 Jesuiten in Wien), doch ein wirklicher Beginn ist kaum irgendwo – mit Ausnahme Schlesiens – vor dem Amtsantritt Rudolfs II. 1576 auszumachen, und auch da wurde eher die bischöfliche als die landesfürstliche Seite wirksam. Von der kaiserlichen setzt sich aber als deutlich früher die vorderösterreichische Linie ab, wo, wie oben bemerkt, mit Erzherzog Ferdinand II. ein auffälliger Neuanfang sichtbar wird, auf der anderen Seite, als erheblich später, die innerösterreichische Linie, die erst seit 1579 präzise Planungen deutlich werden läßt. Auch Jülich-Kleve zeigt einen späten Beginn, jedoch nicht wie in Österreich aufgrund der politischen Verhältnisse, sondern wegen der dezidierten jahrzehntedauernden erasmianischen Vermittlungspolitik der dortigen landesfürstlichen und geistlichen Autoritäten.[48] Auch der erreichte Höhepunkt oder die Wende, die Zeit also, seit der man deutlich den Weg zum Konfessionsstaat eingeschlagen hat, hat bei den weltlichen Staaten ihre Bandbreite, und zwar von 1570 bis 1620. Ein früher Beginn kann dabei auch eine frühe Wende bedeuten, wie im Falle Bayerns, muß es aber nicht, wie etwa die österreichischen Vorlande zeigen.

[46] Vgl. zu Mailand A. TURCHINI, Bayern und Mailand im Zeichen der konfessionellen Bürokratisierung, in: Reinhard/Schilling, Katholische Konfessionalisierung (wie Anm. 3) 394–404; vgl. für das Schulwesen DERS., Sotto l'occhio del padre. Società confessionale e istruzione primaria nello Stato di Milano, 1996.
[47] Köln (III 70ff.).
[48] Jülich-Kleve-Berg (III 90f.).

Was die geistlichen Staaten betrifft, so ist auch hier eine beträchtliche Zeitspanne deutlich, jedoch ist auffällig, daß zum größten Teil der Beginn später liegt (um 1570) und der Wendepunkt noch erheblich länger auf sich warten läßt (vielfach nach 1600). Ausnahmen sind Hochstifte wie Mainz, Augsburg, Eichstätt und Trier auf der einen, Regensburg und Osnabrück auf der anderen Seite. Dabei ist zu beachten, daß, anders als bei den weltlichen Herrschaften, die Kontinuität bei den Stiften geringer war – kirchliche Aktivitäten kamen schnell zum Erliegen, wenn die Gegner der konfessionellen Reform sich bei der nächsten Bischofswahl wieder durchsetzten oder gar Spaltungen bei einer solchen auftraten (z. B. Straßburg).[49] Auch durch das besondere Angewiesensein der Stiftsherrn auf Papst, Kaiser und benachbarte Fürsten bzw. verwandte Dynastien wird das Bild eher uneinheitlich. Insgesamt ist aber festzuhalten, daß auch in allen altgläubig gebliebenen geistlichen Territorien früher oder später positive Reformansätze sich zeigen, die den Weg zu einem konfessionell bestimmten Staat weisen.

Wege zum Konfessionsstaat

Was *Mittel und Methoden* betrifft, die für dieses Ziel angewendet wurden, so hat die theoretische Literatur zur Konfessionalisierung vielfach darüber gehandelt[50], und in jedem altgläubigen Territorium finden sich im Lauf der Zeit einige angewendet. Trotzdem erscheint es bei deren Betrachtung sinnvoll, auch hier zuerst von einer Grundüberlegung auszugehen, nämlich daß schon 1521 im Grundsatz für die bei der alten Kirche bleibenden Gebiete die Lage geklärt war: die Lehre Luthers war als Ketzerei gebrandmarkt, seine Schriften verboten, der Anhängerschaft schwere Strafen angedroht; bei einem in Liturgie, Pfarrseelsorge und äußerer Frömmigkeitsdokumentation eifrigen Klerus und einem diesem gläubig anhangenden Volk hätte es eigentlich nur noch einiger theologischer Klarstellungen in bezug auf die von den Reformatoren aufgeworfenen Fragen bedurft, um den erstrebten Standard herzustellen. In der Realität war dies aber durchaus nicht so der Fall. Vielmehr waren durch die Entwicklung seit dem Spätmittelalter, speziell aber dann durch die reformatorischen Ereignisse und Herausforderungen Klerus und Volk verunsichert, theologische Fragen ungeklärt, die Liturgie uneinheitlich, der Priesternachwuchs dezimiert, und auf die Verordnungen des Landesherrn schien kaum mehr jemand zu achten; diese selbst, ob weltliche oder geistliche Fürsten, waren der Religion vielfach nur traditionell, nicht spezifisch verbunden. Sollte angesichts der Infra-

---

[49] Straßburg (V 86ff.).
[50] Hierzu zuletzt W. REINHARD, Was ist katholische Konfessionalisierung? in: Reinhard/Schilling, Katholische Konfessionalisierung (wie Anm. 3) 419–55.

gestellung der alten Religion durch die Reformatoren diese nicht ohnmächtig zugrunde gehen, waren die Instrumente, die seit alters zur Verfügung standen, überhaupt erst einmal wieder wirksam zu machen.

So war es nötig, den Mandaten erneut Geltung zu verschaffen, weshalb das Verwaltungsinstrumentarium des Staates, insbesondere spezifische Behörden (Geistlicher Rat, Gerichte usw.) zeitgemäß hergestellt und in Wirksamkeit gebracht, ihre Amtsführung überwacht werden mußte. Die Fülle von Religionsmandaten, Schulordnungen, Weisungen zur religiösen Disziplin, die seit der Jahrhundertmitte überall die Untertanenschaft zu reglementieren suchen, gehören hier ebenso her wie Kontrollmaßnahmen aller Art, vom Sakramentenempfang bis zur Einhaltung der Sonntagsruhe. Die Vereidigung der Beamten auf die tridentinische Glaubensformel war vielfach das äußere Zeichen dafür. Was das innere Leben der Kirche betrifft, so wurden vor allem die Synoden wieder erweckt und die Visitationen intensiviert. Ein zentraler Bereich war die Klerus- und Volksbildung, nicht jetzt erfunden, aber stark intensiviert, durch Neuerrichtung oder Reformen von Universitäten und Gymnasien, durch erste Seminare, durch Latein- und Volksschulen. Das alles war mit oder gegen die gesellschaftlichen Kräfte im eigenen Land, insbesondere die eigene Verwaltung und die Landstände (bzw. Domkapitel) durchzusetzen. Von großer Bedeutung war dabei die Hilfe der reformierten oder neuen Orden, die jetzt einen großen Aufschwung nahmen, vor allem Franziskaner, Jesuiten und Kapuziner. Auf dem weiten Gebiet der Volksfrömmigkeit wurden Wallfahrten, Prozessionen, Teilnahme an Bruderschaften wiedererweckt. Institutionell wurde das Papsttum immer wichtiger, das jetzt durch Nuntiaturen in den katholischen Territorien unmittelbar eingriff; dadurch, auch durch die erneute Förderung der lateinischen Sprache, wurde die Internationalität der Kirche gegenüber dem spätmittelalterlichen Regionalismus wieder betont. Das Konzil von Trient war dabei gewissermaßen der Sammel- und neue Ausstrahlungspunkt aller Kräfte. Von großer Bedeutung war auch das Zusammenwirken von Bischöfen und Landesherren, ein (freilich schwieriges) Verhältnis, das mehrfach zu ersten Konkordaten führte. Von besonderer Wichtigkeit war schließlich die Öffentlichkeitsarbeit, die negativ in der Zensur, positiv in überraschend erfolgreichen Bemühungen, das Kirchenvolk mit Druckwerken zu versorgen, parallelen Erscheinungen bei den Evangelischen nicht nachstand.

Neu war im altgläubigen Bereich an all dem nur wenig, eigentlich nur das Konzil, die Nuntien, die Jesuiten und der Buchdruck, die aber ebenfalls, blickt man genauer hin, durchaus Vorgänger hatten (letztes Konzil 1517; päpstliche Legaten; Ordensreformen; Offizinen im Spätmittelalter). Wirklich neu aber war das Zusammentreffen von mehreren oder sogar vielen solcher Maßnahmen und insbesondere das Bemühen, diese im Sinne des frühmodernen Staates realiter durchzusetzen, was teilweise (etwa bei den Kirchenbüchern oder bei der Überwachung der

Gläubigen) auch gelang. Allerdings zeigt der Vergleich, daß nur ein Teil der altgläubigen Territorien alle oder auch nur eine größere Zahl solcher Initiativen in Angriff nahm oder gar effektiv durchführte, daß also auch hier eine große Variationsbreite gegeben war. So gehörten Synoden zum Grundprogramm der Reform, doch keineswegs überall führte man solche durch (in Trier etwa unterließ man sie als die Reform störend)[51]; auch waren durchaus nicht alle durchgeführten Synoden von positiver Bedeutung (in Salzburg z. B. erst das von Ninguarda geleitete Provinzialkonzil von 1569, während frühere wenig Effekt hatten).[52] Neue Orden treten fast überall auf, aber nicht immer Jesuiten (in Salzburg wurde die Universität den Benediktinern anvertraut), und schon gar nicht immer diese allein (z. B. auch Kapuziner in Tirol und Böhmen). Priesterseminare hatten, aufgrund der Anordnungen durch das Konzil, die meisten Bischöfe im Programm, doch scheiterte deren Errichtung fast überall am Geld (Ausnahmen Eichstätt 1564, Breslau 1565).

Bei der Betrachtung der Verschiedenheiten der altgläubigen Territorien ist vor allem zu fragen, ob auf dem Feld der Methoden und Mittel bei den geistlichen Herrschaften gegenüber den weltlichen Staaten Unterschiede sichtbar werden. Obwohl dies eigentlich nicht sein konnte, da ja die geistlichen Herren für ihre Stifte ebenfalls als Landesherrn agierten, zeigen sich solche trotzdem. Zuerst beim Aufbau der frühmodernen Staatsgewalt, die die Durchsetzung der religiösen Verordnungen sicherstellte: Nicht nur erfolgte der Aufbau solcher Ämter bei den geistlichen Herrschaften oft erst viel später, verharrten die Stifte also noch stärker im Mittelalter (z. B. Regensburg)[53], die Behörden erreichten auch selten die Schlagkraft der weltlichen Staaten („Unterm Krummstab ist gut leben").[54] Sodann gab es zwar ähnliche Auseinandersetzungen der geistlichen Landesherrn mit den Domkapiteln wie bei den weltlichen Herrn mit den Ständen, doch waren Domkapitel strukturell nicht zu entmachten, sie reagierten auch ganz anders, da sie selbst geistliche Institutionen waren – im allgemeinen waren sie ein Bollwerk des Konservativismus, was in der frühen Reformation der alten Kirche zugute kam, jetzt aber bei den anstehenden Modernisierungen eher zu ihren Ungunsten ausschlug. Am deutlichsten ist der Unterschied wieder sichtbar bei der Gefährdung der Kontinuität, da die geistlichen Staaten als Wahlmonarchien – nicht nur in außergewöhnlichen Fällen wie beim

---

[51] Kurtrier (V 62).
[52] G. B. WINKLER, Die nachtridentinischen Synoden im Reich. Salzburger Provinzialkonzilien 1569, 1573, 1576, 1988, 34ff.
[53] Regensburg (VI 42).
[54] Vgl. V. PRESS, Geistliche Fürstentümer (Neuzeit), in: Theologische Realenzyklopädie 11 (1983) 715–719, hier 718.

Aussterben einer Dynastie – von Regierung zu Regierung verändert werden konnten und wurden (z. B. in Bamberg).⁵⁵

Wenn in diesen Stücken die Stifte es schwerer hatten, zum geschlossenen Konfessionsstaat zu gelangen, so waren sie andererseits als geistliche Herrschaften den geistlichen/religiösen Mitteln grundsätzlich näher – in kaum einem Stift finden sich vorwiegend machtpolitische Glaubensdiktate wie etwa in Innerösterreich oder beim Konfessionswechsel in Pfalz-Neuburg.⁵⁶ Probleme zwischen Staat und Kirche, die die weltlichen Staaten in dieser Zeit kennzeichnen (etwa auf dem Gebiet der Visitation oder der Prüfung der Geistlichkeit), gab es im eigenen Hochstiftsgebiet nicht, alle geistlichen Zwangsmittel standen dem Bischof qua Kirchenrecht zu. Vor allem aber ist zu bedenken, daß natürlich Religion im weitesten Sinn – seit je und auch damals – zuerst Sache der kirchlichen Organisation war und nur, weil diese – wirklich oder angeblich – versagt hatte, die weltlichen Herrschaften sich religiöser Probleme, als Notverwaltung, annahmen; da im altgläubigen Bereich zwar eine Zeit lang nach der Notidee gehandelt wurde (Bayern als typisches Beispiel)⁵⁷, die Hierarchie aber intakt blieb, mußte, sobald die kirchliche Organisation stabilisiert, die Mängel abgestellt und würdige Bischofsgestalten erzogen worden waren, die Religionsfürsorge der weltlichen Landesherrn als nicht mehr so notwendig zurücktreten, was für das Ansehen der Bischöfe große Bedeutung hatte. Die Bischöfe saßen hier also am längeren Hebel, ihre Stifte waren gewissermaßen auf das Ideal geistlicher Musterherrschaft in Zukunft hin angelegt.

Auf dem Weg zum Konfessionsstaat sind auch *Förderung und Hemmnisse* zu bedenken; denn der schließlich erreichte, ziemlich geschlossen wirkende Endzustand darf nicht darüber hinwegtäuschen, daß der Weg dahin im 16. und 17. Jahrhundert nicht nur mühsam, sondern durchaus nicht immer zielgerichtet und vor allem auch nicht einheitlich war. Deshalb erscheint es nützlich, einige fördernde bzw. hemmende Aspekte auf diesem Feld zusammenzustellen.

Das wichtigste fördernde Element für das Festhalten am alten Glauben war zweifellos die Struktur des Reiches in ihrer Verbindung von Verfassung und Religion, die den großen Territorien, besonders den kaisernahen Landesherrn, die Übereinstimmung mit Kaiser und Papst für lange Zeit nahelegten; die Stifte waren dabei übrigens auf beide Gewalten in besonderem Maß bezogen. Dann war bedeutsam das Vorhandensein lebendiger altkirchlicher Zentren; so ist beobachtet worden, daß die Bischofsstadt Köln mit ihren geheiligten Traditionen, mit bi-

---

⁵⁵ Bischof Johann Philipp von Gebsattel (1598–1609) unterbrach die Linie katholischer Reform: Bamberg (IV 158ff.).
⁵⁶ Innerösterreich (I 113). – Pfalz-Neuburg (I 53).
⁵⁷ Vgl. etwa die scharfe Verurteilung bischöflicher Laxheit durch bayerische Behörden: Dokumente (wie Anm. 1) 3,1, 280ff., 484ff.

schöflicher Verwaltung, mit volksnahen Klöstern und mit katholischer Universität ein Bollwerk des alten Glaubens darstellte und deshalb von den reformatorischen Kräften nicht zu überwinden war.[58] Man wird deshalb allgemein sagen können, daß solche Strukturen und Zentren zwar nicht den Übergang eines Landes zur Reformation unbedingt verhindern[59], wohl aber hilfreiche Anknüpfungspunkte für die konfessionellen Reformen im Fall des Überlebens des alten Glaubens nach 1550 bilden konnten: die bischöflichen Verwaltungen waren, wenigstens in den Stiftsgebieten, unbeschädigt vorhanden und auch oft intakt, alte und neue Orden konnten aktiviert, Universitäten mit gebildetem Personal versehen, Kulte wiederaufgenommen werden.

Von großer Bedeutung waren dann dynastische Bindungen. Obwohl die gemeinsame Dynastie keineswegs die konfessionelle Spaltung ausschloß (sichtbar etwa bei den bayerisch-pfälzischen Wittelsbachern oder den badischen Markgrafen), bildete sich doch im Lauf der Zeit, zumindest in den gleichkonfessionellen Zweigen, ein dynastisch-religiöser Konsens heraus, aus dem offenbar fast niemand ausbrechen konnte: Kein Angehöriger des Hauses Habsburg wurde evangelisch, nicht einmal Kaiser Maximilian II., der mit dem Luthertum zweifellos sympathisierte, und trotz aller Kämpfe blieb schließlich kein Zweig des Welfenhauses einschließlich der von ihm gestellten Hochstiftsherrn beim alten Glauben.[60] Die dynastische Tradition war besonders im Kampf um die Stifte schwerwiegend, wie dies etwa bei Hildesheim oder Minden mit Erfolg bzw. Mißerfolg für die Katholiken deutlich wird.[61] Bei weltlichen Staaten waren dynastische Heiraten besonders wirksam, etwa die von Wilhelms V. von Bayern Tochter Maria, die 1571 Karl II. von Innerösterreich heiratete, was 1579 zur Münchner Konferenz und dann zur planmäßigen Rekatholisierung der Steiermark führte[62]; daß dabei selbst Konfessionsgrenzen überwunden werden konnten, zeigt der Fall Pfalz-Neuburg (1613).[63] Neben der Dynastie sind hervorragende Persönlichkeiten ins Auge zu fassen, bei den Landesherrn (z. B. Julius Echter in Würzburg), unter den Theologen (Petrus Canisius) oder bei den Laien (z. B. Tilly), die sich für ihre Konfession einsetzten. Schließlich ist auf die Vorbildfunktion bestimmter Territorien zu verweisen, etwa seit 1576/1620 des Kaiserhofes in Prag und Wien, seit 1564 Bayerns, seit

---

[58] Vgl. F. Bosbach, Die katholische Reform in der Stadt Köln, in: Römische Quartalschrift 84 (1989) 120–159.

[59] So nützte der Widerstand der Deutschordenskommende Marburg mit ihrem Elisabethkult auf die Dauer nichts gegen den Beschluß des Landesherrn zur Reformation: Hessen (IV 263).

[60] Vgl. Braunschweig-Lüneburg (III 14f.).

[61] E. Wolgast, Hochstift und Reformation. Studien zur Geschichte der Reichskirche zwischen 1517 und 1648, 1995, 317 und 275.

[62] Innerösterreich (I 109ff.).

[63] Pfalz-Neuburg (I 51).

1585 Würzburgs, die auf nicht wenige umliegende Gebiete ausstrahlten und sie in ihren Bann zogen, was natürlich besonders gut am Beispiel von Köln, Münster, Paderborn und Lüttich zu sehen ist.

Es gab jedoch auch hindernde Faktoren auf diesem Weg, wobei ein Teil der genannten, ins Gegenteil verkehrt, sich sogleich deutlich zeigt: So die Ferne anderer altgläubiger Gebiete, was von vornherein ein Überleben und eine aktive Kirchenreform schwer machte (so bis 1568/84 in den noch katholischen Teilen von Braunschweig-Wolfenbüttel bzw. -Calenberg)[64], der Konservativismus von Domkapiteln, das Nichtvorhandensein von kirchlichen Zentren, Bischofssitzen oder Klöstern, das Fehlen von Universitäten. Auch die 1555 festgelegte konfessionelle Neutralität des Reiches war für die alte Kirche ein Problem. Die größten Hemmnisse bereiteten in den Territorien aber zweifellos die Landstände, die, wie etwa in Österreich, über Jahrzehnte die dezidiert katholische Reform konterkarieren konnten; fast überall war deshalb die Brechung oder Zurückdrängung ihrer Macht die Voraussetzung für den Konfessionsstaat. Ähnlich war es bei den Domkapiteln, die vielfach der Einführung der Jesuiten widerstrebten[65], aber auch sonst der Reformierung des Lebens oft wenig geneigt waren, bei grundsätzlicher Bejahung des traditionellen Kirchenwesens. Im Äußeren stellten protestantische Territorien ein wichtiges Hindernis dar, und das nicht nur in Zeiten, als die Hochstifte von der Säkularisation bedroht waren (Markgräfler Krieg, Dreißigjähriger Krieg) und deshalb vorsichtig agieren mußten, sondern auch sonst – das Zusammenleben der verschiedengläubigen Fürsten und Länder forderte vielfache Rücksichtnahme und verbot harte Konfrontation. So verhielt sich etwa Mainz 1559 und 1581 gegenüber den neuerworbenen evangelischen Grafschaften Rieneck und Königstein lange sehr vorsichtig[66], nahm man in Vorderösterreich besonders auf den Adel Rücksicht[67], und selbst Bayern unter Kurfürst Maximilian I. ging gegenüber den eroberten Gebieten Donauwörth, Oberösterreich und Oberpfalz lange verdeckt und, durch offizielle Normen abgesichert, nur langsam vor.[68]

Zu den behindernden Faktoren gehörten aber auch katholische Bischöfe bzw. Landesherrn im gegenseitigen Verhältnis. Es ist bekannt, daß die Bischöfe als geistliche Ordinarien den Reforminitiativen der Landesherrn (weltlichen und geistlichen) erhebliche Schwierigkeiten machten, Passau gegen Österreich, Salzburg und seine Suffragane gegen Bayern, Brixen und Trient gegen Tirol standen, und zwar nicht nur

---

[64] Braunschweig-Lüneburg (III 21ff.).
[65] So etwa in Regensburg: Dokumente (wie Anm. 1) 3,1, 509ff.
[66] Kurmainz (IV 85).
[67] Österreichische Vorlande (V 271).
[68] H. GLASER, Wittelsbach und Bayern, Ausstellungskatalog München 1980, II/1 (Um Glauben und Reich. Kurfürst Maximilian I.) 1980, 438.

aus Desinteresse und Trägheit, wie die katholischen Landesherrn ihnen vorwarfen[69], sondern in der Verfolgung ihrer geistlichen Pflichten; aber auch der umgekehrte Fall kam vor, etwa wenn der bayerische Herzog gegenüber dem Eichstätter Bischof Schaumburg, der 1564 den Laienkelch für seine Diözese nicht gestattete, eben diesen in einer bayerischen Enklave des Hochstifts durchsetzte, und das, obwohl er selbst in Bayern zur gleichen Zeit schon wieder den Gebrauch des Laienkelchs einschränkte.[70] Die gegenseitigen Behinderungen, dann Konkurrenz von Landesherrn und Ordinarien, denen gegenüber die Kurie sich übrigens nicht einheitlich verhielt, gehören zu den Charakteristika der Entwicklung des katholischen Kirchenwesens dieser Zeit. Im übrigen können all jene Instrumentarien und Strömungen als retardierend angesehen werden, die sich überhaupt einer Konfessionalisierung entzogen.

Die katholischen Territorien um 1700

Welches waren die Ergebnisse der seit 1560/70 durchgeführten Maßnahmen? Auf diese Frage ist zuerst festzustellen, daß von dem nach der letzten Übertrittswelle um 1555 erhaltenen äußeren Bestand größerer altgläubiger Territorien keines mehr der katholischen Kirche verlorenging, im Gegenteil durch die allgemeinen Verhältnisse des Zeitalters, durch Konversion und Gegenreformation, der Bestand wieder etwas erweitert wurde (z. B. 1575 das Mainzische Eichsfeld, 1614 Pfalz-Neuburg). Dies gilt allerdings nicht in gleichem Maße für die Hochstifte, da im norddeutschen Bereich noch sieben von ihnen allmählich zur Reformation übergingen[71], dazu Osnabrück 1648 schließlich als Hochstift mit konfessionellem Wechsel im Bischofsamt festgeschrieben wurde[72]; immerhin verblieb der größte Teil der Hochstifte im Reich schließlich in der altgläubigen Tradition und führte entsprechende Reformen durch, nur ein kleiner entschied sich für die evangelische Seite (zusammen mit den vor 1555 zur Reformation übergegangenen insgesamt 15).[73] Auch hier kann übrigens von einer Wiedergewinnung gesprochen werden, nicht so sehr bei stark gefährdeten Stiften wie Köln und Straßburg, sondern bei Hildesheim, das durch die Stiftsfehde 1523 faktisch vernichtet

---

[69] Vgl. etwa die herzoglich bayerische Stellungnahme zu den Beschwerden der Bischöfe der Salzburger Kirchenprovinz 1524: G. Pfeilschifter, Hg., Acta reformationis catholicae, I, 1959, 348ff., bes. 350 § 4.
[70] Eichstätt (IV 173).
[71] Wolgast (wie Anm. 61) 273ff.
[72] Osnabrück (III 143f.).
[73] Vgl. die Zusammenstellung des Vf.: Die Hochstifte des Reiches im konfessionellen Zeitalter 1520–1618, in: Römische Quartalschrift 87 (1992) 252–81, hier 276ff.

war, dann von evangelischen Stiftsherrn wieder aufgebaut wurde und schließlich 1577/83 in katholische Hände überging.[74]

Was die innere Einheitlichkeit betrifft, die das Zeitalter in der Religion erstrebte, so kann man sagen, daß sie weitgehend erreicht wurde, allerdings hier in besonders ausgedehnten Zeiträumen und wiederum mit charakteristischen Ausnahmen. Wenn man etwa in Bayern um 1580/90 davon sprechen kann, daß die katholisch konfessionelle Einheit erreicht ist, auch gegenüber dem landsässigen Adel, ist dies in den habsburgischen Ländern aufgrund der Verhältnisse erst nach 1620 der Fall, und auch hier nur so, daß in manchen Teilen (z. B. Niederösterreich) dem landsässigen Adel weiterhin das persönliche Bekenntnis garantiert war, zudem in den innerösterreichischen Gebirgstälern ein nicht unbedeutender Kryptoprotestantismus bestehen blieb.[75] Eine wirkliche innere konfessionelle Einheit ist daher oft erst im 18. Jahrhundert erreicht worden.[76] Auch hier gehören die Hochstifte vielfach zu jenen Gebieten, die am längsten zur einheitlichen Konfessionsdurchsetzung benötigten, vor allem deshalb, weil der landsässige Adel durch die – anerkannte oder nicht anerkannte – Declaratio Ferdinandea doch realiter weithin geschützt war; aber auch wo dieses Problem formell nicht bestand, wenn etwa, wie großenteils in Franken, die Ritterschaft reichsunmittelbar geworden war, bot dies ein gewichtiges Hindernis für eine einheitliche Durchsetzung der Konfession, da deren geographische Nähe, die genealogische Verflochtenheit, vor allem aber die große Zahl der Pfarrpatronate dauernde Einflüsse gegenüber den Hochstiften sicherten.[77] Beachtenswert ist auch, daß einige Hochstifte erst nach 1648 ihre territoriale Gestalt endgültig gewinnen oder wiederherstellen konnten, so etwa Mainz an der Bergstraße oder in Erfurt, Würzburg in Kitzingen, Hildesheim im Bereich des Großen Stiftes, was aufgrund des Westfälischen Friedens die Aufrechterhaltung der religiösen Besitzstände bedeutete, damit aber (kleinere) Teile der Hochstifte evangelisch bleiben ließ (was in der Konsequenz auch die Ausbildung evangelischer Geistlicher durch die stiftische Landesherrschaft erforderte).[78] Hinzuweisen ist schließlich noch auf die nicht seltenen Kondominate, wo es nicht nur endlose Streitigkeiten gab, sondern letztlich, ähnlich den paritätischen Reichsstädten, zu faktischer Toleranz, ja Religionsfreistellung kam.[79]

Was die Herstellung der inneren Glaubensnorm und die Reform des religiösen Lebens betrifft, so zeigen die Visitationsberichte, daß hier Erfolge durchaus, wenn auch wieder langfristig und in unterschiedlichem Maß gegeben waren. Am eindrucksvollsten ist die nun allgemeine Ver-

[74] Braunschweig-Lüneburg (III 28f.).
[75] Nieder- und Oberösterreich (I 130f.).
[76] REINHARD (wie Anm. 50) 432.
[77] Reichsritterschaft in Franken (IV 183–213).
[78] Kurmainz (IV 93f.). – Würzburg (IV 122). – Braunschweig-Lüneburg (III 38).
[79] Vgl. etwa das Kondominat in der Grafschaft Eberstein: Baden (V 147ff.).

breitung der neuen Orden und der mit ihnen meist verbundenen Bildungseinrichtungen, die Wiederaufnahme untergegangener Frömmigkeitsformen (besonders Bruderschaften und Wallfahrten), z. T. im neuen Gewand (Marianische Kongregation)[80] und die Entstehung der Barockkunst, die sowohl Ausdruck der einheitlichen religiösen Haltung eines Landes wie, durch die Übernahme des römischen Vorbildes, ein Zeichen der neuen überregionalen Glaubensgemeinschaft war.

Angesichts der Spannung von Einheitlichkeit und Disparität der Entwicklung und der Ergebnisse wird man auch überlegen können, ob man bestimmte Typen für die altgläubigen Territorien bilden kann. Als solche bieten sich an ein Typ frühen Beginns der Konfessionalisierung, wie er bei kompakten Großterritorien, die in enger Verbindung mit Bischof und Papst standen (Bayern, Lothringen, Würzburg), anzutreffen ist, gegenüber einem Typ späten Beginns, meist bei kleineren Staaten oder lockerem Staatsaufbau und Diskontinuität in der Entwicklung (Jülich-Kleve, Österreich, viele Hochstifte), wobei sich beide nicht nur zeitlich, sondern auch in der Art des Vorgehens unterscheiden. Weiter ein Typ, in dem vor allem die landesherrlichen Initiativen dominierten (Bayern, Pfalz-Neuburg), gegenüber einem, in welchem die Bischöfe besonders wichtig waren (alle Hochstifte, dann Ober- und Niederösterreich, z. T. Tirol). In Frage kämen auch Typen gewaltsamen und gewaltfreien Vorgehens, Typen mit altgläubiger Ausgangslage und kontinuierlichem Fortschreiten gegenüber solchen, wo erst Konversionen einsetzen mußten und mehrere Brüche erfolgten. Auch wenn sie schließlich wohl alle im eher einheitlich wirkenden Barockkatholizismus aufgegangen sind (was noch zu untersuchen wäre), zeigen diese Typen an, daß im 16. und 17. Jahrhundert eine bemerkenswert hohe Bandbreite von Möglichkeiten konfessioneller Kirchenreform gegeben war.[81]

Insgesamt kann man sagen, daß auf die Dauer durch den Erhalt der altgläubigen Gebiete und durch die Durchsetzung der inneren Reformen die deutschen katholischen Territorien zu einem Teil des europäischen Barockkatholizismus wurden, der im Einklang mit Papst, Kaiser und Königen den Protestantismus im Reich im öffentlichen Ansehen um 1700 wieder deutlich überrundet hatte.

Ergebnis: Restauration und Anpassung

Zum Schluß ist auf die Eingangsthese zurückzukommen, daß die katholischen Gebiete eben katholisch geblieben sind – eine nur scheinbar

---

[80] Vgl. die Mariahilf-Bruderschaft: Passau (VI 72f.) oder die Marianischen Congregationen: Lothringen (V 113f.).
[81] Vgl. dazu den Versuch des Vf. bei Reinhard/Schilling, Katholische Konfessionalisierung (wie Anm. 3) 405–418.

selbstverständliche Feststellung, die durch die Parallelisierung der weithin akzeptierten Konfessionalisierungsthese durchaus in Frage gestellt worden ist. Eine nähere Untersuchung und ein Vergleich, wie sie hier angestellt worden sind, haben ihr gegenüber zwei Ergebnisse gebracht.

Zum einen ist klargeworden, daß die katholischen Gebiete, wie sie sich von 1555 bis nach 1648 darbieten, tatsächlich katholisch/altgläubig geblieben sind. Nirgends liegt ein Bruch in Dogma und Struktur vor, eine Entscheidung zwischen mehreren Möglichkeiten gab es nicht und wurde – außer im Fall von Übertritten schon für den neuen Glauben gewonnener Gebiete – nirgends gefällt. Insoweit unterscheiden sie sich tatsächlich grundlegend von den evangelisch gewordenen Gebieten und widersprechen damit den Folgerungen der sozialgeschichtlich orientierten Konfessionalisierungstheorie, daß nämlich alle Konfessionen neu und parallel der alten Kirche gegenüberstehen.[82] Dabei erscheint es gerade als das Kennzeichen der katholisch gebliebenen Territorien, daß sie, mit der Vergangenheit eng verbunden, sich sehr wenig einheitlich darstellen, vielmehr im zeitlichen Ablauf, in der Methode und im Gesamttyp erhebliche Unterschiede aufweisen, die noch stark der regionalisierten mittelalterlichen Kirche entsprechen. Ein einheitlicher Konfessionstyp „katholisch" ist jedenfalls im 16. Jahrhundert gar nicht, im 17. erst allmählich auszumachen. Angesichts dieser fundamentalen Unterschiede ist „katholische Konfessionalisierung" als Parallelerscheinung schlicht nicht gegeben.[83]

Auf der anderen Seite, das ist das zweite Ergebnis, ist nicht zu verkennen, daß sich gegenüber der Zeit vor 1517 manches verändert hat, und daß diese Veränderungen vielfach durch das Geschehen der Reformation angeregt, herausgefordert oder erzwungen worden sind. Sie stellen sich dar im Sinne der Rationalisierung, der Erfassung und der Durchsetzung. Ob Verwaltungsaufbau, Priesterbildung oder Strafandrohung gegen dissidentes Verhalten, hier griffen tatsächlich oft neue, verschärfte Methoden, für die es genügend Parallelen bei den Protestanten gibt. Diese Ähnlichkeit der Methode wäre freilich nun erst zu interpretieren: Aufs erste würde man sie nicht parallelen „Kirchentümern", sondern der Tatsache zuschreiben, daß überall der Staat in der Frühen Neuzeit charakteristische Wandlungen durchmachte, und zwar in ganz Europa, auch dort, wo es keine Reformation gab; Deutschland hätte zweifellos ebenfalls solche Wandlungen erfahren, auch wenn die Reformation nicht gekommen wäre.[84]

---

[82] SCHMIDT (wie Anm. 3) 106–109.
[83] Vgl. REINHARD (wie Anm. 50) 437.
[84] So D. WILLOWEIT, Katholischer Konfessionalismus als politisches und rechtliches Ordnungssystem, in: Reinhard/Schilling, Katholische Konfessionalisierung (wie Anm. 3) 232.

Erst eine solche Sicht scheinbar „paralleler" Vorgänge bietet die Möglichkeit, Freiraum zu schaffen für die großen Disparitäten, die sich gerade im katholischen Raum dieser Zeit zeigen. Dann stellt sich die katholische deutsche Territorienwelt im Zeitalter der Konfessionalisierung dar als eine bemerkenswert dauerhafte Verbindung eines traditionellen, weit ins Mittelalter zurückreichenden Kirchenwesens mit modernen, auf die Herausforderungen der Zeit antwortenden Lösungen, die deshalb auch jahrhundertelang Bestand hatten.

ORDEN UND IHRE KLÖSTER
IN DER UMBRUCHSZEIT DER KONFESSIONALISIERUNG

von Barbara Henze

Durch die Herausbildung der Konfessionskirchen änderte sich im Reich die äußere Gestalt der Kirche. In protestantisch gewordenen Territorien verschwanden bis auf wenige Überreste die Klöster und mit ihnen Frömmigkeitsformen, die von ihnen getragen wurden. In den übrigen Territorien traten neben Klöster der „alten" Orden neue geistliche Gemeinschaften wie Jesuiten, Kapuziner und Ursulinen. Sie prägten die konfessionelle katholische Frömmigkeit. Die Orden und ihre Klöster werden im folgenden aus der Perspektive der regionalen Gewalten betrachtet, deren Geschichte in den Beiträgen über die diversen Territorien beschrieben worden ist. Eine solche Perspektive ist für die Zeit der Konfessionalisierung sinnvoll, da sie religiöse Fragen an die untere Ebene delegierte. Die nicht territorial oder regional strukturierten Orden konnten davon nicht unberührt bleiben. Da Einzelstudien zu allen wesentlichen Territorialgewalten vorliegen, ist ein Überblick über die Folgen für die Klöster im Reich möglich. Er wird in Thesen vorgestellt.

1. Die Geschicke eines Klosters hingen von den konkreten Machtverhältnissen in einem Territorium ab. In der Reformationszeit zeigten sich diesbezüglich Weiterentwicklungen des späten Mittelalters, in dem versucht wurde, kirchliche Befugnisse zu konzentrieren. Zu diesen zählte das Aufsichtsrecht über die Klöster, das sich sowohl in Finanz- als auch in Reformfragen auswirken konnte. Im Regelfall bedeutet das: Die „Macht", der es vor der Reformation gelungen war, gegenüber einem Kloster das Steuer- und Visitationsrecht durchzusetzen, bestimmte auch später das Schicksal des Klosters. Im Normalfall war das der geistliche oder weltliche Landesherr, in den Städten der Rat.

Seit dem Konstanzer Konzil war die Ordensreform mit der Kirchenreform in Zusammenhang gebracht worden. Ein Engagement in dieser Hinsicht lag also wie der Ruf nach Reform insgesamt „in der Luft". Sie zu ermöglichen, sind päpstliche Privilegien erteilt worden. So erhielten die Kurfürsten von Brandenburg seit der Mitte des 15. Jahrhunderts von den Päpsten u. a. das Recht, die Bischöfe von Brandenburg, Havelberg und Lebus zu nominieren und die Verwalter der Klostergüter zu bestimmen.[1]

Weltliche und geistliche Fürsten bemühten sich also um Ordensreformen.[2] Zu vermuten ist, daß zwischen dem Maß der Unterordnung der

---

[1] Kurbrandenburg (II 36f.).
[2] Vgl. z. B. für Herzog Friedrich I. von Schleswig-Holstein (II 145), für den Erzbischof von Mainz (Kurmainz IV 66), den Bischof von Würzburg (Würzburg IV 102) und den Bischof von Paderborn (III 150).

Klöster unter die Landesherrschaft und dem der Förderung der Ordensreformen ein Zusammenhang besteht und insofern „die weite Verbreitung der Klosterreformen [...] immer auch eine Verstärkung des landesherrlichen Einflusses" bedeutete.[3] Der sächsische Kurfürst z. B. unterstützte die Observantenbewegung der Bettelorden und die Bursfelder Kongregation der Benediktiner und besaß gleichzeitig die Aufsicht über das Klostervermögen, konnte von den Klöstern Steuern verlangen und sie im Kriegsfall um Unterstützung angehen.[4]

Daß die Aufsicht über die Klöster als Signal dafür angesehen wurde, wer im Lande die Herrschaft und Macht innehatte, zeigt der Fall Cammin. Ein Theologengutachten von 1534 wollte den Klosterbesitz für die Erziehung von Adligen verwenden und die Kirchenangelegenheiten dem Bischof von Cammin unterstellen. Die herzoglichen Räte dagegen reklamierten die Unterordnung des Bischofs unter die Herzöge und damit auch die Letztentscheidungskompetenz über den Klosterbesitz für diese.[5] Trotz des Versuchs von Bischof und Adel, zu ihren Gunsten den Kaiser mit einzubeziehen, setzten sich die Herzöge durch. Sie legten die Verwendung der Klöster fest.[6] Ähnlich lag der Fall in Gera. Gegen den Willen der Herren von Gera führte Kurfürst Johann Friedrich von Sachsen Visitationen durch und erwies sich damit als dem Landesherrn, den Klöstern und dem Deutschen Orden, einer weiteren „Potenz" in der Region, als überlegen.[7]

In den Lausitzen ermöglichte die wenig zentralistische Struktur ein Eigenleben der verschiedenen Konfessionen. Soweit katholische Grundherren zu ihren Klöstern standen, blieben sie erhalten. In der Oberlausitz waren dies alle vier landständischen Klöster, in der Niederlausitz das Zisterzienserkloster Neuzelle.[8] Damit war noch nichts über die Konfession der Gemeinden entschieden, die zu diesen Klöstern gehörten. In protestantischem Umfeld hing der Verbleib bei der katholischen Religion von dem Durchsetzungsvermögen der Patronatsherren ab.[9]

Nicht geklärt ist, wie sich im Spätmittelalter das eigene Bemühen der Klöster bzw. Orden um Reform zu dem der Landesherren verhielt. Es gibt ja sowohl Beispiele von Anstrengungen Einzelner, wie das der Priorin des Klosters Preetz, Anna von Buchwaldt,[10] als auch von Klosterverbänden, wie nämlich die oben genannten der Bettelorden und Benediktiner. Da das Visitationsrecht ein Faktor der Herrschaftsausübung war und in der Bursfelder Kongregation dies dem Abt von Bursfelde zu-

---

[3] Braunschweig-Lüneburg (III 13).
[4] Ernestin. Sachsen (IV 14).
[5] Pommern (II 194f.).
[6] Ebd. (II 200).
[7] Ernestin. Sachsen (IV 31f.).
[8] Lausitzen (VI 100f.); Albertin. Sachsen (II 30).
[9] Lausitzen (VI 101f.).
[10] Vgl. Schleswig-Holstein (II 145).

stand, ist in jedem einzelnen Fall das Verhältnis der Klosterleitung zum Landesherrn zu prüfen. Konkret für das Herzogtum Bayern heißt das z. B., die Verbindung vom bayerischen Herzog, der mit Unterstützung des Papstes schon im Spätmittelalter ein landesherrliches Kirchenregiment führte, zu den Reformkongregationen von Melk und Kastl zu untersuchen. Hätten sich letztere außerhalb seiner Einflußsphäre entwickelt, ist nicht anzunehmen, daß er sie aus freien Stücken so fördern wollte, wie er sie faktisch gefördert hat.[11]

Reformbereitschaft in vorreformatorischer Zeit, eine starke territoriale Macht im Rücken und eine katholische Umgebung determinierten dennoch nicht das Schicksal des einzelnen Klosters. Würzburg z. B. unterstand Bischöfen, die Ordensreformen gegenüber aufgeschlossen waren[12] und die durch Kaiser Karl V. 1534 den Erbschutz über alle Stiftsklöster übertragen bekommen hatten.[13] Dennoch leerten sich die Klöster,[14] einige lösten sich auf, andere boten ein betrübliches Bild.[15]

2. Der Zusammenhang zwischen dem Ausbau der eigenen Machtbefugnisse in vorreformatorischer Zeit, die mit der Klosteraufsicht einhergingen, und der Entscheidungskompetenz für die Zeit der Konfessionsbildung zeigt sich deutlich auch bei den Städten. Schon im Spätmittelalter hatten die Stadträte ihre Befugnisse im Kirchenregiment zu erweitern versucht. Sie setzten für die Klöster Pfleger ein, die deren Finanzverwaltung in die Hände nahmen und förderten Reformen im Sinne der Observanz.[16] Eine derart selbstbewußte Stadt nahm dann auch die Religionsfrage selbst in die Hand. Wurde sie im Sinne der Reformation beantwortet, so war auf Dauer für die Klöster kein Platz mehr. Ging man nicht gewalttätig gegen sie vor, sondern ließ sie aussterben – in solchen Fällen wurden protestantische Prediger dem Kloster aufoktroyiert[17] –, so zog sich der Auflösungsprozeß über Jahrzehnte hin.[18] Nur solche katholischen Einrichtungen blieben in evangelischen Städten erhalten, die

[11] Bayern (I 58). Für Württemberg ist das Problem schon bearbeitet. Vgl. D. STIEVERMANN, Landesherrschaft und Klosterwesen im spätmittelalterlichen Württemberg, 1989, vor allem „Personelle Integration: Die zunehmende Bedeutung territorial eingebundener Personengruppen in den Klosterkonventen im Zeichen der territorialen Einvernahme wie auch der Klosterreform und ihr sozialgeschichtlicher Hintergrund", 220-234, und „Die Klosterreformen: Kulminationsphasen landesherrlichen Einflusses in den Klöstern", 261-289.
[12] Würzburg (IV 102, 105).
[13] Ebd. (IV 108).
[14] Ebd. (IV 109).
[15] Ebd. (IV 113f.).
[16] Nürnberg (I 35).
[17] Pfalz-Neuburg (I 47).
[18] In Nürnberg (I 37) lösten sich die ersten Klöster 1525 auf, im gleichen Jahr, in dem die Messe und die altkirchliche Predigt verboten wurden. Die letzte Klarissin von St. Klara starb 1590, die letzte Dominikanerin von St. Katharina 1596.

ihrem Zugriff entzogen waren, wie z. B. die Elisabethkapelle der extraterritorialen Deutschordens-Kommende in Nürnberg.[19]

In Frankfurt am Main[20] hatte der Stadtrat erreicht, daß die Finanzverwaltung aller Stifte und Klöster und die Angelegenheiten der geistlichen Gerichtsbarkeit ihm unterstanden. Letzteres geschah mit Einwilligung des Papstes und des (zuständigen) Mainzer Erzbischofs. Eine gewisse Eigenständigkeit konnten sich die Klöster der Bettelorden bewahren, von denen besonders die Dominikaner und Karmeliten von der Bürgerschaft mit Stiftungen bedacht wurden. Genau diese blieben auch nach der Einführung der Reformation erhalten, mußten allerdings zwischen 1533 und 1548 ohne katholischen Gottesdienst auskommen.[21] Die Angehörigen des dritten vom Rat unabhängigen Bettelordenklosters, die Franziskaner-Konventualen, verließen 1529 aus freien Stücken ihr Kloster und überließen es der Stadt. Diese brachte in ihm die Stadtschule unter und nutzte seine Finanzmittel für die Einrichtung des Allgemeinen Almosenkastens.[22] Die ersten reformatorischen Predigten wurden in der Kirche des St.-Katharinen-Klosters gehalten, einem der Frauenkonvente, die für Bürgertöchter reserviert waren und das dem Rat unterstand.[23]

Die Stadt Lüneburg hatte sich im protestantischen Fürstentum Lüneburg lange gegen die Einführung der Reformation gewehrt und fand darin im Benediktinerkloster St. Michael einen starken Rückhalt. Mit diesem Kloster verband die Stadt neben der Stärkung der eigenen Autonomie auch persönliche Beziehungen.[24] Die Verflechtung war so stark, daß ihr auch ein evangelischer Abt nichts anhaben konnte. Gegen den Herzog hielt die Stadt am Kloster fest.[25]

In den Städten konnten die Klöster daher eine doppelte Funktion wahrnehmen: Einerseits entsprangen ihnen die „neuen" Ideen,[26] andererseits entlud sich gerade gegenüber den Mönchen und Nonnen der Zorn der Städter, da jene keine Bürgerpflichten übernehmen wollten.[27]

---

[19] Nürnberg (I 40).
[20] Frankfurt am Main (IV 43f.).
[21] Ebd. (IV 46).
[22] Ebd.
[23] Ebd. (IV 43, 45).
[24] Braunschweig-Lüneburg (III 18).
[25] Ebd. (III 20).
[26] Als Ausnahme von der Regel, daß sich lutherisches Gedankengut zuerst in den Klöstern der Augustinereremiten äußerte, sei in Stade das Prämonstratenserstift St. Georg genannt (Schleswig-Holstein II 147).
[27] Unruhen gegenüber den Klöstern in den Städten werden genannt für Stralsund (Pommern II 190), Halle (Magdeburg II 77) und Magdeburg (Magdeburg II 75f.). In Hamburg zerstörten Bürger das Zisterzienserinnenkloster von Harvestehude. Die Nonnen hatten sich der Auflösung durch den Rat der Stadt widersetzt. Sie mußten ins verlassene Dominikanerkloster St. Johannis umziehen. Ihr Besitz wurde für Bürgertöchter und -witwen verwandt (Schleswig-Holstein II 150f.).

Zu vermuten ist, daß der Zorn um so weniger ausgeprägt war, je mehr die Ordensmitglieder mit den leitenden Gruppen einer Stadt verbunden waren. Die Zisterzienserinnen von St. Johannis in Lübeck z. B. konnten sich in den dreißiger Jahren durch einen kaiserlichen Schutzbrief retten, den die Äbtissin Adelheid Brömse, eine Schwester des Lübecker Bürgermeisters, erworben hatte.[28] Auch in der Klosterordnung, die 1569 erarbeitet wurde und 1574 in Kraft trat, blieb die personelle Verflechtung zwischen Kloster und Stadt erhalten. Ständige Vorsteher des Stifts waren die beiden ältesten Bürgermeister. Als Preis für die Unterstellung unter den kaiserlichen Schutz hatte das Kloster die Reichs- und Türkensteuer zu zahlen.[29]

Schutz konnten also auch überregionale Größen bieten. So setzte in Wetzlar der Rat 1525 die Inventarisierung des St.-Marien-Stiftes, des Franziskaner-Konventualenklosters und der Beginenhäuser durch. 1555 löste er das Franziskanerkloster auf, hatte aber gegenüber den Besitzungen des Deutschen Ordens und dem der Klöster Arnsburg und Altenberg keine Machtmittel und konnte auch gegen das Marien-Stift nichts ausrichten, da sein Propst ein Vertrauter Kaiser Karls V. war.[30] Die Nähe zum Kaiser einerseits und andererseits die Sorge vor Übergriffen der bayerischen Herzöge rettete auch in Regensburg die Klöster und die katholische Religionsausübung allgemein, obwohl der Stadtrat die Reformation eingeführt hatte.[31] Fielen allerdings die Stützen eines Klosters fort, dann konnte sich das Ratsregiment durchsetzen. So geschah es z. B. in Magdeburg, wo der Rat der Stadt nach dem Tod Kardinal Albrechts von Brandenburg († 24. 9. 1545) im April 1546 auch den Klöstern katholische Gottesdienste verbot.[32]

3. Für ein Kloster wurde die direkte Linie von den Herrschaftsverhältnissen aus dem Spätmittelalter in die frühe Neuzeit durch Ereignisse des 16. Jahrhunderts unterbrochen, die außerhalb seines Einflußbereichs lagen. Dies waren einerseits reichsrechtliche Bestimmungen wie die des Augsburger Reichstags von 1555 und des Westfälischen Friedens 1648, andererseits kriegerische Verwicklungen, die zu einem wirtschaftlichen Niedergang führten, so daß ein Kloster so unattraktiv wurde, daß an ihm nicht festgehalten wurde, gleich, wie reformfreudig oder potent es in der Vorzeit gewesen war, und nicht zuletzt dynastische Gründe wie das Aussterben des bisher regierenden Geschlechts.

Aus den Territorien-Beiträgen wird deutlich, daß der Reichstagsbeschluß von 1555 in der Konsequenz dazu führte, keine Rücksichten

---

[28] Lübeck (VI 121).
[29] A. GRASSMANN, Lübeck, St. Johannis, in: Germania Benedictina 12: Die Männer- und Frauenklöster der Zisterzienser in Niedersachsen, Schleswig-Holstein und Hamburg, bearb. von U. Faust, 1994, 361-374, hier 366f.
[30] Frankfurt am Main (IV 55).
[31] Regensburg (VI 46).
[32] Magdeburg (II 79).

mehr auf die Reichspolitik zu nehmen und endlich zur Säkularisierung der Klöster zu schreiten.³³ Zum Nachteil der Klöster wurden so die obrigkeitlichen Zugriffe verschärft. Der Westfälische Friede, der 1624 zum Normaljahr erklärte, hob die Wirkung mancher Kriegsereignisse wieder auf. Das Hin und Her des Dreißigjährigen Krieges hatte auch zu einem Auf und Ab für die Klöster geführt. Bei kaiserlichen Erfolgen konstituierten sich z. B. im Erzstift Magdeburg 1625 bis 1629 die alten Klöster neu, mit Vorrücken der Schweden mußte alles wieder aufgegeben werden. Solch militärischer Gewinn wurde dann durch den Westfälischen Frieden erneut revidiert.³⁴

Neben dem Dreißigjährigen Krieg waren im Untersuchungszeitraum die Jahre des Bauernkrieges für die Klöster die folgenreichsten.³⁵ Die durch die Unruhen erfolgten Zerstörungen sind z. T. nicht wieder behoben worden, so daß die Klöster verödeten und verfielen. Kriegseinflüssen waren im Vergleich zum sonstigen Reich besonders die östlich gelegenen Klöster ausgesetzt. In Böhmen wurden sie z. T. schon im 15. Jahrhundert wegen der hussitischen Revolution zerstört,³⁶ im Österreich unter der Enns waren sie Opfer der Türkenkriege geworden.³⁷ Im linksrheinischen Gebiet hatte die französische Besetzung im 17. Jahrhundert die Rekatholisierung zur Folge.³⁸

4. An einem Kloster wurde um so länger festgehalten, je mehr es mit der Trägergruppe der es umgebenden Gesellschaft verflochten war. In dieser Hinsicht führten Reformmaßnahmen der vorreformatorischen Zeit zu tragischen Konsequenzen. Als ein Reformziel wurde formuliert: In den Klöstern ist das Adelsmonopol zu brechen, da es dazu verleitete, Klöster nur als Versorgungsanstalten, aber nicht als religiöse Gemeinschaften zu sehen. Je gründlicher und früher dies Reformziel verwirklicht wurde, um so weniger Adelige und um so mehr Bauern und Bürgerliche fanden sich in den Klosterleitungen.³⁹ Die Folge war, daß sich in der Reformationszeit der Adel bei der Erhaltung solcher Klöster nicht über die Maßen engagierte.⁴⁰ Positive Konsequenzen hatte dieser Zusammenhang für eine große Zahl von Frauenklöstern in protestan-

---

[33] Z. B. Pfalz-Zweibrücken (VI 178).
[34] Magdeburg (II 82f.).
[35] Vgl. z. B. Kurpfalz (V 19), Würzburg (IV 111) und Fulda (IV 134). Für manche Gegenden war auch der Schmalkaldische Krieg bedeutsam. Zunächst hatte er für Halle und Magdeburg den Untergang aller noch bestehenden Klöster gebracht, dann – nach der Niederlage der Protestanten – die Rückkehr der Ordensleute nach Halle, vgl. Magdeburg (II 79).
[36] Böhmen (I 138).
[37] Nieder- und Oberösterreich (I 124).
[38] Pfalz-Zweibrücken (VI 186f.).
[39] Vgl. Reichsritterschaft in Franken (IV 191): Die Reformbewegungen des 15. Jh.s hatten in den Männerklöstern zu einer Verbürgerlichung geführt.
[40] So auch Reichsritterschaft in Franken (IV 192).

tischen Gebieten. Dort, wo vorwiegend adelige Frauen nach der Kanonissenregel, d. h. mit relativ großen Freiheiten, zusammenlebten, ließen die protestantisch gewordenen Obrigkeiten sie – zum Teil bis in die Gegenwart – bestehen, freilich unter Übernahme der religiösen Reformation. Die freiweltlichen Damenstifte waren Orte, wo ihre Familienmitglieder standesgemäß leben konnten.[41]

Wahrscheinlich wegen der besonderen Schwierigkeiten, religiös lebenden Frauen außerhalb von Klöstern angemessene Unterbringungsmöglichkeiten zu bieten, engagierte man sich in Territorien, die zum Protestantismus neigten, wenn überhaupt, dann für Frauenklöster. So verbot 1552 die Kirchenordnung der mecklenburgischen Herzogtümer den Männerklöstern die Aufnahme von Novizen, den Frauenklöstern aber nicht. Allerdings wurde ihnen das Chorgebet untersagt und ein lutherischer Prediger angestellt. Die, die sich diesen Neuerungen verweigerten, hielten noch z. T. bis in die achtziger Jahre an ihrer katholischen Lebensweise fest. Fünf der Nonnenklöster blieben weiter als Damenstifte bestehen.[42]

Bei den Männern sind die Entwicklungen der Ritterorden vergleichbar. Die Ritter des Deutschen Ordens im Reich, bei denen sich das Adelsprivileg durchhielt, bestanden auch als evangelische Gemeinschaft weiter.[43] Die Priesterbrüder starben aus.[44] Auch der Johanniterorden ist als evangelische geistliche Adelskorporation bestehen geblieben.[45]

5. Je weiter die Konfessionsbildung in den einzelnen Territorien voranschritt, um so mehr verschärfte sich die Situation der Klöster. Unabhängig von der Konfession wurden sie Opfer von obrigkeitlichen Maßnahmen, die sie in ihren Rechten beschnitten. In protestantischen Territorien führten diese Beschneidungen im Laufe der Zeit bis zur Auflösung der Klöster. In der Regel widersetzten sich die Konvente der Auflösung, waren jedoch wegen des Nachwuchsmangels zum Aussterben verurteilt. In einzelnen Fällen hat die Art des Widerstandes Aufsehen erregt.[46] Eine andere Möglichkeit, beim katholischen Glauben zu blei-

---

[41] Als adelige Damenstifte bestanden z. B. weiter die Zisterzienserinnenklöster in Heiligengrabe, Lindow, Marienfließ/Stepenitz, Neuendorf bei Gardelegen und Zehdenick, die Benediktinerinnenklöster Arendsee und Krevese und die Augustinerchorfrauenstifte Diesdorf und Stendal, vgl. Kurbrandenburg (II 44). In Schleswig-Holstein überlebten Damenstifte in Schleswig, Itzehoe, Preetz und Uetersen, vgl. Schleswig-Holstein (II 154). Die Chorgebete wurden dort mittels königlicher Verordnung erst 1777 abgeschafft, ebd. (II 159).
[42] Mecklenburg (II 174–176).
[43] Deutscher Orden (VI 236).
[44] Ebd. (VI 231).
[45] Kurbrandenburg (II 45).
[46] Entsprechendes wird von den Zisterzienserinnen von Heiligengrabe in der Prignitz unter der Äbtissin Anna von Quitzow berichtet, vgl. Kurbrandenburg (II 45).

ben, war die Übersiedlung in andere Klöster.[47] Es gibt sogar Fälle, wo infolge eines Konfessionswechsels ein geflohener Konvent wieder zurückkehren und die alten Traditionen wieder aufnehmen konnte.[48] Über die entsprechenden Migrationen und die mit ihnen verbundenen Probleme ist noch wenig bekannt.

In katholischen Territorien kamen die Klöster unter landesherrliche Kontrolle. Differenziert ist das Verhältnis zu den Bischöfen zu betrachten. Einerseits hatte das Konzil von Trient die Rechte der Bischöfe gegenüber den Orden gestärkt.[49] Andererseits vermochten die Bischöfe in vielen Fällen ihre Rechte gegenüber den Territorialherren nicht durchzusetzen. Das lieferte die Klöster dann doch wieder eher den Territorialgewalten als den zuständigen Bischöfen aus. Vor allem in den Fällen, wo der Bischof Territorialherr war, besaß er die Möglichkeit, auf die Klöster einzuwirken und scheint dies auch genutzt zu haben. In Bamberg z. B. fanden in den 1570er Jahren die Abtswahlen in Michelsberg und Banz unter bischöflicher Aufsicht statt.[50] Der Bischof von Straßburg machte den 1607 erfolgten Beitritt des Klosters Gengenbach zur Bursfelder Kongregation mit Hilfe der Jesuiten wieder rückgängig und betrieb statt dessen den Beitritt zur bistumseigenen Kongregation.[51] Dies blieb nicht auf Straßburg beschränkt. Auch in Würzburg z. B. hatten die Bischöfe den Äbten die Teilnahme an den Generalkapiteln der Bursfelder Kongregation verboten. „Man fürchtete um den neu gewonnenen Einfluß über die Abteien und vermutete wohl nicht zu Unrecht, daß den Klöstern im Schutz der Kongregationen die Möglichkeit zu emanzipatorischen Bestrebungen erleichtert werde."[52] So wurden die überregionalen Ordensverbände immer bedeutungsloser.[53]

---

[47] Dies taten z. B. Angehörige der Klöster in Pfalz-Neuburg (I 47). In Magdeburg verließen die Franziskaner 1542 betend die Stadt und zogen vermutlich zu den Franziskanern nach Halberstadt, vgl. Magdeburg (II 77). Greifswald nahm die aus Stralsund geflohenen Katholiken auf, s. Pommern, Cammin (II 191). Für die Deutschordensritter in Preußen ist nur in den seltensten Fällen eine Auswanderung verbürgt, vgl. Deutscher Orden (VI 227).

[48] Dies gilt für das Zisterzienserinnenkloster in Lauingen, dessen Angehörige im Kloster Maria Hof zu Neudingen bei Donaueschingen 1562 Zuflucht gefunden hatten und 1643 zurückkehren konnten, Pfalz-Neuburg (I 52f.).

[49] Vgl. P. BRAUN, Religiöse Männer- und Frauenkongregationen des 16. bis 18. Jahrhunderts, in: Helvetia Sacra 8,1: Die Kongregationen in der Schweiz, 16.–18. Jahrhundert, hg. von P. Braun, 1994, 19–68, hier 21.

[50] Bamberg (IV 154).

[51] Weingarten (V 248). Zur Förderung der benediktinischen Observanz im Raum der eigenen Diözese vgl. Straßburg (V 90). Zu Gengenbach: B. HENZE, Gengenbach, in: Lexikon für Theologie und Kirche 3. Aufl. Bd. 4 (1995) 460f.

[52] E. HOCHHOLZER, Die Benediktinerabteien im Hochstift Würzburg in der Zeit der katholischen Reform (ca. 1550–1618), 1988, 235 und 234.

[53] Weingarten (V 248.).

Wie das Schicksal der Benediktinerinnenabtei Frauenalb zeigt, drohten die Klöster zum Spielball unterschiedlichster Interessen zu werden.[54] Änderungen in der badischen Herrschaft, die jeweils mit Konfessionswechseln verbunden waren, Inkorporationsbestrebungen des Bischofs von Speyer[55] und die drohende Verwendung als Finanzierungsgrundlage für das Jesuitenkolleg in Baden-Baden[56] ließen die Abtei nicht zur Ruhe kommen. Eigene Vorstellungen oder die der Benediktiner insgesamt waren nicht gefragt. Zentralisierungsmaßnahmen hatten die Entmachtung lokaler Größen zur Folge. Vor allem war davon die Organisation des Schulwesens betroffen. Die Zusammenarbeit städtischer Obrigkeiten mit Pfarreien oder Klöstern/Stiften wurde zerstört zugunsten des Einsatzes überörtlicher Reformorden, in deren Händen das Schulwesen gelegt wurde.[57]

6. Von daher ist zu fragen, ob ein Widerstand gegen innerkatholische Reformmaßnahmen oder gegen eine drohende Auflösung durch protestantische Obrigkeiten immer „inhaltlich" begründet war. Er könnte auch einem funktionalen Motiv entstammt sein, nämlich dem, wenn überhaupt, dann durch einen Boykott die Eigenständigkeit zu wahren.[58] In der Regel überschätzten die Klöster dabei ihre machtpolitische Basis. Ein klassisches Beispiel dafür ist die Reichsabtei Prüm. 1576 gelang es endlich dem Kurfürsten von Trier, sie seinem Territorium zu inkorporieren.[59] Vorangegangen war 1574 eine Visitation, deren Bericht die Zustände im Kloster und die Protestantisierungsgefahr, die vom Abt auszugehen drohte, wahrscheinlich bewußt gefährlicher dargestellt hat, als es der Realität entsprach.[60] Faktum ist, daß es dem Trierer Erzbischof u. a. mittels der Behauptung der Reformbedürftigkeit der Abtei gelang, von Papst Gregor XIII. die Inkorporationsbulle zu erhalten, der auch Kaiser

[54] Vgl. Baden (V 148f.).
[55] Ebd. (V 151).
[56] Ebd. (V 150). Vgl. dazu auch: W. SEIBRICH, Gegenreformation als Restauration. Die restaurativen Bemühungen der alten Orden im Deutschen Reich von 1580 bis 1648, 1991, 136.
[57] So Köln (III 79f.).
[58] Auf eine solche Interpration deuten z. B. die Vorgänge im albertinischen Sachsen hin. Dort hatte der katholisch gebliebene Herzog Georg im Zuge seines Herrschaftsverständnisses etliche Mühen aufgewandt, die Observanzbewegungen bei den Bettelorden durchzusetzen, Albertin. Sachsen (II 10), die zuständigen Bischöfe (Meißen und Merseburg) in den 20er Jahren zur Visitation zu ermuntern (II 14), 1535 selbst zu visitieren und die Klöster zu kontrollieren (II 17). Seinem protestantischen Bruder ging es 1539 nach seinem Tod nicht besser. Auch seinen Plänen verweigerten sich die Klöster (II 18).
[59] Kurtrier (V 52).
[60] Vgl. P. NEU, Die Abtei Prüm im Kräftespiel zwischen Rhein, Mosel und Maas vom 13. Jahrhundert bis 1576, in: Rheinische Vierteljahrsblätter 26 (1961) 255–285, hier 275, und DERS., Die Abtei Prüm im Zeitalter der Reformation und Gegenreformation, in: Rheinische Vierteljahrsblätter 50 (1986) 106–127.

Maximilian II. zustimmte. Damit verwirklichte er einen schon seit Jahrhunderten gehegten Plan seiner Vorgänger. Wenn sich Stifte und Klöster gegen Reformen wehrten, war dies daher auch immer ein Versuch, sich der bischöflichen Kontrolle zu entziehen.[61]

7. Innerkatholisch belasteten die Veränderungen im Zuge der Konfessionsbildung das Verhältnis der neuen Orden zu den alten. Wenn auch in einzelnen Fällen, wie z. B. der Kartause in Köln,[62] die Jesuiten über alte Orden „vermittelt" wurden, erschienen sie jedoch im allgemeinen schnell als Gefahr. Die im Umfeld des Restitutionsedikts offenbar gewordenen Pläne der Übernahme von Klöstern und Stiften ließ eine harmonische Zusammenarbeit als schwierig erscheinen.[63] Zu offensichtlich war die ideelle und materielle Förderung[64] der Jesuiten seitens der Obrigkeiten, oft mit Gütern aufgelassener Klöster.

Vielleicht ist es möglich, den Stellenwert eines „alten" Klosters u. a. daran zu messen, wie mit seinen Gütern umgegangen wurde, denn die „Ablösung" eines alten Klosters durch die Jesuiten ist dann augenfällig, wenn für eine Jesuitengründung altes Klostergut zur Verfügung gestellt wurde. Eine statistische Erhebung wäre sinnvoll, läßt sich aber aufgrund des bisher zur Verfügung stehenden Materials nicht durchführen. Einige Beispiele seien aufgeführt. Der bayerische Herzog Albrecht V. versuchte 1569, mit den Einkünften verlassener Klöster ein gesamtbayerisches Seminar zu gründen, gab diesen Plan aber zugunsten der Jesuiten auf.[65] In Prag erbaute Petrus Canisius im ehemaligen Dominikanerkloster 1556 das Jesuitenkolleg.[66] Ohne alten Klosterbesitz hätte Julius Echter von Mespelbrunn das Julius-Spital in Würzburg nicht errichten können.[67] Auch für das Collegium Willibaldinum in Eichstätt wurden im Jahre 1564 „die erforderlichen Finanzmittel [...] durch anderweitige Sparmaßnahmen aufgebracht".[68] Der Eichstätter Bischof Martin von Schaumburg hatte die Pfründen des Schottenklosters Heiligkreuz zugunsten des bischöflichen Seminars umgewidmet.[69] Einer seiner Nachfolger

---

[61] Kurtrier (V 61).

[62] Köln (III 71).

[63] Vgl. W. SEIBRICH, Der große Verdrängungsversuch der alten Orden durch die Jesuiten 1629–1631, in: Für Gott und die Menschen. Die Gesellschaft Jesu und ihr Wirken im Erzbistum Trier, 1991, 71–80.

[64] Hier lassen sich beliebig viele Belege im Kontext der katholischen Reform anführen, vgl. z. B. Lothringen (V 112–114).

[65] Bayern (I 64)

[66] Böhmen (I 145)

[67] Würzburg (IV 118).

[68] Eichstätt (IV 174, 176)

[69] H. FLACHENECKER, Das Schottenkloster Heiligkreuz in Eichstätt, in: Studien und Mitteilungen zur Geschichte des Benediktinerordens und seiner Zweige 105 (1994) 65–95, hier 83.

legte es 1614 in die Hände der Jesuiten.[70] Damit ging der Besitz eines Benediktinerklosters nach einer Zwischenstation an die Jesuiten über. Die baufälligen Gebäude einschließlich der Kirche wurden abgerissen, und der Neubau 1623 den Kapuzinern übergeben.

Gedanklich sahen die Gegner die sie gängelnden Obrigkeiten und die Jesuiten zusammen.[71] In Fulda z. B. wehrten sich Ritterschaft und Kapitel anfangs der 1570er Jahre gegen die Jesuiten als „Berater und Kampftruppe des Landesherrn".[72] Dabei hatten die alten Orden in der Anfangszeit sowohl für die Seelsorge als auch für die Ausbildung auf Jesuiten zurückgegriffen.[73] Die Jesuiten-Hochschule Dillingen z. B. hatten sehr lange neben Adligen aus Schwaben auch junge Mönche aus den alten Abteien des deutschen Südwestens, Tirols und der katholischen Schweiz besucht. Im Zuge der entstehenden Rivalitäten aber entschlossen sich die Benediktiner zum Aufbau einer eigenen Hochschule. 1622 übernahmen sie die Universität Salzburg.[74]

8. Die Mitglieder der neuen Orden waren in der Regel Priester, was u. a. die Ausbildung von weiblichen Zweigen behinderte. So sind unabhängig von den Männerorden Frauenvereinigungen entstanden, die sich ebenfalls allen Bereichen der Seelsorge widmeten: „Glaubensverkündigung, Engagement im sozialfürsorglichen Bereich (ursprünglich besonders in den Hospitälern), Mission und Katechese."[75] Problematisch wurde für sie die Auflage, die man herkömmlicherweise an Frauenorden stellte, die Klausur. So praktizierten sie eine Art Zwischenform zwischen einem Dritten Orden und einem traditionellen Orden.[76] Schwierigkeiten zum Trotz breiteten sich die Englischen Fräulein, die Ursulinen und die Kongregation Notre-Dame (Welschnonnen) von Italien und Frankreich weiter aus. Hinweise innerhalb des Darstellungszeitraums

---

[70] Ebd. 87f.
[71] Vgl. B. Duhr, Die Jesuiten an den deutschen Fürstenhöfen des 16. Jahrhunderts, 1901.
[72] Fulda (IV 140).
[73] Vgl. P. Becker, Das Verhältnis der Jesuiten zu den alten Orden, in: Für Gott und die Menschen (wie Anm. 63), 215–225, hier 223.
[74] Salzburg (I 82); Weingarten (V 246f.). Vgl. dazu auch: A. Schindling, Die katholische Bildungsreform zwischen Humanismus und Barock. Dillingen, Dole, Freiburg, Molsheim und Salzburg: Die Vorlande und die benachbarten Universitäten, in: H. Maier / V. Press / D. Stievermann, Hg., Vorderösterreich in der frühen Neuzeit, 1989, 137–176.
[75] A. Conrad, Die Kölner Ursulagesellschaft und ihr „weltgeistlicher Stand" – eine weibliche Lebensform im Katholizismus der frühen Neuzeit, in: W. Reinhard / H. Schilling, Hg., Die katholische Konfessionalisierung, 1995, 271–295, hier 274.
[76] Allgemein dazu: dies., Zwischen Kloster und Welt. Ursulinen und Jesuitinnen in der katholischen Reformbewegung des 16./17. Jahrhunderts, 1991.

der Territorienhefte finden sich für Burgund[77], Lothringen[78] und die katholischen Orte der Schweiz[79].

9. In evangelischen und katholischen Territorien wurde Klostergut zur Verwirklichung neuer Pläne genutzt, und zwar vor allem für karitative[80] und schulische[81] Einrichtungen. Konfessionsübergreifend dienten die neuen Gymnasien und Hochschulen der Heranbildung des landeseigenen Beamtennachwuchses und der Pfarrerschaft.[82] In katholischen Territorien wurden diese in der Regel – Salzburg bildete die Ausnahme – von Jesuiten geleitet. Diesbezüglich ist zu prüfen, ob sich diese Delegation an einen Orden nicht tatsächlich auf das katholische Herrscherbild auswirkte. Als Unterschied zwischen dem protestantischen und dem katholischen Herrscherbild ist genannt worden, daß der protestantische Fürst Bildungsaufgaben nicht delegieren konnte und sich daher in seiner eigenen Person für sie verantwortlich fühlen mußte, was sich schließlich auch in den Fürstenspiegeln niederschlug.[83] In Pfalz-Zweibrücken wurden die verlassenen Klöster Exulantengemeinden aus Frankreich und Wallonien zur Verfügung gestellt.[84] Gleichwohl gibt es auch Hinweise darauf, daß es bei der Einziehung von Klostergut nicht immer um höhere Ziele ging, sondern auch um die Behebung fürstlichen Geldmangels.[85]

10. Die neuen Orden, neben den Jesuiten sind vor allem die Kapuziner zu nennen, erfüllten außer den Bildungsaufgaben die wichtige Funktion der Vermittlung von Frömmigkeit. Hervorgehoben werden in den Beiträgen die Kongregationen, vor allem die Marianische Kongregation für die Studenten und die Bürgerkongregationen, außerdem der Einsatz

---

[77] Freigrafschaft Burgund (VI 215).
[78] Lothringen (V 115).
[79] Schweiz (V 315).
[80] In Hamburg ging das Vermögen der Bettelorden in den „Armenkasten" ein, vgl. Schleswig-Holstein (II 150). In Nürnberg wurde das Klostervermögen der vor 1555 aufgelösten Klöster dem Almosen zugeschlagen (I 37), das der nach 1555 ausgestorbenen blieb in selbständig verwalteten Klosterämtern erhalten (I 39).
[81] In Pfalz-Neuburg entstand 1561 die fürstliche Landesschule im ehemaligen Zisterzienserinnenkloster St. Agnes in Lauingen. Zu ihrer Finanzierung wurden Einkünfte diverser weiterer Klöster verwandt (I 49). In Berlin wurde 1574 das Gymnasium im ehemaligen Franziskanerkloster eröffnet, vgl. Kurbrandenburg (II 49).
[82] Albertin. Sachsen (II 22f.); Pfalz-Zweibrücken (VI 179).
[83] Vgl. dazu H. DUCHHARDT, Das protestantische Herrscherbild des 17. Jahrhunderts im Reich, in: K. Repgen, Hg., Das Herrscherbild im 17. Jahrhundert, 1991, 26–42, hier 33, 36.
[84] Pfalz-Zweibrücken (VI 182).
[85] Vgl. den Hinweis auf Markgraf Kasimir in Brandenburg-Ansbach/Bayreuth (I 15); auf die Beschlagnahmung zugunsten der kurbrandenburgischen Hofkammer (II 44f.).

in den (Volks-)Missionen.[86] Über diese Instrumente erreichten sie breitere Schichten und prägten langfristig regionenübergreifend die katholische Frömmigkeit der frühen Neuzeit.[87] Dabei scheint den einzelnen Aufgaben zeitlich eine unterschiedliche Priorität zugekommen zu sein. In den Beiträgen wird in der Regel zunächst von der Bildung eines Kollegs, dann von der Gründung einer Bruderschaft oder Marianischen Kongregation, schließlich von der Erlaubnis zur Mission gesprochen.

Die Fragen, ob es sich bei der konfessionellen Frömmigkeit eher um eine Eliten- als um eine Volksfrömmigkeit gehandelt habe und wo die Zusammenhänge zwischen beiden sind,[88] lassen sich nicht leicht beantworten. Schaut man auf das Verhältnis der Obrigkeiten zu den von ihnen protegierten Klöstern, so wird deutlich, daß es keinesfalls rein funktional gesehen werden darf. Ein Hinweis auf die persönliche Beziehung von Herrscherhäusern zu einzelnen Klöstern bieten die Grablegen. Die bayerischen Wittelsbacher[89] erkoren sich dazu St. Michael in München, die Fürstenberger[90] das Kapuzinerkloster Haslach im Kinzigtal.

Die Zeit, in der sich die Konfessionen herausbildeten und konsolidierten, brachte also für die Orden und ihre Klöster Einschnitte in zweierlei Hinsicht. Einerseits veränderte sich für sie der Bereich, der mit dem Faktor „Macht" zusammenhängt, wobei dies weit zu fassen ist, etwa in dem Sinne der Ermöglichung von Einflußnahme. Vor der Reformation war ein Kloster in dreierlei Hinsicht mit der Welt außerhalb des Klosters verbunden[91]: Über seine Mitglieder und deren Verankerung in ihren Fa-

---

[86] In Köln entstand die erste deutsche Niederlassung der Jesuiten 1544 (III 72), die Marianische Kongregation wurde 1576 gegründet (III 80). In Innsbruck waren Jesuiten, von Kaiser Ferdinand gerufen, seit 1560. 1583 gründeten sie die Herren- und Bürgerkongregation, 1590 erhielten sie das bischöfliche Patent für die Mission in der gesamten Diözese Brixen: vgl. Tirol, Brixen, Trient (I 94).

[87] Vgl. L. CHÂTELLIER, L'Europe des dévots, 1987. Zum Bruderschaftswesen: B. SCHNEIDER, Bruderschaften im Trierer Land. Ihre Geschichte und ihr Gottesdienst zwischen Tridentinum und Säkularisation, 1989.

[88] Auch dieses Problem ist noch ungelöst; vgl. z. B. die Lokalstudie, die übergreifende Gesichtspunkte berücksichtigt: W. FREITAG, Volks- und Elitenfrömmigkeit in der Frühen Neuzeit. Marienwallfahrten im Fürstbistum Münster, 1991. Zum Problem der Volksfrömmigkeit vgl. z. B. H. MOLITOR / H. SMOLINSKY, Hg., Volksfrömmigkeit in der frühen Neuzeit, 1994.

[89] Vgl. H. GLASER, Die bayerischen Herzöge und die Jesuiten im 16. Jahrhundert, in: Rom in Bayern. Kunst und Spiritualität der ersten Jesuiten, hg. v. R. Baumstark, 1997, 55–82.

[90] W. THOMA, Die Kirchenpolitik der Grafen von Fürstenberg im Zeitalter der Glaubenskämpfe (1520–1660), 1963.

[91] In der Literatur finden sich diesbezüglich Studien unter dem Stichwort „Verflechtung", vgl. z. B. W. REINHARD, Oligarchische Verflechtung und Konfession in oberdeutschen Städten, in: A. Maczak, Hg., Klientelsysteme im Europa der Frühen Neuzeit, 1988, 47–62.

milien und damit auch Interessen, über seine Liegenschaften und drittens über seine Rechte, vor allem Patronatsrechte. Beim Blick auf die strukturellen Veränderungen, die die Reformationszeit mit sich brachte, mußten alle drei Stränge der Einflußnahme oder Beziehung ins Wanken kommen. Patronatsrechte und Fremdbesitz störten in Territorien, die auf dem Weg zur frühneuzeitlichen Staatswerdung waren. Bildeten sie Fremdkörper in einer Stadt oder einem Land, so mußten die Klöster seit dem Spätmittelalter unter Druck geraten. Wie oben aufgeführte Beispiele belegen, kann man nicht zwingend – auch nicht mit Zunahme des obrigkeitlichen Drucks seit 1555 – von einer exklusiven Stellung der Klöster sprechen. Wie weit allerdings die familiären Verflechtungen der Ordensmitglieder mit der sie umgebenden Welt gingen, läßt sich noch nicht generell sagen. Manchmal – vorzugsweise bei Frauenklöstern – scheinen sie so stark gewesen zu sein, daß ihre Einbindung in das Sozialgefüge via Familie stärker war als die mögliche Fremdheit des religiösen Lebenswandels. Untersucht ist bisher auch nicht, ob und wie sich die Fremdheit der aus dem romanischen Europa stammenden Jesuiten auf den Zusammenhalt einer Stadt, einer Region, auswirkte. Haben sie – das gleiche gilt natürlich für alle Orden – persönliche Beziehungen zu den etablierten Gesellschaften aufgenommen, oder genügte der enge Kontakt zur Obrigkeit? Schufen diesbezüglich die Bruderschaften eine Brücke? Nicht ausgeschlossen ist, daß auf der untersten lokalen Ebene die Schwierigkeiten für die neuen Orden größer waren, als es ihr Erfolg auf der obersten Ebene vermuten läßt. Für die Jesuitenmission in Arnsberg[92] z. B. ist der Widerstand des Ortsklerus überliefert, da er von der Kölner Erzbistumsleitung immer wieder zur Kooperation mit den Jesuiten ermahnt werden mußte. In der Stadt selbst besaß das Prämonstratenserkloster Wedinghausen die Pfarrechte. Da es sich dabei um ein selbstbewußtes Kloster gehandelt haben muß – den Versuchen der Kölner Erzbischöfe, die Reformation einzuführen, hatte es 1540 und 1582/84 widerstanden –, war seine Unterordnung unter die Seelsorge der Jesuiten problematisch.[93] Studien zu den personellen Verflechtungen der Klöster könnten dann vielleicht auch die Fragen nach dem Verhältnis der Orden zur Reformation und zur Konfessionsbildung beantworten helfen: Inwieweit waren Ordensmitglieder Träger reformatorischen Gedankenguts und trugen damit zu ihrer Auflösung selbst bei?[94] Waren sie

---

[92] M. GOSMANN, Arnsberg, in: Westfälisches Klosterbuch. Lexikon der vor 1815 errichteten Stifte und Klöster von ihrer Gründung bis zur Aufhebung, 2 Bde., hg. von K. Hengst, 1992, 1994, Bd. 1, 35–39, hier 36.

[93] N. HÖING, Wedinghausen, in: Westfälisches Klosterbuch (wie Anm. 92), Bd. 2, 437–445, hier 439.

[94] Diesen Aspekt bezüglich des Klerus betont B. Rüth mit Berufung auf R. W. Scribner (Practice and Principle in the German Towns: Preachers and People, in: Reformation Principle and Practice. Essays in Honour of Arthur Geoffrey

personell eher mit dem „Volk" oder mit der „Obrigkeit" verbunden?[95] Inwieweit förderten bzw. hemmten sie den Prozeß der Konfessionsbildung? Könnte ihre „Einordnung" in das jeweilige Territorium (gleich ob Land oder Stadt) als Gradmesser für die Konfessionsbildung/Konfessionalisierung, d. h. auch für die Staatswerdung, gelten? Gab es diesbezüglich Unterschiede zwischen den Orden? Lag die Zulassung neuer Orden vielleicht auch daran, inwieweit sich die Obrigkeiten eine Einflußmöglichkeit ausrechneten oder nicht?[96]

Die zweite wesentliche Komponente, die sich für die Orden durch die Reformation geändert haben muß, war der Bereich der „Frömmigkeit" oder „Spiritualität". Durch die eindeutige Bevorzugung bestimmter Ausdrucksformen von „Religion", die durch die neuen Orden beherrschend wurden, gerieten „alte" ins Hintertreffen. Statt der beschaulichen, eremitischen oder mystischen frommen Lebensweisen wurden nun die missionarischen, belehrenden, nach außen gewandten, gegenreformatorischen gefördert. Untersucht werden muß, wie sich dieser gesamtgesellschaftliche Umorientierungsprozeß auf die alten Orden auswirkte. Haben sie sich den modernen Strömungen angepaßt oder eigene Formen in transponierter Art beibehalten? Wie läßt sich unter solchen Aspekten der Unterschied zwischen den barocken Benediktinerklöstern und denen des Spätmittelalters fassen? Welche Teile der spätmittelalterlichen Frömmigkeit lebten generell in welcher Form weiter? Schließlich wäre es notwendig, all diese Fragen über den territorialen Aspekt hinaus in den größeren Kontext einer die Kultur-, Geistes- und Sozialgeschichte umfassenden Perspektive einzubinden, die deren Interdependenzen – z. B. zwischen den humanistischen Einflüssen auf die Spiritualität oder die Theologie – aufweist und den Beitrag der konfessionalisierten Ordensgemeinschaften für die Formung des Menschen der frühen Neuzeit zeigt.

Dickens, hg. von P. N. Brooks, 1980, 95–117): B. RÜTH, Reformation und Konfessionsbildung im städtischen Bereich. Perspektiven der Forschung, in: Zeitschrift der Savigny-Stiftung für Rechtsgeschichte, Kan. Abt. 77 (1991) 197–282, hier 226f.

[95] Differenziert werden müßte natürlich nach den unterschiedlichen „Typen" der Stadtreformation. Die Diskussion, ob es sich bei dem Geschehen der Reformation um eine Gemeindereformation oder eine Obrigkeitsreformation handelt, könnte so aus der Sicht der Klöster um eine Nuance erweitert werden. Vgl. P. BLICKLE, Die Reformation im Reich, 2. Aufl. 1992, und die Referierung der verschiedenen Forschungspositionen bei RÜTH (wie Anm. 94) u. a. 213–219.

[96] So scheint die Tendenz zu bestehen, daß die Reichsstädte nur ungern die neuen Orden aufnahmen, und, wenn doch, die Kapuziner den Jesuiten vorzogen, vgl. Rottweil (V 228).

LANDSTÄDTE UND REFORMATION

von Johannes Merz

Die Beschäftigung mit dem Themenfeld „Stadt und Reformation" erscheint nach dem großen Aufschwung der Forschung in den sechziger bis achtziger Jahren kaum noch von extremen Kontroversen und neuen Thesen geprägt. Vielmehr steht die Applikation konsensfähiger Ergebnisse auf Stadtmonographien und Darstellungen allgemeineren Zuschnitts in der Zusammenschau kirchen- und sozialgeschichtlicher Ansätze im Vordergrund.[1] Dieser Versuch der Konsensfindung[2] erfolgt zu einem Zeitpunkt, an dem zwar die Geschichte der Reformation in den Reichsstädten vielfältig erforscht wurde, die Entwicklung in den Landstädten aber lediglich ansatzweise, obwohl sehr viele Autoren betonen, daß es sich bei den untersuchten Reichsstädten nur um eine verschwindende Minderheit aller Städte handele.[3] Die Betrachtungsweise ist zudem auf einige der zentralen Problemfelder konzentriert; unausgesprochen oder dezidiert lauten die Leitfragen: Durch wen, wie und warum gelangte die Reformation in den Städten zum Erfolg und welche Bedeutung hatte dies für die Reformation insgesamt?[4] Es geht also beim For-

---

[1] „Nachdem mittlerweile die Stadtreformation als solche nach zahlreichen Einzelmonographien offensichtlich nur noch wenig reizvolle Aspekte bietet, kann eine vorläufige Bilanz gezogen werden" (P. BLICKLE, Unruhen in der ständischen Gesellschaft 1300–1800, 1988, 70). – Auch B. RÜTH, Reformation und Konfessionsbildung im städtischen Bereich. Perspektiven der Forschung, in: Zeitschrift der Savigny-Stiftung für Rechtsgeschichte, Kan. Abt. 108 (1991) 197–282, stellt fest: „Der Geschehenskomplex ‚Stadt und Reformation' darf mittlerweile als eines der bestbehandelten und besterforschten Gebiete der alteuropäischen Geschichte gelten" (204), konstatiert allerdings eine „verwirrende Fülle theoretischer und empirischer Einsichten begrenzter Reichweite" und fordert demgemäß „deren Integration zu einer neuen Gesamtsicht städtischer Reformation" (209).
[2] Die neueste skizzenhafte Gesamtdarstellung von Berndt Hamm präsentiert sich ganz in diesem Sinne nicht zuerst als Impulsgeber für neue Forschungen, sondern vor allem als eine abgewogene Zusammenschau der fast unübersehbaren Forschungslandschaft, mit deutlichem Bemühen um eine breit differenzierte Beleuchtung der Hauptaspekte der städtischen Reformation: B. HAMM, Bürgertum und Glaube. Konturen der städtischen Reformation, 1996.
[3] Vgl. entsprechende Hinweise bei H.-C. RUBLACK, Forschungsbericht Stadt und Reformation, in: B. Moeller, Hg., Stadt und Kirche im 16. Jahrhundert, 1978, 9–26, hier 24f.; J. MERZ, Die Landstadt im geistlichen Territorium. Ein methodischer Beitrag zum Thema „Stadt und Reformation" am Beispiel Frankens, in: Archiv für mittelrheinische Kirchengeschichte 46 (1994) 55–82, hier 55f.
[4] So zusammengefaßt im Forschungsbericht von RÜTH, Reformation (wie Anm. 1) 212. Einleitend wird hier der geschichtliche Komplex „Stadt und Reformation" umschrieben als „Auseinandersetzung mitteleuropäischer Städte mit der

schungskomplex „Stadt und Reformation" generell um die Reformation, nicht um die Stadt.⁵ Verläßt man nämlich das Feld der manchmal inselhaft erscheinenden reformationsgeschichtlichen Forschung⁶ und wendet sich der allgemeinen Stadtgeschichte zu, dann sinkt der Stellenwert der Reformation ganz beträchtlich.⁷ Gerade in vielen neueren Werken zur Stadtgeschichte taucht im Zusammenhang des 16. Jahrhunderts der Komplex „Reformation" entweder überhaupt nicht auf, oder er wird nur in untergeordnetem Sinne als kirchliches Ereignis behandelt.⁸ Nähme man diese Diskrepanz in der modernen Geschichtswissen-

reformatorischen Strömung" und gleichgesetzt mit der „städtischen Reformation" (ebd. 197f. m. Anm. 1). In einer Anmerkung wird die Einseitigkeit dieser Blickrichtung offengelegt: „Die Konzentration auf den Mikrokosmos der Stadt – sie ist theoretisch (und praktisch) zu rechtfertigen – birgt die Gefahr der Isolierung des Phänomens städtischer Reformation" (212 Anm. 40); Folgerungen werden daraus nicht gezogen (vgl. 265f.).
Vgl. in ähnlicher Fixierung die Perspektive von HAMM, Bürgertum (wie Anm. 2) 16, der folgende Leitfragen formuliert: „Gibt es typisch Städtisches an der Reformation und eine besondere Affinität von Reformation und Stadt, die sich gegenüber der allgemeinen Offenheit von Menschen für die Reformation quer durch alle sozialen Lebensgemeinschaften heraushebt? Welchen Einfluß übten die Städte auf Verlauf und Charakter der Reformation aus? Inwiefern hat die zugespitzte These von der Reformation als ‚urban event' möglicherweise ein gewisses Recht? Und welches Profil zeigen die städtischen Reformationen im Verlauf und Ergebnis – welche Vielfalt unterschiedlicher Profile und welche Gemeinsamkeiten, die sich dem Betrachter ungezwungen aufdrängen und in denen vielleicht Typisches erkennbar ist?"
⁵ Bernd Moeller bekennt in der Neuausgabe seines forschungsgeschichtlich zentralen Werkes, daß ihn als „Reformationshistoriker" von jeher die welthistorische Bedeutung der Reformation fasziniere. Deshalb beschäftige er sich mit dem 16. Jahrhundert, um die Reformation, nicht aber die Gesellschaft des 16. Jahrhunderts zu verstehen: B. MOELLER, Reichsstadt und Reformation, 1962, bearbeitete Neuausgabe 1987, 97.
⁶ Als eine Gegenreaktion auf dieses Phänomen erschien z. B. der Sammelband: H. ANGERMEIER, Hg., Säkulare Aspekte der Reformationszeit, 1983.
⁷ Gewiß gibt es bei dieser Pauschalbeurteilung zahlreiche Ausnahmen. Ebenso kann man anführen, daß das 16. Jahrhundert ganz allgemein lange Zeit bei den Stadthistorikern nur ein Schattendasein führte, das Forschungsfeld „Stadt und Reformation" daher im Gefolge Bernd Moellers mehr von den Reformationshistorikern als von genuinen Städteforschern bearbeitet worden wäre. Doch geht es hier nicht um Begründungen oder Qualifizierungen, sondern lediglich um eine ergebnisorientierte Feststellung zum Forschungsdiskurs.
⁸ J. TREFFEISEN / K. ANDERMANN, Hg., Landesherrliche Städte in Südwestdeutschland, 1994; K. SCHREINER / U. MEIER, Hg., Stadtregiment und Bürgerfreiheit. Handlungsspielräume in deutschen und italienischen Städten des Späten Mittelalters und der Frühen Neuzeit, 1994; J. WITZEL, Hersfeld 1525–1756. Wirtschafts-, Sozial- und Verfassungsgeschichte einer mittleren Territorialstadt, 1994. Symptomatisch: H. KOLLER, Zur Entwicklung der Stadtgeschichtsforschung im deutschsprachigen Raum, in: F. Mayrhofer, Stadtgeschichtsfor-

schaft als ernsthaften Hinweis auf die realhistorische Entwicklung, dann würde dies bedeuten, daß die Stadt für die Reformation sehr wichtig, die Reformation für die Stadt hingegen eher von untergeordneter Bedeutung gewesen sei.

In ähnlicher Weise steht im Hinblick auf die schlecht erforschten landsässigen Städte im Reformationsprozeß die Frage nach den Abläufen im Vordergrund, während die Bedingungen festzustehen scheinen: „Der Unterschied zwischen Reichsstädten und landsässigen Orten lag nicht in der Aufnahme der reformatorischen Impulse, sondern in der infolge der Landsässigkeit fehlenden Satzungsgewalt, die autonome Lösungen nicht zum Zuge kommen ließ."[9] Diese Behauptung wurde entwickelt am Beispiel des brandenburg-ansbachischen Kitzingen, dem „wohl bestuntersuchten Fall städtischer Reformation".[10] Der allgemeingültig gehaltenen Formulierung entspricht eine verbreitete Forschungsmeinung;[11] neueren Studien zufolge werden lediglich einige autonome Landstädte in Nordwestdeutschland von diesem Urteil ausgenommen.[12] Forschungsgeschichtlich läßt sich dies nur durch das generalisierende

schung. Aspekte, Tendenzen, Perspektiven, 1993, 1-18. – In der gleichen Tendenz liegen auch stadtgeschichtliche Synthesen, so die Skizze von K. KRÜGER, Die deutsche Stadt im 16. Jahrhundert. Eine Skizze ihrer Entwicklung, in: Zeitschrift für Stadtgeschichte, Stadtsoziologie und Denkmalpflege 2 (1975) 31-47; H. STOOB, Frühneuzeitliche Städtetypen, in: Ders., Hg., Die Stadt. Gestalt und Wandel bis zum industriellen Zeitalter, 2. Aufl. 1985, 191-223 (beide ohne Berücksichtigung der Reformation), sowie teilweise auch: K. GERTEIS, Die deutschen Städte in der frühen Neuzeit. Zur Vorgeschichte der ‚bürgerlichen Welt', 1986 (der im Kapitel über „Stadt und Kirchen", 114-124, stark den gängigen Verlaufsmustern der Reformation verhaftet bleibt); J. SYDOW, Städte im deutschen Südwesten. Ihre Geschichte von der Römerzeit bis zur Gegenwart, 1987 (wo 169f., 179-185 lediglich der ereignisgeschichtliche Gang der Reformation und „kirchliche Auswirkungen" geschildert werden). – Einen deutlichen Gegenpol dazu bildet die forschungsgeschichtliche Synthese von H. SCHILLING, Die Stadt in der frühen Neuzeit, 1993; stark basierend auf: DERS., Konfessionskonflikt und Staatsbildung. Eine Fallstudie über das Verhältnis von religiösem und sozialem Wandel in der Frühneuzeit am Beispiel der Grafschaft Lippe, 1981. Diesen und weiteren Publikationen von Heinz Schilling hat die vorliegende Studie maßgebliche Impulse zu verdanken.

[9] H.-C. RUBLACK, in: D. Demandt / H.-C. Rublack, Stadt und Kirche in Kitzingen. Darstellung und Quellen zu Spätmittelalter und Reformation, 1978, 91.

[10] Dies behauptet RÜTH, Reformation (wie Anm. 1) 264 Anm. 236; vgl. auch P. BLICKLE, Gemeindereformation. Die Menschen des 16. Jahrhunderts auf dem Weg zum Heil, 1987, 82-85; DERS., Die Reformation im Reich, 2. Aufl. 1992, 95-99.

[11] Vgl. z. B. MOELLER, Reichsstadt (wie Anm. 5) 71, der mit direktem Bezug auf das Zitat von RUBLACK (wie Anm. 9) die gesonderte Beschäftigung mit den Reichsstädten begründet; ähnlich BLICKLE, Reformation (wie Anm. 10) 83f.

[12] Dazu die Hinweise bei RÜTH, Reformation (wie Anm. 1) 249f., vgl. auch HAMM, Bürgertum (wie Anm. 2) 118.

Axiom erklären, daß die Fürstenherrschaft, Ort der „frühmodernen Staatsbildung",[13] eine eigenständige Landstadtreformation verhindert habe. Von dieser Annahme ausgehend wird die landesherrliche bzw. reichsstädtische Durchführung oder Verhinderung der Reformation als Stärkung der sog. „Landeshoheit" bzw. Ratsobrigkeit in der Ausweitung des politischen Bereichs auf die Kirche gesehen, die dann durch die in allen Konfessionen parallele Konfessionalisierung einem Höhepunkt zutrieb und damit den absolutistischen Landesstaat des 17. und 18. Jahrhunderts vorbereitet habe, oder noch schärfer: Die Reformation als vornehmlich kirchliches Ereignis wird durch die Konfessionalisierung politisch instrumentalisiert und dadurch Faktor der frühmodernen Staatsbildung.[14]

Durch die regional vergleichende Betrachtung des Aspektes „Territorialstadt und Reformation" soll angesichts dieser Forschungslage im folgenden versucht werden, die Teilbereiche „Stadt", „Fürstenherrschaft" und „Reformation" stärker, als dies bisher zumeist geschehen ist, zu verklammern. Dabei wird zunächst das voranstehende Axiom von der Unmöglichkeit autonomer landstädtischer Lösungen der Reformationsfrage im frühmodernen Fürstenstaat anhand einer kursorischen Bestandsaufnahme[15] überprüft, aus der dann Folgerungen zu ziehen sind.

Landstädte mit eigenständiger Reformation

Kriterium einer eigenständigen Landstadtreformation soll sein, daß eine Stadt ohne Bevormundung durch den Landesherrn oder (häufiger)

---

[13] Zu diesem zentralen Interpretament der Frühneuzeitforschung, das retrospektiv aus der Erfahrung des bürokratischen Anstaltsstaates des 19. und frühen 20. Jahrhunderts entwickelt wurde und seine Geltung der ungebrochenen Wirkkraft der Rationalisierungsthese Max Webers verdankt, vgl. S. SKALWEIT, Der Beginn der Neuzeit. Epochengrenze und Epochenbegriff, 1982, 123–162; W. CONZE, Staat und Souveränität I–II, in: Geschichtliche Grundbegriffe 6 (1990) 4–25; W. SCHULZE, Einführung in die Neuere Geschichte, 2. Aufl. 1991, bes. 20, 61–67, 142–166, 196. – Eine inhaltliche Zusammenfassung des Forschungsstandes zur politischen Verfassung des römisch-deutschen Reiches am Beginn der Neuzeit bietet H. RABE, Deutsche Geschichte 1500–1600. Das Jahrhundert der Glaubensspaltung, 1991, 103–147.

[14] Vgl. dazu die Hinweise bei H. R. SCHMIDT, Konfessionalisierung im 16. Jahrhundert, 1992, bes. 86–91, 116–122.

[15] Die bisher nur geringfügige und dann zumeist nur regionale bzw. lokale Behandlung von Landstädten im Reformationsprozeß läßt eine vollständige Übersicht derzeit methodisch und praktisch unmöglich erscheinen. Für die im folgenden genannten Fälle wurden die Territorienbeiträge in den vorliegenden sechs KLK-Heften herangezogen sowie vor allem die dort angeführte Literatur, die hier generell nicht mehr wiederholt wird.

in offenem Widerspruch zu ihm die reformatorische Lehre,[16] ungeachtet von deren theologischer Ausprägung, für die Stadtbevölkerung verbindlich macht und institutionalisiert, indem sie durch entsprechende Ordnungen, organisatorische und personelle Maßnahmen das Kirchen- und Schulwesen im reformatorischen Sinne regelt. Gefragt ist also zunächst nur die verwirklichte Reformation, unabhängig davon, ob diese Reformation zu einem späteren Zeitpunkt modifiziert oder rückgängig gemacht wurde, wie dies ja generell in vielen Territorien in der Zeit der Gegenreformation ab etwa 1570 der Fall war. Auf die von vornherein „gescheiterte Reformation" wird dann im zweiten Teil einzugehen sein.

Habsburgische Gebiete

In den Gebieten, die der Landesherrschaft der Habsburger unterstanden, ist eine breite reformatorische Bewegung im überwiegenden Teil der Städte feststellbar. Die Institutionalisierung eines eigenständigen Kirchenwesens gelang nur teilweise vollständig, häufig in Abstufungen, teilweise überhaupt nicht.

Wie überall sind in den österreichischen Ländern die Städte Vorreiter in der Rezeption der reformatorischen Lehren.[17] Die wohl tiefste organisatorische Verankerung gelang in der oberösterreichischen Mittelstadt[18] Steyr. Hier berief der Rat vor 1530 einen evangelischen Lehrer, richtete 1559 eine protestantische Lateinschule unter der Leitung des Melanchthonschülers Thomas Brunner (Pegaeus) bzw. dann des Wittenberger Professors Georg Mauritius ein und schloß, nachdem 1564 alle Kirchen in protestantischer Hand waren, die kirchliche Umgestaltung mit der Kirchenordnung von 1566 und der Begräbnisordnung von

---

[16] Zur neuerdings aufgebrochenen Diskussion um die Einheitlichkeit der Reformation vgl. B. HAMM u. a., Reformationstheorien. Ein kirchenhistorischer Disput über Einheit und Vielfalt der Reformation, 1995. Für die Zwecke der hier angestrebten Übersicht ist diese Frage von untergeordneter Bedeutung, da zunächst nur festgestellt werden soll, ob eine politisch eigenständige Änderung des Kirchenwesens in reformatorischem Sinne, ob beeinflußt von Luther, Zwingli, Calvin oder anderen, stattgefunden hat.

[17] Vgl. Innerösterreich (I 102–116), Nieder- und Oberösterreich (I 118–133); daneben auch G. SCHOLZ, Ständefreiheit und Gotteswort. Studien zum Anteil der Landstände an Glaubensspaltung und Konfessionsbildung in Innerösterreich (1517–1564), 1994; F. M. DOLINAR u. a., Hg., Katholische Reform und Gegenreformation in Innerösterreich 1564–1628, 1994 (darin besonders: K. AMON, Abwehr der Reformation und Rekatholisierungsversuche in Innerösterreich unter Ferdinand I. und Karl II., 405–418).

[18] Städteklassifizierungen nach SCHILLING, Stadt (wie Anm. 8) 8. Steyr hatte um 1600 ca. 6000 Einwohner.

1567 ab.[19] In einer ersten Phase der Gegenreformation von 1599 bis ca. 1604/8 wurde dieses protestantische Kirchenwesen aufgebrochen und ab 1624 endgültig zerstört. In den Jahren 1626 bis 1628 wanderten daraufhin ca. 250 Bürger aus, zunächst überwiegend Angehörige der reichen Oberschicht, dann auch eine Gruppe von finanziell wesentlich schwächer gestellten Bürgern. Die schon zuvor spürbaren Zeichen des wirtschaftlichen Niedergangs der „Eisenstadt" wurden durch diese Gegenreformation massiv verstärkt. Es wäre noch zu klären, inwieweit in anderen Städten der mehrfach nachweisbar proreformatorischen Ratspolitik ein vergleichbarer Erfolg beschieden war. Im niederösterreichischen Krems[20] errichtete der Rat in der Zeit Maximilians II. auf einem Höhepunkt des städtischen Wirtschaftsaufschwungs ein protestantisches Kirchenwesen, von dem nahezu die gesamte Stadt mit Ausnahme weniger Institutionen (Pfarrer, Dominikaner) erfaßt wurde; die Gegenreformation gelangte nach Anfängen 1584/85 ab 1589 zum Durchbruch. Ähnliche Beispiele für eine „gelungene Gemeindebildung"[21] waren die niederösterreichischen Städte Ybbs und Waidhofen, mit Abstrichen auch St. Pölten, wobei hier die Räte trotz des Übergangs zum Augsburger Bekenntnis teilweise noch stark an Formen der alten Kirchenpraxis festhielten. Die evangelische Periode umfaßte dabei die Zeit um 1560 bis 1578 (Ybbs), 1587 (Waidhofen) bzw. 1569/1604 (St. Pölten).

Seit 1526 gehörte das zuvor jagiellonische Königreich Böhmen mit seinen Nebenländern Mähren, Schlesien und den Lausitzen dem Habsburgerreich an. Gerade hier lassen sich zahlreiche Beispiele für eigenständige Landstadtreformationen finden. In Böhmen selbst,[22] wo generell die hussitische bzw. utraquistische Vorgeschichte sowie der Gegensatz von Adel und Städten besonders zu beachten ist, ragt etwa Joachimsthal hervor. Aufgrund der starken sozialen Differenzierung in der Bergbaustadt konnte sich erst ab den 1530er Jahren eine klare lutherische Linie durchsetzen. Ab den vierziger Jahren galt die Stadt als Hauptstützpunkt des Protestantismus im nordwestlichen Böhmen; seit 1542 wirkte hier der bekannte Lutherbiograph Johannes Mathesius, dessen Kirchen- und Schulordnung 1567 im Druck erschien. Die Gegenreformation setzte 1624 ein, blieb in den ersten 20 Jahren nahezu erfolglos und führte dann zu einer großen Auswanderungswelle ins benachbarte

---

[19] Vgl. hierzu und zum folgenden vor allem C. DOPPLER, Reformation und Gegenreformation in ihrer Auswirkung auf das Steyrer Bürgertum, Diss., Wien 1968.

[20] Dazu vor allem F. SCHÖNFELLNER, Krems zwischen Reformation und Gegenreformation, 1985.

[21] F. SCHRAGL, Glaubensspaltung in Niederösterreich. Beiträge zur niederösterreichischen Kirchengeschichte, 1973, passim.

[22] Dazu: Böhmen (I 134–152); daneben H. STURM, Skizzen zur Geschichte des Obererzgebirges im 16. Jahrhundert, 1965.

Sachsen. Erst gegen Ende des 17. Jahrhunderts war die Rekatholisierung abgeschlossen.

Auch im Territorialverband Schlesiens, der als Land der Krone Böhmen nur mittelbares Reichslehen ohne Sitz und Stimme im Reichstag war,[23] finden sich Beispiele eigenständiger Landstadtreformationen, vor allem in der Großstadt Breslau, wo der Rat 1523 und 1525 eigenmächtig neugläubige Pfarrer berief, 1522 Kirchenkleinodien einzog, 1523 das Armenwesen regelte, 1524 die Bilderverehrung, eucharistische Prozessionen, Vigilien und Heiltumsweisungen abschaffte und dagegen die deutsche Taufe einführte, schließlich 1528 eine Schul- und Kirchenordnung erließ. Ebenfalls im Fürstentum Breslau führte der Rat der Stadt Neumarkt bald nach 1540 eine reformatorische Kirchenordnung ein. Im langen Prozeß der Rekatholisierung ging das Erreichte für die Städte weitgehend wieder verloren, aber immerhin wurde der Stadt Breslau im Westfälischen Frieden 1648 die freie Religionsausübung des Augsburgischen Bekenntnisses gewährt.

In den Lausitzen, ebenfalls Nebenländer der Krone Böhmen,[24] fiel wegen der fehlenden eigenständigen Landesherrschaft und der ausbleibenden Herrschaftsbildung von seiten der Krone Böhmen die Ausübung öffentlicher Gewalt weitgehend den mediaten Herrschaftsträgern zu. So hatte die Reformation im Land relativ großen Erfolg, frühzeitig vor allem in den größeren Städten. In Görlitz z. B. erfolgte die Institutionalisierung ab 1525 mit der Berufung eines evangelischen Predigers. Ansonsten finden sich zahlreiche Angaben für den „Beginn" der Reformation in den 1520er bis 1540er Jahren, doch muß für den Einzelfall geklärt werden, wann die Institutionalisierung abgeschlossen war; in Löbau z. B. scheint dieser Prozeß von 1527 bis 1565 gedauert zu haben. Diese Entwicklung lag wesentlich darin begründet, daß die Reformation nicht gegenüber dem Landesherrn, dessen Verbote unwirksam blieben, sondern gegen die altkirchlichen Institutionen vor Ort durchgesetzt werden mußte, die vor allem in der Oberlausitz zu einem guten Teil überlebten. So gab es in Kamenz langjährige Auseinandersetzungen zwischen Rat und Bürgerschaft einerseits und dem Kloster Marienstern als Kirchenpatron andererseits um die Bestellung der Stadtkirche; erst ab 1541 konnte der Rat das Patronatsrecht praktisch unangefochten ausüben. Die Durchsetzung der städtischen Reformation in Bautzen fand ihre Grenzen am schließlich katholisch bleibenden Domstift St. Petri. Insgesamt wurde in allen Städten die Reformation eingeführt, in den größeren wohl durchgehend aus eigener Kraft. Der erreichte Stand ein-

---

[23] Vgl. Schlesien (II 102–138). Bearbeitete Fassung: F. MACHILEK, Reformation und Gegenreformation in Schlesien unter besonderer Berücksichtigung Oberschlesiens. Eine Einführung, in: T. Wünsch, Hg., Reformation und Gegenreformation in Oberschlesien. Die Auswirkungen auf Politik, Kunst und Kultur im ostmitteleuropäischen Kontext, 1994, 9–29.

[24] Dazu: Lausitzen (VI 92–113).

schließlich der katholisch gebliebenen Institutionen blieb erhalten, weil im Dreißigjährigen Krieg die Lausitzen an Kursachsen übergingen, aber wegen der weiterbestehenden Lehensbindungen an Böhmen nicht vollständig integriert werden konnten. Kurfürst Johann Georg I. mußte sich denn auch verpflichten, weder die ständische Verfassung noch die Konfessionsverhältnisse zu ändern.

Mittel- und Norddeutschland

Eigenständige Stadtreformationen gab es jedoch nicht nur in den habsburgischen Gebieten, die man als Sonderfall betrachten könnte. Auch in Franken, einer Kernzone des Reichs, sind durchaus vergleichbare Fälle festzustellen. Ab 1524 begann im Gebiet der Fürstabtei Fulda die kleine Mittelstadt Hammelburg unter der Führung des Rates mit der aktiven Rezeption der neuen Lehre; die Institutionalisierung wurde mit der Reorganisierung der städtischen Lateinschule nach sächsischem Vorbild 1530, der eigenmächtigen Bestellung eines Pfarrers 1541 sowie der Beschlagnahmung des Pfarrhofes und dem Erlaß einer Kirchenordnung nach Wittenberger Vorbild 1543 abgeschlossen. Nach einem aufgrund externer Faktoren fehlgeschlagenen Rekatholisierungsversuch des Fürstabtes 1576 erfolgte die konfessionelle und herrschaftliche Eingliederung der Stadt 1603/4; ein Fünftel der Bevölkerung, vornehmlich aus der vermögenden Führungsschicht, wanderte aus.[25] In Münnerstadt, wo neben dem Fürstbischof von Würzburg bis 1585 auch die Grafen von Henneberg bzw. Stolberg einen Anteil an der Stadtherrschaft hielten, erfolgte die eigenmächtige Bestellung der Pfarrei durch den Rat 1552; die um 1570 von seiten Würzburgs einsetzende Gegenreformation führte ab 1585/86 zur Auswanderung von 80 der ca. 500 Bürgerfamilien, auch hier überwiegend aus der vermögenden Führungsschicht. Aufgrund der Quellenarmut sind weitere Aussagen für den Würzburger Bereich nur begrenzt möglich; immerhin weisen die hohen Exulantenzahlen aus weiteren Klein- bis Mittelstädten (1500 bis 2500 Einwohner), in vier Fällen (Karlstadt, Neustadt/Saale, Dettelbach, Gerolzhofen) von etwa einem Fünftel der Bevölkerung, in zwei weiteren Fällen (Ochsenfurt, Mellrichstadt) von mindestens 5 und 10 %, auf ähnliche, teilweise abgestufte Verhältnisse hin.[26]

Im Kurmainzer Gebiet, aber als weit entfernte Enklave in Thüringen, ist vor allem die bedeutende Großstadt Erfurt zu nennen. Hier begann der Siegeszug der Reformation mit dem Pfaffensturm von 1521 und mußte von Erzbischof Albrecht von Brandenburg bereits 1530 vertraglich anerkannt werden, wobei freilich noch lange altkirchliche Restbe-

---

[25] Fulda (IV 128–145).
[26] Würzburg (IV 98–126); MERZ, Landstadt (wie Anm. 3).

stände in der Stadt blieben. Als das de facto unabhängig gewordene Erfurt 1664 mit militärischen Mitteln wieder der kurmainzischen Herrschaft unterstellt wurde, mußte diese den verfestigten evangelischen Konfessionsstand akzeptieren.[27]

Den Übergang zum reichsferneren Norden bildet das kurmainzische Duderstadt. Im nördlichsten Teil des zersplitterten Territoriums von Kurmainz, dem Eichsfeld, gelegen, ging die kleine Mittelstadt ab 1524 vollständig zur Reformation über und konnte gegen den Widerstand des Rates ab den 1570er Jahren nur langsam wieder rekatholisiert werden. Wichtig ist hier, daß mit konkretem Bezug auf Duderstadt wie auf die fuldischen Städte die Frage nach den Rechtsgrundlagen der Rekatholisierung und nach der Geltung der Declaratio Ferdinandea auf dem Regensburger Reichstag von 1576 behandelt wurde.[28]

Der bedeutendste Ort der Fürstabtei Corvey war die kleine, nur zwei Kilometer vom Kloster entfernte Mittelstadt Höxter, die unter der Schutzherrschaft Hessens stand. Sie hatte sich um 1500 bereits weit vom Corveyer Landesherrn emanzipiert, strebte aber die Reichsunmittelbarkeit nicht an. Der Einführung der Reformation durch den Rat, der sich 1533 erst nach langem Zögern von den Bürgern zu diesem Schritt bewegen ließ, mußte sich der Fürstabt unter hessischem Druck beugen. Die altkirchlichen Institutionen in der Stadt konnten sich überwiegend nur bis 1542 halten, das Interim führte zu einer zeitweiligen Verstärkung des altkirchlichen Einflusses, doch seit der Mitte der 1550er Jahre war die Stadt unter der Führung des Rates protestantisch. Nach langen Auseinandersetzungen mit den Landesherren, in denen die Höxteraner vor allem bei den Welfen politischen und rechtlichen Rückhalt fanden, mußte sich die Stadt schließlich mit dem Gnadenrezeß von 1674 beugen und ihre politische und konfessionelle Unabhängigkeit aufgeben.[29]

Besonders verbreitet war die Rezeption der Reformation bis hin zum Erlaß eigener Kirchenordnungen in den Städten von Jülich-Kleve-Berg, die damit vielfach in offenem Gegensatz zur herzoglichen Kirchenpolitik standen. Die Stadt Soest bestellte 1532 einen eigenen Superintendenten und erließ 1533 eine Schatzkastenordnung für das Kirchenvermögen. Zwar konnte der Herzog die Stadt zur Annahme des Interims zwingen, doch gelang bald darauf die schrittweise Wiederherstellung des lutherischen Kirchenwesens durch die Stadt; seit 1557 waren alle sechs städtischen und zehn ländlichen zu Soest gehörenden Kirchspiele evangelisch und wurden einheitlich organisiert unter der bestimmenden Aufsicht des Rates. Vollendet wurde diese Entwicklung durch die Revision der

[27] Kurmainz (IV 60-97).
[28] R. KIERMAYR, The Reformation in Duderstadt 1524-1576 and the Declaratio Ferdinandea, in: Archiv für Reformationsgeschichte 75 (1984) 234-255.
[29] J. DEVENTER, Das Abseits als sicherer Ort? Jüdische Minderheit und christliche Gesellschaft im Alten Reich am Beispiel der Fürstabtei Corvey 1550-1807, 1996.

Kirchenordnung von 1574 und die Neuorganisation der Lateinschule 1578. In Herford setzte ein Bürgerschaftsausschuß die Annahme einer 1532 angefertigten Kirchenordnung durch, während die herzogliche Reformordnung 1534 abgelehnt wurde; seit etwa 1540 war die Stadt, abgesehen von einem nicht zu beseitigenden altkirchlichen Restbestand, lutherisch. 1565 wurde schließlich auch das dortige hochadelige Reichsstift in ein evangelisches Damenstift umgewandelt. In Wesel erscheint der eigenständige Übergang zur lutherischen Lehre 1543 mit der Bestellung eines Superintendenten abgeschlossen, das Interim war wie in Soest nicht auf Dauer durchsetzbar. Der Übergang zum Reformiertentum spielte sich dann als innerstädtische Angelegenheit ab. In anderen Städten erscheint die Entwicklung abgestuft, so in Bielefeld, wo zwar die Mecklenburger Kirchenordnung von 1552 angenommen wurde, aber der Herzog die Ausweisung des städtischen Predigers verfügte, oder in der kleinen Stadt Neuenrade, wo der Herzog die Kirchenordnung von 1564 verbot. Die territorialpolitische Entwicklung ab der zweiten Hälfte des 16. Jahrhunderts, die schließlich in die Teilung des Landes zwischen Kurbrandenburg und Pfalz-Neuburg 1609/14 führte, sorgte dafür, daß die Kirchenorganisation nicht in die Hände der Landesfürsten gelangte und damit ein breiter Handlungsspielraum auf den unteren Ebenen dauerhaft erhalten wurde.[30]

Die Reformation in der Grafschaft Lippe 1536 tastete die eigenständige Ausgestaltung des Kirchenwesens des bedeutendsten Ortes im Land, der Mittelstadt Lemgo, nicht an. Die zunächst gegen und dann unter der Führung des Rates 1532 eingeführte Reformation wurde bereits 1533 durch die Übernahme der Braunschweiger Kirchenordnung fixiert. Nach langanhaltenden Konflikten, die ihre Schärfe durch die Hinwendung der Grafen zum Reformiertentum erhielten, mußten diese letztlich in einem Vertrag von 1617 die Eigenständigkeit der lutherischen Stadtkirche von Lemgo inmitten des reformierten Territoriums anerkennen.[31]

In der kleinen Mittelstadt Minden, dem Hauptort des gleichnamigen Fürstbistums (Residenz war Petershagen), erfolgte 1529/30 offiziell der Übertritt zur Reformation und 1536 der Beitritt zum Schmalkaldischen Bund. Die landesweite Durchsetzung der Reformation (eine datierbare „Einführung" gibt es nicht) ging einher mit Bemühungen der Landesherren im letzten Drittel des 16. Jahrhunderts um Rückgewinnung von Hoheitsrechten und ehemaligem geistlichen Besitz. Doch trotz eines ersten landesherrlichen Erfolgs mit dem Lübbecker Rezeß von 1573, wirtschaftlichen Pressionen und der Beschneidung städtischer Gerichtsrechte um die Jahrhundertwende konnte die Stadt ihren privilegierten Status im weltlichen und geistlichen Bereich weitgehend bewahren. Die

[30] Dazu: Jülich-Kleve-Berg (III 86–106).
[31] Dazu: SCHILLING, Konfessionskonflikt (wie Anm. 8).

erfolgreiche Verteidigung des Stapelrechts als wirtschaftliche Grundlage des Ortes sicherte diesem über die Zeit des Dreißigjährigen Krieges hinaus anhaltende wirtschaftliche Stärke und Attraktivität, die sich in zahlreichen Zuwanderungen äußerte; freilich ließ gleichzeitig die Bedeutung als geistiges Zentrum nach.[32]

Vergleichbar mit Minden ist die Mittelstadt Osnabrück im gleichnamigen Fürstbistum (Residenz Iburg), wo allerdings erst nach einer langen, von der Bürgerschaft bestimmten Vorlaufphase die Reformation 1542 vom Rat eingeführt wurde; hier profitierte die Stadt zunächst vom Gegensatz zwischen Bischof und Domkapitel, so daß sie ihr eigenständiges Kirchenregiment, ihre große wirtschaftliche Stärke und ihre tradierten Privilegien bis zur Mitte des 17. Jahrhunderts ungebrochen bewahren konnte. Im Gefolge wirtschaftlicher Schwierigkeiten verminderte sich seit der Mitte des 17. Jahrhunderts die autonome Qualität des Stadtregiments, ohne jedoch die weitgehende rechtliche Unabhängigkeit vom Landesherren zu verlieren.[33] Das Gegenstück bietet übrigens Paderborn, wo Bischof und Domkapitel zusammenarbeiteten und damit sowohl den Freiraum der Stadt einschränken als auch ihren Übergang zur Reformation verhindern konnten.[34]

Komplizierter ist der bekannte Fall Münsters, wo die Radikalität der Entwicklungen den Zusammenbruch des ratsherrlichen Stadtregimentes und das Eingreifen des Reiches provozierte und damit die institutionalisierte Reformation in der Stadt zur Episode werden ließ.[35]

In Hildesheim hatte die große Stiftsfehde (1518-23) zur drastischen Verkleinerung des Stiftsgebietes geführt, so daß in der Folgezeit die Unabhängigkeit der Stadt entgegen den allgemeinen Tendenzen einer gesteigerten Fürstenherrschaft gefestigt wurde; hinzu kam, daß der Landesherr im 16. Jahrhundert dem Stift zumeist fern blieb. Nach einer langen Pause des starren Festhaltens am alten Glauben wandte sich die Stadt erst 1542 offiziell der neuen Lehre zu und konnte - von einigen katholischen Inseln abgesehen - nicht nur die konfessionelle, sondern auch die politische Unabhängigkeit des Stadtregimentes bis zum Ende

---

[32] H. DITT, Stadteinzugsbereich von Minden und Kulturraumgrenzen des Wesergebietes in der frühen Neuzeit, in: W. Ehbrecht / H. Schilling, Hg., Niederlande und Nordwestdeutschland. Studien zur Regional- und Stadtgeschichte Nordwestkontinentaleuropas im Mittelalter und in der Neuzeit. Franz Petri zum 80. Geburtstag, 1983, 180-218. Ergänzend: Braunschweig-Lüneburg, Hildesheim (III 8-43).

[33] Dazu: Osnabrück (III 130-146); L. WIESE-SCHORN, Von der autonomen zur beauftragten Selbstverwaltung. Die Integration der deutschen Stadt in den Territorialstaat am Beispiel der Verwaltungsgeschichte von Osnabrück und Göttingen in der frühen Neuzeit, in: Osnabrücker Mitteilungen 82 (1976) 29-59.

[34] Paderborn (III 148-161).

[35] Dazu: Münster (III 108-129).

des Alten Reiches bewahren. Neben wirtschaftlichen Gründen waren dabei die politischen Konstellationen im Interessegebiet der Welfen und die Rolle als Nebenland der wittelsbachischen Sekundogenitur im Nordwesten des Reiches ausschlaggebend.[36]

Im Erzbistum Bremen führte die Stadt Bremen die Reformation schrittweise seit etwa 1524 ein und gehörte ab 1531 als Gründungsmitglied dem Schmalkaldischen Bund an, Ausdruck der zunehmend autonomen Stellung der Stadt gegenüber dem Landesherrn. Auch andere Städte führten eigenständig die Reformation durch, etwa Stade ab 1526/27, Buxtehude 1542/52. Es fällt auf, daß nach dem offenen Übergang der Landesherrschaft zum Protestantismus ab den 1570er Jahren und den gleichzeitig spürbar werdenden intensivierenden Herrschaftsmaßnahmen die Stadt Bremen zum reformierten Bekenntnis wechselte und gleichartige Tendenzen auch in den Städten Stade und Buxtehude erkennbar sind, wobei Bremen durch die Erringung der Reichsstandschaft 1646 erfolgreich blieb und die letzteren in die 1648 an Schweden übergegangene lutherische Landesherrschaft integriert wurden.[37]

Im holsteinischen Hamburg akzeptierte der Rat 1528 die von Bürgerschaft und Predigern geforderte Einführung der Reformation, die 1529 rechtlich und durch eine von Bugenhagen ausgearbeitete Kirchenordnung auch organisatorisch verankert wurde, doch führte die Auseinandersetzung um die Weiterexistenz geistlicher Institutionen zeitweilig zur Gefährdung des Erreichten, weshalb Hamburg zunächst dem Schmalkaldischen Bund beitrat (1536), dann aber Christian III. von Holstein und Dänemark huldigte. Ab der Jahrhundertmitte setzte sich schließlich im Gegensatz zu Bremen und zum holsteinischen bzw. dänischen Landesherrn ein striktes Luthertum durch (Annahme der Konkordienformel 1577). Formell wurde die Unabhängigkeit Hamburgs erst 1768 von Dänemark anerkannt.[38]

In der Forschung schon ausführlich behandelt wurden einige Städte aus dem Bereich des mehrfach geteilten Herzogtums Braunschweig-Lüneburg. In Göttingen nahm der Rat aufgrund des anhaltenden innerstädtischen Drucks die Reformation 1529 an. Seine eigenständige Kirchenpolitik wurde erstmals im Interim durch den Landesherrn, den Herzog von Calenberg-Göttingen, eingeschränkt. Mitbedingt durch die Aufgabe außerterritorialer Bezugspunkte (Ende des Schmalkaldischen Bundes, Austritt aus der Hanse 1572) und die sinkende finanzpolitische Bedeutung für den Landesherrn wegen wirtschaftlicher Schwierigkeiten gegen Ende des 16. Jahrhunderts erfolgte schließlich 1611 gleichzeitig die Übertragung der städtischen Kirchengewalt auf das territoriale Konsistorium und ein tiefgreifender Einschnitt in die Stadtverfassung durch

[36] Dazu: Braunschweig-Lüneburg, Hildesheim (III 8–43); daneben J. GEBAUER, Geschichte der Stadt Hildesheim, 2 Bde., 1922/24.
[37] Dazu: Bremen, Erzstift und Stadt (III 44–57).
[38] Dazu: Schleswig-Holstein (II 140–164); Lübeck etc. (VI 114–128).

die Beschneidung des Ratswahlrechtes der Gilden; dasselbe widerfuhr den anderen großen Städten im calenbergischen Landesteil, die bis dahin ihr Kirchenwesen selbständig geregelt hatten: Northeim, Hannover und Hameln. Die ebenfalls einer reformatorischen Volksbewegung nachgebende Einführung der Reformation durch den Rat der Stadt Braunschweig 1528 erfolgte mitten im langandauernden Konflikt mit dem altkirchlichen Landesherrn und entwickelte sich sofort zum Kernpunkt des Streites. Doch konnte sich die Stadt ihre weltliche und kirchliche Autonomie bis zur gewaltsamen Unterwerfung 1671 weitgehend bewahren. Dagegen lag Lüneburg inmitten eines früh evangelisch gewordenen Territoriums, blieb relativ lange bei der alten Kirche und entging damit der Durchführung der landesherrlichen Reformation, institutionalisierte dann aber aufgrund des massiven Drucks aus der Bürgerschaft die Reformation ab Mitte der 1530er Jahre und konnte sich weiterhin von der Entwicklung im Territorium ausgrenzen. Auch hier wurde die Unabhängigkeit der Stadt im weltlichen und kirchlichen Bereich erst nach der Einnahme durch den Landesherrn 1637 und die neue Stadtverfassung von 1639 beseitigt.[39]

Im benachbarten Erzbistum Magdeburg ging der Hauptort Magdeburg früh und dauerhaft zur Reformation über, während dies in der Residenz Halle wegen der Präsenz von Erzbischof Albrecht von Brandenburg (bis 1541) ebenso wie in den anderen Städten trotz entsprechender Optionen vorläufig nicht offiziell möglich war. Seit den 1540er Jahren erfolgte dann die Institutionalisierung der Reformation in den meisten Städten des Erzbistums einschließlich Halle, die durch die Nachbarschaft zu Brandenburg (mit der Einführung der Reformation seit 1540) begünstigt, schließlich durch Sigismund von Hohenzollern (1552-1566) seit 1561 landesweit eingeführt wurde. Wenn auch der Widerstand gegen die Konkordienformel in Halle und Magdeburg erfolglos blieb, so wurde die kirchliche Eigenständigkeit der magdeburgischen Städte gestärkt durch den heftigen Widerstand des evangelischen Magdeburger Domkapitels gegen die Errichtung eines Konsistoriums, das erst 1680, dem Jahr des Anfalls des Erzbistums als Herzogtum an Brandenburg, durchgesetzt werden konnte.[40]

In Mecklenburg war es die bedeutende Stadt Rostock, wo der Rat nach anfänglichem Zögern und nach enger Kooperation mit der Landesherrschaft 1531 die Regelung der kirchlichen Verhältnisse selbständig in die Hand nahm. Der heftige Protest eines der beiden Landesherren führte 1533 zu einem kaiserlichen Mandat zugunsten der altkirchlichen Institutionen an die Stadt, doch konnte sich der Rat mit seinem

---

[39] Dazu: Braunschweig-Lüneburg, Hildesheim (III 8-43); J. REGULA, Die kirchlichen Selbständigkeitsbestrebungen der Städte Göttingen, Northeim, Hannover und Hameln in den Jahren 1584 bis 1601, in: Zeitschrift des Vereins für niedersächsische Kirchengeschichte 22 (1917) 123-152.

[40] Dazu: Magdeburg (II 68-86).

Vorgehen aufgrund der territorialpolitischen Situation der 1530er Jahre in Mecklenburg durchsetzen und 1535 sogar einen Superintendenten berufen. Dem seit dieser Zeit einsetzenden Übergang der Herzöge zur Reformation konnte sich Rostock zunächst entziehen. Erst in der zweiten Jahrhunderthälfte gelang ihnen eine stärkere Durchsetzung ihrer weltlichen und kirchlichen Gewalt über die Stadt, doch verzichtete diese erst im Erbvertrag von 1788 endgültig auf ihre geistlichen Aufsichts- und Gerichtsrechte.[41]

Im äußersten Nordosten schließlich sticht im Herzogtum Pommern die dort bedeutendste Stadt Stralsund hervor. Sie gehörte kirchlich zur Diözese Schwerin, die im Gegensatz zur Diözese Cammin durch die Kirchenpolitik der pommerschen Herzöge ausgegrenzt und von jeder Betätigung auf pommerschem Gebiet abgehalten wurde, was bis zum Ende des 16. Jahrhundert zu Auseinandersetzungen mit den Herzögen von Mecklenburg führte. 1525 führte Stralsund die Reformation offiziell und gegen den Willen der pommerschen Herzöge ein, während demgegenüber die kirchlichen Verhältnisse in der Residenz Stettin lange Zeit in der Schwebe blieben. Der am Ende des 16. Jahrhunderts ausgebrochene heftige Streit mit Stralsund um das Ordinations- und Visitationsrecht des pommerschen Generalsuperintendenten ging schließlich 1615 überwiegend zugunsten des landeseinheitlichen Kirchenregiments aus. Weitere Beispiele aus diesem Bereich wären auch hier bei einer perspektivischen Ausweitung des Forschungsstandes möglich, etwa das von Kolberg, der größten Stadt des von Pommern abhängigen Fürstbistums Cammin, wo der Rat die Reformation 1531 in deutlicher Opposition zum Fürstbischof durchsetzte. Doch lassen die vorliegenden Informationen eher auf Ergänzungen als auf eine grundsätzliche Ausweitung der verschiedenen Reformationsfälle schließen.[42]

Fragt man abschließend danach, wo es überhaupt keine eigenständigen Landstadtreformationen gegeben habe, dann erscheint die Beantwortung aufgrund des Forschungsstandes noch schwieriger als der vorliegende Überblick. Immerhin waren autonome städtische Reformationen im Herzogtum Württemberg offensichtlich nicht durchführbar, weil die Städte hier relativ klein und voll in die Ämterorganisation des Territoriums einbezogen waren.[43] Auch in Bayern,[44] Kurtrier,[45] Kur-

---

[41] Dazu: Mecklenburg (II 166–180); Lübeck etc. (VI 114–128).
[42] Dazu: Pommern, Cammin (II 182–205); Lübeck etc. (VI 114–128).
[43] V. TRUGENBERGER, „Ob den portten drey hirschhorn in gelbem veld" – Die württembergische Amtsstadt im 15. und 16. Jahrhundert, in: Treffeisen/Andermann (wie Anm. 8) 131–156.
[44] S. dazu unten.
[45] Kurtrier (V 50–71), vgl. auch K. EILER, Stadtfreiheit und Landesherrschaft in Koblenz. Untersuchungen zur Verfassungsentwicklung im 15. und 16. Jahrhundert, 1980.

köln[46] und Kurbrandenburg[47] sowie im albertinischen Sachsen[48] scheint ein eigenständiges Vorgehen gegenüber der Landesherrschaft nicht möglich gewesen zu sein. Für Kursachsen ist derzeit noch keine fundierte Aussage über die Rolle der Städte nach 1525 bzw. 1528 möglich; die Frühphase soll hier wegen ihrer Besonderheiten ausgeklammert bleiben. Ebenso scheint es wegen der Sonderentwicklung der Niederlande und der Eidgenossenschaft sinnvoll, diese in einem ersten Überblick beiseite zu lassen. Schließlich ist darauf hinzuweisen, daß zwar generell die Landstädte ebenso wie die Reichsstädte zur Reformation hinneigten,[49] gerade in frühzeitig evangelisch gewordenen Herrschaften gleichwohl Beispiele altkirchlicher Beharrung gegenüber der religiösen Neuerung zu finden sind. Zu nennen wäre hier etwa die von Hessen lehnsabhängige Grafschaft Waldeck, die bereits in den zwanziger Jahren zur Reformation überging; in der bedeutendsten Stadt, Korbach, konnte sich die alte Kirche demgegenüber bis zu Beginn der vierziger Jahre behaupten.[50] Auch auf diesen Fragenbereich kann aufgrund fehlender Forschungen nicht weiter eingegangen werden.

Charakteristika und Bedeutung von Landstadtreformationen

Betrachtet man die voranstehende Auswahl, dann stellt sich angesichts der großen Bandbreite der Strukturen und Entwicklungen die Frage, inwieweit überhaupt Vergleich und Feststellung übergeordneter Gemeinsamkeiten möglich sind. Die Vielfalt der Stadtformen, die weite geographische Streuung und die große Variationsbreite in den Abläufen

---

[46] Köln (III 58–84); daneben M. E. GRÜTER, „Unruhiger Geist" – Politik und Religion im 16. Jahrhundert, in: A. Rohrer / H.-J. Zacher, Hg., Werl. Geschichte einer westfälischen Stadt, Bd. I, 1994, 363–390.

[47] G. VOGLER, Die Reformation und die kurmärkischen Städte (1517–1539), in: Frankfurter Beiträge zur Geschichte 12 (o. J. [1983]) 3–13; vgl. auch Kurbrandenburg (II 34–66).

[48] G. WARTENBERG, Der Landesherr und die kirchliche Neuordnung in den sächsisch-albertinischen Städten zwischen 1539 und 1546, in: M. Stolleis, Hg., Recht, Verfassung und Verwaltung in der frühneuzeitlichen Stadt, 1991, 109–119.

[49] Vgl. aber als Gegenbeispiel: O. MÖRKE, Die Ruhe im Sturm. Die katholische Landstadt Mindelheim unter der Herrschaft der Frundsberg im Zeitalter der Reformation, 1991.

[50] W. MEDDING, Korbach. Die Geschichte einer deutschen Stadt, 2. Aufl. 1980; zum Kontext auch A. FRIEDRICH, Die Gelehrtenschulen in Marburg, Kassel und Korbach zwischen Melanchthonianismus und Ramismus in der zweiten Hälfte des 16. Jahrhunderts, 1983; G. MENK, Grundzüge der Geschichte Waldecks in der Neuzeit. Perspektiven und Perseveranz kleinstaatlicher Politik, in: Hessisches Jahrbuch für Landesgeschichte 37 (1987) 241–297, hier bes. die Hinweise und Literaturangaben 250–254.

lassen eine Typenbildung zumindest zum gegenwärtigen Zeitpunkt noch nicht zu; auch den von Heinz Schilling an nordwestdeutschen Beispielen entwickelten Begriff der „Hansestadtreformation" sollte man wegen seiner sachlichen Begrenzung zur Bezeichnung des Gesamtvorgangs nicht verwenden. Die folgenden Ausführungen gehen von dem Faktor aus, daß es sich bei den vorgestellten Fällen um Städte handelt, die als autonome Städte in einem Territorium eine weitgehende Unabhängigkeit vom Landesherrn erreicht hatten und in denen die Reformation institutionalisiert wurde. Der Charakter des Überblicks läßt zwar nur wenige gesicherte Aussagen zu, regt jedoch zum Festhalten von Beobachtungen und zu Vorschlägen für künftige Arbeiten an.

Dabei wird man generell die unterschiedlich starke Ausprägung der religiösen Gegensätze zu beachten haben. Die eigenmächtige Änderung der hergebrachten Kirchenpraxis gegenüber einem wenn auch vielleicht nur nominell am Status quo festhaltenden Landesherren war ungleich konfliktträchtiger als die Durchführung der Reformation gegenüber einem Fürsten, der sich diese selbst zum Programm gemacht hatte, weil in ersterem Fall die religiöse Auseinandersetzung, in letzterem die herrschaftliche im Vordergrund stand. Allerdings ist auffällig, daß in fast allen angeführten Städten die Institutionalisierung der Reformation entgegen der Confessio des Landesherren erfolgte, selbst in Rostock, wo der Landesherr noch 1533 ein kaiserliches Mandat zugunsten der alten Kirche erwirkte und schon wenige Jahre danach allmählich selbst zur Reformation überging; nur Lüneburg, wo das Territorium früh evangelisch geworden und die Stadt zunächst altkirchlich geblieben war,[51] bildet hier eine Ausnahme. Diese klare Tendenz für die Frühzeit blieb allerdings nicht erhalten; mit dem Übergang zahlreicher Territorien zur Reformation im zweiten Jahrhundertdrittel gab es nun auch viele Städte, für die der religiöse Gegensatz zum Landesherrn wegfiel, was einerseits diesem weniger Ansatzpunkte für Eingriffe in die Stadtautonomie gab, andererseits den Städten auch die Chance nahm, religiöse Kräfte für ihre Verteidigung im verfassungsrechtlichen Konflikt zu mobilisieren. Im letzten Jahrhundertdrittel ist demgemäß der Konfessionswechsel auf der einen oder anderen Seite zu beobachten, der den Herrschaftskonflikt fundamental verstärken konnte; im Falle Bremens ging die Stadt zur reformierten Konfession über, im Falle Lemgos das Territorium.[52] Wenn hier der Frage nach dem unterschiedlichen Gewicht des religiösen Gegensatzes, seinen Motiven und Auswirkungen in den jeweiligen territorialen Konstellationen nicht näher nachgegangen

---

[51] Dies stellt übrigens eine Parallele zum oben erwähnten Korbach dar.
[52] Damit ist nicht gesagt, daß diese Konfessionswechsel ganz oder überwiegend durch den Herrschaftskonflikt hervorgerufen seien, doch sind andererseits innere Zusammenhänge evident. Vgl. als Erklärungsansatz SCHILLING, Konfessionskonflikt (wie Anm. 8), bes. die Zusammenfassung 365ff.

werden kann, so liegt dies neben der Konzentration auf die frühe Phase der Institutionalisierung der Reformation wiederum in der unzureichenden Kenntnis über den Gesamtprozeß der Stadtreformation begründet.

Zum Verhältnis von Stadt und Territorium

Besonders auffällig ist die große Zahl der „Hauptorte" von Fürstentümern, in denen die Reformation eigenständig eingeführt wurde, so in Bremen, Osnabrück, Minden, Hildesheim, Kolberg, Stralsund, Rostock, Magdeburg, Braunschweig, Lüneburg, Göttingen, Lemgo, Soest, Höxter, Breslau oder Bautzen. Gemeinsam ist diesen Orten, daß sie zwar durch ihre Größe, Wirtschaftskraft und Zentralität dominierten, aber keine Residenzfunktionen ausübten.[53] Was Hans-Christoph Rublack für süd- und westdeutsche geistliche Residenzen festgestellt hat,[54] findet hier seine Bestätigung und Erweiterung: In Residenzen konnte es generell keine eigenständige Reformation geben, wie auch die Beispiele Halle (bis 1541) oder Stettin bestätigen; diese besondere Ausprägung des Verhältnisses von Residenz und Reformation ist mehr als bisher üblich[55] im Auge zu behalten und stärker auf die allgemeine Residenzenforschung zu beziehen. In den angeführten Städten dagegen war bereits im Spätmittelalter die Autonomie so weit ausgebildet, daß es zwar – aus den unterschiedlichsten Gründen – nicht zur völligen Loslösung und zur Behauptung der Reichsunmittelbarkeit kam, die Herrscher aber ihre Residenz und Verwaltung an einem anderen Ort aufbauten. Damit hängt die bekannte Feststellung zusammen, daß städtische Autonomie eine gewisse Größe und Bedeutung voraussetzte.[56] Diese Voraussetzung war freilich gerade in städtereichen Gebieten auch außerhalb der zen-

---

[53] Hildesheim war zwar offiziell Residenz, doch kamen die Residenzfunktionen wegen der langen Abwesenheit des Bischofs kaum zum Tragen.
[54] H.-C. RUBLACK, Gescheiterte Reformation. Frühreformatorische und protestantische Bewegungen in süd- und westdeutschen geistlichen Residenzen, 1978.
[55] Vgl. O. MÖRKE, Die städtische Gemeinde im mittleren Deutschland (1300–1800). Bemerkungen zur Kommunalismusthese Peter Blickles, in: P. Blickle, Hg., Landgemeinde und Stadtgemeinde in Mitteleuropa. Ein struktureller Vergleich, 1991, 288–307, der sich überwiegend auf Residenzen bezieht.
[56] E. ISENMANN, Die deutsche Stadt im Spätmittelalter 1250–1500. Stadtgestalt, Recht, Stadtregiment, Kirche, Gesellschaft, Wirtschaft, 1988, 107–110; V. PRESS, Stadt- und Dorfgemeinden im territorialstaatlichen Gefüge des Spätmittelalters und der frühen Neuzeit, in: Blickle, Landgemeinde (wie Anm. 55), 425–454, hier 431, 441.

tralen Hauptorte gegeben, so in den fränkischen Mittelstädten Hammelburg oder Münnerstadt und in der oberösterreichischen Eisenstadt Steyr.

Wenn in der Forschung bisher oft von der Sonderrolle von Bischofsstädten die Rede war, so kann dies auf Unterschiede zwischen weltlichen und geistlichen Territorien hindeuten. Daß etwa den Domkapiteln zuweilen eine entscheidende Bedeutung zukam, wurde ja mehrfach deutlich: Der Gegensatz zwischen Landesherrn und Domkapitel im Fürstbistum Osnabrück erweiterte den Freiraum der Stadt Osnabrück, während im Gegensatz dazu das Bündnis dieser beiden Kräfte im Fürstbistum Paderborn den Übergang der Stadt Paderborn zur Reformation verhinderte. Nicht zuletzt war die längst der alten Kirche entfremdete Institution des Domkapitels in Magdeburg ein Bollwerk auch der Stadt Magdeburg gegen den Zugriff Brandenburgs bis 1680. Das Machtpotential der Domkapitel muß wegen seiner rechtlichen Verankerung in der Verfassung der geistlichen Fürstentümer besonders beachtet werden, allerdings konnten ähnliche Funktionen auch von starken Landständen, wie z. B. in Österreich, ausgefüllt werden. Gerade im Hinblick auf das beschriebene Verhältnis von „Hauptstadt" und Residenz in vielen geistlichen *und* weltlichen Territorien sollte man sich also vor einer einseitigen Konzentration auf die sog. Bischofsstädte hüten.

Bei der Betrachtung der städtischen Autonomie ist ein weiterer Gesichtspunkt von großer Bedeutung, der in der Forschung leicht übersehen wird: Autonomie kann sich nach innen, also auf die Gestaltung des städtischen Binnenraumes, richten, aber auch nach außen, auf die Teilhabe an der Politik im regionalen und überregionalen Rahmen. Forum der letzteren Richtung waren für die Landstädte überregionale Bündnisse – wie etwa die Hanse (der fast alle bedeutenden Städte Norddeutschlands angehörten) oder der Schmalkaldische Bund – und der Landtag des eigenen Fürstentums. In beiden Fällen war die Bedeutung der Städte schon seit dem Spätmittelalter allgemein im Abnehmen begriffen, und vielfach sind für das 14. und 15. Jahrhundert harte Auseinandersetzungen zwischen Fürsten und Städten bekannt, die zumeist zugunsten der Fürsten ausgingen. Doch auch wenn die innerstädtische Autonomie maßgeblich von der politischen Stellung gegenüber der Außenwelt abhing, so ging sie doch nicht darin auf. Es wäre daher falsch, die Landstädte nur unter dem Aspekt ihrer Funktion als Mitglieder in Städtebünden oder der Landtage zu betrachten. Insbesondere bei den Landtagen liegt der entscheidende Unterschied etwa zum Adel, mit dem sie häufig in einem Atemzug genannt werden, darin, daß das Interesse und damit die politische Option der Städte grundsätzlich zuerst auf den eigenen, städtischen Bereich bezogen war, das des landständischen Adels dagegen viel stärker auf die Teilhabe am Hof und an der Verwaltung des Fürstentums. Die geringe Bedeutung einer Stadt auf dem Landtag bedeutet daher nicht automatisch, daß sie als eigenständige oder intermediäre Gewalt⁵⁷ ohne Bedeutung gewesen sei. Ganz im Gegenteil: Gerade im Zuge der politischen Einbindung der Städte in den Territorialverband durch den Landesherren wurde ihre innere Eigenständigkeit zeitweise von manchen Fürsten gefördert; auch hier ist das fuldische Hammelburg ein gutes Beispiel.

Bedeutsam für die Eigenständigkeit der Städte waren im Rahmen des zunehmend wichtiger werdenden Territorialverbandes einerseits ihre wirtschaftliche Stärke und damit auch finanzielle Ergiebigkeit für den Landesherren, andererseits der Enwicklungsstand der Herrschafts- und Verwaltungsmittel des Fürsten. Entscheidend für eigenständige Landstadtreformationen war also nicht nur die Bedeutung der Stadt, sondern auch der Zustand des Territoriums. Die hier möglichen Unterschiede kommen etwa im Falle der Habsburger gut in den Blick: In den Vorlanden blieben die Städte letztlich alle beim alten Glauben. Gründe dafür waren vornehmlich die aus territorialpolitischer Konkurrenz erwachsenen kleinräumigen Strukturen, in denen die insgesamt dominierende Stellung des entschieden altkirchlichen Kaiserbruders und Landesherrn Ferdinand vor allem durch das ebenfalls konsequent beim alten Glauben verharrende Bayern und durch die zahlreichen Reichsklöster gestützt wurde.⁵⁸ Dagegen war die Landesherrschaft in den österreichischen Kernländern zwar rechtlich und administrativ besser organisiert, aber aufgrund des ausgebildeten Ständewesens und infolge der ständigen Türkengefahr in ihrer Wirkung wesentlich schwächer, von dem 1526 angefallenen Böhmen und seinen noch weniger integrierten Nebenländern ganz zu schweigen. Es nimmt daher nicht wunder, wenn in den Kurfürstentümern, denen man einen Vorsprung in der Ausbildung der Landesherrschaft bescheinigt, ebenso wie bei mittelgroßen Territorien mit „administrative(r) Effektivität"⁵⁹, eigenständige Landstadtreformationen kaum eine Rolle zu spielen scheinen; hier ist auch das eingangs genannte Beispiel Kitzingens einzuordnen, das als Pfandschaft in den Händen der Markgrafen von Brandenburg-Ansbach lag, die ihre Herrschaftspositionen gegenüber dem eigentlichen Stadtherren, dem Fürstbischof von Würzburg, besonders nachdrücklich durchsetzten. Die „administrative Effektivität" betrifft dabei vor allem das Verhältnis von Zentralbehörden und lokalen Instanzen, die zu Beginn der Neuzeit vielfach noch sehr eigenständig agierten und durchaus nicht immer als gefügige Werkzeuge des Landesherren anzusehen sind,

---

⁵⁷ Dazu grundlegend D. WILLOWEIT, Struktur und Funktion intermediärer Gewalten im Ancien Régime (mit Aussprache), in: Gesellschaftliche Strukturen als Verfassungsproblem. Intermediäre Gewalten, Assoziationen, Öffentliche Körperschaften im 18. und 19. Jahrhundert, 1978, 9–50.
⁵⁸ Österreichische Vorlande (V 266f.).
⁵⁹ PRESS, Stadt- und Dorfgemeinden (wie Anm. 56) 441.

wie dies etwa im Herzogtum Braunschweig-Wolfenbüttel[60] und generell in der Mehrzahl der geistlichen Territorien der Fall war. So wurde in den fränkischen Landstädten die Rekatholisierung im späten 16. Jahrhundert grundsätzlich durch den Austausch der Amtleute vorbereitet. In Bayern dagegen zeichnet sich schon im Spätmittelalter mit der Aufwertung der Rentmeister als herzoglicher Kontrollorgane eine viel stärkere Disziplinierung der Unterbehörden ab.[61]

Wenn also die Größe und Bedeutung einer Landstadt, der Entwicklungsstand des Territoriums und die Institutionalisierung der Reformation zusammenhängen, dann können aus der Untersuchung des Komplexes „Landstadt und Reformation" auch Rückschlüsse auf die Verfassung eines Territorialverbandes gezogen werden. Ein Beispiel dafür bietet wiederum Bayern, das von Beginn an mit harten Maßnahmen gegen die Ausbreitung der Reformation arbeitete und keine Institutionalisierung der neuen Lehre zuließ. Dennoch konnten die Herzöge die starke Ausbreitung der reformatorischen Lehre vor allem in den Städten nicht verhindern. Wichtige Zentren, in denen das Ziel der Institutionalisierung zeitweise zum Greifen nahe schien, waren z. B. Straubing und Wasserburg. Das vom Handel geprägte Straubing, das von 1353 bis 1425 als Residenz des „Straubinger Ländchens" von Ober- und Niederbayern getrennt war, gehörte bis 1535 zur Grundherrschaft des Augsburger Domkapitels und konnte in der Folgezeit die meisten Kapitelsgerechtigkeiten erwerben. Die seit den dreißiger Jahren eindeutig protestantische Kirchenpolitik des Rates beendete der Herzog 1561 durch einen massiven Eingriff, bei dem gleichzeitig die Protestanten unterdrückt und die eigenständige Ratswahl beschnitten, die kirchlichen Stiftungen herzoglicher Aufsicht unterstellt und die städtischen Einnahmen unter Kontrolle gestellt wurden; ab 1562 verließen insgesamt ca. 60 Exulanten die Stadt.[62] In minderem Ausmaß finden sich ähnliche Verhältnisse in der wirtschaftlich blühenden kleinen Mittelstadt Wasserburg, wo frühe Ansätze zur Reformation der Stadt 1523 bereits 1525/26 hart unterdrückt wurden, aber dennoch eine protestantische Prägung des Ortes ab den 1550er Jahren bis zur endgültigen Rekatholisierung 1570 erkennbar ist.

---

[60] H. SCHILLING, Die politische Elite nordwestdeutscher Städte in den religiösen Auseinandersetzungen des 16. Jahrhunderts, in: W. J. Mommsen, Hg., Stadtbürgertum und Adel in der Reformation, 1979, 235–308, hier 280.

[61] W. ZIEGLER, Studien zum Staatshaushalt Bayerns in der zweiten Hälfte des 15. Jahrhunderts, 1981, 50f., 53f.

[62] W. FRIEDRICH, Wirkungen der lutherischen Lehre in Stadt und Rentamt Straubing im 16. Jahrhundert. Versuch einer zusammenfassenden Darstellung, in: Jahresbericht des Historischen Vereins für Straubing und Umgebung 85 (1983) 221–332. Zur Reformation in Bayern grundlegend: W. ZIEGLER, Reformation und Gegenreformation 1517–1648. Altbayern, in: W. Brandmüller, Hg., Handbuch der bayerischen Kirchengeschichte II, 1993, 1–64, daneben Bayern (I 56–70).

Genau dieser Ort hatte seit 1447 zu Niederbayern gehört und blieb damit ebenso wie Straubing von der oberbayerischen Herrschaftsverdichtung des späten 15. Jahrhunderts[63] ausgenommen, geriet dann aber durch die gleichzeitig mit der Eingliederung nach Oberbayern erlassene Ratswahlordnung von 1507 unter einen besonderen herrschaftlichen Druck. Zweifellos spielte bei beiden Städten die Tatsache eine Rolle, daß sie wirtschaftlich florierende „Hauptstädte" an überregionalen Handelswegen waren. Daneben lassen sich aber auch die proreformatorische städtische Politik und die unterschiedliche herrschaftliche Durchdringung der beiden 1505 vereinigten Landesteile Ober- und Niederbayern in Verbindung bringen, ein Ansatz, der in anderem Bezug schon einmal vorgenommen wurde.[64]

Wie sehr eine Betrachtung von Herrschaftstrukturen für die Analyse des Reformationsprozesses fruchtbar gemacht werden kann, hat Heinz Schilling etwa am Beispiel der Stadt Lemgo in der Grafschaft Lippe aufgezeigt, freilich konzentriert auf den Folgeprozeß der Konfessionalisierung. In diesem Kontext wurde die These entwickelt, daß ein „Nachholbedarf" im Hinblick auf die herrschaftliche und administrative Durchdringung eines Fürstentums einen gewaltsamen Konfessionswechsel bzw. eine harte Konfessionalisierung im späten 16. Jahrhundert beförderte.[65] Dementsprechend kann die frühe und dauerhafte konfessionelle Festlegung eines weltlichen Territoriums (nicht des habsburgischen Kaisers) als Ausdruck einer relativ starken Landesherrschaft gedeutet werden, freilich nicht im Sinne eines modernen, einheitlichen „Flächenstaates", wie gerade das Beispiel Bayern lehrt, und nicht im Sinne einer determinierten Kausalbeziehung.

Diese zeitliche und sachliche Differenzierung ist zu verknüpfen mit einer weiteren Beobachtung: Die Reformation ist als Gesamtprozeß auf Reichsebene ein einheitlicher Vorgang, in dem Kaiser und Reichstage allgemeinverbindliche Normen entwickelten und rechtliche Fixierungen vornahmen, beginnend mit dem Wormser Edikt 1521 über zahlreiche, chronologisch genau bestimmbare Stationen bis hin zum Religionsfrieden 1555 und letztlich zum Westfälischen Frieden 1648. Demgegenüber kann von einem einheitlichen Gepräge der Verfassungsrealität im Reich

---

[63] Vgl. dazu Hinweise bei C. A. HOFFMANN, Die reformierte Ratswahlordnung für oberbayerische Städte und Märkte vom Anfang des 16. Jahrhunderts, in: E. Lukas-Götz / F. Kramer / J. Merz, Hg., Quellen zur Verfassungs-, Sozial- und Wirtschaftsgeschichte bayerischer Städte in Spätmittelalter und früher Neuzeit. Festgabe für Wilhelm Störmer zum 65. Geburtstag, 1993, 1–16.

[64] G. DIEPOLDER, Oberbayerische und niederbayerische Adelsherrschaften im wittelsbachischen Territorialstaat des 13.–15. Jahrhunderts, in: Zeitschrift für bayerische Landesgeschichte 25 (1962) 33–70.

[65] G. SCHMIDT, Die Zweite Reformation in den Reichsgrafschaften, Konfessionswechsel aus Glaubensüberzeugung und aus politischem Kalkül? in: M. Schaab, Hg., Territorialstaat und Calvinismus, 1993, 97–136, hier bes. 113.

überhaupt nicht die Rede sein. Dies betrifft zunächst die großen zeitlichen Verwerfungen beim Übergang „des traditionellen Denkbildes einer Landesherrschaft, die sich aus additiv erworbenen und entsprechend nachzuweisenden Einzelrechten zusammensetzte", zur „Vorstellung einer einheitlichen Landeshoheit",[66] wie sie in dieser begrifflichen Ausprägung erst im 18. Jahrhundert vollendet, in der Praxis aber bis zum Ende des Alten Reiches nicht vollständig verwirklicht wurde. In Bayern war die Herrschaft des Herzogs im 16. Jahrhundert insgesamt zweifellos viel stärker gefestigt, als dies die Herrschaft der Habsburger im benachbarten Österreich sein konnte. Die Kenntnis der Art und Weise, wie die Städte in unterschiedlichen Herrschaftszusammenhängen dem auf der Ebene des Reichsrechts und der Reichstage einheitlichen Reformationsprozeß begegneten, kann daher zum einen dazu beitragen, eine bessere Sicht dieser Herrschaftsverhältnisse zu gewinnen. Zum anderen wird die ungeheure Wucht deutlich, mit der die Reformation in ihrem zentralen Verlaufsteil auf die unübersehbare Vielfalt der Verfassung und Lebensverhältnisse in den verschiedenen Regionen des Reiches stieß, die Barrieren zwischen Nord und Süd, Stadt und Land überstieg und damit eine mächtige Schubkraft zur Angleichung dieser Differenzen entwickelte.[67] Der Erfolg der mächtigen Fürsten, die bis in die erste Hälfte des 16. Jahrhunderts eine starke Herrschaftsposition erreicht hatten, wurde mit dem Augsburger Reichsabschied von 1555 an andere, dazu aus eigener Kraft unfähige Herrschaftsträger weitergegeben: Ohne Änderung der Machtgrundlagen waren die Ansatzpunkte gegeben, durch neue, externe Rechtsschöpfungen das bisher regional geltende Recht zu transformieren, eine vereinheitlichende Tendenz, die gleichzeitig zur Fixierung der seit Jahrhunderten in vollem Fluß befindlichen Entwicklung der politischen Landkarte auf reichsständischer Ebene beitrug.

Gerade angesichts dessen mag sich der Eindruck verfestigen, daß eigenständige Landstadtreformationen von vornherein zum Scheitern verurteilt waren oder sich zumindest nicht auf Dauer behaupten ließen, da der landesherrliche Druck des die Stadt überflügelnden Fürstentums sich letztlich überall durchsetzte oder in wenigen Extremfällen zur späten Anerkennung als Reichsstadt führte (Hamburg, Bremen). Doch gilt es auch hier zu differenzieren: Zunächst war diese Entwicklung nicht unbedingt zwingend; viele Städte konnten sich auf dem Höhepunkt einer seit der Mitte des 15. Jahrhunderts einsetzenden wirtschaftlichen Blüte in einer starken Position gegenüber ihrem Landesherrn wähnen.

---

[66] SCHILLING, Stadt (wie Anm. 8) 43.
[67] V. PRESS, Die Territorialstruktur des Reiches und die Reformation, in: R. Postel / F. Kopitzsch, Hg., Reformation und Revolution, Festschrift für R. Wohlfeil, 1989, 239–268, hier 243f. Vgl. auch den Beitrag von G. SCHMIDT in diesem Band.

Erst mit dem im späten 16. Jahrhundert deutlich spürbaren Wirtschaftswandel, mit der Verlagerung der Handelszentren vom norditalienisch-süddeutschen Raum zum Nordwesten und den teilweise daraus resultierenden Wirtschaftskrisen, zu denen sich dann der Dreißigjährige Krieg als externer Faktor gesellte, war auch die politische Entwicklung unumkehrbar. Sowohl gewerblich orientierte Städte wie Steyr oder Joachimsthal als auch die am Handelsstrom der großen Reichsstädte partizipierenden fränkischen Mittelstädte und manche norddeutsche Stadt nahmen an diesem Prozeß teil. Anderseits konnten Städte wie Osnabrück und Minden, die sich nicht auf den Austrag von Verfassungsproblemen, sondern die Sicherung ihrer ökonomischen Grundlagen konzentrierten, vom Wirtschaftswandel profitieren und ihre innere Eigenständigkeit bis ins 18. Jahrhundert auch bei allgemein veränderten Bedingungen weitgehend aufrechterhalten.

Zur geographischen Verteilung autonomer Landstädte

Daß landstädtische Autonomie auch aus diesem Grund langfristig eher im Nordwesten als im Süden aufrechterhalten werden konnte, ist daher zu vermuten. Freilich darf dies nicht isoliert gesehen werden. Ein Blick auf die Landkarte zeigt, daß der geographischen Konzentration der Reichsstädte im Südwesten zu Beginn des 16. Jahrhunderts die Häufung von großen autonomen Landstädten im Südosten und Norden entspricht; bei ähnlichen Funktionen haben in ganz unterschiedlicher Entwicklung Königsferne oder übermäßige Königsnähe den Status einer Reichsstadt oft verhindert und damit die Auswirkungen des Wirtschaftswandels teilweise schon vorgeformt. Hinzu kommt ein Aspekt, der seit Franz Lau[68] vielfach die Diskussion auch um die Stadtreformation bestimmt hat: die Auswirkungen des sog. Bauernkrieges. Dieser ‚Aufstand des gemeinen Mannes' fand bekanntlich nur im Süden und der Mitte des Reiches statt.[69] Hier sei nur auf die Folgen für viele Mittel- und Kleinstädte eingegangen, die sich – freiwillig oder gezwungen – den Aufständischen angeschlossen hatten. Während die harten Strafaktionen des Würzburger Fürstbischofs gegenüber seinen Landstädten auf Dauer folgenlos blieben, führte das prinzipiell gleichartige Vorgehen des Mainzer Erzbischofs Albrecht von Brandenburg im Oberstift Aschaffenburg zu einem grundsätzlichen Verfassungswandel; die landständische Organisation der Städte wurde zerschlagen, ein früher Ansatz zur Institutionalisierung der neuen Lehre, etwa im wirtschaftlich blühenden Mil-

---

[68] F. LAU, Der Bauernkrieg und das angebliche Ende der Reformation als spontaner Volksbewegung, in: Lutherjahrbuch 26 (1959) 109–134.
[69] Vgl. H. BUSZELLO u. a., Hg., Der deutsche Bauernkrieg, 3. Aufl. 1995.

tenberg schon 1522, auf Dauer ausgeschaltet. Dieses Vorgehen entspricht wiederum der massiv verstärkten administrativen Durchdringung des Territoriums, die mit dem Regierungsantritt Albrechts 1515 eingesetzt hatte.[70] Ähnliche Beobachtungen liegen z. B. auch für das mittelrheinisch-hessische und das Henneberger Gebiet vor.[71] D. h. der Bauernkrieg hat in einer Reihe von Fürstentümern einen *zusätzlichen* kräftigen Schub in der herrschaftlichen Durchdringung bewirkt und war somit neben der Konzentration von Reichsstädten im Südwesten und neben wirtschaftlichen Entwicklungen ein wichtiger Faktor für die relative Armut an weitgehend autonomen Landstädten im Süden gegenüber dem Norden.

Zur Bedeutung der Reformation für die Landstädte

Doch wie sahen nun die Folgen der institutionalisierten Reformation für die Landstädte selbst aus? Daß generell die Autonomiebestrebungen gegenüber den Landesherren gefördert und der Verfügungsbereich der Ratsgremien ausgeweitet wurde, ist ein bereits bekanntes Ergebnis der auf den städtischen Binnenraum konzentrierten Forschung, auf dessen Einzelheiten hier nicht eingegangen werden muß. Wichtiger erscheint in diesem Zusammenhang, daß unterhalb der formal oft einheitlichen Ebene der Kirchenorganisation, wie sie im Norden etwa durch das Wirken Bugenhagens erreicht wurde, die inhaltliche und praktische Ausgestaltung der kirchlichen Verhältnisse in großer Vielfalt verwirklicht werden konnte, und dies um so eher, je kleiner die Stadt und damit mögliche Konfliktfelder waren. Im fuldischen Hammelburg etwa setzte sich ab 1567 eine gemäßigt philippistische Ausrichtung der lutherischen Lehre durch, die von der Konkordienformel nicht betroffen wurde. Hier wäre die Frage lohnend, wie sehr die Konfessionsbildung, also die Ausgestaltung von Theologie und Kirchenpraxis, für die Landstädte bereits vorgezeichnet oder ob nicht auch ein großer Freiraum für einen geistigen, religiösen und kulturellen Pluralismus gegeben war;[72] gerade in diesem Punkt wären Vergleiche mit den Reichsstädten besonders auf-

---

[70] Vgl. MERZ, Landstadt (wie Anm. 3).
[71] W.-H. STRUCK, Der Bauernkrieg am Mittelrhein und in Hessen. Darstellung und Quellen, 1975, bes. 83–98; G. WÖLFING, Ziele und Politik der hennebergischen Städte im Bauernkrieg, in: Schmalkalden und Thüringen in der deutschen Geschichte. Beiträge zur mittelalterlichen und neueren Geschichte, 1990, 36–50.
[72] Vgl. auch G. REINGRABNER, Zur Geschichte der flacianischen Bewegung im Lande unter der Enns, in: Jahrbuch für Landeskunde von Niederösterreich NF 54/55 (1990) 265–301.

schlußreich. Freilich waren die Landstädte von den großen protestantischen Hochschulen als Impulsgeber abhängig, doch mochten für Entscheidungen über die Fixierung der Lehre andere Kriterien eine Rolle spielen als in den Territorien.

Durch die Verinselung im Territorium mußte sich das Verhältnis zum näheren Umland ändern: einerseits im Zwang zu toleranten Verhaltensweisen im Alltag, andererseits in einer Umorientierung vor allem im geistigen Aktionsradius. Anstelle einer vielerorts greifbaren Einbindung ins Territorium und der Ausrichtung auf den landesherrlichen Hof wird also eine gegenläufige Erscheinung greifbar: Studium an entfernteren Universitäten, großflächiger Elitenaustausch infolge der Unmöglichkeit, das benötigte Potential an Akademikern in Verwaltung, Kirche und Schule selbst hervorzubringen, Teilhabe an überterritorialen Kommunikationsnetzen. Im Fall von Lemgo etwa konnte die städtische Führungsschicht nicht in gleichem Maße in die territoriale Beamtenschaft Lippes integriert werden, wie dies in der Kurpfalz der Fall war.[73] Auf der anderen Seite konnte dort, wo die Entscheidung für die eigene reformatorische Stadtkirche nicht auf Dauer haltbar war, eine besonders nachhaltige Störung der Stadtentwicklung eintreten, etwa durch die großen Exulantenströme aus den fränkischen Mittelstädten oder aus habsburgischen Städten. Freilich muß man sich auch hier vor einer Überbewertung dieser Folgen hüten, denn es gelang infolge des wirtschaftlichen Wandels an der Wende zum 17. Jahrhundert, in dem das territoriale Element aufgewertet wurde und die Residenz zum Mittelpunkt des Wirtschaftshandelns aufstieg, nur wenigen Städten, ihren urbanen Charakter durch besondere Funktionen aufrechtzuerhalten.[74] In jedem Fall wäre ein Vergleich des sozialen und geistigen Profils der Exulanten aus Steyr, Straubing und den fränkischen Städten nicht nur äußerst aufschlußreich, sondern aufgrund des Quellenmaterials auch gut durchführbar, während die Analyse der Bedeutung von Exulanten in ihren Zielorten größeren Problemen begegnen wird. Insbesondere fällt auf, wie sehr der Anteil der Exulanten an der Gesamtbevölkerung ihrer Heimatstädte übereinstimmte: In den sechs fränkischen Städten, aus denen umfassende zeitgenössische Exulantenlisten vorliegen, beträgt dieser Anteil ebenso wie im oberösterreichischen Steyr ca. 20 %, auch die soziale Schichtung ist durchaus vergleichbar, so daß sich hier eine überörtlich ausgerichtete Strukturanalyse geradezu aufdrängt.

---

[73] Vgl. V. PRESS, Stadt und territoriale Konfessionsbildung, in: F. Petri, Hg., Kirche und gesellschaftlicher Wandel in deutschen und niederländischen Städten der werdenden Neuzeit, 1980, 251–296.

[74] Dazu H. Th. GRÄF, The Impact of Territorial State Building on German Small Towns, c. 1500–1800, in: P. Clark, Hg., Towns and Networks in Early Modern Europe, 1990, 56–67.

Zur Bedeutung der Landstädte für die Reformation

Der angesprochene großflächige Elitenaustausch ist nicht nur für die Städte im Rahmen der allgemeinen Territorialisierungstendenz von Bedeutung, er mußte auch das Gesicht von Reformation und Konfessionsbildung selbst prägen. So kamen etwa zahlreiche protestantische Theologen und Politiker aus evangelischen Landstädten katholischer Gebiete in die führenden protestantischen Fürstentümer und brachten in ihre Tätigkeit den Erfahrungshorizont ihres Herkunftsortes ein. Die geistigen Eliten Bremens, Breslaus oder auch des kleinen Münnerstadt wirkten darüber hinaus durch die Teilhabe am großen protestantischen Kommunikationsnetz in vielfacher Weise auf die „siegreichen" evangelischen Gebiete ein; sichtbar wird dies z. B. an der Figur des aus Münnerstadt stammenden Zerbster Superintendenten Wolfgang Amling (im Amt 1578–1606), von dem ein Teil seines ausgedehnten Briefwechsels erhalten ist.[75] Man sollte daher auch die durch einen späteren Konfessionswechsel integrierten Städte gründlicher als bisher in den Blick nehmen, um die gegenseitigen Vernetzungen im Reformationsprozeß besser erkennen zu können; in diesem Zusammenhang erscheint eine stärkere Zusammenarbeit der deutschen und der österreichischen Reformationsforschung überfällig.

Die Frage, wie sehr der Erfolg der Reformation auf den Städten beruhte und ob ihre Führungsrolle in diesem Zusammenhang nur auf die 1520er Jahre beschränkt gewesen sei,[76] erhält eine andere Grundlage, wenn man nicht die Perspektive der Reichspolitik einnimmt, sondern einmal eine Karte mit der Verteilung aller städtischen Reformationen und der Datierung ihrer Einführung erstellt und in diese die wichtigsten Handelsrouten des 16. Jahrhunderts einzeichnet. Dies würde nicht nur den bereits allgemein festgestellten, aber oft nur innerstädtisch untersuchten Kommunikationsprozeß der Reformation verdeutlichen, sondern auch die Hierarchie des Geschehens. Neben das Diktum „ohne Stadt keine Reformation" könnte dann überspitzt die Formulierung treten: „ohne Nürnberg keine Reformation" oder auch: „ohne Kaufleute keine Reformation". Die Bedeutung der Reichsstadt Nürnberg liegt nicht in erster Linie darin, daß sie Modell oder Beispiel für die Annahme der Reformation gewesen ist, sondern darin, daß zwischen dieser (neben dem katholisch gebliebenen Köln) größten Stadt des Reiches und Wittenberg von Beginn an die engsten Kontakte herrschten und daß durch die Gewinnung Nürnbergs als Handels- und Kommunikationszentrum die schnelle Verbreitung der neuen Lehre massiv begünstigt wurde. Es ist also im Hinblick auf die hier interessierenden Landstädte zu fragen, welchen Platz sie im Kommunikationsprozeß der Re-

---

[75] MERZ, Landstadt (wie Anm. 3) 69–72.
[76] HAMM, Bürgertum (wie Anm. 2) 104–118.

formation eingenommen haben, inwiefern sie nur rezipierten und inwiefern sie selbst diesen Prozeß beförderten.[77]

Damit ist die Frage nach den Gemeinsamkeiten und Unterschieden zwischen den Städten angesprochen, die sich nur durch intensive Vergleiche zwischen Reichs- und Landstädten etwa in bezug auf die Größe, Wirtschaftskraft und Gesellschaftsformation beantworten läßt. Interessant wäre etwa die Gegenüberstellung von Magdeburg und Bautzen, die als Resultat unterschiedlicher Entwicklungen Restbestände altkirchlicher Institutionen in ihren Mauern hinnehmen mußten. Die Beobachtung, daß in kleineren Städten die Sakraltopographie zuweilen nur sehr schwach ausgeprägt war (so durchgehend in den fränkischen Mittelstädten), bedeutet nicht unbedingt, daß das verbreitete Phänomen des Antiklerikalismus wirkungslos geblieben wäre, läßt aber doch bezweifeln, ob dieser Antiklerikalismus wirklich in einem so großen Ausmaß ausschlaggebend für die Reformation war, wie dies zuweilen behauptet wird.[78] So schaffte der Rat im ca. 3000 Einwohner zählenden Hammelburg, wo es außer der Pfarrei und sieben Benefizien keine geistlichen Institutionen gab, bereits 1524 die Messe und die (Laien-)Bruderschaften ab; es erscheint wenig plausibel, daß diese Maßnahme durch die Präsenz von weniger als zehn Klerikern provoziert worden wäre.

Folgerungen für die Forschung

Die Ergebnisse dieses groben, unvollständigen Überblicks machen deutlich, daß die Reformation in den Landstädten gegenüber der in den Reichsstädten keine zu vernachlässigende Größe ist. Die Forschung hat sich bisher auf die ca. 70 Reichsstädte konzentriert, von denen etwa 50 dauerhaft zur Reformation übergegangen sind. Schon die vorliegende kursorische Sammlung aber läßt als Spitze eines Eisberges ca. 40 Groß- und Mittelstädte erkennen, wo ebenfalls in einem politischen Vorgang die Reformation eigenständig institutionalisiert wurde, in der Mehrzahl der Fälle nur für eine beschränkte Zeit, zuweilen aber auch dauerhaft und in durchaus verschiedenen Konstellationen: durch die späte Anerkennung als Reichsstadt (Bremen, Hamburg), durch die Sicherung der Augsburgischen Konfession inmitten eines katholischen Fürstentums im Westfälischen Frieden (Breslau, ähnlich Erfurt), durch das Nebeneinander zweier lutherischer Kirchenorganisationen (Minden) oder durch den vertraglich anerkannten Gegensatz einer lutherischen Stadt in ei-

---

[77] Vgl. zur großen Bedeutung der Kommunikationsstrukturen die lehrreiche Untersuchung von Götz-Rüdiger TEWES, Luthergegner der ersten Stunde. Motive und Verflechtungen, in: Quellen und Forschungen aus italienischen Archiven und Bibliotheken 75 (1995) 256–365.
[78] Dazu RÜTH (wie Anm. 1) 256f.

nem reformierten Fürstentum (Lemgo). Das Axiom, eine landsässige Stadt habe die Reformation nicht eigenständig annehmen können, erweist sich somit als unbegründet. Dies entspricht dem von Heinz Schilling vorgetragenen Befund, daß die „neuzeitliche Dichotomie von Reichs- und Territorialstädten", rechtlich fixiert im Augsburger Religionsfrieden von 1555, sich erst langsam im Verlauf des 16. und frühen 17. Jahrhunderts durchsetzte, die „frühmoderne Staatsbildung" ein langfristiger Prozeß war, bei dem der theoretische Anspruch auf Herrschaft und deren praktische Durchsetzung nur selten zusammenfielen: „Die Konzentration auf die Reichsstadt verstellt daher den Blick auf die Realität des deutschen Städtewesens zu Beginn der Neuzeit."[79] Der Blick muß sich also auf Reichsstädte *und* Landstädte richten, und es ist nicht nur nach der gelungenen, sondern auch nach der in vielfältigen Zusammenhängen verhinderten oder gescheiterten Reformation zu fragen.

Hinzu kommt: Landstädte sind nur ein Aspekt der Landstände, die stärker in die Reformationsforschung zu integrieren sind. Dies betrifft einerseits die schon übliche Betrachtung im Sinne der Dualismus- oder Kooperationsthesen,[80] die auf die Bedeutung der Landstände für die Herrschaftspolitik und das Land im Ganzen hinzielen; hier ist noch stärker nach dem Willensbildungsprozeß und nach politischen Differenzen innerhalb der Landstände zu fragen. Daneben gilt es in besonderem Maße, auch das Dreiecksverhältnis zwischen Fürst, intermediären Gewalten und Untertanen und damit die Frage nach der Durchschlagskraft der landesherrlichen Behörden gegenüber dem Eigenleben untergeordneter Herrschaftsträger zu behandeln.

Scheinbar unbeachtet ist bei den vorliegenden Ausführungen geblieben, daß die Reformation doch zutiefst ein religiöses Ereignis war, das individuelle Entscheidungen herausforderte, die jenseits von Determinismus und Pragmatismus lagen. Sowenig das hier bestritten werden soll, sosehr sollte die bei einer Gesamtansicht des Reformationsprozesses evidente Bedeutung von Herrschaftsstrukturen und verfassungspolitischen Entwicklungen und der Nutzen ihrer Verbindung mit der kirchen- und sozialhistorischen Forschung neu betont werden. Damit soll nicht einer einseitig strukturellen Betrachtungsweise das Wort geredet, sondern lediglich darauf aufmerksam gemacht werden, daß es grundlegende Strukturen und Abläufe gab, die bisher manchmal zuwenig beachtet wurden. Zur Beantwortung der zentralen Frage nach den Ursachen der Reformation werden diese Gesichtspunkte vielleicht weniger beitragen können, mehr jedenfalls zur vorrangigen Feststellung, wo und

---

[79] SCHILLING, Stadt (wie Anm. 8) 39.
[80] Dazu als neueres Beispiel: W. ZIEGLER, Hg., Der Bayerische Landtag vom Spätmittelalter bis zur Gegenwart. Probleme und Desiderate historischer Forschung, 1995.

wie die Reformation überhaupt stattfand. Schließlich soll auch nicht die große Bedeutung der konfessionellen Unterschiede, der Entscheidung für oder gegen die alte Kirche sowie deren Gründe und Folgen geleugnet werden, die jedoch einer Bestandsaufnahme wie dieser nachgeordnet werden müssen.[81]

Insgesamt bedeutet eine derartige Ausweitung des Fragenkreises auch eine Verlagerung der Forschung, weg vom Binnenraum der Stadt und hin zu den vielfältigen Formen der Vernetzung von Stadt und Land, von sozialen und herrschaftlichen Strukturen, von Kommunikation und Abgrenzung. Auf dem ersten Blick erscheint diese Vernetzung lediglich für die Landstädte von größerer Bedeutung zu sein, vielleicht kann von den hier gewonnenen Ergebnissen ausgehend aber auch das Geschehen in den Reichsstädten, deren Außenbeziehungen sich nicht allein auf Kaiser und Reich konzentrierten, künftig noch besser erfaßt und eingeordnet werden.

---

[81] Vgl. in diesem Zusammenhang auch die anregende Studie von P. BLICKLE, Reformation und kommunaler Geist. Die Antworten der Theologen auf den Verfassungswandel im Spätmittelalter, in: Historische Zeitschrift 261 (1995) 365–402.

DIE GENERATION DER LUTHERISCHEN LANDESVÄTER IM REICH

Bausteine zu einer Typologie des deutschen Reformationsfürsten

von Manfred Rudersdorf

Das Zeitalter der Reformation und der Konfessionalisierung hat unstrittig eine Reihe profilierter Führungsgestalten hervorgebracht, die als Strukturbegründer oder als Strukturerneuerer prägenden Einfluß auf die Neugestaltung von Staat, Kirche und frühneuzeitlicher Ständegesellschaft ausgeübt haben. Die epochale Gestaltwerdung des konfessionellen deutschen Landesfürstentums zwischen kirchlicher Bekenntnistreue und frühmoderner Staatsbildung war das Ergebnis eines Prozesses, der nicht nur das gesamte Reformationssäkulum umfaßte, sondern in seiner Konsequenz für die Erneuerung und die Verfestigung der Territorialverfassung des Alten Reiches weit darüber hinaus wies. Der ständisch verfaßte Fürstenstaat wurde so im Zeichen von Reformation und konfessionellem Dualismus zu einer dominierenden politischen Kraft, zu einem Wegbereiter und erfolgreichen Gestalter des frühmodernen Staates in Deutschland.[1]

Die deutsche Reformation – nur ein „urban event"?

Dabei hatte sich schon frühzeitig erwiesen, daß gerade die Fürstenobrigkeit, das Fürstenengagement und die landesherrliche Initiative für den Durchbruch der Reformation konstitutiv waren. So waren es denn auch vielerorts die Fürsten selbst, die das Ringen um kirchliche Erneuerung und religiöse Identität, um staatliche Konsolidierung und einheitli-

---

[1] Zur Diskussion über die Antriebskräfte und Strukturfaktoren bei der Herausbildung der frühmodernen Staatlichkeit vgl. E. W. BÖCKENFÖRDE, Die Entstehung des Staates als Vorgang der Säkularisation, in: Ders., Recht, Staat, Freiheit, 1991, 92–114; W. REINHARD, Das Wachstum der Staatsgewalt, in: Der Staat 31 (1992) 59–75; M. STOLLEIS, „Konfessionalisierung" oder „Säkularisierung" bei der Entstehung des frühmodernen Staates, in: Ius Commune 20 (1993) 1–23; DERS., Staat und Staatsräson in der frühen Neuzeit, 1990; V. PRESS, Kommunalismus oder Territorialismus? Bemerkungen zur Ausbildung des frühmodernen Staates in Mitteleuropa, in: H. Timmermann, Hg., Die Bildung des frühmodernen Staates – Stände und Konfessionen, 1989, 109–135; H. SCHILLING, Nationale Identität und Konfession in der europäischen Neuzeit, in: B. Giesen, Hg., Nationale und kulturelle Identität. Studien zur Entwicklung des kollektiven Bewußtseins in der Neuzeit, 2. Aufl. 1991, 192–252; G. SCHMIDT, Deutschland am Beginn der Neuzeit: Reichs-Staat und Kulturnation? in: Ch. Roll, Hg., Recht und Reich im Zeitalter der Reformation, Festschrift für H. Rabe, 1996, 1–30.

che Administration mit eigenen kräftigen Akzenten versahen und immer wieder von neuem beeinflußten und beförderten. Die enge, seit den Anfängen der Reformation sich deutlich herausbildende „Allianz zwischen Fürstentum und Konfessionskirche" (H. Schilling) war zugleich Ausdruck einer manifesten starken Position des Landesherrn in seinem Territorium, aber auch Bekräftigung des sich allmählich erneuernden Systems der Reichsverfassung im territorialisierten Heiligen Römischen Reich Deutscher Nation.[2] Ohne den entschiedenen Willen und den Reformimpuls der reformationsgeneigten Fürsten hätte die Verkündigung der neuen Lehre, hätte der organisatorische und der personelle Aufbau der neuen Landeskirchen kaum diese Breitenwirkung und Ausstrahlung erreicht, wäre eine dauerhafte, quantitativ und qualitativ raumgreifende konfessionelle Verwurzelung in den Köpfen der Menschen nicht möglich gewesen, wie sie letztlich nur ein Flächenstaat mit seinem Steuerungspotential der herrschaftlichen Durchdringung und Vereinheitlichung bieten und gewährleisten konnte.[3]

Dies schmälert freilich keineswegs den Rang, den die bisweilen beachtliche Schrittmacherfunktion der vielen großen und kleinen Stadtreformationen im Reich eingenommen hat, deren Erforschung zu Recht noch immer einen bemerkenswert breiten Raum im nationalen und internationalen Diskussionszusammenhang behauptet. Neben die traditionelle politik- und verfassungsgeschichtliche Sichtweise ist auf diese Weise pointiert die sozial- und gesellschaftsgeschichtliche sowie die theologie- und frömmigkeitsgeschichtliche Dimension des Reformations- und Konfessionalisierungsgeschehens in das Blickfeld des Interesses gerückt worden.[4] Mit anderen Worten: Neben die (phasenweise in

---

[2] SCHILLING, Nationale Identität und Konfession (wie Anm. 1) 235-237; H. DUCHHARDT, Deutsche Verfassungsgeschichte 1495-1806, 1991, 107-132; D. WILLOWEIT, Deutsche Verfassungsgeschichte, 2. Aufl. 1992, 92-144.

[3] Dazu: M. RUDERSDORF, Lutherische Erneuerung oder Zweite Reformation? Die Beispiele Württemberg und Hessen, in: H. Schilling, Hg., Die reformierte Konfessionalisierung in Deutschland - Das Problem der „Zweiten Reformation", 1986, 130-153; V. PRESS, Die Territorialstruktur des Reiches und die Reformation, in: R. Postel / F. Kopitzsch, Hg., Reformation und Revolution, Festschrift für R. Wohlfeil, 1989, 239-268.

[4] Zuletzt: B. HAMM, „Bürgertum und Glaube". Konturen der städtischen Reformation, 1996; H. MOLITOR / H. SMOLINSKY, Hg., Volksfrömmigkeit in der Frühen Neuzeit, 1994; H. R. GUGGISBERG / G. G. KRODEL, Hg., Die Reformation in Deutschland und Europa: Interpretationen und Debatten, 1993; H. SMOLINSKY, Stadt und Reformation. Neue Aspekte der reformationsgeschichtlichen Forschung, in: Trierer Theologische Zeitschrift 92 (1983), 32-44; G. MÜLLER, Reformation und Stadt. Zur Rezeption der evangelischen Verkündigung, 1981. – Ferner wichtig: G. SCHMIDT, Der Städtetag in der Reichsverfassung. Eine Untersuchung zur korporativen Politik der Freien und Reichsstädte in der ersten Hälfte des 16. Jahrhunderts, 1984, bes. 476-525; H. R. SCHMIDT, Reichsstädte, Reich und Reformation. Korporative Religionspolitik 1521-1529/30, 1986.

den Hintergrund gedrängte und zu Unrecht als einseitig herrschaftszentriert verpönte) klassische territoriale Fürstenreformation, etwa Kursachsens, Hessens, Anhalts oder Württembergs, trat das namentlich von Bernd Moeller profilierte und mit großem empirischen Erfolg angewandte Interpretationskonzept von „Reichsstadt und Reformation",[5] schließlich das von Peter Blickle entworfene Modell einer auf die schweizerisch-oberdeutschen Verhältnisse bezogenen bäuerlichen „Gemeindereformation",[6] in der die kommunalen Antriebskräfte und die lokalen lebensweltlichen Traditionen auf dem Land in dem säkularen Transformationsprozeß am Beginn der Neuzeit besonders herausgearbeitet werden.

Der auf diese Weise eingelöste Anspruch auf Methodenvielfalt einerseits sowie auf komparatistische Typologisierung andererseits hat die reformationsgeschichtliche Forschung in dem Spannungsfeld von Fürstenreformation, Stadtreformation und Gemeindereformation bis zuletzt produktiv befruchtet, hat sie für interdisziplinäre Fragestellungen, beispielsweise im Bereich der religiösen Volkskunde und der Mentalitätsgeschichte geöffnet, freilich aber nicht vor mancherlei Einseitigkeiten bei der Gewichtung und bei der Verallgemeinerung nur lokal oder regional bedeutsamer empirischer Einsichten bewahrt.[7] So wirkungsvoll bürgerliche Stadtreformation und bäuerliche Gemeindereformation mit ihrer zumeist doch eher begrenzten Ausstrahlung im lokalen oder regionalen Raum durchaus waren, so hieße es aber doch, die Bedeutung der Fürstenreformation für die Glaubensentscheidung im Reich in unangemessener Weise zu relativieren, würde man die deutsche Reformation im Sinne des vielzitierten Schlagwortes von A. G. Dickens allzu einseitig nur auf ein „urban event" reduzieren.[8] Im Gegenteil, die deutsche Reformation war zumindest genauso wirkungskräftig, wenn nicht gar in einem höheren Maße norm- und strukturbildend auch ein genuin territoriales Ereignis, eine Angelegenheit der großen und der kleinen Landes-

---

[5] B. MOELLER, Reichsstadt und Reformation, bearbeitete Neuausgabe 1987, bes. das Nachwort 69–97; K. V. GREYERZ, Stadt und Reformation: Stand und Aufgaben der Forschung, in: Archiv für Reformationsgeschichte 76 (1985) 6–63.
[6] P. BLICKLE, Gemeindereformation. Die Menschen des 16. Jahrhunderts auf dem Weg zum Heil, 1987; DERS. Die Reformation im Reich, 2. Aufl. 1992; Th. A. BRADY, Turning Swiss. Cities and Empire 1450–1550, 1985. – Vgl. dazu die Kritik: W. ZIEGLER, Reformation als Gemeindereformation? in: Archiv für Kulturgeschichte 72 (1990) 441–452; R. SCHLÖGL, Probleme der Gemeindereformation, in: Zeitschrift für historische Forschung 18 (1991) 345–349.
[7] Vgl. zur aktuellen Diskussion: P. BLICKLE, Neuorientierung der Reformationsforschung? in: Historische Zeitschrift 262 (1996) 481–491; B. HAMM u. a., Reformationstheorien. Ein kirchenhistorischer Disput über Einheit und Vielfalt der Reformation, 1995. – Ferner wichtig: H. A. OBERMAN, Stadtreformation und Fürstenreformation, in: L. W. Spitz, Hg., Humanismus und Reformation als kulturelle Kräfte in der deutschen Geschichte, 1981, 80–103.
[8] A. G. DICKENS, The German Reformation and Martin Luther, 1974.

fürstentümer im Alten Reich, deren Obrigkeiten es in der Hand hatten, die Weichen in die eine oder in die andere Richtung zu stellen und damit das konfessionelle Schicksal der Menschen in ihrem Land zu entscheiden. Das politische Kräftespiel, das das Überleben der neuen Konfession auf Dauer sicherstellte und gewährleistete, war ohne Zweifel angesiedelt auf der Ebene des frühneuzeitlichen deutschen Territorialstaates: Er war es, der letztlich den Gang der deutschen Reformation, ihre Durchsetzung und Verbreitung, aber auch ihre Grenzen und ihre Niederlagen in dem partikularen Gefüge des ständisch strukturierten Reiches festlegte und verantwortete, der sie mit seinen Mitteln und seinen Möglichkeiten nach außen wie nach innen zu verteidigen und zu behaupten suchte.[9]

Zur Rolle der Fürstenobrigkeit

Nimmt man dabei nun das strukturelle Bedingungsgefüge der territorialen Reformationsabläufe, ihre Vorgeschichte und ihre neuzeitliche Wirkungsgeschichte in den Blick, so kommt man kaum an der Feststellung vorbei, daß vor allem der Figur des fürstlichen Landesherrn als lenkende und ordnende Obrigkeit in der zentralen Glaubensfrage mit ihrem weichenstellenden Charakter ein entscheidendes Gewicht zufiel. Nicht nur die Institutionalisierung der neuen evangelischen Landeskirchen, sondern gerade auch die Präformierung der unterschiedlichen kulturellen und mentalitätsgeschichtlichen Traditionen, die sich innerhalb der deutschen Gesellschaft in der Frühneuzeit entlang den Konfessionsgrenzen herauszubilden begannen, ließe sich ohne den dominierenden Anteil des Fürsten, ohne seine höfischen und bürokratischen Steuerungsinstrumente nicht angemessen erklären.[10] Gegen den persönlichen Willen des Landesherrn war auf Dauer weder politisch noch konfessionell eine Alternative zu begründen, geschweige denn erfolgreich eine gegenläufige Option durchzusetzen. Die „Einheit und Geschlossenheit fürstlichen Handelns" (V. Press), die sich komplementär zum Vollzug des Konfessionalisierungsprozesses immer stärker herausgebildet hatte, vermochte im Innern der Territorien lange Zeit nahezu jede Gefahr ständischen Protests oder gar ständischer Opposition aufzufangen und im Sinne eines friedlichen Interessenausgleichs zwischen Herrschaft und Land pragmatisch zu kanalisieren. Nirgendwo haben die Landstände

---

[9] Dazu pointiert: PRESS, Territorialstruktur des Reiches (wie Anm. 3) 239–268. – Zu den spätmittelalterlichen Voraussetzungen komprimiert: E. SCHUBERT, Fürstliche Herrschaft und Territorium im späten Mittelalter, 1996.
[10] Generelle vergleichende Aspekte bei H. R. SCHMIDT, Konfessionalisierung im 16. Jahrhundert, 1992; H. SCHILLING, Aufbruch und Krise. Deutschland 1517–1648, 1988, bes. 194–214. – Nachweis am Beispiel des geteilten Hessen nach 1567: Hessen (IV 261–279).

mit Aussicht auf Erfolg und vor allem auf Dauerhaftigkeit in der Konfessionsfrage wirklich autonom handeln und entscheiden können – diese war vielmehr schon sehr frühzeitig seit den Anfängen der Reformation ein besonderes Privileg der Fürstenobrigkeit, ein überaus wichtiges und vornehmes dazu, da die Monopolisierung des Kirchenregiments in der Hand des Landesherrn zweifellos auch dem staatlichen Konzentrations- und Integrationsprozeß zugute kam und somit strukturell den etatistischen Grundzug der Fürstenreformation im Reich verstärkte.[11] Auch der dramatische Konflikt mit dem opponierenden evangelischen Adel in Bayern endete 1563 mit der Niederlage der Aufständischen und dem Sieg der Landesherrschaft, deren konsequente Katholisierungspolitik nun erst richtig an Dynamik sowie an Integrations- und Identifikationsdichte gewann.[12]

Eine solcherart herausgehobene, auch politisch profilierte Position des fürstlichen Landesherrn im territorialen Reformations- und Konfessionalisierungsgeschehen legt methodisch nahezu zwangsläufig eine eher herrschaftszentrierte, personenbezogene Sicht- und Deutungsweise nahe. Mit der Rolle des Fürsten als dem eigentlich wichtigsten Gravitationszentrum auf der Ebene von Hof, Regierung und Dynastie soll hier ganz bewußt die mehr personale Komponente im Zeichen des politischen und des kirchlichen Wandels betont werden, nicht aber einer undifferenzierten, engeführten Personalisierung der Geschichte, einer überzogenen und einseitigen historischen Individualisierung gar das Wort geredet werden. Vielmehr geht es um eine problemorientierte, in manchem notwendig zugespitzte Diskussion des klassischen Verhältnisses von „Persönlichkeit und Struktur" in der Geschichte, es geht um die Macht- und Kompetenzverdichtung, auch um die Gestaltungsfreiheit der einzelnen Herrschergestalt einerseits sowie um die allgemeinen politischen und gesellschaftlichen Rahmenbedingungen andererseits, die den Umfang und die Grenzen von strukturell bedingten Handlungsspielräumen aufzeigen und markieren.[13] Gelingt es dabei, die personenge-

---

[11] Zur Integration der Stände in den frühneuzeitlichen Fürstenstaat vgl. V. Press, Formen des Ständewesens in den deutschen Territorialstaaten des 16. und 17. Jahrhunderts, in: P. Baumgart, Hg., Ständetum und Staatsbildung in Brandenburg-Preussen, 1983, 280–318. – Siehe auch die abgewogen-kritische und weiterführende Debatte bei O. Mörke, Die politische Bedeutung des Konfessionellen im Deutschen Reich und in der Republik der Vereinigten Niederlande. Oder: War die Konfessionalisierung ein „Fundamentalvorgang"? in: R. G. Asch / H. Duchhardt, Hg., Der Absolutismus – ein Mythos? Strukturwandel monarchischer Herrschaft in West- und Mitteleuropa, 1996, 125–164.

[12] Bayern (I 62–65). – A. Kraus, Geschichte Bayerns, 2. Aufl. 1988, 211–221.

[13] Vgl. hierzu den wegweisenden Aufsatz von Th. Schieder, Strukturen und Persönlichkeiten in der Geschichte, in: Ders., Geschichte als Wissenschaft, 1965, 149–186; ebenso: M. Bosch, Hg., Persönlichkeit und Struktur in der Geschichte, 1977; G. Klingenstein u. a., Hg., Biographie und Geschichtswissen-

schichtlichen und die strukturgeschichtlichen Einsichten und Ergebnisse unter systematischen Fragestellungen sinnvoll miteinander zu verbinden, so vermag die vergleichende Erforschung der deutschen Reformations- und Konfessionalisierungsgeschichte mit ihrer notwendigen territorialen und regionalen Binnendifferenzierung davon deutlich zu profitieren und neue Perspektiven in eine alte und doch immer wieder neu belebte, weiterführende Diskussion einzubringen.[14] Für ein solches Konzept korrelierender methodischer Zugangsweisen und unterschiedlicher historischer Perspektiven läßt sich zweifellos exemplarisch das generative typologische Verhalten einer bestimmten Gruppe überaus erfolgreicher deutscher Territorialherren heranziehen, die als patriarchalische Landesväter in der Mitte des Jahrhunderts geradezu eine notwendige Scharnierfunktion in dem fließenden Übergang zwischen Reformation und Konfessionalisierung ausgeübt haben.

Die neuen Fürsten: Nur Epigonen oder doch gewissenhafte Baumeister?

Kaum einer der wichtigen Fürsten des 16. Jahrhunderts ist in der wissenschaftlichen Literatur wirklich vergessen worden, und dennoch gibt es in der Historiographie beträchtliche Lücken und methodische Disparitäten, die eine moderne synoptische Analyse über die Einzelperson des Fürsten hinaus, im Hinblick etwa auf die konkurrierenden territorialen Konfessionalisierungsprozesse im Reich, deutlich erschweren. Dabei mangelt es der neueren reformations- und konfessionalisierungsgeschichtlichen Forschung in Deutschland keineswegs an profilierten und problemorientierten personenbezogenen Darstellungen: Im Gegenteil, sie ist reich an illustrierten Lebensbildern, an Musterviten und großen Individualbiographien ihrer führenden Hauptakteure, auch an vielen kleinen Portraits der nachgeordneten mindermächtigen Figuren aus der zweiten Reihe, dagegen aber noch immer defizitär an vergleichenden sozialgeschichtlichen Strukturanalysen der kollektiven ständischen Führungs- und Trägergruppen, der adeligen ebenso wie der bürgerlichen und der bäuerlichen, die in den Territorien des Reiches auf unterschied-

---

schaft, 1979; A. GESTRICH u. a., Hg., Biographie – sozialgeschichtlich, 1988; M. HARSCHEIDT, Biographieforschung: Werden und Wandel einer komplexen Methode, in: Historical Social Research 14/4 (1989) 99–142.

[14] Dies entspricht dem Konzept der hier bilanzierten Territorienhefte in der KLK-Reihe. – Siehe ebenso die vergleichenden Beiträge von: H. J. COHN, The Territorial Princes in Germany's Second Reformation, 1559–1622, in: M. Prestwich, Ed., International Calvinism 1541–1715, 1985, 135–165; M. SCHAAB, Hg., Territorialstaat und Calvinismus, 1993; H. SCHILLING, Die Konfessionalisierung im Reich. Religiöser und gesellschaftlicher Wandel in Deutschland zwischen 1555 und 1620, in: Historische Zeitschrift 246 (1988) 1–45; SCHMIDT, Konfessionalisierung (wie Anm. 10) 5–54.

liche Weise und von unterschiedlichen Positionen her das Reformationsgeschehen beeinflußten und mitprägten.¹⁵

Nicht ohne Grund hat Bernd Moeller 1977 in seiner vielzitierten Reformationsgeschichte Deutschlands pointiert hervorgehoben, daß mit dem auffälligen Generationenwechsel in der Mitte des Jahrhunderts das Zeitalter „großer Männer", das Zeitalter der Theologen, der einflußreichen Politiker und Staatsmänner, als das sich die erste Hälfte des 16. Jahrhunderts in Deutschland darstellte, zu Ende gegangen sei.¹⁶ Gemeint sind in diesem Zusammenhang vor allem Martin Luther, Philipp Melanchthon und Martin Bucer, Kaiser Karl V., Ferdinand von Österreich, Moritz von Sachsen und Philipp von Hessen, aber auch ein so prominenter Mann der Wirtschaft und des Handels, wie der finanzstarke Unternehmer und Mäzen Anton Fugger in Augsburg. Ihre Ausnahmestellung war schon unter den Zeitgenossen weitgehend unstrittig: Freilich war dies auch eine Zeit des rasanten gesellschaftlichen Umbruchs und des ungewissen sozialen Wandels, der nicht nur als Bedrohung und Herausforderung, sondern auch als Chance der Entfaltung und des persönlichen Aufstiegs, als grundsätzliche Neuorientierung oder als Instrument der Statusverbesserung empfunden wurde. Der Glanz, der von den großen Weichenstellern der Reformationszeit ausging, warf zweifellos einen langen übermächtigen Schatten auf das Profil der nachrückenden politischen Führungsgeneration, die zwar prinzipiell in der Kontinuität zu ihren „Vätern" stand, aber dennoch ihre öffentliche Existenz in einem System veränderter Spielregeln und Normen neu einrichten und neu legitimieren mußte.¹⁷ Insofern ist die zweite, weitaus interessantere Schlußfolgerung Moellers im folgenden nun näher in den Blick zu nehmen und zu prüfen, die These nämlich, daß auf die Ära der tatkräftigen Gründer und Reformer die wenig rühmliche, ja vielgescholtene Herrschaft der sogenannten Epigonen folgte, die Zeit jener bläßlichen Fürstengeneration also, die Deutschland

---

¹⁵ Vgl. den instruktiven Überblick bei V. Press, Adel, Reich und Reformation, in: W. J. Mommsen, Hg., Stadtbürgertum und Adel in der Reformation, 1979, 330-383; Ders., Stadt und territoriale Konfessionsbildung, in: F. Petri, Hg., Kirche und gesellschaftlicher Wandel in deutschen und niederländischen Städten der werdenden Neuzeit, 1980, 251-296; ders., Kriege und Krisen. Deutschland 1600-1715, 1991, bes. 51-80; Schilling, Aufbruch und Krise (wie Anm. 10) 313-370.

¹⁶ So zutreffend B. Moeller, Deutschland im Zeitalter der Reformation, 1977, 172 (inzwischen mehrere Auflagen!).

¹⁷ Hierfür ist der Vergleich der Regierungssysteme im geteilten Hessen nach dem Tod Philipps des Großmütigen aufschlußreich: M. Rudersdorf, Ludwig IV. Landgraf von Hessen-Marburg 1537-1604. Landesteilung und Luthertum in Hessen, 1991, bes. 129-249. - Ein weiteres profiliertes Beispiel aus dem Südwesten des Reiches: H.-M. Maurer, Herzog Christoph (1550-1568), in: R. Uhland, Hg., 900 Jahre Haus Württemberg, 3. Aufl. 1985, 136-162.

schon bald in einen Zustand des Stillstands und der Stagnation, ja der „Provinzialität" zurücksinken ließ – geprägt von introvertierter Streitsucht und politischer Apathie der handelnden Akteure, von Theologengezänk und konfessionellem Antagonismus, und zwar nicht nur von den Kanzeln und Kathedern herab, sondern unverdrossen auch auf der Ebene der Regierungen und der mächtigen Fürstenkanzleien im Reich.[18]

Fragt man nach der Leistungsbilanz, nach dem Positionsgewinn, vor allem aber nach dem Erscheinungsbild des neuen evangelischen Fürstenstandes im Reich der Reformation insgesamt, so stellt sich in der Tat sehr rasch das Problem, differenziert mit einem tradierten, mit einem fast schon eingespielten Muster relativ pauschaler Zuordnung und Typenbildung umgehen zu müssen. Auf der einen Seite stehen da die älteren „Gestalter" der unmittelbaren Erlebnis- und Bekenntnisgeneration aus der Anfangszeit der Reformation (Kursachsen, Hessen, Anhalt, Braunschweig-Lüneburg, Brandenburg-Ansbach, danach Württemberg); dazwischen die Gruppe der zwar prinzipiell reformationsgeneigten, aber noch unentschlossenen und vorsichtig zwischen den eigenen Territorial- und den Reichsinteressen lavierenden Standesvertreter (so etwa Kurbrandenburg und die Kurpfalz); auf der anderen Seite schließlich die steigende Zahl der bereits bessergestellten saturierten „Verwalter" der heranwachsenden patriarchalischen Landesvätergeneration, die dabei war, Schritt für Schritt die Verwerfungen und die Brüche der Reformationszeit zu überwinden und nach einem neuen gefestigteren Rollenverständnis in Staat und Gesellschaft, aber auch im ständischen Gefüge des Territorial- und des Reichsverbandes zu suchen.[19]

Je tiefgreifender und je schneller dabei der Formierungsprozeß der Reformation und der Konfessionalisierung in den Territorien vorangeschritten war, um so mehr überlagerten und verschränkten sich alsbald

---

[18] Vgl. MOELLER, Zeitalter der Reformation (wie Anm. 16) 172-184; W. SCHULZE, Deutsche Geschichte im 16. Jahrhundert, 1987, 253-264; H. RABE, Reich und Glaubensspaltung. Deutschland 1500-1600, 1989, 304-349; H. KLUETING, Das konfessionelle Zeitalter 1525-1648, 1989, 300-321.

[19] Eine Fülle weiterführender, überzeugender Argumente zur Typologisierung der deutschen Reichsfürsten im 16. und 17. Jahrhundert findet sich bei E. WOLGAST, Formen landesfürstlicher Reformation in Deutschland. Kursachsen – Württemberg/Brandenburg – Kurpfalz, in: L. Grane / K. Horby, Hg., Die dänische Reformation vor ihrem internationalen Hintergrund, 1990, 57-90; W. ZIEGLER, Territorium und Reformation, in: Historisches Jahrbuch 110 (1990) 52-75; H. WOLTER S. J., Die Haltung deutscher Laienfürsten zur frühen Reformation, in: Archiv für mittelrheinische Kirchengeschichte 24 (1972) 83-105; A. P. LUTTENBERGER, Glaubenseinheit und Reichsfriede. Konzeptionen und Wege konfessionsneutraler Reichspolitik 1530-1552 (Kurpfalz, Jülich, Kurbrandenburg), 1982. – Vgl. auch zur Situation der deutschen Fürsten und ihrer Kirchenpolitik vor 1517: M. SCHULZE, Fürsten und Reformation. Geistliche Reformpolitik weltlicher Fürsten vor der Reformation, 1991.

die Elemente der Bewahrung und der Kontinuität, die zum Teil in ganz unterschiedlicher Weise auf das Fürstenengagement einwirkten und das Regentenprofil der Zeit bestimmten. Abgesehen nämlich von den üblichen – eher familiären – Manifestationen dynastischer Standessolidarität unter den großen Fürstenhöfen im Reich, ließ gerade das politische Profil der Reformationsfürsten zunächst nur teilweise ein einheitliches Muster an identischen Attributen erkennen.[20] Persönliche Befindlichkeiten, landesherrliche Autorität, territoriale Infrastruktur und fortschreitende Verwaltungsrationalität, Engagement für Kirche und Bekenntnis, Loyalität zu Kaiser und Reich sowie überhaupt das generelle Interesse, sich reichspolitisch erkennbar in Szene zu setzen und sich zu profilieren, waren unterschiedlich ausgeprägt und territorial verschieden konditioniert. Selbst im Schmalkaldischen Bund gab es an der Spitze offensive politische Strategen wie Philipp von Hessen[21] und eher defensive Naturen wie den sächsischen Kurfürsten Johann Friedrich[22], aber es gab auch Abenteurer und ungehemmte Spieler, die ihren Preis teuer bezahlen mußten, wie Herzog Ulrich von Württemberg[23] oder später Markgraf Albrecht Alcibiades[24] in Franken.

Erst der Generationenwechsel um die Jahrhundertmitte, der weit überwiegend im Zeichen dynastischer, konflikterprobter Kontinuität und konfessioneller Identitätsfindung, aber auch im Zeichen des Wandels der reichspolitischen und der reichsrechtlichen Rahmenbedingungen und neuer Konstellationen verlief, ließ die Gemeinsamkeiten und die Unterschiede, den Entwicklungsvorsprung und den Rückstand unter den großen und den kleineren Reichsterritorien deutlicher als zuvor her-

---

[20] Dies stimmt im Kern mit dem Befund für die Typologisierung des Herrscherbildes im 17. Jahrhundert überein, in dem festgestellt wird, daß ein konfessionsspezifisches protestantisches Herrscherbild nur mit vielen Fragezeichen konstruiert werden kann, da Topik und Zwänge des frühmodernen Territorialstaates gleichermaßen konfessionsneutral waren. Vgl. dazu programmatisch: S. SKALWEIT, Das Herrscherbild des 17. Jahrhunderts, in: Historische Zeitschrift 184 (1957) 65–80; H. DUCHHARDT, Das protestantische Herrscherbild des 17. Jahrhunderts, in: K. Repgen, Hg., Das Herrscherbild im 17. Jahrhundert, 1991, 26–42; V. PRESS, Der Typ des absolutistischen Fürsten in Süddeutschland, in: G. Vogler, Hg., Europäische Herrscher. Ihre Rolle bei der Gestaltung von Politik und Gesellschaft vom 16. bis zum 18. Jahrhundert, 1988, 123–141; R. STRAUBEL / U. WEISS, Hg., Kaiser, König, Kardinal. Deutsche Fürsten 1500–1800, 1991.

[21] Hessen (IV 261–273).

[22] Ernestin. Sachsen (IV 11–19).

[23] Württemberg (V 170–178). – Vgl. dazu demnächst: F. BRENDLE, Dynastie und Reformation. Die württembergischen Herzöge Ulrich und Christoph zwischen Habsburg, Frankreich und dem Reichsfürstenstand (1515–1550), Diss. phil., Tübingen 1997.

[24] Brandenburg-Ansbach und Brandenburg-Kulmbach/Bayreuth (I 19–21).

vortreten.²⁵ Die neue Fürstengeneration im Reich, die unmittelbar vor oder nach dem Augsburger Religionsfrieden an die Schalthebel der Macht gelangte, war angesichts der notwendig gewordenen Konsolidierungsleistung, die von ihr erwartet wurde, und angesichts des natürlichen Konkurrenzdruckes untereinander zwar um ein einheitliches Regierungsprofil bemüht, aber dennoch mischten sich auch weiterhin in der Fürstenpolitik gleichermaßen konservative wie reformerische, moderne wie traditionale Impulse. Das Ringen um den besseren Weg, um die geeigneteren Instrumente zur Ausgestaltung der Innenarchitektur des frühmodernen Staates in Deutschland hielt also an und gewann erst jetzt – unter der schützenden Protektion der patriarchalischen Landesväter – an forciertem Tempo und an klarer Kontur.

Bedingungsfaktoren der patriarchalischen Regierungsweise im Reich

„Bewahrung" und „Erneuerung", „Wandel" und „Status-quo-Denken" waren denn auch in der Folgezeit die prägenden Grundkonstanten, die den Handlungsrahmen für die Formation jener konfessionellen kaisertreuen Reichsfürsten nach 1555 bildeten, die in der Literatur oft genug wenig schmeichelhaft als langweilige und unzuverlässige, als politisch blasse und zaudernde Nachhut einer in vieler Hinsicht glanzvolleren Vorzeit, nämlich der bewegten ersten Hälfte des Jahrhunderts, abgewertet wurde, in der angeblich alles wesentliche zum Strukturneubau von Staat und Kirche bereits vorentschieden oder geschehen war. Zu diesen Fürsten, von deren Profil und deren Bilanz im folgenden die Rede ist, ohne daß ihre Namen ständig genannt werden, gehörten prototypisch die lutherischen Vormänner im Reich, die Kurfürsten und Fürsten *August von Sachsen,*²⁶ *Johann Georg von Brandenburg,*²⁷ *Christoph von Württemberg,*²⁸ *Julius von Braunschweig-Wolfenbüttel,*²⁹ *Georg Friedrich von Ansbach/Bayreuth,*³⁰ *die hessischen Landgrafen Wilhelm IV. in Kassel und Ludwig IV. in Marburg.*³¹ Dazu gehörte aber auch im Geiste überkonfessioneller dynastischer Standessolidarität eine Reihe altgläubiger Fürsten

---

²⁵ Vgl. zu diesem Kontext: SCHULZE, Deutsche Geschichte im 16. Jahrhundert (wie Anm. 18) 204–226; G. SCHMIDT, Die politische Bedeutung der kleineren Reichsstände im 16. Jahrhundert, in: Jahrbuch für Geschichte des Feudalismus 12 (1988) 185–206; A. P. LUTTENBERGER, Kurfürsten, Kaiser und Reich. Politische Führung und Friedenssicherung unter Ferdinand I. und Maximilian II., 1994.
²⁶ Albertin. Sachsen (II 23–26).
²⁷ Kurbrandenburg (II 47–50).
²⁸ Württemberg (V 178–182).
²⁹ Braunschweig-Lüneburg (III 30–36).
³⁰ Brandenburg-Ansbach und Brandenburg-Kulmbach/Bayreuth (I 22–27).
³¹ Hessen (IV 273–279).

wie etwa der bayerische Herzog *Albrecht V. in München*[32] oder Erzherzog *Ferdinand von Tirol.*[33]

Anders als den Vorgängern stellte sich dieser neuen jüngeren Fürstengeneration im Reich nahezu gleichförmig die Aufgabe, sogar mit Priorität, den Schutz und die Sicherheit ihrer neu arrondierten territorialen Existenz zu gewährleisten – im Innern durch die Symbiose von frühmoderner Staatlichkeit und geschlossener Konfessionalität, nach außen durch eine kompromißgeprägte Politik der Status-quo-Sicherung im Reich, auf der Grundlage des Normensystems der Reichsverfassung und im weitgehenden Konsens mit dem Kaiser.[34] Eine überragende, auch Konflikte mit dem Reichsoberhaupt durchstehende Führungsgestalt, wie dies zuvor Philipp von Hessen[35] oder Moritz von Sachsen[36] gewesen waren, gab es im deutschen Fürstenstand in der Friedenszeit nach 1555 nicht, wohl aber profilierte, überaus tüchtige Landesinnenpolitiker, wie August von Sachsen oder Christoph von Württemberg, die aufgrund ihrer großen Erfolge und ihrer Anerkennung im Reich durchaus eine dominierende meinungsbildende Vorreiterrolle unter ihresgleichen spielten und modellhaft die Standards setzten, an denen sich andere Fürstenstaaten orientierten.

Es waren in ihrer großen Mehrzahl also keineswegs die vormals von der kleindeutsch-nationalstaatlichen Geschichtsschreibung im Stile eines Heinrich von Treitschke mit provozierendem Ingrimm gegeißelten „lutherischen Sauf- und Betfürsten", die hier uninteressiert und gelangweilt am Werke waren, wiewohl es unter ihnen – dem Stilempfinden der Zeit entsprechend – Genießer, leidenschaftliche Spieler und unersättliche Jäger gab. Auch darf nicht die scheinbare Ruhe und die auf Ausgleich bedachte Politik der lutherischen Fürsten als Ausdruck einer schwachen Position, als besonderes Zeichen der Unsicherheit und der Uneinigkeit mißgedeutet werden.[37] Das fehlende reichs- und außenpolitische Enga-

---

[32] Bayern (I 62–65).
[33] Tirol (I 87–101).
[34] M. RUDERSDORF, Maximilian II. (1564–1576), in: A. Schindling / W. Ziegler, Hg., Die Kaiser der Neuzeit 1519–1918, 1990, 79–97; DERS., Lutherische Erneuerung (wie Anm. 3) 130–153.
[35] Zuletzt mit neuen Aspekten: G. HAUG-MORITZ, Reich und Konfessionsdissens im Reformationszeitalter. Überlegungen zur Reichskonfessionspolitik Landgraf Philipps des Großmütigen von Hessen, in: Hessisches Jahrbuch für Landesgeschichte 46 (1996) 137–159.
[36] Zu den erbverbrüderten evangelischen Nachbarn vgl. insbesondere G. WARTENBERG, Kurfürst Moritz von Sachsen und die Landgrafschaft Hessen, in: Jahrbuch der hessischen kirchengeschichtlichen Vereinigung 34 (1983) 1–15.
[37] Diese Sicht ist in der älteren reichsgeschichtlichen Historiographie mit Vorzug gepflegt worden: M. RITTER, Deutsche Geschichte im Zeitalter der Gegenreformation und des Dreißigjährigen Krieges (1555–1648), Bd. 1, 1889, ND 1974,

gement als weitgehende Folge des innenpolitischen Konzentrations- und Verdichtungsprozesses entsprach im wesentlichen ganz dem konservativen risikoscheuen Naturell der regierenden Landesväter, die im Schlagschatten der Reformation mehr auf Absicherung ihrer Autonomie und ihres Herrschaftsbereiches denn auf Machtexpansion oder gar Konfliktaustrag aus waren.

War also die Gruppe dieser Landesherren in ihrem Handeln wirklich so kraftlos, politisch so phantasielos, in ihrem Horizont so ungleich beschränkter als die prominente Fürstengeneration vor ihnen, die im Zeichen der säkularen Auseinandersetzung mit dem Reichsoberhaupt mit demonstrativer Härte die altehrwürdige Fürstenlibertät verteidigte, damit ihre reichsständische Position behauptete und zugleich den notwendigen Freiraum für die autonome Ausgestaltung ihrer Territorien erkämpfte? All dies war angesichts der lange offenen konfessionellen Konfliktlage im Reich, angesichts der bewaffneten Konfrontation mit dem Kaiser um die Anerkennung der neuen Religion politisch keinesfalls gering zu veranschlagen, sondern im Gegenteil ein komplizierter und schwieriger, ein für die Etablierung des frühmodernen Fürstenstaates im dualen Reichssystem am Ende doch erfolgreicher und zukunftsweisender Weg. In der Auseinandersetzung zwischen dem universal-denkenden habsburgischen Kaiser Karl V. und den deutschen Reichsständen waren damit zugleich die strukturellen Weichenstellungen eingeleitet worden, die der nachrückenden zweiten Regentengeneration der Reformationsfürsten im Reich bereits frühzeitig das Ziel und die Richtung einer erneuerten, im ganzen relativ einheitlichen Fürstenpolitik in Staat und Kirche vorgaben, die auf *Perpetuierung* und *Besitzstandswahrung*, aber auch auf *Konsolidierung* und auf frühe effiziente Ansätze der *Herrschaftsrationalisierung* angelegt war. So hing das eine, die Dynamik des Umbruchs, auf das engste mit dem anderen, der konsequenten Statik- und Statussicherung im Territorium, zusammen. An die Stelle der frühen kampferprobten Protagonisten des Wandels und der Konfrontation traten nunmehr die kompromißgeneigten Kräfte der Beharrung und behutsamen Erneuerung, die sich ganz im Rahmen der normierten Spielregeln der Reichsverfassung bewegten. Nicht mehr Philipp von Hessen, Moritz von Sachsen oder Ulrich von Württemberg, sondern ihre Nachfolger in Kassel, Marburg, Dresden, Stuttgart und anderswo waren es, die der neuen Zeit im Zeichen des relativen Reichsfriedens dynastisch, politisch und konfessionell ihren Stempel aufdrückten.[38]

263–312; F. HARTUNG, Deutsche Geschichte von 1519 bis 1648, 1971, 80–89. – Typologisch einordnend: PRESS, Typ des absolutistischen Fürsten (wie Anm. 20) 123–126.

[38] Vgl. zum Gesamtzusammenhang der „Scharnierphase" um 1555: WILLOWEIT, Verfassungsgeschichte (wie Anm. 2) 121–135; ZIEGLER, Territorium und Reformation (wie Anm. 19) 59–65; SCHILLING, Konfessionalisierung im Reich (wie Anm. 14) 7–19; MÖRKE, Bedeutung des Konfessionellen (wie Anm. 11)

Nach 1555: "Verstetigung" als politisches Handlungsprinzip

Zum entscheidenden Charakteristikum der Politik dieser Fürstengeneration nach 1555 wurde somit also der Wille, mit entschiedener, teilweise sogar mit programmatischer Konsequenz eine *Verstetigung* des Erreichten, nämlich die Vollendung des reformatorischen Anspruchs, die Behauptung und die Anerkennung der neuen Religion, durchzusetzen sowie die Institutionalisierung des noch immer unfertigen, teilweise gefährdeten und keineswegs überall geschlossenen Konfessionsstaates auf Dauer zu sichern. Das privilegierte albertinische Kursachsen etwa wollte im Streit mit den unterlegenen Ernestinern auf jeden Fall eine Revision der Entscheidungen von 1547 verhindern; die württembergische Politik stand seit 1534 unter dem Diktat der österreichischen Afterlehensschaft; in Hessen zeichnete sich aufgrund der Sukzessionsprobleme die Teilung des einheitlichen, gefestigten Territorialstaates ab; andere Fürstenstaaten, Kurpfalz, Kurbrandenburg und Braunschweig-Wolfenbüttel, waren schon weit auf dem Weg zur Reformation vorangeschritten, wieder andere, wie etwa Mecklenburg, hatten das evangelische Bekenntnis gerade angenommen.[39] Die partielle Offenheit und Unentschiedenheit der konfessionellen Situation an vielen Höfen des Reichs, die mancherorts noch zusätzlich verstärkt wurde durch die Ungewißheit dynastischer und innerterritorialer Probleme, stellte vor allem die Fürsten schon bald vehement unter den Zwang des Handelns, im Sinne der politischen Konkurrenzfähigkeit für Geschlossenheit und Eindeutigkeit in ihren Ländern zu sorgen.

Auf diese Weise wurde die vielfach unspektakuläre, aber um so wirksamere Linie der *Verstetigung* des Erreichten im normalen Alltag des Regierens zu einem wichtigen und nicht zu unterschätzenden Handlungsprinzip einer weithin friedens- und konsensbereiten Fürstengeneration, die im Stil der patriarchalischen Politikgestaltung entscheidende Schritte zur konfessionellen und damit auch zu einer mentalen *Traditions- und Identitätsbildung* im regionalen Raum ihrer Landesherrschaft unternommen hat. Die Herausbildung eines erneuerten konfessionellen Identifikationsbewußtseins kam dabei dem politischen Integrationsbedürfnis der Fürstenobrigkeit in besonderer Weise zugute und trug maßgeblich zu der angestrebten Kohärenz von Dynastie, Territorium und

---

130–134, 146–164; H. NEUHAUS, Von Karl V. zu Ferdinand I. – Herrschaftsübergang im Heiligen Römischen Reich 1555–1558, in: Roll, Recht und Reich (wie Anm. 1) 417–440.

[39] Dazu vor allem: RUDERSDORF, Lutherische Erneuerung (wie Anm. 3) 130–153; ZIEGLER, Territorium und Reformation (wie Anm. 19) 54–67; WOLGAST, Formen landesfürstlicher Reformation (wie Anm. 19) 65–87; DERS., Die Reformation in Mecklenburg, 1995; MÖRKE, Bedeutung des Konfessionellen (wie Anm. 11) 125–164.

Konfession in den deutschen Landesstaaten bei – ein Grundzug des konfessionellen Zeitalters übrigens, der nahezu alle Territorien des Reiches, katholische ebenso wie die neugläubigen evangelischen erfaßte.[40]

Extensiv möglich freilich – und dies ist das eigentlich Entscheidende – wurde diese Qualität der Konsolidierungspolitik erst im Schutze der reichsrechtlichen Legalität und juristischen Bindekraft der Augsburger Friedensordnungen, nicht zufällig zu einem Zeitpunkt also, in dem die letzten Barrieren wegfielen, die bislang dem entschlossenen Zugriff der lutherischen und der reformationsgeneigten Landesfürsten noch immer im Wege gestanden hatten.[41] Erst jetzt vermochte der evangelische Fürst, ungehindert von Papst und Kaiser, die normative, die institutionelle und die dogmatisch-lehrmäßige Ausgestaltung seines neuen Kirchenwesens zu vollenden sowie den diesbezüglichen Differenzierungs- und Vereinheitlichungsprozeß ohne äußere Intervention aktiv zu steuern. Die Fülle der kirchlichen Neuregelungen in Kirchenordnungen, systematischen Kompendien und pädagogischen Lehrbüchern – im Württemberg der 1550er Jahre geradezu modellhaft exemplifiziert[42] – wäre so kaum möglich gewesen, wenn nicht zuvor durch die juristische Sanktionierung des Augsburger Religionsbekenntnisses der Weg für die neue Regelungsdichte und die administrative Ordnungsarbeit endgültig freigemacht worden wäre. Demzufolge ist das Jahr des Augsburger Religionsfriedens sowohl ein Jahr der Zäsur, der normierenden Zwischenbilanz eines umfassenderen Formierungsprozesses von langer Dauer, als auch ein Jahr der Kontinuitätswahrung, ein Jahr der weichenstellenden Wegmarken zwischen Reformation, Konfessionalisierung und frühmoderner Staatsbildung.[43]

---

[40] Dazu exemplarisch: G. WARTENBERG, Kurfürst Moritz von Sachsen und Herzog Albrecht V. von Bayern als Fürsten der Reformationszeit, in: Methoden und Themen der Landes-, Regional- und Heimatgeschichte in Bayern, Sachsen und Thüringen, hg. vom Haus der Bayerischen Geschichte, 1991, 60–66; RUDERSDORF, Ludwig IV. Landgraf von Hessen-Marburg (wie Anm. 17) 205–249; SCHILLING, Nationale Identität und Konfession (wie Anm. 1) 235–246.

[41] Zur Interpretation des Augsburger Religionsfriedens vgl. vor allem M. HECKEL, Deutschland im konfessionellen Zeitalter, 1983, 33–99; RABE, Reich und Glaubensspaltung (wie Anm. 18) 284–303; SCHULZE, Deutsche Geschichte im 16. Jahrhundert (wie Anm. 18) 161–203; KLUETING, Das konfessionelle Zeitalter (wie Anm. 18) 137–161.

[42] Instruktive Zusammenfassung bei M. BRECHT / H. EHMER, Südwestdeutsche Reformationsgeschichte. Zur Einführung der Reformation im Herzogtum Württemberg 1534, 1984, 305–343; RUDERSDORF, Lutherische Erneuerung (wie Anm. 3) 133–142.

[43] Zu dieser wichtigen Diskussion vgl. vorrangig HECKEL, Deutschland im konfessionellen Zeitalter (wie Anm. 41) 33–99; SCHILLING, Aufbruch und Krise (wie Anm. 10) 240–254; KLUETING, Das konfessionelle Zeitalter (wie Anm. 18) 137–161.

In diesem Sinne sollte das Jahr 1555 ohne einschränkende Relativierung als ein Achsenjahr der deutschen Geschichte, als eine neue zweite „Startmöglichkeit" (W. Ziegler) im langgestreckten Reformations- und Erneuerungsprozeß betrachtet und anerkannt werden, da die Breite und die Dichte der konkurrierenden territorialen Konsolidierungsbemühungen im Reich trotz aller Spannungsmomente ganz wesentlich von der starken juridifizierenden Wirkung dieses wichtigen Fundamentalgesetzes der frühneuzeitlichen Reichsverfassung abhing.[44] So wie 1526 die frühe Reformation von der kurzzeitigen reichsgesetzlichen Freigabe der Bekenntnisentscheidung durch den Speyerer Reichstag profitierte, so vermittelte jetzt in der Mitte des Jahrhunderts die Rechtsgarantie des Augsburger Religionsfriedens vollends den entscheidenden Impuls zur Institutionalisierung der evangelischen Landeskirchen, zur schließlichen Entfaltung der vollen Prägekraft des territorialisierten Luthertums im Reich.[45] Die dabei zutage tretende Rolle des Reichsrechts im Vollzug des Konfessionalisierungsprozesses macht fraglos dessen erhebliche normierende und strukturbildende Kraft, nicht zuletzt für die Eingrenzung und die Nutzung der territorialen politischen Handlungsspielräume deutlich. Die erneuerte Konfessionskultur im Reich hing somit sehr eng mit der Rechtskultur der Zeit zusammen, sofern es dem klugen und umsichtigen Territorialherrn gelang, den hohen Rang der Reichsgesetzgebung für seine Politik der Verstetigung in seinem Landesfürstentum auf Dauer zu nutzen und erfolgreich umzusetzen.[46]

Das Augsburger Normensystem, so kompromißgeprägt und halbherzig es in mancher Hinsicht war, bedeutete daher zuvorderst eine weitere beträchtliche Privilegierung der fürstlichen Position im Reich, die zu Lasten der Stellung des habsburgischen Kaisers in der Reichsverfassung ging. Erneut wurden die Vorrechte und die Prärogativen der regionalen Machtträger im Reich, der Landesfürsten, gestärkt, wurde das obrigkeitliche Potential an disziplinierender Überwachung, an Kontrollen und Gegenkontrollen, an gesellschaftlichem Uniformierungszwang ausgebaut und differenziert. Obwohl die Reformationsfürsten der zweiten Generation relativ nahtlos in die älteren Strukturen der obrigkeitlichen

---

[44] Dies betont auch ZIEGLER, Territorium und Reformation (wie Anm. 19) 61–62, mit Bezug auf den eigentlichen Konfessionalisierungsprozeß, der in der Breite richtig kraftvoll erst nach 1555 einsetzt.

[45] Die Bedeutung der Reichsgesetzgebung für den inneren Ausbau des deutschen Fürstenstaates im 16. Jahrhundert betont WOLGAST, Formen landesfürstlicher Reformation (wie Anm. 19) 58–61. – Zur Entfaltung des Luthertums im Reich nach 1555 vgl. insbesondere M. BRECHT / R. SCHWARZ, Hg., Bekenntnis und Einheit der Kirche. Studien zum Konkordienbuch, 1980.

[46] Zum Hintergrund der Verbindung von Kultur, Recht und Konfession vgl. vor allem HECKEL, Deutschland im konfessionellen Zeitalter (wie Anm. 41) 33–66; M. STOLLEIS, Geschichte des öffentlichen Rechts in Deutschland, Bd. 1, 1988, 85–90, 126–141; WILLOWEIT, Verfassungsgeschichte (wie Anm. 2) 109–135.

Herrschaftsausübung ihrer Vorgänger hineinwuchsen, vermochten sie erst jetzt, gleichsam als Gebieter über den Konfessionsstatus ihrer Untertanen, durch eine prononcierte Politik der Bekenntnishomogenität, die durchaus intolerante Züge trug, dem lange angelegten Territorialisierungsprozeß die notwendige Schubkraft und Dynamik zu verleihen. Erst jetzt erhielt die Territorialstruktur der Reichsverfassung im Gefolge der Reformation ihre spezifische Ausprägung, erhielt der neuartige konfessionelle, sich Schritt für Schritt konsolidierende Landesstaat des 16. Jahrhunderts sein charakteristisches Profil, wie dies in den lutherischen Modellstaaten des Reichs, in Sachsen, Hessen und in Württemberg, aber auch anderswo im kleineren, noch unfertigen Maßstab in Erscheinung trat.[47]

Dabei zeigte sich, daß das angestrebte einheitliche Bekenntnis mit seiner beträchtlichen mentalen Binde- und Prägekraft für die Menschen zu den wichtigsten Konstitutionsbedingungen des frühneuzeitlichen Flächenstaates gehörte. Der Faktor Konfession wurde innerhalb der deutschen Territorienwelt sehr schnell zu einem scharfen, nach außen abgrenzenden und nach innen identitätsstiftenden Integrationsinstrument, das in seiner Wirkung noch zusätzlich verstärkt wurde durch die konfessionelle Konkurrenzsituation im Reich, die sich als ein Movens für den Ausbau der Infrastruktur in Staat und Kirche sowie nicht zuletzt im Schul- und im Bildungsbereich erwies.[48] Gerade diesem galt die besondere Fürsorge der Reformationsfürsten, da für sie ganz im Sinne der Melanchthonschen Postulate außer Frage stand, daß die Schulen und die Hochschulen die am besten geeigneten Medien für die Vermittlung und die Popularisierung der evangelischen Lehre auf allen Ebenen der territorialen Gesellschaft darstellten. Eine gründliche Unterrichtung in der Religion sollte auf Dauer das Bekenntnis der evangelischen Landeskirche garantieren, sollte der inneren Vereinheitlichung der Territorien dienen und nicht zuletzt den studierten Beamtennachwuchs für Kirche und Staat sicherstellen. So war das Reformationsjahrhundert geprägt von einer Welle neuer humanistischer Schul- und Hochschulgründungen im konfessionellen Geist: Bildeten die Gründung der neuen evangelischen Universitäten in Marburg (1527), Königsberg (1544), Jena

---

[47] Vgl. PRESS, Territorialstruktur des Reiches (wie Anm. 3) 264–268; E. W. ZEEDEN, Grundlagen und Wege der Konfessionsbildung in Deutschland im Zeitalter der Glaubenskämpfe, in: Ders., Konfessionsbildung. Studien zur Reformation, Gegenreformation und katholischen Reform, 1985, 67–112; SCHILLING, Die Konfessionalisierung im Reich (wie Anm. 14) 1–45.

[48] Hierzu vor allem W. REINHARD, Gegenreformation als Modernisierung? Prolegomena zu einer Theorie des konfessionellen Zeitalters, in: Archiv für Reformationsgeschichte 68 (1977) 226–252; DERS., Zwang zur Konfessionalisierung? in: Zeitschrift für historische Forschung 10 (1983) 257–277; W. SCHULZE, Concordia, Discordia, Tolerantia. Deutsche Politik im konfessionellen Zeitalter, in: Zeitschrift für historische Forschung 1987, Beiheft 3, 43–79.

(1558), Helmstedt (1576) und Gießen (1607) zusammen mit der Reform älterer Anstalten die Glanzlichter an der Spitze der gelehrten Ausbildungshierarchie, so bedeutete die Errichtung der sächsischen Fürstenschulen und der schwäbischen Klosterschulen gleichfalls einen Markstein im territorialen Bildungssystem der Reformation, der reichsweit große Beachtung fand. Schule, Kirche und Konfession wurden auf diese Weise programmatisch in einen inneren Sinnzusammenhang gerückt: Ihre Einheit war in hohem Maße kontinuitätsbildend für den Zusammenhalt des Territoriums und ein wichtiges Kriterium für die politische Stabilität der Fürstenherrschaft im Land.[49]

Drei Typenbilder des patriarchalischen Landesvaters

Der Territorialfürst selbst war es, der in einem Zeitalter, das Staatlichkeit noch vorwiegend personal verstand, als zentrale Integrations- und Konsensfigur an der Spitze des administrativen Formierungsprozesses stand. Für das Funktionieren der inneren Ordnung im Territorium hing viel von der Autorität und der Gestaltungsinitiative des Fürsten selbst ab, von seinem persönlichen Regiment, von den Techniken seiner Einflußnahme auf Regierung und Behörden, von der Rekrutierung eines professionellen Räte- und Dienerverbandes und nicht zuletzt von den Formen seines Politik- und Repräsentationsverständnisses im Geiste der altständischen, höfisch-ritterlichen, in der adeligen Lebenswelt noch immer vorherrschenden Mentalität. Der klug-kalkulierenden und geschickt agierenden, engagierten Fürstenexistenz im Reich schien nach den Entscheidungen von 1555 politisch die Zukunft offenzustehen. So sind es denn auch vorrangig drei Handlungsebenen, ja drei Typenbilder, in denen sich das für die Zeit so charakteristische patriarchalische Fürstenregiment in Deutschland darstellt. Sie sollen hier kurz umschrieben werden:

1. DER FROMME FÜRST

Dem Prozeß der Herausbildung der frühmodernen Staatlichkeit in den deutschen Territorien entsprach schon bald ein durch die Reforma-

---

[49] Grundlegend: P. BAUMGART, Humanistische Bildungsreform an deutschen Universitäten des 16. Jahrhunderts, in: W. Reinhard, Hg., Humanismus im Bildungswesen des 15. und 16. Jahrhunderts, 1984, 171–197; DERS., Die deutschen Universitäten im Zeichen des Konfessionalismus, in: A. Patschovsky / H. Rabe, Hg., Die Universität in Alteuropa, 1994, 147–168; A. SCHINDLING, Schulen und Universitäten im 16. und 17. Jahrhundert. Zehn Thesen zu Bildungsexpansion, Laienbildung und Konfessionalisierung nach der Reformation, in: W. Brandmüller u. a., Hg., Ecclesia militans, Festschrift für R. Bäumer, Bd. 2, 1988, 561–570; N. HAMMERSTEIN, Die historische und bildungsgeschichtliche Physiognomie des konfessionellen Zeitalters, in: Ders., Hg., Handbuch der deutschen Bildungsgeschichte, Bd. 1, 1996, 57–101.

tion und Konfessionalisierung religiös vertieftes, neues Fürstenbild, das zur Formierung eines neuen Fürstentyps, dem des frommen, des gläubigen Fürsten, des *Betefürsten*, führte. Der fromme Fürst verstand sich ganz im Sinne Luthers als ein *Amtmann Gottes*, der sich in der fürsorglichen Verwaltung seines Territoriums bewähren und sich beständig um das Seelenheil seiner Untertanen kümmern mußte. Die Fürsorge seines persönlichen Regiments galt der Ordnung der inneren Staatsverhältnisse, galt vor allem der Erneuerung der vielerorts noch altertümlichen Infrastruktur in einem Herrschaftssystem, in dem die Durchsetzung der Konfessionalität nunmehr zu einem wichtigen Motor der Veränderung wurde. Der konfessionelle patriarchalische Regierungsstil vieler Fürsten hat im Zeichen des geglückten Reichsfriedens das Bild vom christlichen Landesvater, von der *„Obrigkeit im Vaterstand"*, die als Wohltäterin und Beschützerin der Untertanen ebenso richtet und erzieht wie verwaltet und reformiert, schon früh im Bewußtsein der Zeitgenossen entstehen und wirksam werden lassen. Die Fürstenspiegelliteratur und die Regimentstraktate der Zeit zeichnen mit rhetorischer Überhöhung ganz bewußt das Bild eines milden friedvollen Paternalismus des Landesfürsten, voller Güte und christlicher Moralität, ohne Frage angelehnt an das Bild des treusorgenden Hausvaters im christlichen Ehestand, der sich unablässig um das Wohlergehen seiner Familie zu kümmern hat.[50]

Die nüchterne Regierungspraxis im normalen Alltagsgeschehen sah indessen anders und differenzierter aus, als dies das idealisierte Bild des Landesvaters in den Fürstenspiegeln mit seinem pädagogisch-programmatischen Anspruch suggerieren will. Die übergroße Mehrheit der Fürsten regierte ja keineswegs zu ihrem Pläsier; sie handelten vielmehr in dem Bewußtsein, daß die Regierung ihnen von Gott aufgetragen war. So waren sie bestrebt, ihrer Verantwortung nachzukommen und diesen Auftrag in einem patriarchalisch wohlwollenden und friedlichen Regiment zu erfüllen, ein Leben in „Gottseligkeit" und „Ehrbarkeit" zu führen und dafür den Konsens, den Interessenausgleich mit den Unterta-

---

[50] Für den gesamten Kontext wichtig ist die Schrift Martin LUTHERS, Von weltlicher Oberkeit, wie weit man ihr Gehorsam schuldig sei (1523), in: Weimarer Ausgabe, Bd. 11, 229–281. Der Fürst, der als „amptmann" Gottes das Schwert führt und das Amt der Obrigkeit ausübt, sollte von Luther an zu einer Leitvorstellung im Politikverständnis und im territorialen Verwaltungswesen in Deutschland werden. Hierzu der Verweis auf einige Musterbeispiele: Albertin. Sachsen (II 23–26), Braunschweig-Lüneburg (III 30–36), Württemberg (V 178–186). – Zur Kritik am Bild vom „Landesvater": P. MÜNCH, Die „Obrigkeit im Vaterstand" – zu Definition und Kritik des „Landesvaters" während der frühen Neuzeit, in: Daphnis 11 (1982) 15–40; vgl. ebenso: L. SCHORN-SCHÜTTE, Obrigkeitskritik im Luthertum? Anlässe und Rechtfertigungsmuster im ausgehenden 16. und im 17. Jahrhundert, in: M. Erbe u. a., Hg., Querdenken. Dissens und Toleranz im Wandel der Geschichte, Festschrift für H. R. Guggisberg, 1996, 253–270.

nen und den Landständen zu suchen.⁵¹ Es entsprach also dem Denken der Zeit, daß die Landesfürsten sich regelmäßig auf ihre obrigkeitliche Pflicht beriefen, für ihre Untertanen zu sorgen, auch ihrer Amtsaufgabe gerecht zu werden, Ordnung und Frieden in ihrem Land aufrechtzuerhalten und zu gewährleisten. Die konkrete Konsolidierungspolitik in den konfessionalisierten Territorien des Reichs kann daher nicht losgelöst von dem religiös vertieften Amtsverständnis und Amtsethos betrachtet werden, dem die regierende Landesvätergeneration trotz aller säkularen Anfechtungen und Herausforderungen persönlich fromm und bekenntnistreu folgte.

Der bibelfeste und belesene fromme Fürst, der mehr als andere mit der Vertiefung der übernommenen Konfession, mit der dogmatischen Verfestigung des Glaubens und der Durchdringung des Landes im konfessionellen Geist beschäftigt war, konnte sich überdies in der Regel auf die bekenntnismäßige Identifikationsbereitschaft seiner Untertanen mit der gültigen Landesreligion verlassen – auf die Loyalität jener ihm anbefohlenen Menschen, die in ihm den dynastischen Garanten des rechten Weges zum ewigen Seelenheil sahen. Dem Pochen auf Bekenntnistreue und Bekenntniskonformität lag dabei nicht von ungefähr die Erwartung zugrunde, ein Konsens in Dogma und Lehre garantiere letztlich auch die Stabilität und die Dauerhaftigkeit der ständischen Verfassungsordnung im Land, für die die Autorität des Landes- und des obersten Kirchenherrn, des Fürsten, authentisch bürge.⁵²

Die enge Verbindung von kirchlichem Engagement und persönlicher Frömmigkeit war typisch für die Generation der großen und der weniger wichtigen kleineren Landesväter, nicht nur für einen Christoph von Württemberg oder einen August von Sachsen, die freilich auch in dieser Hinsicht durch die Förderung des Kirchenbaus und des frommen Stiftungswesens, durch den privilegierten Rang von Schule, Bildung und Religion in ihren Ländern eine Vorbildfunktion übernahmen. Nicht nur das tägliche Studium der Bibel, der gebildete theologische Diskurs mit den Präzeptoren und Prädikanten am Hof, schließlich der Sinn für die verfeinerte sakrale Musik- und Festkultur in den Schloß- und Stiftskirchen der fürstlichen Residenz waren Manifestationen des obrigkeitlichen Umgangs und Einsatzes für das Wohl und die Zukunft der eigenen Religion. Auch das Verfassen von individuellen Glaubenszeugnissen, das Nachdenken über gelehrte theologische Traktate, über Gutachten, Rela-

---

⁵¹ Zur Topik und Rhetorik der Fürstenspiegel vgl. insbesondere B. SINGER, Die Fürstenspiegel in Deutschland im Zeitalter des Humanismus und der Reformation, 1981, 11–47; HARTUNG, Deutsche Geschichte (wie Anm. 37) 85–89; WOLGAST, Formen landesfürstlicher Reformation (wie Anm. 19) 59–65.

⁵² Exemplarisch ausgeführt bei RUDERSDORF, Ludwig IV. Landgraf von Hessen-Marburg (wie Anm. 17) 205–249; DERS., Lutherische Erneuerung (wie Anm. 3) 130–153. – Allgemein: SCHILLING, Aufbruch und Krise (wie Anm. 10) 184–192.

tionen und Streitschriften zeichnete den selbstbewußten frommen und kontemplativen Fürsten aus, der seinen Glauben in einer Zeit der konfliktbetonten kämpferischen Konfessionalität persönlich ernst nahm, der sich selbst um den exklusiven und sensiblen Bereich von Kirche und Religion kümmerte und dennoch zugleich immer Politiker und Administrator in der säkularen Welt des Regierens blieb.[53] Auch ein politischer Aktivist und versierter Bündnispolitiker wie der Renaissancefürst Philipp von Hessen hat sich sein persönliches Glaubensrefugium stets bewahrt und seinen religiösen Standort trotz aller kompromißgeneigter politischer Winkelzüge mit großem spirituellem Ernst verteidigt.[54] Auf beiden Seiten des konfessionellen Lagers hat es diesen Typ des motivierten und überzeugten frommen Fürsten gegeben, freilich nicht in jedem Fall mit einer so entschiedenen Konsequenz wie bei Wilhelm V. von Bayern, der nach seiner Abdankung 1598 in nahezu monastischer Abgeschiedenheit ganz nach den Gesetzen seiner individuellen Frömmigkeit lebte und dabei von katholischer Seite dem Bild des gläubigen, auf sich bezogenen *„Betefürsten"* entsprach.[55]

2. DER REGIERENDE FÜRST

Der reformerische Aufbau und Ausbau von Staat und Kirche hing auf das engste mit der Durchschlagskraft der landesherrlichen Initiativen zusammen, so daß es nunmehr gilt, den Typ des regierenden Fürsten in den Blick zu nehmen, des Politikers und Verwalters nämlich, des hierarchisch vornehmsten Administrators im Land, der mit einem professionellen, in der Regel studierten und loyal ergebenen Räte- und Dienerverband zielbewußt für die Verstetigung und die Vereinheitlichung im Territorium sorgte, der darüber hinaus mit Nachdruck den säkularen Prozeß der Institutionalisierung, der Bürokratisierung und der Verrechtlichung förderte und damit zugleich seiner originären landesfürstlichen Regentenpflicht nachkam, die heute etwas plakativ und zugespitzt als Auf- und Ausbau des frühmodernen Staates in Deutschland bezeichnet wird. Gerade die Generation der sogenannten Epigonen, der patriarchalischen Landesväter, hat sich im Zeichen der relativen Ruhe im Reich

---

[53] Vgl. hierzu August von Sachsen und Christoph von Württemberg als exponierte Beispiele: R. KÖTZSCHKE / H. KRETZSCHMAR, Sächsische Geschichte, 3. Aufl., ND 1977, 219-235; MAURER, Herzog Christoph (wie Anm. 17) 136-162.

[54] Hessen (IV 261-273). – RUDERSDORF, Ludwig IV. Landgraf von Hessen-Marburg (wie Anm. 17) 29-38; V. PRESS, Landgraf Philipp von Hessen, in: K. Scholder / D. Kleinmann, Hg., Protestantische Profile, 1983, 60-77; G. MÜLLER, Karl V. und Philipp der Großmütige, in: Jahrbuch der hessischen kirchengeschichtlichen Vereinigung 12 (1961) 1-34.

[55] Bayern (I 64-65). – KRAUS, Geschichte Bayerns (wie Anm. 12) 221-226; dazu die ältere Studie von B. Ph. BAADER, Der bayerische Renaissancehof Herzog Wilhelms V. (1568-1579), 1943.

als die eigentliche, die wahre und in mancher Hinsicht sogar als die originelle und identifikationsbereite Baumeistergeneration gezeigt, die in der Kontinuität der noch jungen reformatorischen Tradition ihrer Väter stand und durchaus in prestigebewußter Manier bereit war, sich auf den zentralen Aufgabenfeldern der frühmodernen zeitgemäßen Territorialstaatspolitik zu engagieren, die nicht nur den Bereich von Kirche, Schule und Konfession, sondern auch den von Justiz, Finanzen und Ökonomie in einem umfassenden Sinne miteinschloß.[56] Es kam daher entscheidend darauf an, inwieweit der einzelne Fürst willens und in der Lage war, die gesteigerte Intensität der Verwaltungs- und Regierungsarbeit auf sich zu nehmen, den Kompetenz- und den Machtzuwachs rational zu steuern und damit auch die veränderten neuartigen Aufgaben der Lenkung und der Subdelegation effizient und sinnvoll zu überwachen. Für das Funktionieren des politischen Systems im territorialen Fürstenstaat der Zeit war die hervorgehobene und herausgeforderte Position des Fürsten als oberster Befehls- und Entscheidungsinstanz zweifellos von konstitutiver Bedeutung – die Position eines Fürstentyps im übrigen, dessen Landesherrschaft sich immer mehr zu einem Amt fortentwickelt und ausgebildet hat.[57]

Die zeitgenössische Aufgabe der institutionellen und verwaltungsmäßigen Ausgestaltung der deutschen Territorien war geprägt von einer allgemeinen grundlegenden Tendenz der strukturellen Gleichförmigkeit und umfaßte die katholisch gebliebenen Fürstenstaaten ebenso wie die neuen evangelischen. Die behördenmäßig organisierte, betont landesherrlich durchwirkte Infrastrukturpolitik, die Herzog Albrecht V. etwa in Bayern nach 1550 mit großem Erfolg verfocht, stand der Institutionalisierungs- und Zentralisierungspolitik Kurfürst Augusts von Sachsen oder Herzog Christophs von Württemberg in nichts nach. Der systematische Zugriff dieser Fürsten auf die notwendig gewordene Reorganisation und Neuformierung von Kanzlei, Bürokratie und Verwaltung, dazu die Errichtung neuer Behörden und verbesserter Regimentsstrukturen

---

[56] Zu den säkularen, nicht-konfessionellen Aufgaben des frühneuzeitlichen Fürstenregiments vgl. L. ZIMMERMANN, Der Ökonomische Staat Landgraf Wilhelms IV. von Hessen, 2 Bde., 1933–1934; K. KRÜGER, Finanzstaat Hessen 1500–1567. Staatsbildung im Übergang vom Domänenstaat zum Steuerstaat, 1980; SCHULZE, Deutsche Geschichte im 16. Jahrhundert (wie Anm. 18) 220–231; HAMMERSTEIN, Physiognomie des konfessionellen Zeitalters (wie Anm. 49) 80–83.

[57] Grundsätzlich: G. OESTREICH, Das persönliche Regiment der deutschen Fürsten am Beginn der Neuzeit, in: Ders., Geist und Gestalt des frühmodernen Staates, 1969, 201–234. – Exemplarisch am Fallbeispiel Bayern untersucht: M. LANZINNER, Fürst, Räte und Landstände. Die Entstehung der Zentralbehörden in Bayern 1511–1598, 1980; DERS., Herrschaftsausübung im frühmodernen Staat. Zur Regierungsweise Herzog Wilhelms V. von Bayern, in: Zeitschrift für bayerische Landesgeschichte 51 (1988) 77–99.

in Gestalt der Konsistorien und Geheimen Räte war durchaus ein Charakteristikum für den erhöhten Reformdruck und Reformeifer, dem gerade die Regentengeneration nach 1555 in besonderer Weise – unbehelligt von äußerer Intervention und akuter Kriegsgefahr – ausgesetzt war. Die Wirksamkeit der patriarchalischen Landesväter führte trotz ihrer reichspolitischen Passivität keinesfalls nur in die vielbeschworene Sackgasse des politischen Stillstandes und der Reformstagnation, sondern sie brachte Figuren hervor, die sich im Zeichen des innenpolitischen Konsolidierungspostulats als kreative Architekten und erfolgreiche Sanierer ihrer Territorien erwiesen.[58]

Sachsens zeitweilig sehr einflußreiche Vorbildfunktion als gefestigter, technisch wie materiell fortschrittlich entwickelter lutherischer Modellstaat im Reich beruhte denn auch zuvorderst auf seinen großen innenpolitischen Leistungen, die in Staat und Kirche zu einem beträchtlichen Modernisierungs- und Verdichtungsschub geführt hatten. Nicht mehr Kurfürst Moritz, der ambitionierte Vorkämpfer um die fürstliche Libertät im Reich, sondern sein jüngerer Bruder August nutzte die nach 1547 neuerrungene Position des wettinischen Kurstaates voll aus, um in der Kurfürstenresidenz in Dresden ein saturiertes patriarchalisches Fürstenregiment von exemplarischer Bedeutung weit über Sachsen hinaus zu errichten. Die erbverbrüderten Nachbarn Kurbrandenburg und Hessen, aber auch die lutherische Hochburg im deutschen Südwesten, das Herzogtum Württemberg, selbst das altgläubige Bayern in der Ära Herzog Albrechts V. orientierten sich längere Zeit an dem straff und effektiv regierten Musterstaat.[59]

Geradezu auffallend verkörperte der kaisertreue lutherische Kurfürst August im Schutz des Reichs- und Religionsfriedens die Verbindung von erfolgreichem Landesfürst und anerkanntem Reichspolitiker, von fürstlichem Reformeifer und konfessionellem Erneuerungswillen. *Fromm, friedliebend, reichspolitisch kaisertreu, haushälterisch* und *sittenstreng, konfessionell entschieden* und *abwehrbereit* – so repräsentierte August beispielhaft den Typus des omnipotent wirkenden lutherischen Landesvaters in sei-

---

[58] Vgl. hierzu komparatistisch die komplementäre ständische Gegenseite im territorialen Fürstenstaat: PRESS, Formen des Ständewesens (wie Anm. 11) 280-318; MÖRKE, Bedeutung des Konfessionellen (wie Anm. 11) 125-164. – Zu einem profilierten Einzelbeispiel: Staatsklugheit und Frömmigkeit. Herzog Julius zu Braunschweig-Lüneburg, ein norddeutscher Landesherr des 16. Jahrhunderts, Ausstellungskatalog, 1989.

[59] Auf die Zentralität der Regierungszeit des Kurfürsten Moritz für die sächsische Politik des 16. Jahrhunderts weisen zu Recht hin: G. WARTENBERG, Moritz von Sachsen – zur Politik des ersten albertinischen Kurfürsten zwischen Reformation und Reich, in: Vogler, Europäische Herrscher (wie Anm. 20) 106-122; DERS., Moritz von Sachsen (1521-1553), in: Theologische Realenzyklopädie 23 (1994) 302-311; K. BLASCHKE, Moritz von Sachsen. Ein Reformationsfürst der zweiten Generation, 1983.

ner Zeit, der als Integrationsfigur nach innen die Einheit von Territorium, Dynastie und Konfession symbolisierte, während er nach außen die gefährdete Stabilisierung des Friedenssystems im Reich sowie das Funktionieren der Reichsverfassung gewährleisten half.[60]

So ist es kein Zufall, daß gerade der sächsische Rat und Rechtsgelehrte Melchior von Osse in seinem vielbeachteten „Politischen Testament" von 1555/56, einer Art staatstheoretischer Denkschrift für Kurfürst August, pointiert die Notwendigkeit eines geordneten Regiments und einer geordneten Landesverwaltung hervorgehoben hat. Sein Plädoyer – modern gesprochen – für obrigkeitliche Strukturpolitik erzielte später weit über Sachsen hinaus erkennbar Resonanz und praktisches Interesse. *Effizienz in der Verwaltung, Sanierung der Finanzen, Rationalisierung des Rechtswesens, Förderung der Wirtschaft und nicht zuletzt der Ausbau von Schulen und Hochschulen* als Medien für die Vermittlung des Evangeliums – das waren in besonderer Weise die wichtigen, die zentralen Handlungsfelder, in denen sich der Ordnungssinn und die Regierungskunst einer gestärkten patriarchalischen Landesvätergeneration zwischen Reformation und Dreißigjährigem Krieg manifestierten.[61]

Dabei war das aufblühende Dresden zwar ein wichtiges, aber keineswegs das einzige Gravitationszentrum im Netz der lutherischen Residenzen in Deutschland, in denen das patriarchalische Regiment zur Entfaltung gelangte. Der Typ des erfolgreich regierenden konfessionellen Landesvaters fand sich ebenso in Berlin und Wolfenbüttel, in Stuttgart und Heidelberg, in Marburg und Ansbach, in Neuburg an der Donau und in anderen Residenzmittelpunkten repräsentiert, die jeweils ihren spezifischen Beitrag zum politischen und zum konfessionellen Gesamtprofil der Epoche leisteten. Das konservativ-christliche Fürstenideal, das Osse in seinem „Politischen Testament" gezeichnet hatte, entsprach also für eine gewisse Zeit der Politik dieser Fürstengeneration im Reich durchaus.

---

[60] Eine moderne politische Biographie dieses oft als biederen Haushälter und strengen Verwalter unterschätzten Kurfürsten wäre dringend vonnöten. Im Spiegel der hessischen Korrespondenzakten läßt sich ein anderes differenziertes Bild zeichnen, das jedoch der weiteren Überprüfung und Abrundung bedarf. RUDERSDORF, Ludwig IV. Landgraf von Hessen-Marburg (wie Anm. 17); KÖTZSCHKE/KRETZSCHMAR, Sächsische Geschichte (wie Anm. 53) 219–235; E. KOCH, Der kursächsische Philippismus und seine Krise in den 1560er und 1570er Jahren, in: Schilling, Die reformierte Konfessionalisierung (wie Anm. 3) 60–77.

[61] Zu Person und Werk Osses: O. A. HECKER, Hg., Melchior von Osse, Schriften, mit einem Lebensabriß und einem Anhange von Briefen und Akten, 1922; H. MAIER, Die ältere deutsche Staats- und Verwaltungslehre, 2. Aufl., 1980, 113–119; STOLLEIS, Geschichte des öffentlichen Rechts (wie Anm. 46) 89–90; A. SCHINDLING, „Verwaltung", „Amt" und „Beamter" in der Frühen Neuzeit, in: Geschichtliche Grundbegriffe, Bd. 7, 1992, 47–69.

3. Der „dynastische" Fürst

Aber nicht nur geschlossene Konfessionalität, nicht nur wachsende Rationalität und neue Funktionalität waren prägend für das werdende System der neuzeitlichen Fürstenherrschaft – es gab noch andere Elemente, eher traditionale altertümliche Relikte, die daneben lange Zeit wirkungsmächtig blieben. Es gilt daher, zuletzt das Bild des höfischen, des dynastischen Fürsten hervorzuheben, auch auf die Integrations- und die Vorbildfunktion der Dynastenfamilie für die sozialen Führungsgruppen in der ständischen Gesellschaft des Territoriums hinzuweisen, schließlich auf den Fürstenhof selbst, auf jenes komplexe archaische Personal- und Sozialgebilde, das gleichwohl ein Zentrum des Regierens und der politischen Meinungsbildung, aber auch ein Ort des ständischen Interessenausgleichs zwischen Fürst, Fürstenregierung und Land war. Fragt man nach dem sozialen Bedingungsrahmen adeliger höfischer Existenz im Territorium insgesamt, so ist es sicher erforderlich, das vielschichtige Gesamtsystem der territorialen Herrschafts-, Klientel- und Lehensbeziehungen, die informellen und die offiziellen Kommunikations- und Protektionswege in den Blick zu nehmen und zu analysieren.[62]

Die Welt des Fürsten war die Sphäre des Hofes, seines ureigenen Hauses, war die Sphäre einer hierarchisch-aristokratisch geprägten Lebenswelt. Es war nicht der Charme der Amtsstuben, der die Mentalität und die Umgangsformen, die Herrschaftsweise und die Denkweise des Regenten bestimmte. Der frühneuzeitliche Fürstenhof entwickelte sich im Zeichen des Wandels durch Renaissance und Reformation sehr schnell zu einer natürlichen Bühne der dynastischen Repräsentation und Selbstdarstellung der Herrscherfamilie, zu einer Drehscheibe des politischen Meinungsaustausches, der diskreten Information und Kontaktpflege, schließlich auch zu einem exklusiven begehrten Personalmarkt, der Chancen des sozialen Aufstiegs, der langfristigen Karriereplanung und nicht zuletzt der adäquaten günstigen Heiratsoptionen eröffnete. Die Größe des Hofes war in der Regel ein untrügliches Kennzeichen für die Bedeutung des Landes innerhalb der ständischen Reichshierarchie sowie für den Rang der Dynastenfamilie im Konzert mit den anderen Fürstenhöfen im Reich. Es gab große und kleine, geistliche und weltliche Höfe, Grafenschlösser, Prälaturen und Rittersitze, die wie Kno-

---

[62] Die Formierung der „höfischen Gesellschaft" ist im Gefolge von Norbert Elias nach wie vor ein aktuelles Thema der Forschung, aber es fehlt noch immer an regionalen empirischen Fallstudien in größerer Zahl, die zur Differenzierung des Bildes beitragen könnten. N. ELIAS, Die höfische Gesellschaft. Untersuchungen zur Soziologie des Königtums und der höfischen Aristokratie, 1969; J. FRH. V. KRUEDENER, Die Rolle des Hofes im Absolutismus, 1973; R. G. ASCH, Der Hof Karls I. von England. Politik, Provinz und Patronage 1625–1640, 1993; R. A. MÜLLER, Der Fürstenhof in der frühen Neuzeit, 1995.

tenpunkte in einem Netz die unterschiedliche partikulare Herrschaftsstruktur in den Territorien und Landschaften des Alten Reichs nach außen repräsentierten.[63]

Aber die Höfe waren nicht nur herrschaftliche Manifestationen der politischen Machtausübung, sondern auch zentrale Orte einer exklusiven und privilegierten adeligen Kunst- und Kulturpflege, in der sich das spezifische Stilempfinden der Zeit widerzuspiegeln vermochte. So blühten die alten Standesideale und feudalen ritterlichen Lebensformen auch im Geiste der verfeinerten Renaissancekultur und des Späthumanismus am Ende des Reformationsjahrhunderts noch weiter fort, ja sie erreichten in der Generation der patriarchalischen Landesväter noch einmal einen unerwarteten Höhepunkt. Jagden, Turniere, Bankette und Konzerte gehörten damals ebenso zum Spektrum der höfisch-aristokratischen Festkultur, wie neuerdings das Sammeln von Kunst und Antiquitäten, das Anlegen von Bibliotheken und Münzkabinetten, das Bauen von Schlössern und prachtvollen Lusthäusern, die Stilelemente und Artikulationsformen einer neuen Zeit im Aufbruch, einer veränderten neuzeitlichen Fürstenmentalität im Zeichen prosperierender Wohllebigkeit und wirtschaftlichen Wohlstandes waren.[64] Die Konjunktur der vielen neuen Renaissanceschlösser in Deutschland war zweifellos ein Parameter für die politische und die ökonomische Saturiertheit der regierenden Landesväter, die es sich trotz der drohenden Schuldenlast in der Regel dennoch leisten konnten, allein schon aus Prestige- und Statusgründen das kostspielige Projekt eines Schloßneubaus in Angriff zu nehmen und damit ihrem Residenzmittelpunkt auch äußerlich den gebührenden neuen Glanz zu verleihen. Noch heute geben die erhaltenen Renaissance-Bauwerke in München und Heidelberg, in Stuttgart und Dresden, in Wolfenbüttel und Marburg Zeugnis von dieser Zeit der extensiven Bautätigkeit und der filigranen Kunstarchitektur, wie sie in den deutschen Residenzen vor dem Ausbruch des Dreißigjährigen Krieges mit einem ständig gesteigerten Interesse gepflegt wurden.

---

[63] Zur Leitfunktion des Wiener Hofes für die Fürstenhöfe im Reich: V. PRESS, The Habsburg Court as Center of the Imperial Government, in: The Journal of Modern History 58, Supplement, 1986, 23–45; H. SCHILLING, Höfe und Allianzen. Deutschland 1648–1763, 1989, 16–31; MÜLLER, Fürstenhof (wie Anm. 62) 17–32.

[64] Vgl. hierzu vor allem E. TRUNZ, Das große Welttheater. Die Epoche der höfischen Feste, 2. Aufl. 1985; DERS., Der deutsche Späthumanismus um 1600 als Standeskultur, in: R. Alewyn, Hg., Deutsche Barockforschung, 1966, 147–181; W. BRAUNFELS, Die Kunst im Heiligen Römischen Reich, hier Bde. 1–3, 1979–1981; W. FLEISCHHAUER, Renaissance im Herzogtum Württemberg, 1971; U. SCHULTZ, Hg., Das Fest. Eine Kulturgeschichte von der Antike bis zur Gegenwart, 1988; P. MÜNCH, Lebensformen in der frühen Neuzeit 1500–1800, 1992, 445–451.

Der Typ des frommen, regierungstüchtigen Landesvaters, der die herrscherliche Baulust und höfische Repräsentationskunst zu verantworten hatte, konnte durchaus auch ein Genießer, ein leidenschaftlicher Trinker und Spieler, ein Mäzen der schönen Künste und ein ritterlicher Kavalier mit Esprit und Ausstrahlung sein – Eigenschaften, die für das dynastische Selbstverständnis und das Stilempfinden dieser kunstsinnigen und geselligen Regentengeneration keinesfalls unwesentlich waren. Lange Zeit hat der exzessive Trinkgenuß, haben die gelegentlichen Ausschweifungen und Übertreibungen einzelner, oft nachgeordneter Fürstensöhne und exaltierter Existenzen, das Bild einer ganzen Regentengeneration entstellt und beschädigt, die in ihrer großen Mehrzahl solide und gewissenhaft ihr Herrscheramt ausgeübt hat. Die Normalität konsolidierter Verhältnisse im befriedeten Reich begünstigte sogar noch diesen Hang zu Formen einer bequemeren Lebensweise, einer gönnerhaften Großzügigkeit und übertriebenen Spielfreude, der aber die meisten Fürsten, die ihre Verantwortung ernstnahmen, widerstanden.[65]

August von Sachsen, Christoph von Württemberg, Julius von Braunschweig-Wolfenbüttel, Georg Friedrich von Ansbach, Wilhelm und Ludwig von Hessen waren zweifellos glaubwürdige Repräsentanten des Reichsfürstenstandes in ihrer Zeit, die selbstverständlich beide Ebenen ihrer herrscherlichen Existenz fest im Blick behielten und entsprechend ausbauten und förderten: die dynastisch-höfische Ebene einerseits, die regierungsamtlich-administrative andererseits! Beide Ebenen waren in der Realität des Alltags eng miteinander verschränkt und fielen in der Person des fürstlichen Dynasten zusammen, der in seiner Politik der Herrschaftssicherung den kohärenten Zusammenhalt von Staat und Kirche ebenso wie den von Dynastie und Territorium stets beachten und gewährleisten mußte. So entsprach also der Sinn für repräsentative Baukunst, für höfische Kulturpflege und dynastische Selbstdarstellung ebenso den Tendenzen der Zeit wie das harte Ringen um theologische Wahrheit und erneuerte Frömmigkeit, wie schließlich der forcierte Prozeß der Bürokratisierung und Verrechtlichung der Macht. Die Generation der Landesväter markiert daher eine interessante und wichtige Zeitspanne, in der mehrere Prinzipien der Politikgestaltung und der Herrschaftspraxis konkurrierend miteinander rangen und sich unentschieden die Waage hielten – dynastische, konfessionelle und politisch-

---

[65] Eine zusammenhängende, moderne Kultur- und Mentalitätsgeschichte des Reichsfürstenstandes im konfessionellen Zeitalter gibt es nicht, so daß wir weiterhin auf Einzelaspekte und Einzelbeispiele angewiesen sind. Vgl. vorzugsweise HARTUNG, Deutsche Geschichte (wie Anm. 37) 80–95; PRESS, Kriege und Krisen (wie Anm. 15) 80–135; HAMMERSTEIN, Physiognomie des konfessionellen Zeitalters (wie Anm. 49) 72–85; M. RUDERSDORF, Herzog Ludwig (1568–1593), in: R. Uhland (wie Anm. 17) 163–173.

säkulare! Die Rolle des zumeist unterschätzten dynastischen Aspekts der territorialen Fürstenherrschaft, die Rolle des Hofes und die Dignität der Fürstenfamilie, bedürfen jedoch in der Zukunft einer ungleich stärkeren Beachtung, will man insgesamt dem Profil der Zeit und dem der patriarchalischen Landesväter im besonderen adäquat gerecht werden.

Die besondere Rolle der Fürstin

Eine besondere Rolle im dynastischen Selbstverständnis dieser Zeit spielte zweifellos die Ehefrau des Fürsten, weniger demonstrativ als politische Ratgeberin denn als fromme mütterliche Landesregentin an der Seite ihres Mannes, dessen Name in der Regel gleichsam der Epoche die Signatur aufdrückte. Die nach außen gewandte Stilisierung der Fürstenfamilie – das Herrscherpaar inmitten seiner Kinder – war im religiösen Kontext des Zeitalters gewiß kein Zufall, sondern eine programmatische, eine in jeder Hinsicht identitätsstiftende Absicht: Die vielen erhaltenen Epitaphien, die kunstvollen Grabdenkmäler und wertvollen Altarbilder etwa zeugen noch heute von dieser Form höfisch-feudaler, für die Zeitgenossen unmittelbar wahrnehmbarer Herrschaftspräsentation, in der sich Frömmigkeitskultur, konfessionelle Identifikationsbereitschaft und sakrale dynastische Überhöhung manifestieren. „Herrschaft" personifizierte sich hier augenfällig in der Gestalt des Landesvaters und der Landesmutter, sie artikulierte sich den Blicken der Bevölkerung personal und konkret, nicht abstrakt – sie war eine solche von Dynasten und Dynastenfamilien, also auch der Fürstin als Mitregentin und als oberster Repräsentantin des adeligen höfischen Familienverbandes.[66]

Die Frau des Fürsten wirkte zumeist in der Sphäre der höfisch-aristokratischen Welt, innerhalb des überschaubaren Areals des Residenzschlosses, inmitten ihres eigenen Hofstaats, aus dem in der Regel nur wenige Informationen nach außen drangen, die besonders aussagekräftig waren. Sie unterstützte ihren Mann – bisweilen eher verdeckt und diskret als offen und direkt – bei der Ausübung seiner herrscherlichen

---

[66] Zur Rolle der Frau im höfischen und gesellschaftlichen Leben am Beginn der Neuzeit vgl. neuerdings G. Duby / M. Perrot, Geschichte der Frauen, Bd. 3: Frühe Neuzeit, hg. von A. Farge u. N. Zemon Davis, 1994; M. L. King, Frauen in der Renaissance, 1993; H. Wunder, „Er ist die Sonn', sie ist der Mond". Frauen in der Frühen Neuzeit, 1992; E. Kleinau / C. Opitz, Hg., Geschichte der Mädchen- und Frauenbildung, Bd. 1, 1996; I. Mager, Die Rolle der Frauen in der Reformation, in: 450 Jahre Reformation in Osnabrück, Ausstellungskatalog, 1993, 143–154; A. Schröer, Der Anteil der Frau an der Reformation in Westfalen, in: R. Bäumer, Hg., Reformatio ecclesiae. Festgabe für E. Iserloh, 1980, 641–660; S. Westphal, Frau und lutherische Konfessionalisierung. Eine Untersuchung zum Fürstentum Pfalz-Neuburg, 1542–1614, 1994.

Pflichten und Amtshandlungen, zumal im Rahmen des hierarchischen höfischen Zeremoniells, und sie kümmerte sich als sorgende Mutter mit um die Erziehung des fürstlichen Nachwuchses, um seine religiöse Unterweisung und seine zeitgemäße humanistische Ausbildung im Geiste der Reformation.

So waren vor allem die Fürstentöchter in einer Zeit der ausgeprägten Standessolidarität und der zunehmenden höfischen Exklusivität in hohem Maße begehrte Heiratspartner, die über das Konnubium traditionelle politische Konstellationen vertiefen und neue konfessionelle Optionen unter den Reichsdynastien eröffnen konnten. Die soziale Konfiguration des Reichsfürstenstandes als eines eng verwandten Familienverbandes hing daher zweifellos mit der kunstvollen Heiratspolitik der exponierten Höfe im Reich zusammen, für die etwa das Beispiel der hessisch-sächsischen und der hessisch-württembergischen Liaisonen im Zeichen des neuen Glaubens paradigmatische Einsichten in die personalen Vernetzungsstrukturen und die exklusive Optionspolitik der vornehmen Reichsdynastien im 16. Jahrhundert liefert.[67]

Das Reformationsjahrhundert kannte eine Reihe besonders profilierter, markanter Fürstenfrauen, darunter tatkräftige und energische, machtbewußte und auch unglückliche, tragische Figuren. Viele von ihnen waren im humanistischen Geist erzogen, unprätentiös in der Lebensführung, fest in ihrem Glauben verwurzelt und mit einem Potential an Loyalität und altadeliger Standessolidarität ausgestattet, das über manche dynastischen und politischen Krisen im fürstlichen Familienverband und unter den Höfen klärend und konflikthemmend hinweghalf. In der Stunde ihrer tiefsten Demütigung hielt Christine von Sachsen, die Tochter des altgläubigen Herzogs Georg des Bärtigen, ihrem Mann Philipp von Hessen die Treue, als dieser 1540 eine spektakuläre Nebenehe mit dem Hoffräulein Margarethe von der Saale einging und sich damit – politisch diskreditiert und juristisch dem Bigamievorwurf ausgesetzt –

---

[67] Die enge Verbindung zwischen Hessen und den sächsischen Albertinern wurde so 1519 und 1523 durch zwei Doppelhochzeiten gekrönt: Philipp der Großmütige heiratete Christine von Sachsen, seine Schwester Elisabeth (von Rochlitz) den Bruder Christines, Herzog Johann von Sachsen, beide Kinder des katholischen Herzogs Georg des Bärtigen. Während später die Tochter Philipps des Großmütigen, Agnes, mit dem Kurfürsten Moritz von Sachsen verheiratet war, orientierten sich die drei Söhne Philipps, Wilhelm, Ludwig und Georg, anders, indem sie alle drei Töchter Herzog Christophs von Württemberg ehelichten. Mit diesem spektakulären dynastischen Orientierungswechsel Hessens auf Württemberg, eingeleitet im Jahre 1563, war auch eine temporäre politische und konfessionelle Umorientierung verbunden. Vgl. dazu RUDERSDORF, Ludwig IV. Landgraf von Hessen-Marburg (wie Anm. 17) 67–86; G. WARTENBERG, Luthers Beziehungen zu den sächsischen Fürsten, in: H. Junghans, Hg., Leben und Werk Martin Luthers von 1526 bis 1546, Bd. 1, 1983, 549–571; Bd. 2, 916–929.

auf eklatante Weise dem kaiserlichen Zugriff auslieferte.[68] Am Beginn des Scheiterns der Schmalkaldischen Bundesgenossen stand also nicht zuletzt mit weitreichenden politischen Implikationen eine Familienaffäre ihres prominenten Anführers, die Aufschluß gibt nicht nur über die personengeschichtlich relevanten individuellen Schwächesymptome dieses Mannes in einer kritischen Situation der Reformations- und Reichsgeschichte, sondern auch über den Grad und die Artikulationsformen der Geschlechterbeziehungen zwischen „Mann" und „Frau" in der höfisch-aristokratischen Welt der deutschen Spätrenaissance.

Die eigentliche Stunde der Macht für die Fürstinnen aber schlug erst, als ihre Männer gestorben waren und sie im Witwenstand die Sukzession für ihre minderjährigen Söhne in Gestalt von Vormundschaftsregierungen sicherzustellen hatten. Ein aristokratisches „Frauenregiment" war dies in der Regel nicht, wohl aber oft die Form einer resoluten, machtpolitisch geschickten, die fürstliche Landesherrschaft sichernden Zwischenherrschaft, die durchaus neue und eigenwillige Akzente zu setzen vermochte. Anna von Mecklenburg (für ihren Sohn Philipp von Hessen),[69] Anna von Ostfriesland (für ihre beiden Söhne Edzard II. und Johann)[70] sowie Elisabeth von Braunschweig-Lüneburg-Calenberg (für ihren Sohn Erich II.)[71] sind hierfür zweifellos prominente eingängige Beispiele.

Mit Herzogin Elisabeth von Calenberg, der Tochter des altgläubigen Kurfürsten Joachim I. von Brandenburg, humanistisch gebildet und selbst schriftstellerisch tätig, trat insbesondere eine Vormundschaftsregentin hervor, die 1540 bis 1546 durch Verordnungen, Mandate und Visitationen der Reformation in ihrem Land mit programmatischem Anspruch zum Durchbruch verhalf. Mit Zähigkeit verteidigte sie diese Position gegen die Revisionsversuche Herzog Heinrichs des Jüngeren, ihres benachbarten katholischen Verwandten in Wolfenbüttel: So schrieb sie 1545 einen „Christlichen Sendbrief" an ihre Untertanen und

---

[68] Zu Hintergrund und Motiven: W. W. ROCKWELL, Die Doppelehe des Landgrafen Philipp von Hessen, 1904, ND 1985; W. KÖHLER, Die Doppelehe Landgraf Philipps von Hessen, in: Historische Zeitschrift 94 (1905) 385-411; MÜLLER, Karl V. und Philipp der Großmütige (wie Anm. 54) 23-27; RUDERSDORF, Ludwig IV. Landgraf von Hessen-Marburg (wie Anm. 17) 54-57.
[69] Hessen (IV 261-265).
[70] Ostfriesland (III 167-174). – Neuerdings: H. E. JANSSEN, Gräfin Anna von Ostfriesland – eine hochadelige Frau der späten Reformationszeit (1540/42-1575). Ein Beitrag zu den Anfängen der reformierten Konfessionalisierung im Reich, Diss. phil., Osnabrück 1995 (erscheint in der Reihe „Reformationsgeschichtliche Studien und Texte", Bd. 138, Münster 1997).
[71] Braunschweig-Lüneburg (III 21-24).

ein „Regierungshandbuch" für ihren Sohn Herzog Erich II.; weitere Traktate, Instruktionen und sogar geistliche Lieder, ein „Ehestandsbuch" für ihre Tochter Anna Maria von Preußen sowie schließlich ein „Witwentrostbuch" von 1556 sind erhalten geblieben – Taten und Werke also, die von der tiefreligiösen Gesinnung dieser Frau, aber auch von ihrer wachen politischen Sensibilität und ihrem obrigkeitlichen Selbstverständnis als fürsorglicher christlicher Landesmutter zeugen.[72]

Gerade in dem entschiedenen Auftreten der literarisch tätigen Herzogin Elisabeth von Calenberg in den 1540er und 1550er Jahren zeigte sich sehr eindrucksvoll die Kombination von evangelischem Bekenntnis, von dynastischem Selbstverständnis und humanistischer Gelehrsamkeit, die keineswegs nur ein Qualifikationsmonopol der Männerwelt war, sondern im Zeichen der Renaissance und des reformatorischen Wandels immer stärker auch die Bildungswelt der Fürstentöchter und der Fürstinnen erreichte. Eine im Volksbewußtsein so populäre, wenn auch strenge und herrschsüchtige „Landesmutter" etwa wie die lutherische Kurfürstin Anna von Sachsen, die dänische Königstochter und Ehefrau Kurfürst Augusts, die sich als praktische Ökonomin und energische Ratgeberin hervortat, wäre ohne einen entsprechend geförderten gehobenen Bildungshintergrund nicht denkbar gewesen. Wie kaum eine andere wettinische Fürstin hat die selbstbewußte und ehrgeizige Frau aktiv Einfluß auf die Entwicklung des Kurstaates genommen, hat sie das Konsolidierungswerk ihres Mannes unterstützt und der lutherischen Landeskirche dogmatisch zu festerer Gestalt mitverholfen. In der Verehrung von „Vater August" und „Mutter Anna" sprach sich später die Anerkennung der Menschen für die bemerkenswerte innenpolitische Aktivität des Fürstenpaares aus, die auf die organisatorische, kulturelle und wirtschaftliche Hebung des großen Flächenstaates zielte.[73]

Die bewußt nach außen gewandte Präsentation des Fürstenpaares als „Amtsehepaar", als Landesvater und Landesmutter, analog zur Position des Hausvaters und der Hausmutter, stand nach den Auseinandersetzungen der Reformationszeit erst am Anfang einer Entwicklung, die nach Orientierung und nach Leitbildern suchte und diese schließlich in dem Lebensstil des konfessionellen patriarchalischen Landesstaates

---

[72] Eine moderne Biographie Herzogin Elisabeths fehlt. Vgl. J. KLETTKE-MENGEL, Elisabeth von Braunschweig-Lüneburg (Calenberg), in: Neue Deutsche Biographie 4 (1959) 443-444; WESTPHAL, Frau und lutherische Konfessionalisierung (wie Anm. 66) 297; WUNDER, Frauen in der Frühen Neuzeit (wie Anm. 66) 208-211; MAGER, Frau in der Reformation (wie Anm. 66) 148-149.

[73] Eine moderne Biographie Kurfürstin Annas fehlt. – Albertin. Sachsen (II 23-26). – KÖTZSCHKE/KRETZSCHMAR, Sächsische Geschichte (wie Anm. 53) 219-235; K. BLASCHKE, Sachsen im Zeitalter der Reformation, 1970, 126-128.

fand.⁷⁴ Die deutlich aufgewertete Rolle der gebildeten, der bekenntnistreuen Fürstenfrau entsprach dabei ganz der Vorbildfunktion, die von dem Ideal der intakten christlichen Fürstenfamilie in einem geordneten Fürstenstaat ausgehen sollte. Die soziale und die mentale Rückwirkung dieser Vorbildfunktion auf bestimmte Wahrnehmungs- und Verhaltensmuster innerhalb der partikularen Reichsgesellschaft harrt indessen aber noch weitgehend der Erforschung. Hier könnte die moderne Frauen- und Geschlechtergeschichte, die sich zuletzt stärker als bisher mit Repräsentantinnen der aristokratischen höfischen Oberschicht und deren pointierter Rolle bei der konkreten Machtteilhabe am Fürstenregiment beschäftigt hat, zweifellos zu weiteren neuen Einsichten und komparatistischen Ergebnissen gelangen.⁷⁵

Ein Fazit in fünf Thesen

Der zeitgenössische Quellentopos des „Landesvaters" markiert innerhalb der Zeitspanne des konfessionellen Zeitalters zwischen dem Augsburger Religionsfrieden und dem Ausbruch des Dreißigjährigen Krieges eine spezifische Ausdrucksform betont patriarchalischer konsensorientierter Repräsentations- und Regierungsweise, die als ein konstitutiv politisches und generatives Phänomen der Epoche zu bewerten ist. Der „Landesvater" wuchs aus der älteren Generation der originären Reformationsfürsten heraus und grenzte sich gegen den neuen Fürstentyp am Ende des Jahrhunderts ab, der im Zeichen der beginnenden frühabsolutistischen Herrschaftsweise weit weniger kompromißbereit und ständefreundlich auftrat. Die besondere Rolle der „Landesväter" als Scharniergeneration zwischen den Reformationsfürsten des 16. Jahr-

---

⁷⁴ Dazu vor allem MAIER, Staats- und Verwaltungslehre (wie Anm. 61) 113-119; MÜNCH, Kritik des „Landesvaters" (wie Anm. 50) 15-40; WUNDER, Frauen in der Frühen Neuzeit (wie Anm. 66) 214-215; MÜLLER, Fürstenhof (wie Anm. 62) 8-11, 88-100; HAMMERSTEIN, Physiognomie des konfessionellen Zeitalters (wie Anm. 49) 80-90.
⁷⁵ Dieses Postulat ist auf dem Deutschen Historikertag in München 1996 in der Sektion „Geschlechtergeschichte der höfischen Welt in der Neuzeit" (Leitung: R. SCHULTE) pronociert vorgetragen und diskutiert worden. Insbesondere soll hier an den Beitrag von U. DANIEL „Die Fürstin als höfische Zentralperson. Das Beispiel der Kurfürstin Sophie von Hannover" angeknüpft werden und auch nach der Machtteilhabe der älteren Repräsentantinnen der patriarchalischen „Landesvätergeneration" gefragt werden. Für das „lange" 16. Jahrhundert liegen zu diesem Thema weder systematische Fragestellungen noch moderne interdisziplinäre Ansätze vor, sondern immer nur Einzelaspekte zu Individualpersonen, die für ein komparatistisches empirisches Analyseprofil der Fürstinnen als „Gestalttypus" nicht ausreichen.

hunderts und den exponierten Kriegsfürsten des 17. Jahrhunderts soll zuletzt noch einmal thesenartig konturiert und zusammengefaßt werden.

1. Die Generation der sogenannten Epigonen im Gefolge der Reformation bedarf keiner besonderen Rehabilitierung, sondern einer adäquaten sachgemäßen historischen Verortung, die sich nicht nur am Parameter des Zerfalls der Reichsverfassung, am Mangel an reichspolitischer Solidarität und an der Schwäche des habsburgischen Kaisertums orientiert, sondern auch das originäre Friedensbedürfnis und das innenpolitische Konsolidierungspostulat der meisten deutschen Reichsfürsten ernst nimmt. Geprägt von den säkularen Grundtendenzen der Zeit, der *Territorialisierung* und der *Konfessionalisierung*, erwiesen sich gerade die konfliktscheuen „Landesväter" in der Kontinuität ihrer Vorgänger als erfolgreiche Architekten eines erneuerten und gefestigten Fürstenstaates, sozusagen als aktive *Strukturerneuerer*, nicht selten sogar als vorsichtige *Strukturbegründer* – und zwar auf den zentralen Feldern, in denen Regierungskunst und landesherrliche Autorität im Zeichen der Staatsbildung, der Kirchenerneuerung und der humanistischen Bildungsreform gefragt waren. Mit ihrer eigenständigen Politik der *Verstetigung* haben diese Fürsten in einem entscheidenden Augenblick der territorialen Formierung viel zur konfessionellen und zur mentalen *Traditions- und Identitätsbildung* in den deutschen Ländern beigetragen.

2. Die exponierte Rolle der *Fürstenobrigkeit* macht deutlich, daß ohne den Machtwillen des Landesherrn eine Reform von Kirche und Staat nicht zu erreichen war – weder *vor* noch *nach* der Reformation. Die epochale Gestaltwerdung des konfessionellen deutschen Landesfürstentums zwischen kirchlicher Bekenntnistreue und frühmoderner Staatsbildung war ein Prozeß, der bereits tief in der Tradition der vorreformatorischen Maßnahmen wurzelte und der weit über das eigentliche, das lange Reformationsjahrhundert hinauswies. Das politische System des ständischen Landesstaates mit seinen Loyalitäts- und Abhängigkeitsstrukturen war dabei auf die Integrationsinstanz, auf die Dignität des Fürsten zugeschnitten – auf Fürsten, die in ihrem Selbstverständnis als fürsorgliche und schutzgewährende Obrigkeiten das patriarchalische Regierungsprofil der Zeit entscheidend prägten. *Regierungskunst, Konfessionalität* und *höfische Lebensart* – Komponenten, die den *Gestalttypus* des regierenden Landesvaters charakterisierten – schlossen sich dabei keineswegs aus.

3. Dynastie, Territorium und Reich bildeten im Zeichen der geistigen und der sozialen Mobilisierung im 16. Jahrhundert die entscheidenden Kraftfelder, in denen das Fürstenengagement authentisch zur Entfaltung gelangte, in denen sich *Fürstenbild, Fürstenmentalität* und *Fürsten-*

frömmigkeit ausformen und entwickeln konnten. Nicht mehr vorrangig der Kaiser, sondern das Territorialfürstentum, die stärkste politische Kraft im Reich, gestaltete im Zeichen des konfessionellen Dualismus die politisch-staatliche und die kirchlich-kulturelle Ordnung in Deutschland. Dank der Schubkraft durch Reformation und Konfessionalisierung konnte der gestärkte Fürstenstaat diese Stellung nicht nur behaupten, sondern auf Dauer befestigen und ausbauen. Es ist daher nicht nur legitim, sondern zwingend geboten, die spezifische Ausdifferenzierung dieses Prozesses obrigkeitlicher Territorialisierung im Reich, die sich im Zusammenspiel von handelnden *Figuren* und gesellschaftlichen *Strukturen* vollzog, mit den Methoden einer modernen problemorientierten Komparatistik anzugehen und zu untersuchen.

4. Die Neubewertung der patriarchalischen Landesvätergeneration der deutschen Reichsfürsten im Gefolge der Reformation und des Augsburger Religionsfriedens führt zu einer typologischen Einordnung und Betrachtungsweise, die sowohl die Ebene des Reiches als auch die Ebene des Landesfürstentums gleichermaßen in den Blick nehmen muß. Die Verbreitung der Reformation erfolgte nämlich innerhalb der Spielregeln und der Gesetzmäßigkeiten des territorialisierten, später bikonfessionell gewordenen paritätischen Reiches und seiner Verfassungsstrukturen, so daß es sachlich und methodisch erforderlich ist, das regionale Geschehen korrelierend mit der allgemeinen Reichsgeschichte zu verbinden und zur Darstellung zu bringen. Das gilt insbesondere auch für die Position der vielen regionalen Machtträger im Reich, die eine Existenz zwischen Territorialfürstentum, Partizipation am Funktionieren der Reichsinstitutionen und der Loyalität zu Kaiser und Reich führten. Die vergleichende Typologie der fürstlichen Landesväter gehört zentral in diesen Zusammenhang hinein und liefert einen Baustein für die wichtige, bislang noch nicht geschriebene *Geschichte des Reichsfürstenstandes* im Alten Reich – für die Geschichte jener privilegierten politischen Führungsschicht und sozialen Herrschaftselite im Reich, die maßgeblich für die Ausgestaltung und das Funktionieren der frühneuzeitlichen deutschen Territorial- und Reichsverfassung verantwortlich war.

5. Der Weg zu einer Geschichte des Reichsfürstenstandes führt sinnvollerweise über die Fürsten selbst, über die entscheidenden Handlungsträger im Reich und in den Territorien. Angesichts einer so gewichteten zentralen Stellung des Fürsten scheint es demnach angemessen, auch – aber nicht nur – in der anspruchsvollen Gattung der problemorientierten modernen Biographik ein legitimes historiographisches Mittel zu sehen, das geeignet ist, das Problem einer synthetischen Analyse der verschiedenen Politik- und Gestaltungsfelder kreativ zu lösen und im Rahmen einer langen komplexen Lebensgeschichte korrelierend zusammenzufügen. Auf diese Weise wäre der drohenden Fragmentarisierung

und Segmentierung, auch der einseitigen Spezialisierung in einzelne historische Teilfelder ein Stück weit entgegengewirkt und der ebenso wichtigen wie notwendigen Längsschnittanalyse sozialer und wirtschaftlicher Strukturen, den Wirk- und Prägekräften der „langen Dauer" (F. Braudel), ein stärker personal-orientiertes Korrektiv in Gestalt von lebensgeschichtlichen Generationsbilanzen zur Seite gestellt – dies zumal für eine Zeit, in der der frühneuzeitliche Fürstenstaat mit seinem wachsenden bürokratischen Disziplinierungsapparat immer mehr die Oberhand über die ständischen Gegenkräfte des Adels und des auf Autonomie bedachten städtischen Bürgertums gewann. Eine solcherart geforderte methodische Verknüpfung von Persönlichkeits- und von Strukturelementen könnte die Diskussion über die Herrschaftseliten im Reich zweifellos neu befruchten und nicht zuletzt auch die kulturgeschichtlich bedeutsame anthropologische Dimension der personengeschichtlichen Fragestellung neu legitimieren und wirkungsvoll zur Geltung bringen.

Konfessionalisierung, Reich und deutsche Nation

von Georg Schmidt

„Wir müssen platterdings von der Religion als Religion abstrahieren, und diese Sache als etwas politisches, da es um Fried und Ruh im Reich zu tun ist, ansehen . . ."[1] Johann Jakob Moser forderte 1730 nicht mehr, als das Grundgesetz Westfälischer Frieden diesem Reich verordnete. Lazarus von Schwendi hatte 1574 Kaiser Maximilian II. ganz ähnlich geraten, den Religions- und Landfrieden fest und unparteiisch zu halten, denn vorerst gebe es keine Alternative zu einer „mit gemeiner Autorität . . . zugelassene(n) Toleranz beider Religionen".[2] Die dem Augsburger Religionsfrieden verpflichtete, parallel zu den Forderungen der Politiques in Frankreich auftauchende Vorstellung, die politisch-staatliche Handlungsfähigkeit über den religiösen Zwiespalt zu stellen, einte zu Beginn des Dreißigjährigen Krieges wenigstens einen Teil der im späthumanistischen Geist erzogenen Führungselite: „Und soll uns Politische der gelehrte Theologen Zanck und Ohneinigkeit nicht so viel hindern können."[3]

Wie der Mainzer Jurist Michel Kreps traten zwar viele Fürstenberater für den Primat der Politik ein, die Bewältigung des konfessionellen Dissenses blieb jedoch bis zum Ende des Alten Reiches umstritten: Die Regelungen des Osnabrücker Friedensvertrages („amicabilis compositio")[4] ermöglichten es, den Glauben erneut für säkulare Konflikte zu instrumentalisieren. Ob man in diesem Zusammenhang von „Rekonfessionalisierung" sprechen sollte oder nicht[5], der 1648 festgeschriebene Zwang zum gütlichen Vergleich war eine Reaktion auf die Erfahrungen der Zeit um 1600, als im Zuge vorwiegend konfessioneller Auseinandersetzungen nach und nach alle Instanzen der Reichsverfassung blockiert wor-

---

[1] Johann Jacob Moser, Bibliotheca iuris publici, Tl. 2, Stuttgart 1730, 430. – Für die kritische Kommentierung des Manuskripts danke ich Herrn Andreas Klinger, M. A., und Herrn Joachim Berger (beide Jena).
[2] Lazarus von Schwendis Bedenken an Kaiser Maximilian den Anderen, in: P. Joachimsen, Der deutsche Staatsgedanke von seinen Anfängen bis auf Leibniz und Friedrich den Großen, 1921, 118–141, Zitat 137.
[3] M. Kreps, Teutsche Politik oder Von der Weise wol zu Regieren in Frieden und Kriegszeiten, Frankfurt a.M. 1620, 13. Zit. n. M. Stolleis, Lipsius-Rezeption in der politisch-juristischen Literatur des 17. Jahrhunderts in Deutschland, in: Ders., Staat und Staatsräson in der frühen Neuzeit, 1990, 232–267, 245.
[4] IPO Art. V §§ 51 und 52. Instrumenta Pacis Westphalicae, bearb. v. K. Müller, 3. Aufl. 1975.
[5] Vgl. G. Haug-Moritz, Württembergischer Ständekonflikt und deutscher Dualismus. Ein Beitrag zur Geschichte des Reichsverbandes in der Mitte des 18. Jahrhunderts, 1992, 138; dies., Kaisertum und Parität, in: Zeitschrift für Historische Forschung 19 (1992) 445–482; K. O. v. Aretin, Das Alte Reich 1648–1806, Bd. 1, 1993, 366, Anm. 6.

den waren. Dennoch bleibt ein Unterschied: Im 18. Jahrhundert wurde die Mehrkonfessionalität nicht mehr prinzipiell in Frage gestellt, um 1600 hingegen schon.

Weil das politische System „Kaiser und Reich" nicht mehr funktionierte, konnte es die konfessionellen Konflikte auch nicht mehr regulieren. Was wie ein Zirkelschluß aussieht, war eines der Grundprobleme des frühneuzeitlichen Deutschland: seine Staatlichkeit. Wichtigste Vorbedingung des inneren Friedens ist eine staatliche Ordnung, die diesen dauerhaft und flächendeckend garantiert. Da der Kaiser im Reich über kein Gewaltmonopol verfügte, blieb die Friedenswahrung abhängig von einer Übereinkunft zwischen ihm und den Reichsständen. Die Ausgestaltung dieses Herrschaftskompromisses war jedoch umstritten – und zwar sowohl auf den Reichstagen als auch in der staatsrechtlichen Theorie. Gerade im 17. Jahrhundert wurde daher erbittert um Form und Räson des Reichs gerungen.

Nach dem Verlust der religiösen Einheit fehlte dem Reich mehr denn je ein Integrationsideal, ein Wert, der wie das nationale Königtum in Frankreich die Konfessionskonflikte zu überwölben und damit zu relativieren versprach. Pragmatische Politik – und sei sie als Krisenmanagement noch so erfolgreich – konnte dafür kein Ersatz sein. Alle kaiserlichen Versuche einer stärkeren Monarchisierung und staatlichen Durchdringung des Reichs scheiterten am Widerstand der auf die „teutsche Libertät" pochenden Stände. Zudem eignete sich das Habsburger Kaisertum wegen seiner Randlage, seiner weit über die Grenzen der deutschen Nation hinausweisenden Interessen und seiner schließlich dezidierten religiösen Parteinahme ohnehin nur bedingt als Integrationszentrum. Wolfgang Ratke, ein an den kleineren Höfen Mitteldeutschlands überaus einflußreicher Didaktiker, übergab daher 1612 auf dem Frankfurter Wahltag ein Memorial, das sich vor allem mit dem Problem beschäftigte, „wie im ganzen Reich, ein einträchtige Sprach, ein einträchtige Regierung, und endlich auch ein einträchtige Religion bequemlich einzuführen und friedlich zu halten ..." sei.[6]

Dieser bemerkenswerte Einheitswunsch war im Deutschland der staatlichen, konfessionellen und sprachlich-kulturellen Vielfalt nicht realisierbar. Die zentrale Prämisse reichsgeschichtlicher Forschungen – die enge Verbindung von Konfessionalisierung und Territorialstaatsbildung habe die Zersplitterung verstärkt und zur Desintegration des Reiches geführt[7] – ist dennoch neuerlich auf ihre Stimmigkeit zu überprüfen.

---

[6] Die neue Lehrart. Pädagogische Schriften Wolfgang Ratkes, eingeleitet von G. Hohendorf, 1957, 49.

[7] Vgl. etwa O. DANN, Nation und Nationalismus in Deutschland 1770–1990, 1993; H. SCHULZE, Staat und Nation in der europäischen Geschichte, 1994, 61; H. SCHILLING, Nationale Identität und Konfession in der europäischen Neuzeit, in: B. Giesen, Hg., Nationale und kulturelle Identität, 1991, 192–252, bes. 235ff.

Eine Darstellung der Konfessionalisierung dürfte nur dann „das Reich als ganzes weitgehend ausblenden"[8], wenn von ihm keine Wirkung mehr ausgegangen wäre. Davon kann jedoch keine Rede sein: Der politische Zusammenhang blieb ganz offensichtlich auch über den Dreißigjährigen Krieg hinaus gewahrt. Die konfessionelle Mobilisierung hat die gemeinsame politisch-staatliche Tradition nicht völlig überlagert. Allein dies scheint Anlaß genug, um einmal nicht das Konfessionelle, sondern den politischen Minimalkonsens Reich und die ‚deutsche Nation' ins Zentrum zu rücken. Gefragt wird zum einen, wie sich der konfessionell einheitliche Landesstaat und „ein Reichskirchensystem der Parität und der konfessionellen Relativierung bzw. Neutralität . . ." vertrugen[9], und zum anderen nach Teilhabevorstellungen, die dem Gedanken einer deutschen Nation als ständeübergreifende integrative Leitperspektive unabhängig von den konfessionellen Parteiungen Ausdruck geben könnten.

Dieser Ansatz ist dem in den politischen Wissenschaften entwickelten Konzept der politischen Kultur verpflichtet.[10] Aufgedeckt werden sollen die im normativ-institutionellen Bereich angelegten Vorstellungsbündel und Handlungsmuster, Denk- und Gestaltungsmöglichkeiten, die zeigen, was in den regional, ständisch und konfessionell abzugrenzenden Großgruppen denkbar war. Als Indikator und Parameter dient das Handlungsmuster ‚Teilhabe', weil es sowohl die unmittelbar politischen Partizipationsvorstellungen als auch gruppen-, schicht- und gesellschaftsspezifische Identifikationsmuster einschließt. Es transportiert Haltungen und Wertvorstellungen, die auf Relativierung ständischer Ungleichheit zielen und die als Partizipationsverheißungen auch für den modernen Nationalismus von grundlegender Bedeutung waren.[11]

‚Teilhabe' meint zum einen die durch Politisierung in den unterschiedlichen Gruppen herangereiften und in offenen Konflikten oder in symbolischen Handlungen verfochtenen Partizipationswünsche von der gemeindlichen Selbstverwaltung bis zu ständischen Herrschaftsmodellen. Diese politisch-emanzipatorischen Vorstellungen einer Beteiligung an der Herrschaftsausübung wollten die ständische Ungleichheit zwar nicht überwinden, sie aber kalkulierbarer und transparenter ma-

---

[8] H. R. SCHMIDT, Konfessionalisierung im 16. Jahrhundert, 1992, 2.
[9] M. HECKEL, Deutschland im konfessionellen Zeitalter, 1983, 64.
[10] K. ROHE, Politische Kultur und ihre Analyse. Probleme und Perspektiven der politischen Kulturforschung, in: Historische Zeitschrift 250 (1990) 321–346; C. LIPP, Politische Kultur oder das Politische und Gesellschaftliche in der Kultur, in: Geschichte und Gesellschaft, Sonderheft 1996, 80–112.
[11] Vgl. D. LANGEWIESCHE, Nation, Nationalismus: Forschungsstand und Forschungsperspektiven, in: Neue Politische Literatur 40 (1995) 190–236, bes. 192–197.

chen.¹² ‚Teilhabe' zielt zum anderen auf den affirmativen Bereich der durch unterschiedliche Identifikationsmuster geprägten Zugehörigkeiten. Die dafür maßgeblichen Wertmuster von einfachen Loyalitäten bis zu nationalen Stereotypen wirken in hohem Maße politisch, weil sie die Vergesellschaftung der Individuen steuern und sowohl für die Stabilität in den ständisch, regional und konfessionell geschiedenen Großgruppen als auch für übergreifende Zugehörigkeitsempfindungen sorgen. Kirchengebete für Landesherrn und Kaiser oder gegen die Türken, die Allgegenwart bestimmter Symbole auf Wappen, Münzen und Medaillen, Dankfeste, Konfessionspolemiken, Konstruktion und Zuweisung von Feindbildern, Erinnerung an Sprach- und Kulturleistungen, Anpassung von Stereotypen und Vorurteilen¹³ dienen als Bestätigung des Eigenen zugleich der Loyalitätssicherung und der Aus- bzw. Abgrenzung von Fremden und anderem.

Bei allem Konstruierten und Gemachten benötigen auch die „imaginierten" Nationen¹⁴ stände- und regionenübergreifend gültige Haltungen und Wertmuster, um dauerhaft stabil zu bleiben.¹⁵ Damit verbindet sich die in jüngster Zeit diskutierte Frage, ob die deutsche Nation bereits in der Frühen Neuzeit ein übergreifendes Verhaltensmuster bot, das die vergleichsweise stabilen gesellschaftlichen Gruppierungen als Leitperspektive einer gemeinsamen politischen Kultur, wenn nicht zu überwinden, so doch anzunähern und zu integrieren versprach?¹⁶

Die Staatlichkeit des Reichs

Am Ausgang des Mittelalters erfuhr das Reich einen gewaltigen „Verdichtungsschub".¹⁷ Vor allem auf dem Wormser Reichstag von 1495, eine Art Schnittpunkt aus mittelalterlicher Verfaßtheit und frühneuzeit-

---

¹² Vgl. P. BLICKLE, Landschaften im Alten Reich, 1973; DERS., Deutsche Untertanen. Ein Widerspruch, 1981; DERS., Kommunalismus, Parlamentarismus, Republikanismus, in: Historische Zeitschrift 242 (1986) 529–556; DERS., Gemeindereformation, 1985.

¹³ W. SCHULZE, Die Entstehung des nationalen Vorurteils, in: Geschichte in Wissenschaft und Unterricht 11 (1995) 642–665.

¹⁴ B. ANDERSON, Imagined Communities. Reflections on the Origin and Spread of Nationalism, 1983 (dt.: Die Erfindung der Nation, 2. Aufl. 1993).

¹⁵ Vgl. richtungsweisend M. MAURER, ‚Nationalcharakter' in der frühen Neuzeit, in: R. Blomert u. a., Hg., Transformation des Wir-Gefühls, 1993, 45–81.

¹⁶ Vgl. W. HARDTWIG, Vom Elitebewußtsein zur Massenbewegung. Frühformen des Nationalismus in Deutschland 1500–1840, in: Ders., Hg., Nationalismus und Bürgerkultur in Deutschland 1500–1914, 1994, 34–54; LANGEWIESCHE, Nation (wie Anm. 11) bes. 201f.

¹⁷ P. MORAW, Von offener Verfassung zu gestalteter Verdichtung. Das Reich im späten Mittelalter 1250 bis 1490, 1985; DERS., Über König und Reich, 1995.

licher Verfassung[18], verordneten sich König Maximilian und die anwesenden Reichsstände – zaghaft und versuchsweise – erste übergreifende staatliche Züge. Es entstand ein variables, anpassungsfähiges Staatengefüge mit kaiserlicher Spitze, das zunächst aber auf Oberdeutschland, den Raum zwischen Alpen und Mittelgebirgen, beschränkt blieb. Wer nicht auf den Reichstagen erschien und sich nicht an den Lasten dieses engeren Reiches beteiligte, wollte nicht dazugehören und konnte auch nicht dazu gezwungen werden. An diesem Reichstags-Deutschland (Peter Moraw) zeigten sich vor allem die eidgenössischen und die niederländischen Stände wenig interessiert. Obwohl sie von Maximilian hart bedrängt wurden, entzogen sie sich den neuen Belastungen. Ähnliches gilt für das Königreich Böhmen mit seinen Nebenländern. Obwohl diese durch die Habsburger wieder enger an das politische System des Reichs herangeführt wurden, blieb die unmittelbare Teilhabe doch auf die aus älteren Traditionen stammende römische Königswahl beschränkt. Während sich das Reich in seinen oberdeutschen Kernbereichen konsolidierte, verharrten die niederdeutschen Stände auf der älteren, unverbindlicheren Reichszugehörigkeit. Sie beobachteten aus der Distanz, wie die zunächst noch rudimentäre Staatlichkeit der einzelnen Ebenen – Länder, Kreise, Bündnisse, auf das Reich bezogene Korporationen, das Reich selbst – sich im großen und ganzen so gut ergänzte, daß der Gesamtverbund mit dem Kaiser an der Spitze handlungsfähig blieb. Zur Vermeidung komplizierter Umschreibungen soll dieses vorerst noch oberdeutsche Gefüge komplementärer Staatlichkeit als Reichs-Staat bezeichnet werden.[19] Damit erfolgt eine Anlehnung an die Quellensprache, die mit dem Begriff „Staat" einerseits Regierungsform und Verfassungsordnung meinte[20], andererseits aber den Reichs-Staat als unbedingt notwendige Ergänzung den Fürsten-Staaten gegenüberstellte. Diese Bindestrichbildung drückt – ganz im Sinne Kosellecks – „neue Er-

---

[18] P.-J. HEINIG, Die Vollendung der mittelalterlichen Reichsverfassung, in: R. Mussgnug, Hg., Wendemarken in der deutschen Verfassungsgeschichte, 1993, 7–31; H. ANGERMEIER, Die Reichsreform, 1984; G. SCHMIDT, Der Wormser Reichstag von 1495 und die Staatlichkeit im ‚hessischen' Raum, in: Hessisches Jahrbuch für Landesgeschichte 46 (1996) 115–136.
[19] Christoph Laurentius BILDERBECK, Teutscher Reichs-Staat, Leipzig 1709; Peter WOLFTER, Geschichte der Veränderung des deutschen Reichsstaats, Zürich 1789, Ch. L. LEUCHT, Des Heiligen Römischen Reichs-Staats Acta, Frankfurt/M. 1715–1722. Vgl. B. ROECK, Reichsherkommen und Reichssystem. Die Diskussion um die Staatlichkeit des Reiches in der politischen Publizistik des 17. und 18. Jahrhunderts, 1984; G. SCHMIDT, Deutschland am Beginn der Neuzeit: Reichs-Staat und Kulturnation? in: Ch. Roll, Hg., Recht und Reich im Zeitalter der Reformation, 1996, 1–30.
[20] ZEDLER, Grosses vollständiges Universal-Lexikon, Bd. 40, Leipzig/Halle 1744, 639; vgl. ROECK, Reichsherkommen (wie Anm. 19) 16ff.

fahrungen oder Hoffnungen" aus.[21] Christian Wolff sah 1721 „das ganze Römische Reich deutscher Nation als ein[en] Staat".[22] Pütter sprach von einem Staatenstaat, von „mehreren besonderen, jedoch einer gemeinsam höhern Gewalt noch untergeordneten Staaten"[23], wieder andere vom „Reichs-Staat".[24] Gönner meinte noch 1804 lapidar: „Teutschland ist Ein Staat".[25] Zwar war Hegel dezidiert anderer Ansicht[26], doch er ging von einem „moderneren" Staatsbegriff aus, der Vorstellungen vom Macht-, National- und Steuerstaat einschloß. In dieser Konnotation ist der Staatsbegriff für die Geschichte des Alten Reiches unbrauchbar. Er hat dazu geführt, daß das frühneuzeitliche Reich den Historikern des 19. und 20. Jahrhunderts lange Zeit als Quantité négligeable galt und die deutsche Geschichte nach 1648 häufig zur brandenburgisch-preußischen Vorgeschichte der kleindeutschen Reichsgründung Bismarcks geriet.

Vor etwa dreißig Jahren begann die Umorientierung. Historiker wie Aretin[27], Oestreich[28], Lutz[29] oder Schubert[30] erkannten, daß der ‚Staat', die Leitkategorie der älteren deutschen Geschichtsschreibung, zu sehr den Gedanken des nationalen Machtstaats transportierte, um den andersartigen Verhältnissen des frühneuzeitlichen Reichs gerecht zu werden. Sie erinnerten zugleich daran, daß es vor 1806 sehr wohl einen übergreifenden Zusammenhang und Zusammenhalt in der deutschen Geschichte gab. Die neuen Einsichten setzten sie gegen die weitverbreiteten negativen Einschätzungen mit Hilfe des Quellenbegriffes „Heiliges Römisches Reich deutscher Nation"[31] sowie des den Sozialwissenschaften entlehnten und von Peter Moraw und Volker Press eingeführten

---

[21] R. KOSELLECK, Einleitung, in: Geschichtliche Grundbegriffe, Bd. 1, 1972, XIII–XXVII, Zitat XXIII.

[22] Christian WOLFF, Vernüfftige Gedanken Von dem Gesellschaftlichen Leben der Menschen . . ., Frankfurt/Leipzig 5. Aufl. 1740, 570.

[23] Johann Stephan PÜTTER, Beyträge zum Teutschen Staats- und Fürsten-Rechte, Tl. 1, Göttingen 1777, 30f. Vgl. U. SCHLIE, Johann Stephan Pütters Reichsbegriff, 1961, 46ff.

[24] Wie Anm. 19.

[25] Nicolaus Thaddäus GÖNNER, Teutsches Staatsrecht, Landshut 1804, 94.

[26] G. W. F. HEGEL, Politische Schriften, hg. v. G. Irrlitz, 1970, bes. 3.

[27] K. O. Frhr. v. ARETIN, Heiliges Römisches Reich 1776–1806. Reichsverfassung und Staatssouveränität, Tle. 1–2, 1967.

[28] G. OESTREICH, Geist und Gestalt des frühmodernen Staates. Ausgewählte Aufsätze, 1967.

[29] H. LUTZ, Christianitas afflicta. Europa, das Reich und die päpstliche Politik im Niedergang der Hegemonie Kaiser Karls V. (1552–1556), 1964.

[30] F. H. SCHUBERT, Die deutschen Reichstage in der Staatslehre der frühen Neuzeit, 1966.

[31] H. WEISERT, Der Reichstitel bis 1806, in: Archiv für Diplomatik 40 (1994) 441–513. Diese Studie stellt Bezeichnungen für das Reich chronologisch zusammen und zeigt, daß es so etwas wie einen offiziellen Reichstitel nie gab.

Systembegriffs durch.³² Das Alte Reich als „politisches System" oder als „Verfassungsgefüge" sind Umschreibungen, die in vielen neueren Studien verwendet werden und inzwischen als unstrittig gelten dürfen. Der Systembegriff zur Kennzeichnung der besonderen staatsrechtlichen Verhältnisse im Alten Reich findet sich im übrigen schon in den zeitgenössischen Texten, ebenso die Metapher vom Staatskörper mit Haupt und Gliedern.³³ Im Zedler bilden „Staats-Cörper", „Staats-Systema", „Systema status Publici" und „Forma Regiminis" ein Stichwort und werden als „Staat, oder die Verfassung eines Landes, oder einer Republik..." definiert.³⁴

Für die heutige Einschätzung des Alten Reiches stellt sich ein ähnliches Definitionsproblem. Der große Zuwachs an Kenntnissen über dessen Funktion und Funktionieren führt zu einer beinahe paradoxen Erscheinung: Je mehr sich dadurch das politische System verdichtet, Strukturen, Grenzen, Handlungskompetenz, Rationalität und Identität gewinnt, desto stärker nähert sich das Reich wiederum Staatsvorstellungen, die bereits im 18. Jahrhundert mit dem Begriff Reichs-Staat verbunden wurden und die eine durch die Verfassungsordnung sich ergebende Staatlichkeit meinten. Der Reichs-Staat ist das Ergebnis einer langen Entwicklung und seiner mit dem Reichsgrundgesetz Westfälischer Frieden neu akzentuierten Verfassung. Er aktualisiert und konkretisiert sich sowohl in der gemeinsamen Willensbildung von Kaiser und Reich(sständen) als auch in zielgerichteter Handlungsfähigkeit, nicht aber in „Macht", „Zentralität" oder „Angriffsfähigkeit". Kaiser und Reich wurde die staatliche Qualität von den Zeitgenossen auch nicht bestritten. Dies zeigt sich gerade in den Beziehungen zu anderen europäischen Staaten.³⁵

Der Reichs-Staat war ein Verfassungssystem komplementärer Staatlichkeit, kein National-, kein Macht- und auch kein Steuerstaat. Die Gerichts- und Steuerhoheit, die Verwaltung von Land und Leuten oblag den Reichsständen. Doch sie blieben auf den Reichs-Staat als Verteidigungs-, Rechts- und Friedensgemeinschaft angewiesen. Dieser besaß

---

³² P. MORAW / V. PRESS, Probleme der Sozial- und Verfassungsgeschichte des Heiligen Römischen Reiches im späten Mittelalter und in der frühen Neuzeit (13. – 18. Jahrhundert), in: Zeitschrift für Historische Forschung 2 (1975) 95–108; V. PRESS, Das römisch-deutsche Reich – ein politisches System in verfassungs- und sozialgeschichtlicher Fragestellung, in: G. Klingenstein / H. Lutz, Hg., Spezialforschung und ‚Gesamtgeschichte', 1981, 241–242.
³³ Vgl. ROECK, Reichsherkommen (wie Anm. 19) bes. 29, 35f. und passim.
³⁴ ZEDLER, Universal-Lexicon (wie Anm. 20) Bd. 39, Sp. 647.
³⁵ Vgl. J.-F. NOËL, Le Concept de Nation Allemande dans L'Empire au XVIIe siècle, in: XVIIe Siècle 44 (1992) 325–344; vgl. auch Art. Staat und Souveränität, in: Geschichtliche Grundbegriffe, Bd. 6, 1–128, (hier bes. die Beiträge von W. CONZE und D. KLIPPEL).

zwar nur ein geringfügiges Erzwingungspotential, doch der Solidaritätsdruck war hoch.

Die jüngsten Forschungen zu den westeuropäischen Staats- und Nationsbildungen zeigen überdies, daß auch sie in der frühen Neuzeit keineswegs so festgefügt waren wie bisher angenommen. Der Staatsbegriff wurde modifiziert: „composite states" oder „mixed monarchies" erscheinen inzwischen als Schlüsselbegriffe zum Verständnis vormoderner Staatlichkeit[36]. Sie lassen sich auch für das Alte Reich nutzbar machen. Die Kategorie Reichs-Staat und deren heuristische Erläuterung als komplementäre Staatlichkeit bringen zudem eine historische Alternative in Erinnerung, die nicht zum nationalen Machtstaat führte und bisher begrifflich schwer zu fassen war. Die Besonderheiten der deutschen Entwicklung werden mit der Kennzeichnung eines Reichs-Staats nicht eingeebnet, sondern akzentuiert und in europaweite Diskussionsprozesse eingebracht.

Reformation und Nation

Die zaghaften staatlichen Konzentrationsversuche um 1500 waren begleitet von einer Art nationalem Aufbruch der deutschen Humanisten. Unter Rückgriff auf ältere nationale Sentiments, Einschätzungen und Vorurteile[37] sowie auf die gewohnten Unterscheidungen in Konzils-, Universitäts- oder Kaufmannsnationen erfanden sie die deutsche Nation als Integrationsideologie, indem sie diese in die Kontinuität der Germanen stellten und als Kultur- und Sprachraum definierten. Die Frontstellung zum romanischen Bereich schuf zudem ein hohes Maß an Abgrenzungsidentität.[38] Dennoch blieb die deutsche Nation „eine undeutliche Angelegenheit".[39] Sie konnte eine funktional-korporative Zuordnung, die auf dem Reichstag vertretenen deutschen Stände, die geographisch nur

---

[36] J. H. ELLIOT, A Europe of Composite Monarchies, in: Past & Present 137 (1992) 48–71.

[37] Dazu MAURER, Nationalcharakter (wie Anm. 15) bes. 55–61.

[38] Vgl. K. F. WERNER und B. SCHÖNEMANN, Art. Volk, Nation (Mittelalter, Frühe Neuzeit, 19. Jahrhundert) in: Geschichtliche Grundbegriffe, Bd. 7, 171–380; A. SCHRÖCKER, Die deutsche Nation. Beobachtungen zur politischen Propaganda des ausgehenden 15. Jahrhunderts, 1974; E. ISENMANN, Kaiser, Reich und deutsche Nation am Ausgang des 15. Jahrhunderts, in: J. Ehlers, Hg., Ansätze und Diskontinuität deutscher Nationsbildung im Mittelalter, 1989, 145–246; H. LUTZ, Die deutsche Nation zu Beginn der Neuzeit, in: Historische Zeitschrift 234 (1982) 529–559; K. ZEUMER, Heiliges Römisches Reich deutscher Nation, 1910; U. NONN, Heiliges Römisches Reich deutscher Nation, in: Zeitschrift für Historische Forschung 9 (1982) 129–142; H. THOMAS, Die Deutsche Nation und Martin Luther, in: Historisches Jahrbuch 105 (1985) 426–467; A. G. DIKKENS, The German Nation and Martin Luther, 1974.

[39] SCHULZE, Staat (wie Anm. 7) 115.

vage bestimmten deutschen Lande oder ein auf Sprache, Erinnerung, Kultur und Ethnie basierendes Vorstellungsbündel bezeichnen, das Zugehörigkeit und Teilhabe implizierte. So oder so zielte „deutsche Nation" auf Integration und forderte Solidarisierung. Die auf Herrschaft bezogenen ‚nationalen' Vorstellungen des Adels wurden von der geistigen Elite aufgegriffen und waren – entsprechend umgedeutet – auch im Volk bekannt.[40]

Die Erinnerung an eine, meist fiktive, dafür aber glorreiche und als gemeinsam erlebt gedachte Vergangenheit schafft „imagined communities"[41]. Wimpfeling, Celtis, Cochläus und viele andere schrieben, um eine nationale Erfahrungsgemeinschaft zu erzeugen. Sie rekurrierten auf Zuordnung und Zugehörigkeitsempfindungen sowie auf Abgrenzung von Fremden und anderem. Um 1500 entstand, wenn auch zunächst nur unter den Gelehrten, das Bild einer den romanischen Ländern überlegenen Erinnerungsgemeinschaft, einer ursprünglichen und unverdorbenen Nation. Daß dieser „Nationalismus" keineswegs nur defensiv ausgerichtet war, beweisen seine gegen Frankreich gewendeten Tendenzen, die sich im Umfeld der Königswahl 1519 auch im Adel und im Volk lautstark artikulierten und denen eine gewisse Gewaltbereitschaft innewohnte.[42]

Der Erfolg Martin Luthers ist bei aller Eigenständigkeit in Glaubensfragen von diesen nationalen Zeitstimmungen schwer zu trennen. Seine Adelsschrift, die er dezidiert an Kaiser und Reichsstände, mithin an den Reichstag richtete, führte die Gravaminadiskussion nicht nur fort, sondern bündelte sie in entscheidender Weise. Luther machte aus den „anti-welschen" Tendenzen ein gegen den Papst und Rom gerichtetes Feindbild, das ungemein populär wurde und ihn in Deutschland zum Helden werden ließ. „Darumb lassit uns auff wachen, lieben Deutschen und got mehr den die Menschen furchten . . ."[43] Die deutsche Nation, Bischöfe und Fürsten, sollten ihr Land nicht länger von Rom aussaugen lassen. Luthers Nationsverständnis ist zwar uneinheitlich, doch er gab der ‚deutschen Nation' Profil, in dem er Reformbereitschaft und die politische Botschaft ‚los von Rom' mit ihr identifizierte.

---

[40] Vgl. dazu die stellenweise nur als „deutschtümelnd" zu charakterisierenden Passagen: Das Buch der Hundert Kapitel und der Vierzig Statuten des sogenannten Oberrheinischen Revolutionärs, hg. v. A. Franke und G. Zschäbitz, 1967.
[41] ANDERSON, Communities (wie Anm. 14). Vgl. auch J. J. SHEEHAN, Nation und Staat. Deutschland als ‚imaginierte Gemeinschaft', in: M. Hettling / P. Nolte, Hg., Nation und Gesellschaft, 1996, 33–45.
[42] Zum folgenden demnächst auch G. SCHMIDT, Luther und die frühe Reformation – ein nationales Ereignis? in: B. Moeller, Hg., Die frühe Reformation als Umbruch.
[43] D. Martin Luthers Werke, WA, Bd. 6, 415.

Luther hat sich zwar an den „nationalen" Zeitgeist angehängt, doch er trieb diese Strömungen voran, indem er sie wortgewaltig bündelte und ihnen mit dem Papst ein allgegenwärtiges und einheitliches Feindbild schuf. Er wirkte über ständische und regionale Grenzen hinweg und erhöhte die Politisierung und Gewaltbereitschaft. Der gemeine Mann in Stadt und Land ging gegen die Geistlichen und gegen den Besitz der Kirche vor. Die meisten Humanisten und viele Niederadelige scharten sich hinter die Autonomieforderungen Luthers. Zudem stärkte er das Selbstbewußtsein der deutschen (Adels-)Nation: Im Gegensatz zur Stoßrichtung der Gravamina, den Papst um die Reduzierung der Lasten zu bitten, wies Luther sie an, diese dem Papst sofort zu entziehen.[44] Luther appellierte an den Reichstag, Deutschland von Rom zu lösen, um seine seelsorgerischen wie theologisch-dogmatischen Zielvorstellungen zu verwirklichen.

Der nach Worms ziehende Luther war eine nationale Symbolfigur. Seine Vorstellungen wurden in einem politisch-nationalen Kontext wahrgenommen. Herzog Wilhelm IV. von Bayern sprach aus, was viele dachten: „von ganz Deutschland wäre Luther nicht bloß begünstigt, sondern geradezu angebetet worden, hätte er sich auf seine ersten Aufstellungen beschränkt und nicht in offenbare Irrtümer bezüglich des Glaubens verwickelt".[45]

Kurfürsten und Ständenation hatten Karl V. zur Anerkennung ihrer älteren Mitwirkungsrechte in einer von nationalen Tönen nicht freien Wahlkapitulation gezwungen. Der niedere Adel rebellierte gegen die Unterwerfungsabsichten der Reichsfürsten. Das Volk – und zwar offensichtlich unabhängig von regionalen oder herrschaftlichen Zuordnungen – nahm Luthers Botschaften, die es aus seinen Seelen- und Gewissensnöten befreien sollten, allzu wörtlich. Die vielen sozialen Unruhen in Stadt und Land, die das Zeitalter Maximilians geprägt hatten, setzten sich in den frühen reformatorischen Bewegungen fort, wo mit der neuen Lehre auch partizipatorische Forderungen verbunden wurden, die ständische Schranken relativierten. Man denke nur an die zunächst auch von Luther favorisierte Pfarrerwahl, die der gemeindlichen Autonomie neue Impulse gegeben hätte und an das göttliche Recht der Bibel, das vor allem die oberdeutsch-schweizerischen Reformatoren im Gegensatz zu Luther zur Richtschnur des Lebens in dieser Welt machen wollten.

Starke Politisierung und Partizipationsforderungen finden sich zu Beginn der Neuzeit in allen sozialen Gruppen. Daß die Nation Denken und Handeln vor allem der hohen Stände und der Gelehrtenzirkel prägte,

---

[44] THOMAS, Nation (wie Anm. 38) 449ff.
[45] Zit. n. J. JANSSEN, Geschichte des deutschen Volkes seit dem Ausgang des Mittelalters, Bd. 2, 19./20. Aufl. 1915, 333, Anm. 1.

während das Volk zunächst auf den jeweiligen lokalen und regionalen Bereich fixiert blieb und lediglich an den Grenzen die Zugehörigkeit zur deutschen Nation vernehmbar artikulierte[46], ist weniger entscheidend. Vereinheitlichend im Sinne einer ersten Homogenisierung der politischen Kultur wirkten die Partizipationsforderungen insgesamt, weil ihnen überall die gleichen Vorstellungsmuster zugrunde lagen.

Wenn die nationale Propaganda der Habsburger die Kaiserwahl zugunsten Karls V. beeinflussen konnte, muß sie an ältere Wahrnehmungsmuster angeknüpft haben. Daß es auch im Volk eine Bereitschaft zur Auseinandersetzung mit nationalen Deutungen gab, zeigt wiederum der publizistische Erfolg von Luthers Adelsschrift. Der Konsens, den Karl V. und Luther kurzfristig erreichten, hatte für die politische Kultur in Deutschland langfristige Wirkungen. Vordergründig endete die auf der Basis älterer Sentiments von den Humanisten ausgehende, von Luther (und Hutten) auch mit Hilfe der deutschen Sprache und verständlichen Zuspitzungen bewirkte Annäherung mit dem päpstlichen Bann und der Reichsacht. Mit dem Häretiker Luther wollten und durften sich Karl V. und fast alle Reichsstände, also die Adelsnation, nicht identifizieren. Luthers Standhaftigkeit in Worms ist später als nationaler Aufbruch eines „protestantischen" Deutschland gedeutet worden. Dies bleibt eine teleologische Konstruktion, die Luther zum Vorläufer Bismarcks machen und die die politische Kultur des 19. und 20. Jahrhunderts nachhaltig prägen sollte. Unter politischen wie nationalen Gesichtspunkten hatte sich Luther für die meisten Reichsstände 1521 ins Abseits manövriert. Doch ihm ging es um theologische Reformen, nicht um eine Nationalkirche. Da die Kirche sich von ihm getrennt hatte und auch der Reichs-Staat sich seinen Appellen verweigerte, war er gezwungen, auf die reichsständischen Obrigkeiten zu setzen, um geordnete Reformen zu erreichen. „Der Heros nahezu aller Deutschen wurde am Ende der Vater der deutschen Landeskirche."[47]

Haben Luther und die Reformation die Nation gespalten? Eine einfache und eindeutige Antwort gibt es nicht. Der komplementäre Reichs-Staat mit dem Kaiser an der Spitze hat auch den religiösen Fundamentaldissens integriert. Die Reichsverfassung war flexibel genug, weil die Reichsstände an der höchsten Reichsgewalt partizipierten. Kaiser und Reich(sstände) mußten sich auf den Reichstagen arrangieren. Dieser heilsame Zwang zum Kompromiß, die lange Abwesenheit Karls V. sowie fehlende Exekutionsmöglichkeiten von Kaiser und ständischer

---

[46] Dazu richtungweisend C. SIEBER-LEHMANN, Spätmittelalterlicher Nationalismus, 1995.
[47] V. PRESS, Martin Luther und die sozialen Kräfte seiner Zeit, in: E. Iserloh / G. Müller, Hg., Luther und die politische Welt, 1984, 187–217, Zitat 202.

Mehrheit sorgten dafür, daß sich die reichsständischen Reformationen entfalten konnten, nachdem der Speyrer Reichstag 1526 die Religionsentscheidung dem Gewissen der Obrigkeit überlassen hatte.[48]

Hinzu kam, daß der religiöse Streit zwar ein fundamentaler, aber nicht der einzige war: Die Auseinandersetzungen zwischen mächtigen und mindermächtigen Ständen, der Kampf um die Ausgestaltung des Reichs-Staates, die Abgrenzung der fürstlichen Einflußzonen sowie die Kriege mit den Türken und dem König von Frankreich behinderten die Ausweitung der Religionskonflikte zur Totalkonfrontation. Die Fronten kreuzten und überlagerten sich. Der Schmalkaldische oder der Nürnberger Bund konnten nur einen Teil der religionsverwandten Stände binden. Augenfällig bleibt die erbitterte Rivalität der beiden katholischen Vormächte. Der bayerische Herzog verband sich mit Kursachsen und Hessen, den Führern der evangelischen Glaubenseinung, um die Königswahl Ferdinands zu bekämpfen.[49] Evangelische und katholische Stände beendeten gemeinsam die Münsteraner Wiedertäuferunruhen, und Karl V. schloß mit Philipp von Hessen 1541 ein Geheimabkommen, das beiden freie Hand zur Regulierung ihrer territorialen Probleme gab: Geldern und Braunschweig-Wolfenbüttel.[50]

Während der komplementäre Reichs-Staat über die Ständenation die Reformation wenigstens ansatzweise politisch integrierte, waren die Folgen für die politische Kultur uneinheitlich. Die religiöse Einigkeit ging verloren. Damit fehlte der identitätsstiftende Wert, der für die westeuropäischen Nationsbildungen oder für die Festigung der deutschen Territorialstaaten überragende Bedeutung besaß. Der vor der Reformation einsetzende, aber mit ihr verbundene nationale Aufbruch drohte, im religiösen Meinungsstreit zu versanden.

Ranke verortete wohl deswegen die „Ursache der Spaltung in der Nation" nicht bei Luther, sondern bei denjenigen, die gegen ihn opponierten: in der Regensburger Absprache altgläubiger Stände, deren Verbindungen mit dem Papst und in der Verhinderung des Nationalkonzils. Neben Papst und Kaiser waren es seines Erachtens die bayerischen Herzöge, die eine flächendeckende Einführung der Reformation und die niemals großartigere Aussicht „für die Einheit der Nation, für die Fortentwicklung der Deutschen auf dem einmal eingeschlagenen Wege"

---

[48] Neue und vollständigere Sammlung der Reichsabschiede, welche von Zeiten Kayser Conrads II. bis jetzo, auf den Teutschen Reichs-Tägen abgefasset worden, sammt den wichtigsten Reichs-Schlüssen ..., 4 Tle., Frankfurt a.M. 1747, Tl. 2, 274.

[49] A. KOHLER, Antihabsburgische Politik in der Epoche Karls V., 1982, 203–320.

[50] Demnächst G. SCHMIDT, Gefangen vor der Gefangenschaft? Landgraf Philipp und der Regensburger Geheimvertrag von 1541, in: Festschrift der Historischen Kommission von Hessen zum hundertjährigen Bestehen.

verhinderten.[51] Die politische Kultur der Deutschen scheint von nun an entlang der konfessionellen Trennlinie gespalten.

Ein evangelisches Deutschland war jedoch reine Utopie. Dazu war die Universalmonarchie Karls V. zu sehr mit der katholischen Kirche verbunden, das Reichskirchensystem zu fest gefügt und die Übernahme „häretischer" Lehren im oberdeutschen Reichs-Staat zu risikobeladen. Es ist bezeichnend, daß sich die Reformation zwar in Mittel- und Norddeutschland beinahe flächendeckend durchsetzte, ihre Erfolge im oberdeutschen Reich aber eher bescheiden blieben. Lediglich die Mehrheit der Freien und Reichsstädte schloß sich ihr an – unter großem Druck „von unten" und in ständiger Sorge vor den Reaktionen von Kaiser und Reich.[52] Im oberdeutschen Reichs-Staat galt es, Rücksicht zu nehmen auf den Kaiser und – bis zu Beginn der 1530er Jahre – das Exekutionspotential des Schwäbischen Bundes. Diese Sorgen kannten die niederdeutschen Stände (noch) nicht: Neben die Glaubensoption traten hier die mit der Einführung der Reformation verbundenen Aussichten auf große Säkularisationsgewinne.

Luther hatte als Katalysator in einem von ihm gewiß nicht intendierten Sinne gewirkt. Neben seinen seelsorgerischen Traktaten und seinen theologischen Reformvorstellungen stießen vor allem die ‚nationalen' Töne und Untertöne auf breite Zustimmung. Hierfür gab es offensichtlich ständeübergreifend eine gewisse Aufnahmebereitschaft. Ob sich mit der Teilhabe an der Nation auch Partizipationshoffnungen verknüpften, müßte im einzelnen und getrennt für die verschiedenen Großgruppen untersucht werden. Die deutsche Ständenation besaß mit dem Reichstag ein gewichtiges Mitwirkungsforum. Die Folgen des Religionsdissenses führten zur Betonung reichsständischer Eigenrechte, die in der Frage möglichen Widerstands gegen den Kaiser 1529/30 einen ersten Höhepunkt erreichte.[53] Der Niederadel scheiterte jedoch mit dem Versuch, seine alten Freiheiten unter den neuen Bedingungen des territorialisierten Reiches zu behaupten. Lediglich einem Teil gelang es in der Folgezeit, sich als Reichsritterschaft in die kaiserliche Klientel zu retten. Ihre Selbständigkeit blieb an Kaiser und Reich und damit an die deutsche Nation geknüpft. Für die humanistischen Zirkel war die Nation ohnehin ein zentrales Konzept, das Denken und Handeln leitete. Die geistige Orientierung der protestantischen und katholischen Führungseliten in dieser humanistischen Tradition schuf gemeinsame Wert-

---

[51] L. v. RANKE, Deutsche Geschichte im Zeitalter der Reformation, Bd. 2, 1925, 113.
[52] H. R. SCHMIDT, Reichsstädte, Reich und Reformation, 1986.
[53] E. WOLGAST, Die Wittenberger Theologie und die Politik der evangelischen Stände, 1977, bes. 165ff.; E. FABIAN, Die Entstehung des Schmalkaldischen Bundes und seiner Verfassung 1524/29–1531/35, 1962, 116ff.; G. SCHMIDT, Schmalkaldischer Bund und „Reichs-Staat", in: Der Schmalkaldische Bund und die Stadt Schmalkalden, 1996, 3–18.

vorstellungen und wirkte selbst im Zeitalter der Konfessionalisierung stabilisierend. In den Führungsgruppen existierte mithin eine auf die Teilhabe an der deutschen Nation bezogene gemeinsame Werthaltung.

Schwieriger sind naturgemäß nationale Wahrnehmungs- und Deutungsmuster in den bäuerlichen und stadtbürgerlichen Milieus einzuschätzen. Trotz aller regionalen Unterschiede und unter Berücksichtigung des Stadt-Land-Gefälles wird man aber mit aller Vorsicht sagen können, daß die ‚deutsche Nation' auch vom gemeinen Mann im Sinne einer Teilhabe rezipiert wurde. Die Politisierung entlud sich im Bauernkrieg, wo das konkrete Handeln zwar regional begrenzt blieb, die vagen Vorstellungen von einer künftigen Ordnung sich jedoch anglichen: Göttliches Recht, Stärkung der Gemeinde, Wegfall der Leibeigenschaft, Reduzierung der Belastungen waren solchermaßen übergreifende Handlungsmuster. Bauern und Bürger wollten an der Herrschaft beteiligt werden, auch wenn ihre Bezugspunkte Gemeinde und Landesherr, weniger Reich und Nation waren. Der Programmentwurf Friedrich Weigands sah sogar eine mit den höheren Ständen gleichrangige Beteiligung des gemeinen Mannes am Reichsregiment vor.[54]

Die Partizipationsforderungen haben – und dies zeigen neuere Forschungen – die politische Kultur in Deutschland weit über das verlustreiche Ende des Bauernkrieges hinaus geprägt. Bauer und Stadtbürger versanken danach nicht in politischer Apathie, sondern nutzten die Möglichkeiten, die ihnen Reichsverfassung und komplementäre Staatlichkeit boten, um ihre rechtliche, soziale und wirtschaftliche Situation zu verbessern. Sie zeigten sich in hohem Maße politisiert, auch wenn es bis zum Ende des Alten Reiches zu keinen überregionalen gewalttätigen Aufständen mehr kam.

Die Bereitschaft, das Recht notfalls auch gegen die eigenen Herren und Obrigkeiten vor weithin unabhängigen Gerichten zu suchen, war die Partizipationsmöglichkeit des gemeinen Mannes. Der Rechtsweg oder die Drohung mit ihm hat in vielen Fällen mitgeholfen, Despotismus und übermäßige Belastungen zu vermeiden. Auch wenn die regionalen und ständischen Versäulungen dadurch nicht überwunden wurden, blieb doch die Wahrnehmung einer deutschlandweiten Einheitlichkeit des Rechtssystems und die Erfahrung, daß sich dieses auch gegen die Herrschaften wenden konnte. Die auf das Rechtsverfahren hin orientierte friedliche Konfliktkultur in Deutschland ist eine unmittelbare Folge des Bauernkrieges. Sie wurde von Herrschern und Beherrschten akzeptiert und hat tiefe Spuren in der politischen Kultur bis hin zum Vertrauen in das gute alte Recht und in die am Gemeinwohl orientierte

---

[54] K. ARNOLD, damit der arm man vnnd gemainer nutz iren furgang haben ..., in: Zeitschrift für Historische Forschung 9 (1982) 257–313, bes. 310.

Obrigkeit hinterlassen. Man wird daher nicht umhinkommen, die von der Reformation ausgehende Politisierung und ihre Folgen für die politische Kultur wie für die Reichsverfassung neuerlich stärker zu gewichten: nicht im Sinne der Vorstellung eines protestantischen Deutschland, sondern als Ausweitung von Teilhabeforderungen.

Die religiöse Spaltung hat zwar zur Ausprägung von zwei bzw. drei phasenweise erbittert rivalisierenden Konfessionskulturen geführt, doch die auf Sprache und Kultur, Erinnerung und Ethnie basierende ‚imaginierte' Gemeinschaft deutsche Nation blieb präsent. Sie wurde auch weiterhin zur fundamentalen Abgrenzung von Fremden und anderem benötigt bzw. zur Eigenverortung im Ausland. Zugehörigkeit als Teilhaberecht, möglicherweise als Partizipationsverheißung, gewiß aber als wichtiger Bestandteil der politischen Kultur, kommt ganz offensichtlich in bestimmten Situationen ohne die Vorstellung einer nationalen Zuordnung nicht aus. Die Unterschiede zur übergreifenden Integrationsideologie des modernen Nationalismus scheinen eher gradueller als prinzipieller Art. Die größere Wirkungsmächtigkeit ist nicht entscheidend. Teilhabe war bereits in der Reformationszeit ein Wert- und Handlungsmuster, das ständeübergreifend galt und als Zugehörigkeit zur deutschen Nation Partizipationshoffnungen transportierte, deren Realisierungschancen jedoch ständisch gestuft blieben.

Reichs-Staat und Konfessionalisierung

Im Schmalkaldischen Bund arbeiteten ober- und niederdeutsche Stände zum Schutz des evangelischen Glaubens zusammen. Da sich Religions- und Reichspolitik nie exakt trennen ließen, mußten sich aber auch die Niederdeutschen mit dem Kammergericht, der Türkenhilfe und anderen reichspolitischen Fragen beschäftigen. Wenn sie zwischen 1555 und 1648 in den oberdeutschen Reichs-Staat integriert werden konnten, war dies im Schmalkaldischen Bund zumindest vorbereitet worden.[55] In dieser Perspektive besaß sogar – so paradox das klingen mag – der Schmalkaldische Krieg integrierende Wirkung. Karl V., dessen Ambitionen auf das ganze Reich zielten[56], stand mit seiner Armee an der Grenze zu Niederdeutschland. Doch trotz eines glanzvollen Sieges bei Mühlberg und der Gefangennahme seiner Widersacher scheiterte sein monarchisches Reformprogramm am Widerstand der auf die

---

[55] Th. A. Brady, Phases and Strategies of the Schmalkaldic League: A Perspective after 450 Years, in: Archiv für Reformationsgeschichte 74 (1983) 162–181.

[56] F. Bosbach, Monarchia Universalis. Ein politischer Leitbegriff der Frühen Neuzeit, 1988, 35–63; K. Brandi, Kaiser Karl V. Werden und Schicksal einer Persönlichkeit und eines Weltreichs, 8. Aufl. 1986, 483.

„teutsche libertät", das heißt Autonomie und ständische Staatsbildung, setzenden Reichsstände.[57]

Das Interim, ein konzilsunabhängiger religiöser Einigungsversuch des Kaisers, verfehlte ebenfalls das Ziel einer neuen Einigkeit und manövrierte Karl V. in eine Sackgasse. Dabei war die kirchliche Reunionspolitik der 1540er Jahre nicht so aussichtslos, wie es aus der ex-post-Perspektive scheinen mag. Während Luther in Glaubensfragen nur die Wahrheit und keine Toleranz gelten lassen wollte[58], arbeiteten Theologen beider Seiten an einem Kompromiß. Karl V., Landgraf Philipp und die sog. konfessionsneutralen Stände unterstützten die „konzilsunabhängige Reunionspolitik".[59] Im Gegensatz zum bayerischen Kanzler Leonhard von Eck, einem entschiedenen Verfechter eines äußeren, rein politischen Friedens, glaubten sie, daß der Religionskonflikt von politischen Regelungen nicht dauerhaft einzuhegen sein werde. Die Wiederannäherung in theologisch-dogmatischen Fragen kam jedoch über Einzelaspekte nicht hinaus. 1548 wiesen die altgläubigen Stände das Interim sofort zurück, den evangelischen wurde es aufgezwungen. Doch sie verzögerten dessen Durchführung, wo immer es ihnen möglich war. Die sog. Fürstenrebellion unter Führung des von Karl V. so sehr hofierten Kurfürsten Moritz von Sachsen sorgte dann dafür, daß der Kaiser seine Residenz Innsbruck fluchtartig verlassen mußte und seine Zwischenreligion Episode blieb. Mit dem Passauer Vertrag verständigte man sich 1552 auf die Regelung, die sich seit dem Speyrer Reichstag 1526 abgezeichnet hatte: das ius reformandi und die politische Zusammenarbeit evangelischer und katholischer Reichsstände zur Wahrung des inneren Friedens.

Der Augsburger Religionsfrieden regelte dann das unbefristete Nebeneinander zweier Varianten des christlichen Glaubens in einem politischen System. Die theologische Wahrheitsfrage blieb ausgeklammert. Der Kompromiß auf der Basis des Status quo bewahrte die politische Einheit unter Aufgabe ihrer religiösen Fundierung. Indem der Landfrieden – wie Eck schon zu Beginn der vierziger Jahre empfohlen hatte – auf Religionsfragen ausdehnt wurde, entstand ein äußerlicher Friede, der sich aber als tragfähiges Fundament für den komplementären

---

[57] V. PRESS, Die Bundespläne Kaiser Karls V. und die Reichsverfassung, in: H. Lutz, Hg., Das römisch-deutsche Reich im politischen System Karls V., 1982, 55–106, hier 72–85; H. RABE, Reichsbund und Interim, 1971; A. P. LUTTENBERGER, Libertät. Zur reichspolitischen Tragweite der Kriegspropaganda Frankreichs und seiner Verbündeten 1552, in: H. Duchhardt / E. Schmitt, Hg., Deutschland und Frankreich in der frühen Neuzeit, 1987, 103–136.

[58] D. Martin Luthers Werke, WA, Briefe, Bd. 9, 438f.

[59] A. P. LUTTENBERGER, Glaubenseinheit und Reichsfriede, 1982, 253; Th. FUCHS, Konfession und Gespräch. Typologie und Funktion der Religionsgespräche in der Reformationszeit, 1995.

Reichs-Staat erwies. Er gab den Reichsständen das Gewaltmonopol auch in religiösen Fragen und garantierte ihnen – als unabdingbare Voraussetzung der obrigkeitlichen Festlegung einer Landeskonfession – die selbständige staatliche Entwicklung.

Das Zusammenspiel von Konfessionalisierung und forcierter Territorialstaatsbildung bzw. deren Nachahmung im Falle der kleineren Reichsstände ist oft gezeigt worden. Es kann kein Zweifel daran bestehen, daß das eine Bekenntnis ganz erheblich zur staatlichen Integration, zur Loyalitätssicherung und zur Abgrenzung beigetragen hat. Teilhabe an der Landeskonfession wurde identitätsstiftend.

Trotz vieler offener Fragen, die mit Formelkompromissen überdeckt worden waren, funktionierte der Religionsfrieden etwa zwanzig Jahre lang. Die Kaiser Ferdinand I. und Maximilian II. verstanden sich als Schiedsrichter, und die wichtigsten Fürsten – Kursachsen, Kurmainz, Württemberg, Bayern – waren um nahezu jeden Preis bemüht, den Frieden zu erhalten. Der Status quo wurde zur Richtschnur der Reichs- und Konfessionspolitik: keine Intervention in den Niederlanden, keine Freistellung der Religion in den geistlichen Staaten, kein formeller Ausschluß der Calvinisten, kein starres Junktim zwischen Türkenhilfe und den Forderungen der Protestanten.

Solange sich die Konflikte gegenseitig neutralisierten, die Kaiser ihre Rolle als Integrations- und Ausgleichszentren verstanden und die westeuropäischen Konfrontationen nicht auf das Reich übergriffen, hielt das Augsburger Ordnungssystem den komplementären Reichs-Staat funktionsfähig. Vorrang genoß ohnehin der von Kaiser und Reich weithin unbehelligte Ausbau reichsständischer Staatlichkeit. Dem Reichs-Staat bzw. dessen Instanzen und Untergliederungen wurden die Fragen zugewiesen, die anders nicht zu bewältigen waren: Finanz- und Wirtschaftsregelungen, Landfrieden, übergreifende Polizeisachen und Gerichtsbarkeit oder die Türkenabwehr. Die den Reichskreisen, einer Form regionaler Staatlichkeit, übertragenen Landfriedensexekutionen funktionierten leidlich und sicherten nicht nur übergreifend Ruhe und Ordnung, sondern auch die mindermächtigen Stände vor dem Zugriff der mächtigen.

Der komplementäre Reichs-Staat, in dem die Friedenswahrung trotz Bikonfessionalität und im Gegensatz zu den französischen oder niederländischen Nachbarn scheinbar gelang, wurde dadurch auch für niederdeutsche Fürsten attraktiv. Den Reichsständen, die mit ihren Staatsbildungen noch im Rückstand waren, kam zudem die reichsrechtliche Absicherung ihrer Intensivierungs- und Disziplinierungsmaßnahmen sehr gelegen.[60] Darüber hinaus wurden die Türken als Feind aller Christen

---

[60] G. SCHMIDT, Integration und Konfessionalisierung, in: Zeitschrift für Historische Forschung 21 (1994) 1–36.

zum Katalysator des Zusammenhalts, ihre Abwehr zum Symbol der politischen Einheit zwischen Alpen und Meer.[61] Selbst nordwestdeutsche Stände, die sich von den Türken kaum bedroht fühlen mußten, beteiligten sich an den umfangreichen Türkenhilfen. Der Reichs-Staat, das Reichstags-Deutschland, dehnte sich nach Norden aus, weil er den inneren Frieden und eine gewisse Sicherheit vor fremden Übergriffen zu gewähren schien und dennoch den beteiligten Ständen alle Freiheiten ließ.

Die Konfessionalisierung, jenen „Fundamentalvorgang", der nicht nur das Entstehen fester Bekenntnisse und relativ stabiler (Landes-)Kirchentümer, sondern auch die „Formierung einer neuzeitlich disziplinierten Untertanengesellschaft" meint[62], nutzten die Reichsstände zur Staatsbildung. Das eine Bekenntnis, mehr noch die Verfügung über Kirchengut und ius reformandi, halfen in Deutschland die Territorialstaaten zu festigen, führten zu Sittenzucht und Sozialdisziplinierung, zu Integrations-, Identitäts- und Loyalitätsgewinnen, aber auch zu merklichen Verbesserungen im Bildungs-, Verwaltungs-, Rechts- und Militärwesen.[63] Die eine Konfession sorgte für Abgrenzung und unterstützte die Staatsbildungen, das Zusammenwachsen der „mixed monarchies" und „composite states" fast überall in Europa[64] – in Deutschland jedoch nur auf reichsständischer Ebene. Die Kooperation im Reichs-Staat erfolgte hingegen auf der Basis pragmatischer Politik, Sachzwänge und der Einsicht in die Notwendigkeit.

Die Doppelfunktion der Reichsstände – weithin autonome Landesherren und Teilhaber am Reichs-Staat – ermöglichte auf Reichsebene lange Zeit den Primat der Politik. Die gegenseitige Achtung konfessioneller Autonomie sorgte dafür, daß antagonistische Interessengegensätze selten offen zum Ausbruch kamen. Konsensfindung und Bestandserhaltung hießen die Maximen auf Reichstagen und anderen reichsständischen Versammlungen. Eintracht und Einigkeit schienen sich über die gemeinsame und auf den Reichs- und Deputationstagen jeweils aktualisierte Verantwortung von Kaiser und katholischen wie evangelischen Reichsständen quasi von selbst einzustellen. Die wiederholte Anwen-

---

[61] W. SCHULZE, Reich und Türkengefahr im späten 16. Jahrhundert, 1978.
[62] H. SCHILLING, Die Konfessionalisierung im Reich, in: Historische Zeitschrift 246 (1988) 1–45, Zitat 6.
[63] Vgl. DERS., Hg., Die reformierte Konfessionalisierung in Deutschland – Das Problem der ‚Zweiten Reformation', 1986; G. SCHMIDT, Das Kurerzstift Mainz um 1600: Katholische Konfessionalisierung im Spannungsfeld von Erzbischof und Domkapitel, in: Archiv für mittelrheinische Kirchengeschichte 45 (1993) 115–140; sowie die KLK-Hefte 49 bis 53 und 56.
[64] SCHILLING, Identität (wie Anm. 7); ELLIOT, Europe (wie Anm. 36).

dung des Mehrheitsprinzips am Ende des Jahrhunderts ist insofern bereits Indiz und Folge der allgemeinen Verfassungskrise.[65]

Seit den 1570er Jahren hatten sich die konfessionellen Fronten verhärtet. Eine neue Fürstengeneration setzte auf Expansion, Kaiser Rudolf II. galt den Protestanten als katholischer Eiferer. Auch machten die westeuropäischen Konfrontationen nicht mehr vor dem Reich halt. Lanzinner ist sogar der Ansicht, daß es nicht die seit dem Religionsfrieden „offenen" deutschen Probleme, sondern die europäischen Macht- und Religionskämpfe waren, die den „Konsens von Kaiser und Reichsständen" gefährdeten.[66] Exogene und endogene Faktoren lassen sich jedoch kaum trennen, wie die schwerwiegenden Konflikte um den Fortbestand der geistlichen Fürstentümer – Kölner Krieg und Straßburger Kapitelstreit[67] – ebenso zeigen wie die Kämpfe um Jülich-Kleve oder Aachen[68], die um 1600 zu Übergriffen spanischer Truppen führten.

Die Auseinandersetzungen betrafen meist die Verfügungsgewalt über die Stifter und Konfessionsveränderungen. Sie drohten, die Gewichte im Reichs-Staat zugunsten der Protestanten zu verschieben, gefährdeten aber weder dessen Bestand noch dessen Bikonfessionalität oder komplementäre Staatlichkeit. Die katholische Gegenoffensive – Rekatholisierung des nach 1552 säkularisierten Kirchengutes – bewegte sich ebenfalls im Rahmen des Augsburger Ordnungssystems von 1555. Die Konfessionalisierung zog auch den Reichs-Staat in ihren Bann. Die offenen Fragen der Reichsverfassung wurden angesichts der von den westeuropäischen Konflikten merklich beeinflußten konfessionellen Verhärtungen zum Hebel, um die lange schwelende Machtfrage zu stellen. Beide Seiten waren nun bereit, den Minimalkonsens friedlicher und verträglicher Lösungen aufzugeben: statt gütlichem Interessenausgleich Konfrontation, statt allseits akzeptierter Kompromisse Mehrheitsentscheidungen.

Während die katholischen Stände ihre Politik als notwendigen und legitimen Widerstand gegen das weitere Vordringen der Protestanten begriffen, sahen diese darin die Aufkündigung des Status quo, die Blockade jeglichen Wandels und eine grobe Ungerechtigkeit, weil die Katholiken alle wichtigen (Rechts-)Positionen im Reich behaupteten. Als aber Wittelsbacher Prinzen nicht nur die benachbarten, sondern auch die nordwestdeutschen Bischofsstühle planmäßig besetzten, schien die „Gegenreformation" endgültig auf dem Vormarsch. Der bayerische Bistumsverbund, der sich über Freising, Köln und Lüttich bis nach Münster

---

[65] Vgl. dagegen W. SCHULZE, Majority Decision in the Imperial Diets of the Sixteenth and Seventeenth Centuries, in: The Journal of Modern History, 58 (1986) Supplement, S46–S63.
[66] M. LANZINNER, Friedenssicherung und politische Einheit des Reiches unter Kaiser Maximilian II. (1564–1576), 1993, 527.
[67] Köln (III 74ff.); Straßburg (V 86ff.).
[68] Jülich-Kleve-Berg (III 100).

und Hildesheim erstreckte[69], sorgte zwar dafür, daß die katholische Religion in diesem Teil des Reiches nicht verschwand, bedeutete aber vor allem, daß diese Bistümer dauerhaft in den Reichs-Staat integriert wurden.

Der Reichs-Staat profitierte von der Konfessionalisierung, weil die Parteien ihre Anhänger mobilisierten und zur kontinuierlichen Teilnahme an der Reichspolitik brachten. Insbesondere die kleineren Stände scharten sich um ihre konfessionellen Patrone: Habsburg bzw. Bayern, Kursachsen und Kurpfalz. Neben die vorwiegend regional ausgerichteten Klientelsysteme der Fürsten, die mit den Reichskreisen reichsrechtlich sanktioniert und zementiert worden waren, traten nun konfessionell begründete prinzipiell reichsweite Beziehungsnetze, die auch die bisher eher am Rande des Reichs-Staates stehenden niederdeutschen Stände einbanden. Teilweise griffen diese Bezugssysteme sogar über die Grenzen des Reiches hinaus – erinnert sei nur an das Herzogtum Ostpreußen oder auch das Baltikum. Neben der Konfession war die deutsche Sprache wichtigster Garant dieser Anbindung, die sich aber nie zu einer Teilhabe am Reichs-Staat verdichtete. Die etablierten Reichsstände scheuten das mit auswärtigen Interventionen verbundene Konfliktpotential, um das vergleichsweise stabile System des Augsburger Religionsfriedens nicht zu gefährden. Diese Erfahrung blieb selbst Herzog Albrecht V. von Bayern nicht erspart, als er versuchte, König Philipp II. von Spanien bzw. Herzog Alba mit den Niederlanden in den Landsberger Bund aufzunehmen.[70] Die Niederlande wurden zur Zeit des Freiheitskampfes in Deutschland bereits als Ausland wahrgenommen – ebenso die Schweiz. Dagegen gehörte das Hochstift Lüttich als Teil des niederrheinisch-westfälischen Kreises selbstverständlich zum Reichs-Staat.[71] Von kleineren fremdsprachigen Gebieten abgesehen, umspannte dieser 1648 fast das gesamte deutschsprachige Reich von den Alpen bis an die Küsten von Nord- und Ostsee. Der Reichstag sah sich dadurch mit maritimen Problemen konfrontiert. Lübeck versuchte – allerdings mit geringem Erfolg –, Kaiser und Reich für den Schutz des deutschen Seehandels und gegen fremde Handelsgesellschaften zu mobilisieren.[72]

Die Aufrüstung und Integrationspolitik der konfessionellen Parteien steigerte jedoch auch die Angst vor Übergriffen. Der Konflikt entzün-

---

[69] Köln (III 77ff.); Lüttich (III 229f.); Münster (III 125f.); Hildesheim (III 29f.).
[70] F. GÖTTMANN, Zur Entstehung des Landsberger Bundes im Kontext der Reichs-, Verfassungs- und regionalen Territorialgeschichte des 16. Jahrhunderts, in: Zeitschrift für Historische Forschung 19 (1992) 415–444.
[71] Niederlande, Lüttich (III 229f.), Schweiz (V 281).
[72] E. PITZ, Merchant Adventures und deutsche Tuchkaufleute in Hamburg in den Jahren 1568–1573, in: H. Jäger u. a., Hg., Civitatum Communitas, Festschrift Heinz Stoob, Tl. 2, 1984, 781–797; LANZINNER, Friedenssicherung (wie Anm. 66) 412–425.

dete sich am Administrator von Magdeburg, der 1582 seine Reichstagsstimme in Augsburg nicht wahrnehmen konnte, und dessen turnusmäßige Zugehörigkeit zur Visitations- und Revisionskommission des Reichskammergerichts deren Einberufung seit 1588 verhinderte.[73] Als der Deputationstag diese Aufgaben mit übernehmen sollte, verließen die Vertreter von Kurpfalz, Kurbrandenburg und Braunschweig diese Versammlung und machten sie beschlußunfähig. Der Vorrat an Gemeinsamkeiten und an Kompromißbereitschaft schien aufgebraucht.

Die bis dahin erstaunlich erfolgreiche pragmatische Politik der Sachzwänge war an ihre Grenzen gestoßen, als die einzelnen Konflikte konfessionell aufgeladen wurden und Prestigewert bekamen. Der komplementäre Reichs-Staat drohte, dem Ansturm der Konfessionalisierung zu erliegen. Es fehlten realistische Alternativen.[74] Selbst die größten Territorialstaaten konnten auf ein übergreifendes Friedens- und Verteidigungssystem nicht verzichten. Donauwörth, das 1607 von bayerischen Truppen besetzt wurde, wirkte als Fanal.[75] Die 1608/9 gegründeten konfessionellen Bündnisse, Union und Liga, widersprachen zwar dem Geist der Reichsverfassung, sprengten den Reichs-Staat aber nicht.[76] Als die evangelischen Stände auf dem Reichstag 1613 gegen Kaiser und katholische Mehrheit protestierten, war auch das letzte und wichtigste Forum des Ausgleichs blockiert. Der nächste Reichstag trat erst 1640 zusammen. Doch selbst die totale Paralyse der Reichsverfassung führte nicht unmittelbar in den Krieg, noch immer wurden Kompromisse gesucht und – wie etwa im Jülich-Klever Erbfolgestreit – gefunden.[77]

Politische Kultur und Konfessionalisierung

Deutsche Politici wie Lazarus von Schwendi, Georg Sigmund Seld oder Johann Ulrich Zasius hatten frühzeitig – analog zu ihren französischen Kollegen – vor einer neuerlichen Eskalation der Religionskonflikte gewarnt. Unter häufiger Verwendung von Begriffen wie „Vaterland" und „Deutschland" plädierten sie für eine Erneuerung von Religion und Reich, für einen friedlichen Weg zwischen den konfessionellen Fronten, die Westeuropa verheerten und auf Deutschland überzugreifen droh-

---

[73] Magdeburg (II 81f.)
[74] V. Press, Hg., Alternativen zur Reichsverfassung in der Frühen Neuzeit, 1995.
[75] M. Ritter, Deutsche Geschichte im Zeitalter der Gegenreformation und des Dreißigjährigen Krieges, Bd. 2, 1895, 213ff.
[76] A. Gotthard, Protestantische „Union" und Katholische „Liga" – Subsidiäre Strukturelemente oder Alternativentwürfe? in: Press, Alternativen (wie Anm. 74) 81–112; S. Ehrenpreis / G. Horstkemper, Die protestantische Union, das Reich und Westeuropa, in: Frühneuzeit-Info 7 (1996) 156–160.
[77] G. Schmidt, Der Dreißigjährige Krieg, 2. Aufl. 1996, bes. 20–26.

ten.[78] Sie warnten vor den negativen Begleiterscheinungen der Konfessionalisierung. Deswegen müsse – so Schwendi in seinem Gutachten von 1570 – der Religionsfrieden unter allen Umständen bewahrt und so gehandhabt werden, daß „zu baiden thailen das gefaßte mißtrauen fallen, und desto mer fridsamkeit, vertrauwlichait und einmuettigkheit zwischen den stenden und underthonen erfolgen und widerbracht werden mög ...".[79] Es sei aber „eine gewisse und gleichförmige leer und ordnung und dann eine gemaine autorität und handhabung, gehorsame und aufsehen zu erhalten vonnöten". Der Kaiser sollte die Kontroverstheologen und die vielen aufhetzenden Schriften kontrollieren und zügeln.[80]

Maximilian II. wurde in einem Beschluß der Fürstenkurie des Speyrer Reichstags 1570 sogar als „Vatter des Vatterlandes" bezeichnet.[81] Seinem Sohn und Nachfolger Rudolf II. gelang die Vermittlung weniger gut. Lange bevor Ferdinand II. eine gegenreformatorische Politik auf Reichsebene versuchte, wurden Rudolf und auch Matthias in konfessionellen Fragen von den Protestanten als parteiisch wahrgenommen.[82] Dem in Spanien erzogenen, die Jesuiten fördernden und sich auf dem Hradschin isolierenden Kaiser Rudolf trauten sie die Rolle eines fairen Maklers nicht zu. Als der alternde Matthias und vor allem sein Rat Klesl versuchten, die kaiserliche Reichspolitik noch einmal über die Konfessionsgrenzen hinweg zu öffnen, scheiterten sie am Widerstand innerhalb des eigenen Regierungssystems.[83] Zwar galt dem Kaisertum auch weiterhin eine gewisse Loyalität aller Reichsstände, doch es konnte im bi- bzw. trikonfessionellen Deutschland nicht – wie das nationale Königtum in Frankreich zur Zeit Heinrichs IV. oder auch in England während der langen Regierungszeit Elisabeths I. – zum übergreifend-identitätsstiftenden Wert werden. In der deutschen Nation begann die Suche nach einem verpflichtenden Ideal zur Wiederherstellung von „unio atque concordia".

Trotz des Verlustes der grundlegenden religiösen Einigkeit und gerade wegen der drohenden Folgen der Konfessionalisierung waren – wie Schulze gezeigt hat – die Concordia-Diskussionen in Deutschland nie

---

[78] Th. NIKLAS, Um Macht und Einheit des Reiches. Konzeption und Wirklichkeit der Politik bei Lazarus von Schwendi (1522–1583), 1995, 113f.
[79] Lazarus SCHWENDI, Discurs und bedenken... (1570) zit. n. der von M. Lanzinner besorgten Neuedition, in: J. Kunisch, Hg., Neue Studien zur frühneuzeitlichen Reichsgeschichte, 1987, 154–185, Zitat 160.
[80] Ebd., 162f.
[81] Deutsche Reichstagsakten. Der Reichstag zu Speyer 1570, Bd. 2, 1988, 871.
[82] V. PRESS, Rudolf II., in: A. Schindling / W. Ziegler, Hg., Die Kaiser der Neuzeit, 1990, 99–111; DERS., Matthias, in: Ebd., 112–123.
[83] H. ANGERMEIER, Politik, Religion und Reich bei Kardinal Melchior Khlesl, in: Zeitschrift der Savigny-Stiftung für Rechtsgeschichte, Germ. Abt. 110 (1993) 249–330.

verstummt.[84] Von den Forderungen eines Erasmus von Rotterdam[85], über die zahllosen Religionsgespräche bis hin zu den Harmonisierungsversuchen eines Schwendi spannt sich der Bogen von Bemühungen, die mit der konfessionellen Wiederannäherung Einheit und Eintracht zurückgewinnen wollten. Der Augsburger Religionsfriede hatte den Reichs-Staat von der Verantwortung für den richtigen Glauben entbunden und die Konfessionsentscheidung den Reichsständen übertragen. Wurde die Wiederannäherung der Bekenntnisse mit der Zeit auch immer unwahrscheinlicher, so schien der komplementäre Reichs-Staat doch ein zukunftweisendes Modell: Beachtung der Reichsverfassung, stete Kompromißbereitschaft und pragmatische Politik hießen seine Erfolgsgaranten.

Die gemeinsame Ausbildung katholischer und protestantischer Führungseliten im späthumanistischen Geist war eine weitere Klammer der Reichseinheit – auch während des Dreißigjährigen Krieges. Bezeichnend für die Suche nach einem konfessionsunabhängigen Integrationsideal ist Zacharias Geizkofler. Der ehemalige Reichspfennigmeister und Berater des Kaisers Matthias brachte seine Wertschätzung gegenüber Fürst Christian von Anhalt, dem führenden Kopf der protestantischen Union, wie folgt zum Ausdruck: „dann so weit wir in religione discrepiren, also nahe sind unsere herzen und intentiones conjungiret, ob dahin mittel gefunden werden möchten, das mißtrauen aufzuheben".[86]

Auch das Entstehen des Reichsstaatsrechts ist wenigstens zum Teil eine Reaktion auf die mit der Konfessionalisierung einhergehenden Gefahren und die fehlende politische Eintracht in der deutschen Nation. Die Reichspublizisten beschrieben die Verfassungsrealität. Sie fragten nach Funktion und Funktionieren, wirkten durch ihre Zusammenstellungen und Systematisierungsbemühungen integrierend und halfen, die Staatlichkeit des Reiches zu bewahren[87]. Die mangelnde Effektivität des Reichs wurde zwar beklagt, seine staatliche Qualität aber nie in Frage gestellt. Die Debatte kam im großen und ganzen zu dem Ergebnis, daß das Reich ein „status mixtus" und eine „civitas composita" mit zwischen Kaiser und Ständen geteilten Herrschaftsrechten sei. Die Einzelheiten blieben umstritten.[88]

Während der kaiserliche Rat Wilhelm Ferdinand von Efferen 1630 eine katholische Einheitsmonarchie zur Wahrung der Staatsräson des

---

[84] W. SCHULZE, Concordia, Discordia, Tolerantia. Deutsche Politik im konfessionellen Zeitalter, in: Kunisch, Studien (wie Anm. 79) 43–79.
[85] Vgl. R. STUPPERICH, Der Humanismus und die Wiedervereinigung der Konfessionen, 1936, 27ff.
[86] Zit. n. SCHULZE, Concordia (wie Anm. 84) 74.
[87] G. MASUR, Deutsches Reich und deutsche Nation, in: Preussische Jahrbücher 229 (1932) 1–23, hier 19.
[88] Vgl. K. O. Frhr. v. ARETIN / N. HAMMERSTEIN, Art. Reich. Frühe Neuzeit, in: Geschichtliche Grundbegriffe, Bd. 5, bes. 467–482.

Reiches für unbedingt erforderlich hielt[89], war Bogislaw Philipp Chemnitz entgegengesetzter Ansicht. Er zielte auf einen säkularen aristokratischen Reichs-Staat, für den das Konfessionelle weder legitimierende noch integrierende Funktionen besitzen sollte. In seiner unter dem Pseudonym Hippolithus a Lapide 1640 erstmals erschienenen „Dissertatio de ratione status in imperio nostro Romano Germanico" sieht er im Reichstag die Basis der deutschen Staatspyramide und das Reich aus „mehreren Aristokratien zusammen gesetzt".[90] Während er seine Fundamentalkritik am Habsburger Kaisertum und die ratio status des Reiches als Erhalt seiner Verfassung mit den in dieser Hinsicht wenig spezifischen lateinischen Termini („imperium nostrum", „respublica", „imperium Romanum-Germanicum", „status mixtus imperii", „status imperii nostri", „patria") formulierte, nutzte die erst 1761 anonym erschienene deutsche Übersetzung den Begriff „Reichs-Staat", um den staatlichen Zusammenhang des Reiches ebenso zu betonen wie die nationale Einigkeit.[91] Aus „sive itaque Pontificiae, sive Protestantium religionis es; Germanus certe es", wird: „wir haben es hier mit unseren Deutschen zu thun. Diese Eigenschaft behält jeder von uns; er sei im übrigen Catholisch oder Evangelisch."[92]

War es „vom Standpunkt der Staatsräson in Deutschland nicht möglich, einen höheren Punkt der staatlichen Einheit zu finden" als die Wahrung der Reichsverfassung[93], so glaubte man offensichtlich, mit dem Substrat „deutsch" eine verbindende Eigenschaft gefunden zu haben. Ist „Deutsch-Sein" der gegen die Konfessionalisierung gerichtete säkulare Wert, der zur Überwölbung der konfessionell, regional und ständisch geschiedenen Gruppierungen betont wurde, weil er Eintracht, Einigkeit

[89] Wilhelm Ferdinand VON EFFEREN, Manuale politicum de ratione status ..., Frankfurt a.M. 1662, 88f. und 104f. Vgl. SCHUBERT, Reichstage (wie Anm. 30) 551f.

[90] HIPPOLITHUS A LAPIDE, Dissertatio de ratione status in imperio nostro Romano Germanico, 1640. Eine zweite Auflage erschien: Freistadt 1647, hier pars I, cap. XVIII, 322. Eine anonyme deutsche Übersetzung: H. A LAPIDE, Abriß der Staats-Verfassung ..., Mainz/Koblenz 1761, hier Buch 1, 706. Aus ihr werden die deutschen Passagen, aus der 2. Auflage Freistadt 1647 die lateinischen zitiert. – Vgl. R. HOKE, Hippolithus a Lapide, in: M. Stolleis, Hg., Staatsdenker in der frühen Neuzeit, 1995, 118–128; DERS., Staatsräson und Reichsverfassung bei Hippolithus a Lapide, in: R. Schnur, Hg., Staatsräson, 1975, 407–425; SCHUBERT, Reichstage (wie Anm. 30) 554–575.

[91] In der Vorrede zu seinem Fürstenstaat erklärt Seckendorff umgekehrt, daß er die geläufigen lateinischen Begriffe nicht verdeutsche, weil er sonst „den verstand eines dinges nicht erläutern, sondern vielmehr verwickeln würde ...". Veit Ludwig VON SECKENDORFF, Teutscher Fürsten-Staat, Vorrede, Hanau und Frankfurt/M. 1656.

[92] LAPIDE, ratione (wie Anm. 90) pars III, cap. I, 519; LAPIDE, Abriß, Tl. 2, 32.

[93] U. SCHEUNER, Staatsräson und religiöse Einheit des Staats, in: Schnur, Staatsräson (wie Anm. 90) 363–405, Zitat 395.

und staatlichen Zusammenhalt versprach? Die Reichspublizisten produzierten ihre Wirklichkeitsbilder, die Einigkeits- und Zusammengehörigkeitsappelle ganz offensichtlich auch für eine breitere Öffentlichkeit. Um das Reich deutscher Nation als Teilhabevorstellung und handlungsorientierendes Wertmuster oberhalb von Konfessionsstreit und Krieg, monarchischem System und ‚teutscher Libertät' in der politischen Kultur präsent zu halten, mußten sie dieses Sinnstiftungs- und Deutungsangebot permanent aktualisieren.

In welcher Form die Reichspublizistik das Volk erreichte, ist bisher nur in Ansätzen und vor allem im Zusammenhang mit der verrechtlichten Konfliktkultur untersucht worden. Auf den ersten Blick scheinen die Partizipationserwartungen des gemeinen Mannes, das politisch handlungsfähige Substrat des Volkes, seit der Reformationszeit zurückgedrängt worden zu sein. Die Verordnungsflut des Territorialstaates hatte die gemeindliche Autonomie ausgehöhlt, die Pfarrer wurden keineswegs von den Gemeinden gewählt, und die ständischen Schranken waren auch weiterhin praktisch unüberwindbar. Politisierung und Partizipationshoffnungen erscheinen dennoch keineswegs rückläufig. Bauern und Stadtbürger suchten und nutzten die ihnen durch die Verrechtlichung gebotenen Chancen in eminent politischer Weise.[94] Sie machten konkrete Erfahrungen mit Kaiser und Reich in Gestalt der Reichsgerichte, kaiserlicher Kommissionen und Exekutionen. Vor allem in den kleinräumigen Gebieten Oberdeutschlands, dem eigentlichen Reich, haben sie die Vorstellung einer politischen Einheit aktualisiert und bestätigt. Das Bild einer über der eigenen Obrigkeit angesiedelten Instanz von Recht und Gerechtigkeit – ob mit dem Kaiser identifiziert oder durch ihn lediglich symbolisiert, ist in diesem Zusammenhang unerheblich – wirkte integrierend. Welche Rückwirkungen diese Erfahrungen für die politische Kultur und für die Homogenisierung der Vorstellungen besaß, wäre genauer zu untersuchen.

Die Wahrnehmung einer gemeinsamen Sprache war jedoch die entscheidende Voraussetzung. An der Grenze der eigenen Herrschaft stand eine neue dynastische, möglicherweise auch eine andere konfessionelle Zuordnung, das fundamental Andere und Fremde begann dort im Regelfall aber nicht. Die Probleme waren beiderseits der ‚offenen' Grenzen, die sich sehr schnell verschieben konnten, ähnlich, und man half sich gerade bei Herrschaftskonflikten gegenseitig so gut es ging. Die gemeinsame Sprache und der wenig hinterfragte, weil selbstverständliche Zuordnungswert ‚deutsch' mit seinen Teilhabeverheißungen präg-

---

[94] Aus den vielen Studien, die sich mit der Konfliktkultur im Alten Reich beschäftigen, seien herausgegriffen: W. SCHULZE, Bäuerlicher Widerstand und feudale Herrschaft, 1980; P. BLICKLE, Unruhen in der ständischen Gesellschaft, 1988; W. TROSSBACH, Soziale Bewegung und politische Erfahrung, 1987; G. SCHMIDT, Die frühneuzeitlichen Hungerrevolten, in: Zeitschrift für Historische Forschung 18 (1991) 257–280.

ten die politische Kultur, ohne daß dies permanent thematisiert werden mußte.

Hermann Conring konnte deswegen das Heilige Römische Reich auch gedanklich zu einem deutschen machen. Er gab ihm rechtsgeschichtlich eine genuin deutsche Tradition, indem er die lotharische Legende, einen angeblichen Befehl Kaiser Lothars zur Übernahme der Gesetze Justinians, wie auch die Vorstellung von einer Kontinuität des römischen Reichs verwarf.[95] Er knüpfte an Vorstellungen an, die sich eine übergreifende Harmonie und Eintracht durch eine stärkere Akzentuierung des „Deutschen" als säkulare Integrationsidee versprachen.

Diesem Ziel, das Mißtrauen abzubauen und Reich und deutscher Nation eine identitätsbildende Perspektive zu eröffnen, dienten auch die Sprachgesellschaften des 17. Jahrhunderts. Hier sei auf die Zielsetzungen der ältesten unter ihnen eingegangen, der nicht zufällig 1617 - im Jahr der Reformationsjubiläen, aber als gewichtiger Kontrapunkt zu den von ihnen ausgehenden konfessionellen Verhärtungen - in Weimar gegründeten Fruchtbringenden Gesellschaft.[96] Ihre Mitglieder hatten sich der Förderung und Reinhaltung der deutschen Sprache verschrieben, um so das unsichtbare Band zu stärken, das alle Menschen gleicher Muttersprache von Natur aus umschlinge. Sprache, Literatur und Kultur galten als Konstitutionsprinzipien der Nation und mußten deswegen mit aller Kraft gefördert werden. Die im egalitär-geselligen Diskurs erreichte Sprachreinheit zielte auf Eintracht und Einigkeit - ein säkulares Flucht- und Integrationsideal, um die Bindung an das Vaterland „des fast zu Grunde gerichteten teutschen Reichs"[97] zu festigen und alle politischen und konfessionellen Kontroversen zu überwinden. Die Sinnbilder sind eindeutig: Die bedrängte Germania sucht Rettung beim Palmbaum, oder der Reichsadler hebt die Kette, die zusammenhält, obwohl die einzelnen Glieder nicht ineinander verschlungen, sondern lediglich aneinandergereiht sind. Das freiwillige Band der Spracheinheit wirkt wie ein Magnet.

Angesichts der vielen Hochadeligen - bis 1650 mehr als ein Viertel der Mitglieder - und einer noch größeren Anzahl politischer Räte, vorwiegend aus dem Umfeld mitteldeutscher Höfe, darf die Fruchtbringende Gesellschaft - trotz der Literaten wie Opitz, Rist oder Werder

---

[95] Hermann CONRING, Der Ursprung des deutschen Rechts, übersetzt von I. Hoffmann-Meckenstock, hg. v. M. Stolleis, 1994, bes. Kap. 21, 131–146; D. WILLOWEIT, Hermann Conring, in: Stolleis, Staatsdenker (wie Anm. 90) 129–147; vgl. auch W. GOEZ, Translatio Imperii. Ein Beitrag zur Geschichte des Geschichtsdenkens und der politischen Theorien im Mittelalter und in der frühen Neuzeit, 1958.

[96] F. W. BARTHOLD, Geschichte der Fruchtbringenden Gesellschaft, Berlin 1848; M. BIRCHER / K. CONERMANN, Hg., Die Deutsche Akademie des 17. Jahrhunderts: Fruchtbringende Gesellschaft, Reihen I und II, 1985ff.

[97] Carl Gustav VON HILLE, Der Teutsche Palmbaum, ND 1970, 5.

unter ihren Mitgliedern – nicht als verfrühter Germanistenverband mißverstanden werden. Gerade die lutherischen ernestinischen und die reformierten anhaltinischen Fürsten wollten mit ihrer engen Zusammenarbeit zeigen, daß die überkonfessionelle Eintracht im Zeichen der Sprach- und Reichseinheit beim Adel, den Gelehrten und Literaten möglich war. Man glaubte, einen neuen verbindenden und nicht spaltenden Wert gefunden zu haben – eine Vergesellschaftungs- und Integrationsutopie über allen konfessionellen Parteiungen, die quasi von selbst auf Stadtbürger und Bauern wirken und zur Homogenisierung der politischen Kultur beitragen werde. Sie trafen sich hier mit einer aus humanistischer Tradition schöpfenden Literatur, die sich selbst als eine Art Geburtshelfer der „teutschen" Nation verstand und dem notleidenden Vaterland helfen wollte, „dem politischen und konfessionellen Partikularismus, der Zersplitterung Deutschlands, geistig-kulturell entgegenzuwirken".[98]

Nicht die Umgestaltung der Reichsverfassung oder die Aufhebung der komplementären Staatlichkeit setzten sie sich zum Ziel, dafür waren Mitglieder wie Christian von Anhalt, Bernhard, Wilhelm oder Johann Ernst von Sachsen-Weimar viel zu realistisch, sondern die breite Durchsetzung einer auf der deutschen Sprache, auf Kultur und Tugend basierenden identitätsstiftenden Norm. Nicht politische Ziele, sondern verbindende Werte wie Geselligkeit, Einigkeit, Nutzen und Eintracht bestimmten das Programm der Sozietät. Daß davon Wirkung ausgehen sollte, versteht sich von selbst. Sie sollte der ganzen deutschen Nation zugute kommen, alle ihre Stände und Glieder nutzbringend und tugendhaft machen. Das schon von den Humanisten um 1500 gezeichnete Bild der urtümlichen Deutschen kehrt hier wieder – diesmal jedoch nicht im Sinne einer Traditionsstiftung, sondern einer Gesellschaftsutopie.

Zumindest die Weimarer Gründung zielte auf eine nationale Kultur, auf das ganze Deutschland unter Einschluß der Katholiken. Warum dies nicht gelang, warum die Kunst und Architektur der Barockkatholizität und die Wortkultur der Protestanten nicht oder nur schwer zusammenfanden, warum die deutsche Nationalliteratur im Prinzip eine evangelische Veranstaltung blieb[99], warum Sprache und Kultur sich nur bedingt als übergreifende nationale Kristallisationszentren in einem komplementären Reichs-Staat eigneten, warum sich die Partizipationsverheißungen nicht realisierten und warum die Politisierung in den Rechtsweg und ins Vertrauen auf die gute Obrigkeit mündete, hängt mit neuerlichen ständischen Verfestigungen, mit den konfessionellen Aufladungen und den

---

[98] W. LENK, Die nationale Komponente in der deutschen Literaturentwicklung der frühen Neuzeit, in: K. Garber, Hg., Nation und Literatur im Europa der Frühen Neuzeit, 1989, 669–687, Zitat 679.
[99] Vgl. K. GARBER, Zentraleuropäischer Calvinismus und deutsche ‚Barock'-Literatur. Zu den konfessionspolitischen Ursprüngen der deutschen Nationalliteratur, in: Schilling, Konfessionalisierung (wie Anm. 63) 317–348.

politischen Verwerfungen bis zum preußisch-österreichischen Dualismus zusammen. Als Dispositionen blieben die genannten Wertvorstellungen und Verhaltensmuster dennoch in der politischen Kultur Deutschlands präsent, in der somit auch die Möglichkeit einer einigen Nation steckte, an die zu appellieren sich lohnen konnte.

Ergebnisse

Die Auswirkungen der Konfessionalisierung auf Staat und politische Kultur der Deutschen bleiben ambivalent. Die abgrenzende wie integrierende und identitätsstiftende Kraft der Bekenntnisse wurde zur Disziplinierung und Verstaatung der reichsständischen Herrschaftssysteme genutzt und führte zu Spannungen und Konflikten. Die Konfessionalisierung hat aber auch einen neuen Zusammenhalt ermöglicht, der regionale und ständische Grenzen überwand und den komplementären Reichs-Staat annähernd identisch werden ließ mit dem Raum, der die deutschsprachigen Teile des Reiches umspannte. Dieser konfessionell vermittelte Zusammenhalt erwies sich politisch als überraschend stabil. Es bestand aber stets die Gefahr einer Verabsolutierung des Konfessionellen und damit des Glaubens- und Bürgerkrieges. Die sukzessive Blockierung der Reichsverfassung um 1600 war ein Menetekel, auch wenn von ihr kein direkter Weg zum Dreißigjährigen Krieg führt.

Die drohende Überlagerung der Politik durch das Konfessionelle hat Gegenkräfte mobilisiert: Einerseits galt das Augenmerk einer bekenntnisneutralen pragmatischen Reichspolitik, der Beachtung der Reichsverfassung und der Stärkung des Reichs-Staates, andererseits wurde die Suche nach einer konfessionsunabhängigen Vergesellschaftung intensiviert, nach einem Fluchtpunkt, dem sich alle Bewohner des Reiches verpflichtet fühlen konnten. Dieser einende Wert schien in der auf Sprache und Kultur basierenden fundamentalen Gemeinsamkeit des ‚Deutschen' gefunden. Die Teilhabe an der Nation, ob im Sinne von Zugehörigkeit oder Partizipation, erwies sich zwar als Integrationsansatz, doch auch dies blieb eine komplementäre Größe: Loyalität und Identität bezogen die Bewohner des Reichs-Staates aus so unterschiedlichen Zusammenhängen wie Heimat, Fürstendynastie, Kaiser und Reich, Rechtsweg, Landsmannschaft, Konfession, Sprache und Kultur. Ob man sich als Erfurter, Untertan des Mainzer Kurfürsten, Angehöriger der Mainzer Diözese, als Thüringer oder als Deutscher verstand und in welcher Eigenschaft man wahrgenommen wurde, hing nicht zuletzt mit dem Grund einer solchen Zuordnung und mit der Entfernung vom Heimatort zusammen.

Die Konfessionalisierung hat das Zusammenwirken von Kaiser und Reich weiter säkularisiert, die komplementäre Staatlichkeit akzentuiert und zur historischen Alternative des nationalen Machtstaats werden lassen. Zu den Grunderfahrungen im Alten Reich gehörten nicht nur reichsständische Staatsbildungen, Landeskonfessionen und Fürstendynastien, sondern auch eine gemeinsame Sprache und eine politische Kultur, in der Teilhabehoffnungen übergreifend wirkten. Andere Bekenntnisse, herrschaftliche Freiräume und eine gewisse Rechtssicherheit zählten ebenfalls zu den die Wahrnehmung prägenden Erfahrungen. Eine überwölbende Integrationsidee, die Teilhabe an der Nation und die Eintracht in ihr, konnte die ständischen und andere Grenzen allerdings nur partiell überwinden. Dies wiederum blieb den Konfessionen vorbehalten: Die Nation wurde unter den Bedingungen des Alten Reiches zwar zum Integrationsziel, aber nicht zur Ersatzreligion. Sie war dennoch der einzige Wert, der wenigstens die Möglichkeit einer Homogenisierung von Vorstellungen und Handlungsmustern in sich trug. Doch nicht Nationalismus, sondern ständische, regionale und konfessionelle Grenzen überwindende Teilhabevorstellungen sowie die Integration von Vielfalt in eine zusammengesetzte, komplementäre Staatlichkeit sind die Perspektiven des Alten Reiches, die es in die gegenwärtigen Identitätsdiskussionen, in die Debatten um die europäischen Staats- und Nationsbildungen und in den europäischen Einigungsprozeß einzubringen gilt.

Gesamtregister der KLK-Territorienhefte I–VII

von Matthias Asche und Sabine Schlögl

Das vorliegende Gesamtregister verzeichnet Sachbegriffe sowie die Namen von Personen, Orten und Territorien, teilweise auch von Regionen. Die Sachbegriffe wurden von MATTHIAS ASCHE, die Namen von SABINE SCHLÖGL bearbeitet.

Bei den Beiträgen werden in römischen Ziffern das Heft, in arabischen Ziffern die Seitenzahlen angegeben (Beispiel: Sebald, Hl. **I** 34 bedeutet: Heft I Seite 34).

Fettgedruckte Seitenziffern bezeichnen die Hauptstellen für die Territorien, desgleichen die Personen in den Aufrissen zu Beginn der Artikel.

Nicht berücksichtigt sind Zwischenüberschriften und Karteneinträge. Bischöfe, evangelische Administratoren und Herrscher sind mit ihrem Vornamen, alle übrigen Personen mit ihrem Nachnamen angesetzt. Herrscherpersönlichkeiten mit gleichen Vornamen sind nach den von ihnen regierten Territorien alphabetisch geordnet.

In das Sachregister wurden nur diejenigen Begriffe aufgenommen, welche einen überregionalen Bezug haben. Nicht eigens nachgewiesen wurden die Begriffe, die regelmäßig im Text auftreten, zum Beispiel Katholizismus, Humanismus, Reformation, Fürsten usw. Die Schauplätze von Schlachten, Friedensschlüssen und Vertragsverhandlungen sind unter den jeweiligen Ortsnamen zu finden (Ausnahme: Augsburger Religionsfrieden).

A

A Lasco, Johannes, Superintendent von Emden **III** 169, 172, 176, 212
Aachen, Reichsstadt **III** 87, 202, 220 **V** 34, 225 **VII** 34, 189
– Marienkirche **IV** 49
Aage Sparre, Erzbischof von Lund **II** 145, 148
Aalen, Reichsstadt **V 195**, 209
Aargau **V** 297f.
Abenberg **IV** 167
Absberg, Hans Thomas von **IV** 184
Absberg, Herrschaft **VI** 244
Achsynit, Martin **V** 132f.
Adalbert von Sachsen, Administrator, Erzbischof von Mainz **IV 61**
Adam Peetz, Weihbischof von Straßburg **V** 89
Adam Wenzel, Herzog von Teschen **II 104**, 128f.
Adami, Adam OSB, Abt von Murrhardt **V** 251 **VII** 34
Adelberg, Kloster **V** 172, 180, 251
Adelmann von Adelmannsfelden, Bernhard **IV** 170, 172, 190 **VI** 14

Adelmann von Adelmannsfelden, Konrad **IV** 170
Adiaphora-Streit **II** 22 **IV** 20 **VI** 124
Admont, Benediktinerkloster **I** 105
Adolf, Graf von Bentheim-Steinfurt und Tecklenburg **III 183**
Adolf III. von Schaumburg, Erzbischof von Köln **III** 59, 70, 97 **VI 154**, 160f.
Adolf II. von Nassau, Erzbischof von Mainz **IV 61**, 64f. **V** 76
Adolf Friedrich I., Herzog von Mecklenburg **II 167**
Adolf von Anhalt, Bischof von Merseburg **II** 12, 92f., 95, 155
Adolf von Nassau-Dillenburg, Bruder Wilhelms von Oranien **IV** 241
Adolf I., Herr von Schaumburg **VI** 156
Adolf XIII., Graf zu Schaumburg s. Adolf III. von Schaumburg, Erzbischof von Köln
Adolf XIV., Graf zu Schaumburg **II** 160 **VI 154**, 164, 166

Adolf VIII. von Schaumburg, Herzog von Schleswig-Holstein **II** 143
Adolf von Holstein-Gottorf, Bischof von Schleswig **II 141**, 155, 157f.
Adwert (b. Groningen), Zisterzienserkloster **III** 113
Aepinus, Johannes, Superintendent von Hamburg **II** 151, 191 **III** 52 **VI** 124
Aesticampianus, Johann Rhagius **II** 11
Äthiopien **V** 185
Affenstein, Wolf von **V** 20
Agilolfinger, bayerisches Herzogsgeschlecht **I** 74
Agnes von Hessen, Gemahlin Moritz' von Sachsen **II** 19 **VII** 164 Anm. 67
Agnes von Mansfeld, Gemahlin Gebhards Truchseß von Waldburg **III** 74f. **IV** 247
Agricola, Daniel OFM **V** 154
Agricola, Gregor **II** 112
Agricola, Johann **II** 43f., 46, 48 **VI** 82, 84f.
Agricola, Rudolf **V** 15, 220
Agricola, Stephan **VI** 16, 19
Ahaus, Amt **III** 110, 124
Ahaus, Heinrich von **III** 112
Ahlen **III** 120
Ahrensbök, Kartäuserkloster **II** 156
Ahrweiler **III** 61, 80
Aigle **V** 294–296
Ailringen **VI** 241
Aitinger, Conrad **V** 199
Aken **II** 77
Alba, Herzog von s. Fernando Alvarez, Herzog von Alba
Alber, Matthäus **V** 209
Albert IV. von Törring, Bischof von Regensburg **VI** 37, 51
Albin, Johann **IV** 90
Albona (Venetien) **IV** 20
Albrecht I., Deutscher König **IV** 51
Albrecht II., Deutscher König **VI** 60
Albrecht IV., Herzog von Bayern **I** 45, **57 VI** 54, 61, 65
Albrecht V., Herzog von Bayern **I 57**, 61, 63, 65f. **III** 100, 229 **IV** 113, 117, 139, 173 **V** 137 **VI** 53, 68, 71 **VII** 29, 79, 100, 126, 147, 158, 190
Albrecht Achilles, Kurfürst von Brandenburg **I** 12–14
Albrecht V., Markgraf von Brandenburg-Ansbach **I** 11, 29 **V** 150
Albrecht Alcibiades, Markgraf von Brandenburg-Kulmbach/Bayreuth **I** 11, 16, 20f. **II** 21 **IV** 33, 79f., 112, 154 **V** 53, 56 **VI** 236 **VII** 145
Albrecht, Fürst von Köthen-Altzerbst **II** 90
Albrecht von Brandenburg, Erzbischof von Mainz und Magdeburg, Bischof von Halberstadt, Kardinal **II** 14, 38–41, 47, **69**, 70, 72–74, 77–79, 92, 94, 96f. **IV** 45, **61**, 67–73, 75, 77, 136, 265 **VII** 71, 95, 114, 119, 129f.
Albrecht V., Graf von Mansfeld **VI** 81
Albrecht VII., Graf von Mansfeld-Hinterort **II** 91 **III** 47f. **VI** 80, 81–89
Albrecht VII., Herzog von Mecklenburg **II 167**, 168–170, 173 **VII** 49
Albrecht, Herzog von Münsterberg-Frankenstein und Oels-Bernstadt **II 104**
Albrecht, Graf von Nassau-Saarbrücken **V** 151
Albrecht, Erzherzog von Österreich, Generalstatthalter der Niederlande **III 183**, **201**, 194, 228 **VI 199**, 201
Albrecht von Brandenburg-Ansbach, Hochmeister des Deutschen Ordens, Herzog in Preußen **I** 14, 20 **II** 211, 213f., 217, **221**, 222–224, 226–229 **VI 225**, 226–228, 236f. **VII** 54
Albrecht Friedrich von Brandenburg-Ansbach, Herzog in Preußen **II 221**, 230
Albrecht, Herzog von Sachsen **II** 9, 11 **IV** 11f. **VI** 81
Albrecht, Herzog von Sachsen-Eisenach **IV** 10, 26
Albrecht von Bayern, Bischof von Straßburg **V 73**, 74–76
Albrecht von Wallenstein s. Wallenstein, Albrecht Eusebius Wenzel

Albrecht, Johannes OFMConv., Guardian in Regensburg **VI** 49
Alciati, Pietro Antonio **I** 93
Aleander, Hieronymus, Nuntius **III** 64, 113, 209 **IV** 71
Alessandro Farnese, Herzog von Parma, Generalstatthalter der Niederlande **III** 201, 227f. **VI** 201
Alexander VI., Papst **II** 37, 185 **IV** 191
Alexander VII., Papst **V** 118
Alexander Sigmund von Pfalz-Neuburg, Bischof von Augsburg **VI** 20
Alexander von Sachsen, ev. Administrator von Merseburg **II** 24
Alexander, Herzog/Pfalzgraf von Pfalz-Zweibrücken **VI** 171, 174
Alexander, König von Polen **II** 112
Alfeld, Amt **III** 30
Algesheimer s. Bernhard(i), Johann(es)
Allenbach, Amt **VI** 189
Allendorf, Benediktinerinnenkloster **IV** 130
Allendorf, Johann von **IV** 104, 189
Allenstein **II** 212
Allersberg, Amt **I** 45, 50, 53f.
Allessandri, Gabriele OP **I** 97
Allgäu, Bezirk **IV** 183
Allgemeines Landrecht für die Preußischen Staaten (1794) **III** 197
Allstedt, Amt **IV** 12, 16, 18 **VI** 79f., 80–84
Alpen (Stadt) **III** 77
Alpirsbach, Benediktinerkloster **V** 172f., 251
Alsfeld **IV** 269
Alt, Salome **I** 83
Alt-Krüssow **II** 38
Altdorf (Schweiz) **V** 315
Altdorf b. Nürnberg **I** 33f. **VI** 54
Altdorf b. Weingarten **V** 257
Altdorfer, Albrecht **VI** 41, 53
Altenberg, Prämonstratenserinnenkloster **IV** 52, 55 **VII** 95
Altenbiesen, Ballei **VI** 224–248
Altenburg, Amt **II** 23 **IV** 10, 12, 14, 21f., 26
– s. Sachsen-Altenburg

Altenkamp, Zisterzienserkloster **II** 198
Altenmünster b. Königshofen **IV** 122
Altensteig, Amt **V** 187
Altenwick **III** 17
Althaldensleben, Zisterzienserinnenkloster **II** 81
Altham(m)er, Andreas **I** 17–19 **IV** 221
Althusius, Johannes **III** 175, 192 **IV** 245
Alting, Menso **III** 172–175
Altkatholiken **II** 162
Altkloster, Benediktinerinnenkloster **III** 46, 54
Altmark **II** 35, 44
Altmühl, Kanton **IV** 183–185, 204
Altötting **I** 68, 74 **VII** 19
Altomünster, Birgittenkloster **I** 62
Altona **II** 151, 159f. **III** 54 **VI** 166 **VII** 36
Altranstädt **II** 135
Altschottland **II** 216
Althausen, Landkommende **V** 234 **VI** 225, 239
Altzella, Zisterzienserkloster **II** 11, 21 **VI** 108
Alveldt, Augustin von OFM **II** 14f., 71, 77, 94
Alzenau **IV** 87
Alzey, Amt **IV** 78 **V** 9, 11, 21
– Kapuzinerkonvent **IV** 91
Amalie Elisabeth von Hanau-Münzenberg, Landgräfin von Hessen-Kassel **III** 159 **IV** 256, 284
Amalie von Oranien, Gemahlin Friedrich Casimirs von Pfalz-Landsberg **VI** 185
Amalteo, Attilio **III** 156
Amandus, Johann **II** 189f.
Ambach, Melchior **IV** 70
Amberg **II** 99f. **V** 9, 12–14, 18, 21, 28f., 34, 38f., 41
– Franziskanerkloster **V** 22
– St. Georg **V** 21
– Stadtkirche St. Martin **V** 15, 22
Amelungsborn, Zisterzienserkloster **III** 36
Amelunxen, Herren von **III** 153
Amerbach, Basilius **V** 311

Amerbach, Bonifacius **V** 311
Amerbach, Veit **VI** 85
Amerika **III** 217 **IV** 246 **VII** 19
Amling, Georg, Superintendent von Zerbst **II** 99
Amling, Wolfgang, Superintendent von Zerbst **VII** 132
Ammendorf **II** 80
Ammensleben s. Groß Ammensleben
Ammerland **VI** 132
Amöneburg, Amt **IV** 64, 78f., 86, 88, 92f., 238, 255, 259 **VII** 31
Amont, Baillage **VI** 201, 204
Amorbach **IV** 66, 74
– Benediktinerkloster **IV** 87
Amsterdam **III** 119, 167, 203, 209, 211, 226
Amtitz, Herrschaft **VI** 96
Andalusien **VII** 20
Andernach **III** 60f., 69, 78
Andreä, Jakob, Superintendent von Tübingen **I** 24f., 111 **II** 25 **III** 30, 34f. **IV** 22, 277 **V** 22, 133, 185f., 189 **VI** 45, 181, 182 **VII** 55
Andreä, Johann Valentin **V** 187, 189
Andreas Jerin, Bischof von Breslau **II** **105**, 126
Andreas von Österreich, Bischof von Brixen und Konstanz, Kardinal **V** 269f., 272, **258**
Andreas Barthora, Bischof von Ermland **II** 207
Andreas von Barby, Bischof von Lübeck **VI** 115
Andreas Hofmann, Weihbischof von Passau **VI** 71
Angelus, Johannes, Superintendent von Hessen-Darmstadt **IV** 280
Angermünde **II** 38, 45
Anhalt
– Fürstentum **II** 9, 35, 69, 72, **88–101** **III** 10 **IV** 11 **V** 35 **VI** 80 **VII** 61 Anm. 69, 139, 144, 197
– Haus s. Askanier, Haus
– Landeskirchen **II** 99
Anhalt, Wilhelm von OFMConv **II** 93
Anhausen, Benediktinerkloster **V** 172
Anna, Hl. **II** 111
Anna von Veldenz, Gemahlin Karls II. von Baden-Durlach **V** 134, 153

Anna von Österreich, Gemahlin Albrechts V. von Bayern **I** 61 **VI** 53
Anna von Tecklenburg, Regentin von Bentheim-Steinfurt und Tecklenburg **III** **183**, 189f.
Anna von Preußen, Gemahlin Johann Sigismunds von Brandenburg **II** 53–55
Anna, Schwester Georgs des Frommen von Brandenburg-Ansbach **II** 108
Anna von Kleve, Gemahlin Heinrichs VIII. von England **III** 94
Anna von Mecklenburg, Landgräfin von Hessen **IV** **255**, 261 **VII** 165
Anna, Häuptlingin von Jever **VI** **131**, 141
Anna von Egmont-Büren, Herrin der Grafschaft Lingen **III** **183**, 187, 193
Anna von Stolberg-Königstein, Gemahlin Ludwigs III. von Löwenstein **IV** 227
Anna von Brandenburg, Gemahlin Albrechts VII. von Mecklenburg **II** 169
Anna von Anhalt, Gemahlin Johanns V. von Oldenburg **VI** 135
Anna von Oldenburg, Gemahlin Ennos II. von Ostfriesland **III** **163**, 169, 171 **VII** 165
Anna von Jülich-Kleve, Gemahlin Philipp Ludwigs von Pfalz-Neuburg **I** 53
Anna Maria von Schweden, Gemahlin Georg Hans' von Pfalz-Veldenz **VI** 191
Anna von Veldenz, Gemahlin Stephans von Pfalz-Zweibrücken **VI** 172
Anna von Hessen, Gemahlin Wolfgangs von Pfalz-Zweibrücken **VI** 177
Anna Maria von Preußen, Tochter Elisabeths von Braunschweig-Lüneburg-Calenberg **VII** 166
Anna von Dänemark, Gemahlin Kurfürst Augusts I. von Sachsen **VII** 166
Anna von Tecklenburg, Gemahlin Philipps von Solms-Braunfels **III** 189

Anne de Bretagne, Gemahlin Karls VIII. von Frankreich **VI** 200
Anne de Pérusse d'Escars de Givry, Bischof von Metz, Kardinal **V 98**, 117
Annaberg **II** 10, 13
Annweiler **VI** 173, 182, 184
- Spitalkirche **VI** 182
Ansbach
- s. Brandenburg-Ansbach
- Hof **VII** 159
- Stadt **I** 11, 15–17, 21–24, 26, 28 **II** 120
- Kollegiatstifte **I** 20
- St. Gumbert **I** 13, 15, 20
Anselm Casimir Wambold von Umstadt, Erzbischof von Mainz **IV 61**, 93
Anshelm, Valerius **V** 220–222, 288
Anthonii, Johannes **II** 154
Antinomistischer Streit **II** 24
Antitrinitarier **V** 28
Antoine-Pierre de Grammont, Erzbischof von Besançon **VI 199**, 218–220
Antoine Perrenot de Granvelle, Erzbischof von Besançon **VI 199**, 214
Antoine de Vergy, Erzbischof von Besançon **VI 199**, 205
Antoine Perrenot de Granvelle, Erzbischof von Mecheln, Kardinal-Primas der Niederlande **III** 215, 217
Antoine Fournier, Weihbischof von Metz **V** 111, 113
Antoine Havet, Bischof von Namur **III** 215
Antoine de Pèlegrin, Bischof von Toul **V 98**
Antoinette von Lothringen, Gemahlin Johann Wilhelms von Jülich-Kleve-Berg **III** 100
Anton von Aldenburg, Sohn Anton Günthers von Oldenburg **VI** 147f.
Anton Ulrich, Herzog von Braunschweig-Wolfenbüttel **III 10**, 39
Anton von Schaumburg, Erzbischof von Köln **III 59**, **VI** 161
Anton, Herzog von Lothringen **V** 82, **97**, 99, 102–104, 106, 108

Anton von Schaumburg, Bischof von Minden **VI** 164
Anton I., Graf von Oldenburg **VI 131**, 134, 136–140
Anton Günther, Graf von Oldenburg **VI 131**, 145–148
Anton II., Graf von Oldenburg-Delmenhorst **VI 131**, 144
Anton Heinrich, Graf von Oldenburg-Delmenhorst **VI 131**, 144
Anton, Graf zu Schaumburg **VI 154**
Anton von Lothringen-Vaudémont, Bischof von Toul **V 98**
Antoniter (CRSAnt), -kloster **II** 175 **IV** 43, 264
Antonius, Hl. **V** 117
Antonius, Gottfried **IV** 283
Antwerpen
- Bistum **III** 202
- Stadt **III** 64, 203, 208f., 211, 224, 227 **IV** 27 **VI** 117
- Augustiner-Eremitenkloster **III** 208
Anvers, d', Familie **VI** 209
Apel, Johann **IV** 105
Apelern **VI** 157
Appenzell **V** 279, 300, 305, 315 **VII** 18
Aquila, Kaspar **IV** 195
Aquileja
- Kirchenprovinz **I** 87, 103, 105 **V** 280 **VI** 9
- Erzbistum **I** 87, 103f.
Arcimboldi, Giovanangelo **II** 145
Arco, Prospero Graf von **II** 122
Ardura, Bernard **V** 110
Arenberg, Grafschaft/Herzogtum **V** 51
Arendsee, Benediktinerinnenkloster **II** 44 **VII** 97 Anm. 41
Arensburg, Amt **VI** 157, 160, 167
Armand-Jean du Plessis, Herzog von Richelieu, Kardinal **V** 115, 118 **VII** 30
Armer Konrad **V** 171, 173
Armgard, Häuptlingin von Esens, Stedesdorf und Wittmund **III 163**
Arminianer, Remonstranten **II** 158, 160 **III** 226, 231f. **IV** 248
Arnauld, Antoine **V** 119

Arndt, Johann, Superintendent von Celle **III** 35 **VII** 14, 40
Arnold III., Graf von Bentheim-Steinfurt und Tecklenburg **III 183**, 190
Arnold IV. (II.), Graf von Bentheim-Steinfurt und Tecklenburg **III 183**, 189–193
Arnold Jobst, Graf von Bentheim-Steinfurt und Tecklenburg **III 183**
Arnold II. (I.), Graf von Tecklenburg **III 183**, 190
Arnold, Michael **VI** 99
Arnoldi von Usingen, Bartholomäus OESA **IV** 108
Arnoldi, Franz **II** 14
Arnsberg **III** 61, 76, 78, 126 **VII** 104
– Grafschaft **III** 60
Arnsburg, Zisterzienserkloster **IV** 43, 52, 55 **VII** 95
Arnshaugk, Amt **II** 23 **IV** 13
Arnstadt **IV** 11, 29f.
Arnstein, Amt **VI** 79f., 86
Arnswalde **II** 45
Arras
– Bistum **III** 202, 214
– Stadt **III** 212, 224, 227
Artern, Amt **VI** 79, 86
Artland **III** 136
Artois, Grafschaft **III** 201, 207 **VI** 200
Artzt s. Arzt
Arumaeus, Dominicus **IV** 27
Arzt, Familie **VI** 27
Aschaffenburg **IV** 61, 63, 69, 74, 80f., 83, 85, 88, 90, 92 **VII** 129
– Kapuzinerkonvent **IV** 91
Askanier, Haus **II** 89–100 **IV** 24f.
– Albrecht-Linie **II** 90, 93
– Siegmund-Linie **II** 90, 93
– Siegmund-Linie, Zweiglinie Ernst **II** 89–91
– Siegmund-Linie, Zweiglinie Waldemar **II** 89–91
– Linie Anhalt-Bernburg **II** 89–91
– Linie Anhalt-Dessau **II** 89, 91, 96
– Linie Anhalt-Köthen **II** 89, 91
– Linie Anhalt-Plötzkau **II** 89, 91
– Linie Anhalt-Zerbst **II** 89, 91
– Linie Bernburg-Köthen **II** 91
Atens, Karmelitenkloster **VI** 133, 136

Atrecht s. Arras
Attendorn **III** 78
Aub **IV** 105
Auerbach **V** 12
Aufseß, von, Familie **IV 183**
Aufseß, Peter von **IV** 104
Aufseß, Wolf Heinrich von **IV** 196
Auger, Emond SJ **V** 112
Augsburg **VI 8–35**
– Bistum **I** 11, 13, 46, 52, 57, 87 **IV** 62, 167, 170, 183 **V** 170, 195f., 215, 234, 243, 246f., 258, 261, 264, 268 **VI 8–35**, 226, 241
– Hochstift **I** 45, 57, 87 **V** 257f. **VI 8–35 VII** 80
– Reichsstadt **I** 34, 48, 57, 61f., 91, 98f., 106, 123 **II** 20, 40, 46, 174, 192 **III** 207 **IV** 41, 140 **V** 27, 62, **196**, 197, 199, 208–210, 216, 259, 289 **VI 8–35**, 50, 86, 116 **VII** 27, 33, 143
– Dom **VI** 12, 19f., 25
– Augustiner-Chorherrenstift/Pfarrkirche Heilig Kreuz **VI** 12f., 16, 20, 22, 30
– Augustiner-Chorherrenstift/Pfarrkirche St. Georg **VI** 12, 20, 22, 30
– Barfüßerkloster **VI** 12, 16, 19, 22
– Barfüßer-Nebenkirche St. Jakob **VI** 22
– Benediktinerinnenkloster St. Nikolaus **VI** 12
– Benediktinerkloster St. Ulrich und Afra **V** 234 **VI** 12, 19–21, 30
– Damenstift/Pfarrkirche St. Stephan **VI** 12, 20
– Franziskaner-Terziarinnenkloster St. Klara **VI** 12
– Franziskaner-Terziarinnenkloster St. Martin **VI** 12
– Franziskaner-Terziarinnenkloster Zum Stern **VI** 12
– Dominikanerinnenkloster St. Katharina **VI** 12
– Dominikanerinnenkloster St. Margaretha **VI** 12
– Dominikanerkloster St. Magdalena **VI** 12, 19
– Dominikaner-Terziarinnenkloster St. Ursula **VI** 12, 20

- Domkapitel **IV** 170 **VI** 12f., 20f., 24, 30 **VII** 126
- Jesuitenkolleg **VI** 24, 30
- Kapuzinerkloster **V** 228
- Karmelitenkloster St. Anna **VI** 12, 16, 22, 28, 30
- Kollegiatstift/Pfarrkirche St. Moritz **VI** 12f., 16, 20
- Kollegiatstift St. Gertrud **VI** 12
- Kollegiatstift St. Peter a. Perlach **VI** 12
- Pfarrkirche St. Ulrich **VI** 12, 22
- St. Salvator **VI** 28
- s. a. Reichstage

Augsburger Bekenntnis, s. Confessio Augustana
Augsburger Religionsfrieden (1555) **I** 28, 54, 67, 81, 132 **II** 61f., 81, 83, 134, 176, 178, 204 **III** 38, 56, 68, 126–128, 143f., 159, 174, 194, 232 **IV** 47, 49, 79f., 91, 139, 185, 199, 222, 225, 247, 272f., **V** 19, 26, 60, 178f., 204f., 209, 300, 312 **VI** 21f., 28, 30f., 48, 68, 122, 159, 178, 232 **VII** 33, 128, 146, 150f., 186, 189f., 192f.
August, Fürst von Anhalt-Plötzkau **II** 89
August der Ältere, Herzog von Braunschweig-Lüneburg **III** 9
August der Jüngere, Herzog von Braunschweig-Wolfenbüttel **III** 10, 38
August von Sachsen, ev. Administrator von Magdeburg **II** 69, 70, 83
August, Pfalzgraf von Pfalz-Sulzbach **I** 53, 54
August I., Kurfürst von Sachsen **II** 9, 21, 23f., 29, 95 **IV** 13, 20–22, 35, 140, 272 **V** 26 **VI** 86, 89 **VII** 146f., 155, 156 Anm. 53, 157f., 162, 166
August II., der Starke, Kurfürst von Sachsen **VII** 39
Augusta, Jan **I** 144
Augustiner, -kloster **I** 82 **II** 12f., 73, 75, 78, 98, 147, 173–175 **III** 48 **IV** 73, 105 **V** 19, 23, 176 **VI** 38, 43, 48f., 82
Augustiner-Chorfrauen (CSA), -kloster, -stift **II** 44, 110 **III** 13, 186
Augustiner-Chorherren (CSA), -kloster, -stift **I** 139 **II** 109, 111, 147 **III** 13, 150, 190 **IV** 113, 169, 217 **V** 14, 19, 56, 62, 115, 197f., 201, 241, 248 **VI** 12, 64
Augustiner-Eremiten (OESA), -kloster **I** 34, 36f., 46, 150 **II** 110, 214 **III** 15f., 48, 66, 91f., 95, 113, 132f., 135, 151, 208, 213 **IV** 52, 102, 108, 222 **V** 14, 18, 107
Augustinerinnen, -kloster **I** 34, 37 **II** 98 **III** 150 **IV** 169, 217 **VI** 116, 161
Augustinus Marius, Weihbischof von Würzburg **IV** 108
Auhausen **I** 28 **V** 35, 187
Aura a. d. Saale, Benediktinerkloster **IV** 113f.
Aurich, Amt **III** 163f., 172f., 177f.
Aurifaber, Johann **II** 174, 177 **IV** 20
Aurogallus, Matthäus s. Goldhahn
Aval **VI** 201
Aventin s. Turmair, Johannes
Avila, Teresa von **VII** 14, 40, 42 Anm. 39

B

Baar **V** 216
Bacharach **V** 9, 11
Bachgau **IV** 64
Bachhagel, Michael Regius von **I** 48
Bachmann, Paul **II** 15
Bachofen, Friedrich **IV** 137
Backnang, Stiftskirche **V** 189
Backoffen, Hans **IV** 44
Bad Homburg s. Homburg v. d. H.
Baden, Markgrafschaft **V** 51, 58, 73, **124–166**, 170, 258 **VI** 172, 189 **VII** 25, 60 Anm. 66, 99
- Baden-Baden **I** 66 **V** **124–166**
- Baden-Durlach **V** 35, **124–166**, 185, 280, 308
Baden, Haus **V** 125, 127, 146, 153, 160 **VII** 84
- Linie Baden-Baden **V** 125
- Linie Baden-Pforzheim **V** 125
- Linie Baden-Durlach **V** 125
- Ältere Linie Rodemachern **V** 125
- Jüngere Linie Rodemachern **V** 125
- Teillinie Durlach **V** 125, 139

- Teillinie Hachberg **V** 125, 127
- Teillinie Rötteln-Sausenberg **V** 125

Baden(-Baden), Stadt **V** 125–128, 130, 135–145, 185
- Jesuitenkolleg **V** 145, 150 **VII** 99
- Kapuzinerkloster **V** 143
- Kloster zum Hl. Grab **V** 146
- Kollegiatstift **V** 129, 143
- Stiftskirche **V** 143

Baden (Schweiz) **V** 222, 288f., 298, 301, 315
- Grafschaft **V** 279

Badenweiler, Herrschaft **V** 125, 127
Baiersdorf **I** 23
Baindt, Zisterzienserinnenkloster **V** 233f.
Baldenburg **II** 215
Balkan **VII** 12 Anm. 7
Ballenberg **IV** 74
Ballenstedt **II** 89f.
- Benediktinerkloster **II** 92, 98

Balthasar von Promnitz, Bischof von Breslau **II** 105, 114, 122–124
Balthasar von Esens, Häuptling von Esens, Stedesdorf und Wittmund **III** 163
Balthasar von Dernbach OSB, Abt von Fulda **IV** 84, 117, **129**, 139–142
Balthasar Merklin, Bischof von Hildesheim und Konstanz **III** 10, 28
Balthasar Fannemann OPraem, Titularbischof von Mis(sene), Weihbischof von Hildesheim **I** 47
Balthasar Wurer, Weihbischof von Konstanz **V** 313
Balthasar Rantzau, Bischof von Lübeck **II** 156 **VI** 115, 123
Balthasar, Herzog von Mecklenburg **II** 167
Baltikum **VII** 20, 23, 190
Balven, Lambert von SOCist **III** 26

Bamberg
- Bistum **I** 11–13, 33–35, 45, 57 **II** 9 **IV** 11, 28, **146–165**, 173, 183f., 206 **V** 10 **VI** 226
- Hochstift **I** 33, 103 **IV** 11, 25, 80, 99f., 110–113, 120–122, **146–165**, 188, 199, 207–209, 265 **V** 10 **VI** 68 **VII** 15 Anm. 10, 74, 83, 98

- Stadt **IV** 81, **146–165**, 191, 200 **VII** 71
- Domkapitel **IV** 149–151, 155–157, 161, 190
- Domstift **IV** 148
- Stift St. Gangolf **IV** 148, 150
- Stift St. Jakob **IV** 148
- Stift St. Stephan **IV** 148, 157
- Benediktinerkloster Michelsberg **IV** 148, 154 **VII** 98
- St. Martin **IV** 156

Bannier, Johann **VI** 126
Banz, Benediktinerkloster **IV** 102, 154 **VII** 98
Bar, von, Familie **III** 132
Bar-le-Duc **V** 114
Barbara von Limpurg, Gemahlin Georgs II. von Wertheim **IV** 215, 222–224
Barbelroth **VI** 184
Barby, Herrschaft **II** 69, 90
Barby, Andreas von **II** 156
Bardowick, Kloster **III** 20, 168
Barfüßer, s. Franziskaner-Konventualen
Barnim IX., Herzog von Pommern (-Stettin) **II** 183, 187, 192, 194, 199f. **VII** 49
Barnim X., Herzog von Pommern-Stettin **II** 183
Baronius, Caesar **IV** 20
Barr, Herrschaft **V** 83
- Barrois „mouvant" **V** 99
- Barrois „non mouvant" **V** 97, 101

Bars, Heinrich s. Olisleger, Heinrich
Bartenstein **II** 229
Bartfeld **VI** 85
Barth **II** 183, 187, 203
Barthe, Prämonstratenserinnenkloster **III** 171
Bartholomä, Adam **I** 47 **V** 204
Bartholomäus Suawe, Bischof von Cammin **II** 183, 200
Bartholomäus, Wolfhart **I** 49
Bartholomäusnacht (1572) **II** 23
Baruth **IV** 12
Basel
- Bistum **V** 73, 172, 195, 212, 215, 258, 261, 271, 279f., 295, 301, 306, 314, 317

- Hochstift **V** 126, 258 **VI** 200
- Reichsstadt **III** 170 **IV** 20, 70, 169, 220 **V** 38, 86, 126, 129, 132–134, 140, 218, 259, 261–262, 268, 279–281, 287, 290f., 293f., 298–300, 302, 304, 309–313, 317 **VI** 205, 215
- Franziskanerkloster **V** 291
- St. Martin **V** 292
- s. a. Universitäten

Battenberg **IV** 86
Baudoin, François **V** 23
Bauernkrieg (1525) **I** 15, 38, 46, 92, 123 **II** 10, 73, 94, 113 **III** 63, 66, 113f. **IV** 29, 34, 36, 45, 52, 69, 73–75, 103, 107, 109–111, 133f., 150, 152, 171, 197, 220, 241 **V** 12, 18f., 53, 55, 82, 84, 103, 131, 173, 207, 227, 237f., 246, 250f., 265, 288 **VI** 82f., 85, 229, 238 **VII** 9, 78, 129, 184
Bauhin, Caspar **V** 311
Bauland **IV** 64, 86, 199, 202f., 216f.
Baumgartner, Blasius OSB, Abt von St. Emmeram/Regensburg **VI** 49
Baunach, Kanton **IV** 183–185, 194, 207
Bautzen **II** 10, 30 **VI** 93, 95f., 99, 103–105, 109f. **VII** 113, 123, 133
- Domstift St. Petri **VI** 96, 99, 101, 106–108, 110–112 **VII** 113
- Kollegiatstift **II** 30 **VI** 96
- Minoritenkloster **VI** 96, 100
- Michaliskirche **VI** 112
- Nikolaikirche **VI** 112
- Petrikirche **VI** 112

Bayerischer Wald **VI** 67
Bayern
- Herzogtum/Kurfürstentum **I** 11, 33f., 45, **56–70**, 60, 64, 73, 76f., 81–83, 87f., 111, 119, 123, 128, 131, 135 **II** 16 **III** 27, 75, 157, 230 **IV** 80, 104, 108, 112f., 115f., 118, 122, 140, 147, 156f., 159f., 168, 190, 208, 247, 267, 272 **V** 9, 10, 12f., 17, 35, 40–42, 103, 127, 136–141, 144f., 147, 151, 156f., 159f., 167f., 170f., 174f., 229, 234, 238, 247, 251, 258, 260, 266, 271, 273 **VI** 9f., 17, 22, 28, 30, 37–44, 49, 51f., 59–63, 66, 68–72, 171f., 190, 228, 243, 245 **VII** 19–21, 30f., 46f., 53 Anm. 38, 67, 69f., 74, 74 Anm. 36, 75–77, 79, 83–88, 93, 95,100, 120, 125–128, 141, 157f., 182, 187, 190f.
- Niederbayern, Herzogtum **I** 57 **VI** 61 **V** 12, 13 **V** 32 **VI** 60, 71 **VII** 126f.
- Oberbayern, Herzogtum **I** 57, 74 **V** 12f. **VII** 126f.
- Teilherzogtum Straubing **VII** 126
- Nordgau **I** 46, 49f., 54 **VI** 37
- Königreich Bayern **VI** 190

Bayreuth
- s. Brandenburg-Kulmbach/ Bayreuth
- Stadt **I** 11, 23

Beatrix, Gemahlin Georgs d. Frommen von Brandenburg-Ansbach **I** 14
Beaupré **VI** 219
Bebenburg, Lupold von **IV** 104
Bebenhausen, Zisterzienserkloster **V** 172, 180
Bechyně, Franziskanerkloster **I** 139
Becker, Konrad **II** 147
Beckum **III** 120
- Kollegiatstift **III** 111
Beeskow, Herrschaft **VI** 94, 100
Begarden, -häuser, -konvente **IV** 43
Beginen, -häuser, -konvente **III** 71 **IV** 43, 55, 130, 134, 221 **V** 218, 220 **VI** 116 **VII** 95
Behaim, Lorenz **IV** 149
Beham, Barthel **I** 38
Beham, Hans Sebald **I** 38
Behem, Franz **IV** 79
Beichlingen, Herrschaft **VI** 80f.
Beilstein, Grafschaft **IV** 241 **V** 153
Belbuck, Prämonstratenserkloster **II** 187–189
Belfort, Herrschaft **V** 257
Belgien **III** 172
Belley, Bistum **VI** 212
Bellinzona **V** 279
Benedikt, Hl. **III** 112
Benedikt von Waldstein, Bischof von Cammin **II** 185f.

Benediktbeuern, Benediktinerkloster **V** 247

Benediktiner (OSB), -kloster **I** 34, 37, 82, 88, 95, 147 **II** 11, 81f., 92, 110, **III** 13, 16, 18, 20, 46, 52, 54, 90, 111, 136, 150, 158 **IV** 14, 87, 102, 104, 113, 130, 142f., 217 **V** 14, 19, 23, 41, 52, 62, 90, 138, 144, 146, 197, 240, 242, 246, 248, 251, 264, 316 **VI** 11f., 19, 31, 42, 49, 133, 174, 178, 183, 215 **VII** 69, 82, 92, 94, 98, 101

Benediktinerinnen (OSB), -kloster **I** 52 **II** 44, 98, 110, 175, 212 **III** 54f., 132, 136, 150, 171, 187f., 190 **IV** 217 **V** 147, 150 **VI** 12, 64, 85, 100 **VII** 99

Benfeld, Amt **V** 76, 85

Benno, Hl., Bischof von Meißen **II** 15

Bensheim **IV** 63f.
- Kapuzinerkonvent **IV** 91

Bentheim, Grafschaft **III** 109, 113, 172, **182–198**, 202 **VII** 28

Bentheim, Haus **III** 183, 189f.

Bentlage b. Rheine, Kreuzherrenkloster **III** 123

Berchtesgaden, Augustiner-Chorherrenstift **I** 57, 73, 77 **VI** 68

Berg, Herzogtum **III** 62, **86–106** **IV** 236 **VII** 49
- s. a. Jülich-Kleve-Berg

Berge, Benediktinerkloster **II** 82, 84 **III** 30

Bergedorf **VI** 121

Bergen (Norwegen) **VI** 117

Bergen, Kommende **VI** 234

Bergisches Buch (1577) **II** 84, 178

Bergius, Johann **II** 57, 59

Bergstraße **IV** 61, 63f., 78, 92f. **V** 40–42 **VII** 28, 30, 87

Bergzabern
- Oberamt **VI** 178
- Stadt **VI** 171, 173, 175f., 179, 181–183, 185f., 191
- Kapuzinerkloster **VI** 187, 189

Berleburg **IV** 245

Berlichingen, Götz von **IV** 74, 190, 197, 199

Berlichingen, Hans Jakob **IV** 203

Berlichingen, Hans Thomas **IV** 203

Berlin
- Hof **III** 196 **VII** 159
- Stadt **I** 12, 22, 28 **II** 35f., 42, 48–51, 53–58 **IV** 12 **VII** 23
- Franziskanerkloster (Graues Kloster) **II** 38, 49 **VII** 102 Anm. 81
- St. Nikolai **II** 43
- St. Marien **II** 43
- Cölln **II** 35f., 38, 42, 44, 48, 58
- Domkirche zum heiligen Kreuz **II** 37, 41, 42, 47, 55, 56
- St. Erasmus **II** 37, 41
- Schwarzes Kloster, Dominikanerkloster **II** 41

Berman, Familie **V** 109

Bern
- Kanton **VI** 233
- Berner Oberland **V** 290
- Stadt **V** 86, 220–222, 279, 281f., 287–290, 293–296, 298–301, 304, 306f., 310–312, 316f. **VI** 200, 205, 208
- Dominikanerkloster **V** 282

Bernburg **II** 89–92., 96, 98
- Servitenkloster **II** 98

Bernhard III., Fürst von Anhalt **II 89**, 90

Bernhard VI., Fürst von Anhalt-Bernburg **II 89**, 90

Bernhard III., Markgraf von Baden-Baden **V 125, 126**, 128, 131, 136, 154

Bernhard IV., Markgraf von Baden-Durlach **V 126**, 132

Bernhard Cles, Bischof von Brixen und Trient, Kardinal **I** 90, 95

Bernhard III., Graf von Eberstein **V** 147

Bernhard von Sachsen-Weimar, Herzog von Franken **IV** 25, 27, 122, 208 **V** 91, 145, 152 **VI** 54 **VII** 197

Bernhard VII., Edelherr zur Lippe **VI 153**

Bernhard VIII., Graf zur Lippe **VI 153**, 158f.

Bernhard von Raesfeld, Bischof von Münster **III 109**, 122f.

Bernhard von Waldeck, ev. Administrator von Osnabrück **III 131**, 138

Bernhardi, Bernhard, Superintendent von Nassau **IV** 240–243
Bernhard(i), Johann(es) gen. Algesheimer **IV** 45, 70
Bernhardin von Siena, Hl. **II** 110
Bernhardiner, -kloster **II** 110
Bernini, Gian Lorenzo **VII** 42 Anm. 39
Bernstadt, Fürstentum **II** 134
Bernstadt **VI** 101
Bernstadt-Oels, Heinrich Wenzel von **II** 133
Bersenbrück, Zisterzienserinnenkloster **III** 136
Bert, Weßel von **III** 91
Berthold Pürstinger, Bischof von Chiemsee **I** 78f.
Berthold von Henneberg, Erzbischof von Mainz **IV 61**, 66f.
Berum, Amt **III** 172
Berzdorf auf dem Eigen **VI** 101
Besançon
- Kirchenprovinz **V** 73, 258, 280 **VI** 172, 199, 212
- Erzbistum **V** 258, 280 **VI 198–223**
- Domkapitel **VI** 204f., 209f., 212, 214 **VII** 69
- Reichsstadt **VI 198–223 VII** 69
- Dominikanerkloster **VI** 204
- Franziskanerkloster **VI** 204
- Jakobinerkloster **VI** 204
- Jesuitenkolleg **VI** 215–218
- Kapuzinerkloster **VI** 215
- Karmelitenkloster **VI** 204
- Kathedrale Saint Etienne **VI** 217
- Saint Vincent **VI** 215
Besigheim, Amt **V** 187
Besserer, Bernhard **V** 199f., 202, 244
Bettbrunn **I** 68
Beuggen, Deutschordenshaus **VI** 229
Beuren/Klosterbeuren **VI** 14
Beuthen i. Oberschlesien, Herrschaft **I** 14 **II** 105, 108f., 129
- Franziskanerkloster **II** 110
- Beuthen-Oderberg, Herrschaft **II** 132
Beuthen a. d. Oder, Herrschaft **II** 105, 116
- Beuthen-Carolath, Herrschaft **II** 120

Beuther, Michael Philipp, Superintendent von Zweibrücken **VI** 181f.
Beuther, Michael **IV** 105, 112
Beutterich, Peter **V** 30
Bevergern **III** 127
- s. a. Rheine(-Bevergern), Amt
Beyer, Hartmann **IV** 47
Béza, Theodor von **V** 186 **VI** 205, 210
Bezau, Kapuzinerkloster **V** 274
Biagio Aliprandini, Weihbischof von Trient **I** 95, 97
Biberach, Reichsstadt **V 196**, 208f., 226, 245, 267 **VI** 22 **VII** 33
- Kapuzinerkloster **V** 228
Biberstein, Familie **VI** 99
Bibliander, Theodor s. Buchmann, Theodor **II** 120
Bibra, von, Familie **IV 183**
Bickenbach **IV** 63
Bicocca **V** 287
Bidembach, Balthasar **V** 29
Biel **V** 279, 298, 301, 312
Biel, Gabriel **V** 172
Bielefeld **III** 89, 187 **VII** 116
- Franziskanerkloster **III** 90, 103
- Kanonikerstift St. Marien **III** 90, 103
- St.-Jodokus-Kirche **III** 159
- Stiftskirche St. Marien **III** 97
Bielitz **II** 104
Biglia, Melchior **VI** 238
Bildhausen, Zisterzienserkloster **IV** 102, 110
Billican, Theobald **V** 18
Billick, Eberhard OC **III** 71
Billingshausen, Amt **IV** 215, 226
Bingen **IV** 70, 72
- Kapuzinerkonvent **IV** 91
Birgittinen (OSSalv), -kloster **II** 212 **V** 23
Birkenau **IV** 64
Birkenfeld **V** 125, 153, 157f., 160 **VI** 171, 189
Birlenbach **VI** 171, 187
Birseck, Herrschaft **V** 290, 306, 317
Bisanz s. Besançon
Bischofswerda **VI** 95, 102
Bischofteinitz **I** 148
Bischweiler **V** 159 **VI** 171, 182, 190

Bismarck, Otto von **VII** 181
Bitsch **V** 115
Blankenau, Benediktinerinnenkloster **IV** 130, 133, 142
Blankenburg, Grafschaft **III** 37
- s. a. Regenstein(-Blankenburg), Grafschaft
Blankenburg, Dominikanerinnenkloster **VI** 133, 136
Blankenheim, Prämonstratenserkloster Klosterrode **VI** 85
Blankheim, Grafschaft **V** 51
Blarer, Ambrosius **V** 175f., 201, 207, 242 **VI** 20
Blarer, Diethelm OSB, Abt von St. Gallen **V** 243
Blarer (von Giersberg), Gerwig OSB, Abt von Weingarten **V** **233**, 237, 239f., 242f., 245, 267
Blarer, Thomas **V** 242
Blaubeuren, Benediktinerkloster **V** 172, 180, 197, 251
Blenio **V** 279
Blexen **VI** 136
Blomberg **VI** 155-157
Blomeveen, Peter **III** 71
Bludenz, Herrschaft **V** 257, 264
- Kapuzinerkloster **V** 274
Blumenegg, Reichsherrschaft **V** 246
Blumenfeld, Herrschaft **V** 280
Bober **II** 117
Bobingen **VI** 21
Bocholt, Amt **III** 110, 124, 127
- Franziskanerobservantenkloster **III** 126
Bock, Franziskus **V** 225
Bockelson, Jan **III** 117-120
Bockenem **III** 30
Bockenheim **IV** 51
Bodenschatz, Andreas **II** 14
Bodenstein, Andreas Rudolf s. Karlstadt, Andreas
Bodin, Jean **VII** 15, 40
Böblingen **V** 173f.
Böckelheim **V** 28, 155
Böddeken, Augustiner-Chorherrenstift **III** 150
Böderich **III** 91
Bödigheim **IV** 87

Böhm, Hans, „Pfeifer" von Niklashausen **IV** 65, 103
Böhm, Johann **IV** 105
Böhme, Jakob **VII** 14
Böhmen, Königreich **I** 11, 45, 57, 61, 66, 93, 97, 103, 114, 119, 125, 130–132, **134-152**, 140 **II** 9, 35, 103, 105–108 **IV** 11, 31–33, 208 **V** 10, 12, 21, 38–40, 103, 115, 242, 265 **VI** 59, 72f., 93–95, 98, 102, 104, 110f., 244 **VII** 22, 51, 76, 82, 96, 112–114, 125, 175
Böhmisch Leipa, Augustiner-Eremitenkloster **I** 150
Böhmische Brüder, Brüdergemeinde, -unität **I** 141–144, 148f. **II** 127 **IV** 28
Börstel, Zisterzienserinnenkloster **III** 136, 144
Boetius, Sebastian, Superintendent von Halle **II** 84
Bötzingen **V** 161
Bogislaw X., Herzog von Pommern **II** **183**, 184–188, 192
Bogislaw XIII., Herzog von Pommern-Stettin **II** **183**, 203
Bogislaw XIV., Herzog von Pommern(-Stettin), Bischof von Cammin **II** **183**, 203, 204
Boie, Nikolaus der Ältere **II** 156
Boisot, Charles **V** 108
Bokeloh, Amt **VI** 157, 161, 167
Bolardus, Gerhard **III** 173
Boldewan, Johann OPraem **II** 188, 189
Boling, Edo **VI** 135
Bologna **I** 91 **III** 91 **VI** 23f.
- s. a. Universitäten
Bolsward **III** 211
Bonaventura Hahn, Bischof von Breslau **II** **105**, 126
Bongard, Arnold **III** 90, 97
Bonhomini, Giovanni Francesco, Nuntius **V** 314
Bonifatius, Hl. Erzbischof von Mainz **I** 74 **IV** 62f.
Bonn **III** 59, 61, 67, 69, 75f., 78, 80, 96,
- Stift **III** 62

Bonnus, Hermann, Superintendent von Lübeck **II** 191 **III** 121, 135f. **VI** 124, 137f.
Bonomi, Giovanni Francesco **I** 147 **III** 72
Bopfingen, Reichsstadt **V 195**, 208
Bophart, Jakob **V** 134
Boppard **V** 53, 55
Borchwede, Thomas OP **III** 96
Borculo **III** 127
Bordesholm, Augustiner-Chorherrenstift **II** 145, 147, 149
Borghorst, Augustiner-Chorfrauenstift **III** 111
Borken **III** 112, 127 **VI** 156
– Kollegiatstift **III** 111
Born von Madrigal, Franz **V** 140
Borner, Caspar **II** 19
Bornhouwer, Jasper **VI** 119
Bornstedt, Amt **VI** 79, 86, 90
Borromini, Francesco **VII** 42 Anm. 39
Bossuet, Jacques-Bénigne **V** 115
Bottschlott **II** 161 **VII** 31 Anm. 65
Boucquoy, Karl von **V** 40
Bouquenom **V** 114
Bourbon, Haus **V** 103
Bourges **V** 59
Bozen **I** 99
– Kommende **VI** 238
Bozola, Giovanni Battista **I** 93
Brabant, Herzogtum **III** 87, 201, 210, 219, 228, 231 **VI** 200, 236, 239
Brabant, Haus **IV** 255
Brabeck, Walter von **III** 155
Bräunlingen **V** 257
Brake **VI** 156
Brakel **III** 156
– Augustinerinnenkloster **III** 150
– Kapuzinerkloster **III** 159
Brandanus Dätrius, Superintendent in Ostfriesland **III** 178
Brandenburg, Kurfürstentum **I** 12, 34, 60 **II** 9, 11, 13, 27, 29, **34–66**, 69f., 83, 91, 106, 134, 183f., 193, 203f., 208, 218, 221 **III** 10, 12, 14, 22, 87, 91, 101–103, 109 **IV** 11f., 94, 108f. **V** 35f. **VI** 72, 93f., 100, 102 **VII** 22f., 27, 37, 48 Anm. 14, 49 Anm. 16, 51, 53 Anm. 37, 54 Anm. 40, 56, 57 Anm. 54, 60 Anm. 65, 61 Anm. 69, 62, 63 Anm. 79, 64, 64 Anm. 87, 69f., 74f., 75 Anm. 41, 76, 91, 102 Anm. 85, 116, 119, 121, 124, 144, 149, 158, 191 **VII** 198
– Kurmark **II** 34, 44, 46, 48, 187
– Neumark, Markgrafschaft **II** 35f., 41, 44f., 48f., 187
Brandenburg
– Bistum **II** 35, 45, 69f., 90, 167 **IV** 11 **VII** 69, 91
– Hochstift **II** 47
– Domkapitel **II** 46
– Domstift **II** 46
– Stadt **II** 42, 45
Brandenburg-Ansbach, Markgrafschaft **I 11–30**, 33, 38, 45, 57 **IV** 99–102, 106, 110, 117, 121, 147, 162, 167, 176, 184, 186, 188, 198, 203 **V** 10, 35 **VI** 17, 27, 228 **VII** 54, 56 **VII** 21 Anm. 27, 76, 109, 125, 144
Brandenburg-Kulmbach/Bayreuth **I 11–30**, 33, 38, 57, 135 **II** 9 **IV** 11, 101, 147f., 162, 184–186, 188, 198 **V** 10, 35, 132 **VII** 21 Anm. 27
Brandis, Lucas **VI** 117
Brant, Sebastian **V** 76–78
Braun, Konrad **IV** 108f.
Brauner, Kaspar **II** 112
Braunsberg, Franziskanerkloster **II** 213–215
Braunschweig-Lüneburg, Herzogtum **II** 16, 35, 143, 167 **III 8–43**, 45, 100 **IV** 62, 256 **VI** 132, 147, 148, 154, 168 **VII** 46, 64 Anm. 86, 75 Anm. 38, 76, 118, 144, 191
– Calenberg-Göttingen, Fürstentum **III 8–43**, 47 **IV** 31 **VI** 154 **VII** 48 Anm. 14, 53 Anm. 37, 54 Anm. 40, 63, 77, 85, 118
– Braunschweig-Wolfenbüttel, Herzogtum **II** 25, 69, 172 **III 8–43**, 149f., 153 **IV** 37, 268 **V** 184–186 **VI** 134, 140, 158, 234 **VII** 46, 64 Anm. 87, 76f., 85, 126, 149, 159, 182
Braunschweig, Haus **III 8–43**, 143
– Altes Haus **III** 9
– Mittleres Haus **III** 9, 11, 14, 15

- Neues Haus **III** 9
- Wolfenbütteler Linie **III** 14, 38
- s. auch Welfen, Haus

Braunschweig **II** 194 **III** 11–13, 16f., 19, 25f., 30, 33–36, 50, 167 **VI** 124, 158 **VII** 70 Anm. 16, 119, 123
- St. Ägidien, Benediktinerkloster **III** 16
- St. Blasius **III** 25
- St. Cyriacus **III** 25
- St. Magni **III** 16

Bredehorn, Johanniterkloster **VI** 133

Bregenz **V** 257, 263, 264
- Kapuzinerkloster **V** 274

Breisach **V** 261, 263f., 266, 271
- Kapuzinerkloster **V** 274

Breisgau **V** 127f., 144, 257–259, 261, 263f., 267, 271, 274

Breitenbach, Georg von **II** 94

Breitenfeld **II** 83 **IV** 208

Bremen
- Kirchenprovinz Bremen-Hamburg **II** 143, 167, 184 **III** 10, 163 **VI** 116, 131, 154
- Erzbistum Bremen-Hamburg **II** 143–145, 150f., 154–156 **III** 10, 27, 163f. **VI** 73, 116, 118, 131, 135f., 154 **VII** 76, 118
- Erzstift **II** 143 **III** 11, 12, 14, 27, 38, **44–57 VI** 132 **VII** 74, 77, 118
- Domkapitel **VI** 132, 135, 141
- Dom **III** 55
- Stadt/Freie Reichsstadt **III** 12, **44–57**, 164, 167f., 172, 208, 232 **VI** 123–125, 132f., 138, 147 **VII** 118, 122f., 128, 132f.
- Benediktinerkloster St. Paulus **III** 46, 48
- Dominikanerkloster St. Katharinen **III** 46, 49, 51
- Franziskanerkloster St. Johannis **III** 46, 49
- Kollegiatstift St. Ansgarii **III** 46, 48, 51
- Kollegiatstift St. Stephani **III** 46
- Liebfrauenkirche **III** 46
- St. Martini **III** 46

Brenkhausen, Zisterzienserkloster **III** 150

Brenthe, Herrlichkeit **III** 201

Brenz, Johann(es) **I** 19, 48 **III** 98 **IV** 221, 266, 276f. **V** 19, 22, 133, 176–179, 184, 202, 208 **VI** 178

Brès, Guido de **III** 212

Breslau
- Bistum **II** 35, 105f., 108f., 119, 124, 127f., 132f. **V** 73 **VI** 73, 225f.
- Hochstift **VII** 82
- Domkapitel **II** 108, 111, 114–116, 123f., 126, 132f.
- Fürstentum **II** 103, 118 **VII** 113
- Halt **II** 105
- Stadt **II** 107, 109–113, 115, 118f., 121f., 124, 126, 131, 133f. **VII** 113, 123, 132f.
- Augustiner-Chorfrauenstift **II** 110
- Augustiner-Chorherrenstift/Sandstift **II** 109, 121
- Augustiner-Eremitenkloster St. Dorothea **II** 115, 129
- Dominikanerinnenkloster **II** 110
- Dominikanerkloster St. Adalbert **II** 112, 125
- Dreifaltigkeitskirche **II** 111
- Franziskaner-Observantenkloster St. Bernhardin **II** 110
- Johanniterkommende Corpus Christi **II** 110, 121
- Klarissenkloster **II** 110, 129
- Kreuzherren mit dem roten Stern, St. Matthias **II** 110
- Prämonstratenserkloster St. Vinzenz auf dem Elbing **II** 109, 111
- St. Ägidius **II** 109
- St. Elisabeth **II** 111, 115
- St. Maria Magdalena **II** 111, 114
- Stiftskirche Hl. Kreuz **II** 108f., 111

Bretke, Johannes **II** 227

Bretten **V** 20, 41

Breu, Jörg **VI** 16

Breuberg, Herrschaft/Amt **IV** 216–218, 223f., 226f.

Breuschtal **V** 75

Břevnov-Braunau, Benediktinerdoppelabtei **I** 147, 148, 149

Brieg
- Fürstentum **II** 118
- Stadt **II** 112, 120, 130, 134
- Kollegiatstift **II** 109

Briesmann, Johannes **II** 210, 213, 222f., 225 **VI** 105
Brig **V** 315
Brilon **III** 61
Brixen
- Bistum **I** 73f., **86–101 VI** 9, 225 **VII** 70, 78, 103 Anm. 86
- Hochstift **I** 103 **VII** 85
- Stadt **I 86–101 V** 270
Brochterbeck **III** 185
Broda, Prämonstratenserkloster **II** 175
Brömse, Adelheid SOCist, Äbtissin des St. Johannisklosters Lübeck **VI** 121 **VII** 95
Brömse, Nikolaus **VI** 121f,124
Bronnbach a. d. Tauber, Zisterzienserkloster **IV** 217, 224–226, 229
Brower, Christoph SJ **III** 156
Bruchhausen, Heilmann **IV** 239
Bruck/Niederösterreich **VI** 66
Bruckmann, Hilger **IV** 137
Brück, Gregor **IV** 16
Brückenort in Oberschlesien **II** 111
Brüder vom gemeinsamen Leben, Fraterherren, Marburger Kugelherren **III** 90, 112f., 203f. **IV** 261, 264
Brügge
- Bistum **III** 202
- Stadt **III** 203, 209, 224, 227 **VI** 117
Brüggemann, Hans **II** 145, 147
Brühl **III** 67, 94
- Franziskaner-Observantenkloster **III** 65
Brüssel
- Hof **III** 116, 118
- Stadt **II** 160f. **III** 94, 118, 184, 188, 201, 203, 209, 211, 214, 216f., 219, 224, 227, 229 **V** 35, 105, 155 **VI** 201, 209
Brüx, Kapuzinerkloster **I** 148
Brully, Pierre **III** 212
Brun, Nikolaus **II** 194
Bruneck **I** 91
Brunner, Georg **V** 288
Brunner, Thomas **VII** 111
Bruno, Graf von Mansfeld-Bornstedt (1546/58–1615) **VI** 79

Bruno, Graf von Mansfeld-Bornstedt (1615–1644) **VI 79**
Bruno, Giordano **VII** 14
Bruns, Johann **III** 17
Brus von Müglitz, Anton **I** 145
Bruschius, Caspar **VI** 67
Bry, de, Familie **IV** 49
Bucer, Martin **I** 36, 46, 144 **II** 16 **III** 69, 94, 121, 170, 209 **IV** 81, 192, 195, 224, 239, 257, 266, 268–270 **V** 16, 19, 22, 27, 78–82, 84, 107, 109, 201, 293 **VI** 174, 176, 182 **VII** 143
Buchau
- Reichsstadt **V 215**, 225
- Kanonissenstift **V** 170, 239, 249
Buchdruck, Druckereien, Offizinen **I** 88, 91, 93, 107, 109 **II** 11, 15, 38, 112, 114, 125, 203 **III** 170, 203 **IV** 49, 104, 169 **V** 78, 291 **VI** 15, 43, 117, 214 **VII** 48, 81
Buchen **IV** 74, 134
Buchholz **II** 15
Buchholzer, Georg **II** 43f., 48
Buchhorn, Reichsstadt **V 215**, 225, 234
Buchisches Quartier **IV** 183
Buchmann, Theodor **II** 120
Buchwaldt, Anna von OSB, Priorin von Preetz **II** 145 **VII** 92
Budapest **I** 14
Budova, Wenzel Budovec von **I** 148
Budweis, Dominikanerkloster **I** 139, 148
Büchold **IV** 202
Bückeburg **VI** 154, 157, 165, 167
- Schloßkirche **VI** 168
Büderich **III** 92
Büdingen s. Ysenburg(-Büdingen), Grafschaft
Büraburg **IV** 62
Büren
- Herrschaft **III** 158
- Stadt **III** 154f., 159
Büren, Edelherren/Grafen von **III** 153, 189
Büren, Daniel von **III** 50
Büren, Joachim von **III** 156
Büren, Johann von **III** 154
Büren, Moritz von **III** 159
Bütow **II** 203
Bützow **II** 176

Bugenhagen, Johannes **I** 19 **II** 149f., 153f., 188, 194–196, 198f., 201 **III** 17, 26, 29, 34f., 53, 114, 135, 167 **VI** 120, 158 **VII** 118, 130
Bullen
- „Exsurge Domine" (1520) **II** 13 **III** 209 **IV** 70, 107, 151, 170, 172
- „Super universas" (1559) **III** 214
- „Supereminenti" (1572) **V** 113

Bullinger, Heinrich **V** 59, 310, 312
Bunzlau **II** 120, 131
Burchard von Oberg, Bischof von Hildesheim **III** 10, 26, 29
Burchardi, Ulrich **IV** 150, 152
Burg **II** 69, 78
Burgau
- Markgrafschaft **V** 195, 238, 257, 263, 272, 274 **VI** 9, 11, 17, 21
- Kapuzinerkloster **V** 272

Burgau, Hartmann von OSB, Abt von Weingarten **V** 233
Burgenland **I** 74
Burghard von Serken, Bischof von Lübeck **II** 155
Burgk, Herren von **IV** 9
Burgk **IV** 31f.
Burgkmair, Hans **VI** 16
Burglengenfeld **I** 45, 49
Burgos **IV** 133
Burgsteinfurt **III** 53f., 183
Burgund **III** 214 **V** 53, 100, 153, 281, 294 **VI** 142, 185, **198–223** **VII** 102
- Freigrafschaft **III** 88, 207, 216 **V** 17, 99f. 258, 261, 263f., 280, 307 **VI** 142, **198–223** **VII** 23, 74, 79
- Herzogtum **VI** **198–223**
- s. auch Elsaß-Burgund, Kammerballei

Burgund, Haus **III** 205, 208
Burow, Kommende **VI** 234
Bursfelde, Benediktinerkloster **III** 13, 16, 24, 30, 153 **IV** 102, 104 **VII** 69, 92
Busch, Johann **III** 13
Busche, von dem, Familie **III** 132
Busche, Hermann von dem **II** 11
Busdorf **III** 153
Busso von Alvensleben, Bischof von Havelberg **II** 37, 45

Buthmann, Dietrich **III** 133
Butjadingen **VI** 132f., 144, 146f.
Butzer, Martin s. Bucer, Martin
Buxheim, Kartause **V** 234, 245
Buxschut, Adrian **VI** 159
Buxtehude **III** 46f., 52–54 **VII** 118
Buxtorf, Johannes **V** 311
Bylandt zu Rheydt, Ottheinrich von **II** 52f.
Byzanz **VII** 18

C

Cachinnius, Antonius s. Spät, Antonius
Cadolzburg **I** 23
Caecilia Wasa, Gemahlin Christophs II. von Baden-Rodemachern **V** 139
Cahera, Gallus **I** 142
Cajetan, Thomas de Vio OP **VI** 16
Calau **VI** 96, 99, 111
Calbe a. d. Saale **II** 69, 77
Calenberg **III** 23 **VII** 119
Calixt, Georg **II** 158 **III** 35f., 38 **IV** 29
Callot, Jacques **V** 117
Calmet, Augustin OSB **V** 101, 105, 117
Calvin, Johannes **III** 175, 212 **IV** 239, 257 **V** 24, 80, 59, 109, 244, 293, 297, 311f. **VI** 135, 205 **VII** 111 Anm. 16
Cambrai
- Kirchenprovinz **III** 202, 214f., 228
- Erzbistum **III** 202, 214f.

Camburg, Amt **IV** 13
Camerarius, Joachim **II** 22 **IV** 105 **V** 176
Camerarius, Ludwig **V** 39f.
Cammerlander, Jakob **IV** 70
Cammin
- Bistum **II** 35f., 167, **182–205** **VII** 70, 120
- Hochstift **II** **182–205** **VII** 64 **VII** 60 Anm. 65, 77, 92, 120
- Domkapitel **II** 185

Campeggio, Lorenzo **IV** 150 **V** 264 **VI** 230
Candidus, Pantaleon, Superintendent von Zweibrücken **VI** 181

Canisius, Petrus SJ **I** 94, 96, 127, 145 **II** 214 **III** 71, 123 **IV** 82, 113, 115, 176 **V** 84, 90, 224 **VI** 23, 25 **VII** 84, 100
Canstein, von, Familie **III** 158
Capestrano, Johannes von OFM **I** 139 **II** 110 **IV** 169
Capito, Wolfgang **III** 114 **IV** 70, 72 **V** 78, 80–82, 129, 290f.
Cappenberg, Prämonstratenserkloster **III** 111f.
Caraffa, Carlo **I** 149 **II** 122 **IV** 143
Caravaggio, Michelangelo da **VII** 16 **VII** 42 Anm. 39
Carl Caspar von der Leyen, Erzbischof von Trier **V** 65
Carl, Graf von Mansfeld-Hinterort **VI** 80
Carlo Borromeo s. Karl Borromäus
Carlowitzer Fehde **II** 23
Carlowitz, von, Familie **VI** 102
Carlowitz, Georg von **II** 16, 19, 21
Carolina, s. Peinliche Halsgerichtsordnung
Carpentarius, Petrus s. Zimmermann, Peter
Caselius, Johannes **III** 35
Casmann, Otto **III** 53
Caspar, Graf von Mansfeld-Hinterort **VI** 80
Cassander, Georg **III** 98
Castell, Grafschaft **IV** 99
Castell, Grafen von **IV** 115, 117, 226
Castellio, Sebastian **V** 311
Cateau-Cambrésis **V** 306
Celle **III** 9, 18f., 20, 35 **VI** 161
Celtis, Konrad **I** 122 **II** 11, 112 **IV** 105 **V** 15 **VI** 53 **VII** 179
Cesarini, Giuliano **I** 137
Chablais **V** 296
Cham **I** 67 **V** 9, 12, 21
Chambord **II** 21 **V** 97, 105
Charles-Chrétien de Gournay, Bischof von Toul **V** 98, 118, 119
Charles-Emmanuel de Gorrevod, Erzbischof von Besançon **VI** 199
Charlotte Friederike, Gemahlin Wilhelm Ludwigs von Pfalz-Landsberg **VI** 188
Charolais **III** 207

Châtelain, Jean OESA **V** 103, 107f.
Chelčiče **I** 140
Chelčický, Peter **I** 140
Chemnitz **II** 11, 20 **III** 30
– Benediktinerkloster **II** 11
Chemnitz, Bogislaw Philipp **VII** 194
Chemnitz, Martin, Superintendent von Braunschweig **III** 30, 34f.
Chiemsee, Bistum **I** 57, 65, 75, 87, 104
Chigi, Fabio **VII** 34
Chillon **V** 296
Christburg **II** 216
Christian I., Fürst von Anhalt-Bernburg **II** 89, 100 **V** 10, 32f., 35–39, 87 **VII** 193, 197
Christian II., Fürst von Anhalt-Bernburg **II** 89
Christian, Markgraf von Brandenburg-Kulmbach/Bayreuth **I** 11, 27, 28
Christian, Herzog von Braunschweig-Lüneburg **III** 9
Christian Ludwig, Herzog von Braunschweig-Lüneburg **III** 9, 10
Christian I., König von Dänemark **II** 141, 143
Christian II., König von Dänemark **II** 141, 145f., 150, 152 **VI** 122
Christian III., König von Dänemark **II** 141, 147–149, 151–158 **VI** 122f. **VII** 118
Christian IV., König von Dänemark **II** 133, 141, 155, 159–161, 168 **III** 54 **VI** 125, 145
Christian von Braunschweig-Wolfenbüttel, ev. Administrator von Halberstadt **III** 37, 157f.
Christian Wilhelm von Brandenburg, ev. Administrator von Magdeburg **II** 69, 70, 82, 84
Christian I. Ludwig (Louis), Herzog von Mecklenburg-Schwerin **VII** 38f.
Christian, Graf von Oldenburg-Delmenhorst **VI** 131, 144f., 147
Christian I., Pfalzgraf von Pfalz-Birkenfeld-Bischweiler **V** 159 **VI** 190
Christian II., Pfalzgraf von Pfalz-Birkenfeld **VI** 188, 190

Christian August, Pfalzgraf von Pfalz-Sulzbach **I** 54 **VII** 38
Christian III., Herzog/Pfalzgraf von Pfalz-Zweibrücken **VI** 171, 189f.
Christian IV., Herzog/Pfalzgraf von Pfalz-Zweibrücken **VI** 171, 190
Christian I., Kurfürst von Sachsen **II** 9, 26–28 **IV** 22 **V** 31, 87
Christian II., Kurfürst von Sachsen **II 9**, 28 **IV** 22
Christine von Sachsen, Gemahlin Philipps von Hessen **II** 11 **IV** 271 **VII** 164, 164 Anm. 67
Christine, Königin von Schweden **II 183 III** 56 **VI** 188
Christoph von Stadion, Bischof von Augsburg **VI 9**, 11, 14, 20, 23
Christoph I., Markgraf von Baden **V 125**, 127–130, 153
Christoph II., Markgraf von Baden-Rodemachern **V 126**, 136f., 139
Christoph von Utenheim, Bischof von Basel **V** 282
Christoph von Braunschweig-Wolfenbüttel, Erzbischof von Bremen **III** 14, 20, 27, **45**, 46, 52f. **VI** 132 **VII** 76
Christoph Andreas von Spaur, Bischof von Brixen und Gurk **I** 95, 112
Christoph Madruzzo, Bischof von Brixen und Trient, Kardinal **I** 93–95
Christoph Marschall von Pappenheim, Bischof von Eichstätt **IV 167**, 173
Christoph, Sohn Edo Wiemkens von Jever **VI** 141
Christoph Rauber, Bischof von Laibach **I** 105f.
Christoph Weber, Weihbischof von Mainz **IV** 84
Christoph Heinrich, Graf von Mansfeld-Hinterort **VI 80**
Christoph II, Graf von Mansfeld-Mittelort **VI 80**
Christoph Bernhard von Galen, Bischof von Münster **III 109**, 127, 145, 193f.
Christoph, Graf von Oldenburg **III** 47, 50 **VI** 88, 122, **131**, 134–136
Christoph von Schachner, Bischof von Passau **I** 122 **VI 59**, 60

Christoph, Pfalzgraf von Pfalz-Simmern **V** 27
Christoph von Manderscheid OSB, Abt von Prüm **V** 52
Christoph von Mecklenburg, ev. Administrator von Ratzeburg **II** 177f.
Christoph, Graf von Stolberg-Königstein **IV** 85
Christoph Ludwig, Graf von Wertheim **IV 215**, 228f.
Christoph Franz, Freiherr von Wolkenstein **V** 149
Christoph, Herzog von Württemberg **III** 30, 98 **IV** 272, 276 **V** 26, 58–60, 132, **169**, 174, 178–186 **VI** 27 **VII** 146f., 155, 156 Anm. 53, 157, 162, 164 Anm. 67
Christophe de La Vallée, Bischof von Toul **V 98**, 106, 117
Chur
– Bistum **I** 80, 87, 90 **IV** 62, 79 **V** 234, 258, 261, 280, 314
– Stadt **V** 262
Chyträus, David **I** 111, 126 **II** 172 **III** 36 **VI** 124 **V** 184
Cingularius, Hieronymus s. Gürtler, Hieronymus
Circlerus, Laurentius **II** 120
Cirksena, Haus **III** 163–165, 168, 174 **VI** 132, 134, 141
Cismar, Benediktinerkloster **II** 144
Citeaux, Zisterzienserkloster **V** 248
Claesdochter, Wendelmoet **III** 210
Clarenbach, Adolf **III** 67, 91f., 133
Clarholz, Prämonstratenserkloster **III** 187, 188
Claude d'Achey, Erzbischof von Besançon **V 199**, 218
Claude de la Baume, Erzbischof von Besançon, Kardinal **VI 199**, 204, 212–214, 216f.
Claudia von Medici, Gemahlin Leopolds V. von Tirol **I 87**, 98f. **VI** 72 **V** 145, 251, **258**, 273f.
Cleebourg s. Kleeburg
Clemens VII., Papst **II** 150 **III** 115, 206, 211 **IV** 107 **V** 16
Clemens VIII., Papst **IV** 141, 158f. **V** 53 **VI** 70

Clenck, Rudolf **III** 24
Cloppenburg, Amt **III** 110, 185 **VI** 137
Closen, Stephan **VI** 68
Clus, Benediktinerkloster **III** 13
Coburg **IV** 12–13, 22, 24–27, 100, 188, 242 **V** 133
Cochlaeus, Johannes **II** 15, 16, 123 **IV** 47, 77, 108, 172 **VII** 179
Coeffeteau, Nicolas OP **V** 119
Cölbigk, Prämonstratenserkloster **II** 98
Coelestin, Georg **II** 48f.
Coelius, Michael **VI** 84, 86, 89
Cölln s. Berlin
Coesfeld **III** 112, 115f., 120, 127
– Zisterzienserinnenkloster **III** 111
Coglenberg, Amt **III** 149
Colditz **IV** 12
Colditz, Laurentius **VI** 85
Colette, Hl. **VI** 204
Coligny, Gaspard de **V** 112 **VI** 180
Colmar, Reichsstadt **V 195**, 209, 262
Comenius, Johann Amos **IV** 28
Como, Bistum **V** 280
Condé, Louis de **VI** 218
Confessio Augustana variata (1540) **I** 39 **II** 56 **IV** 245 **V** 26
Confessio Augustana, Augsburger Bekenntnis (1530) **I** 24, 39, 41, 53, 63, 106, 108, 112, 124–126 **II** 16f., 22, 25, 25, 40, 43, 48, 59, 80, 91, 96, 98, 118, 134, 157, 171, 178f., 196, 199f., 202, 224, 226, 228, 230 **III** 19, 51, 54, 116, 151 **IV** 17, 33, 35, 81, 204f., 227, 242, 266, 268, 275 **V** 61, 81, 151, 244 **VI** 14, 18, 28, 43f., 70f., 123, 125, 142 **VII** 23, 113
Confessio Helvetica (1536, 1566) **V** 312 **VII** 23
Confessio Tetrapolitana (1530) **V** 81, 88 **VI** 18
Confutatio (1530) **II** 40 **IV** 108 **VI** 18
Conring, Hermann **VII** 196
Consensus Tigurinus (1549) **V** 312
Coornhert, Dirk Volkertsz **III** 222
Cordatus, Conrad, Superintendent von Stendal **II** 120 **VI** 85

Cornelius van Berghen, Bischof von Lüttich **III 202**
Corpus Catholicorum **VII** 33
Corpus Evangelicorum **II** 30 **IV** 93 **V** 44 **VI** 189 **VII** 33
Corvey, Benediktinerkloster **III** 10, 149f., 153f. **VII** 115
Corvinus, Anton SOCist **III** 16, 22f., 26, 34, 168 **VI** 159
Corvinus, Laurentius s. Rabe, Laurentius
Cosel **II** 103
– Franziskanerkloster **II** 110
Coswig **II** 29
– Dominikanerinnenkloster **II** 98
Cottbus
– Herrschaft **II** 35, 41, 44 **VI** 94, 102
– Stadt **II** 40 **VI** 103, 105, 111
– Minoritenkloster **VI** 96, 100
Covolo, Grenzfeste **I** 87
Cracow, Georg **II** 25
Crailsheim **I** 15f., 23 **IV** 70
Crailsheim, von, Familie **IV 183**, 204
Crailsheim, Hans von **IV** 204
Crailsheim, Sebastian von **IV** 204
Crailsheim, Wilhelm von **IV** 196
Crailsheim, Wolf von **IV** 196
Cranach, Lucas **II** 227 **VI** 73
Creglingen **IV** 103
Crocius, Johannes **II** 58 **IV** 283
Crocus, Richard **II** 11
Crombach **IV** 239
Crossen
– Herzogtum **II** 41, 44, 106
– Stadt **II** 35, 40
Crostwitz **VI** 101, 104, 110
Crotus Rubeanus **II** 72, 77f. **IV** 66, 150f.
Cruciger, Caspar **II** 74 **IV** 279
Cruciger, Georg **IV** 282
Cruningen, Jobst von **III** 47
Cunewalde **VI** 101
Curaeus, Joachim **II** 25
Curione, Celio Secundo **V** 311
Cusanus, Johann **VI** 119
Cusanus, Nikolaus s. Nikolaus von Kues
Cuspinian, Johann **I** 122 **IV** 104f. **VI** 53
Cyclop, Wolf **III** 19

Czarnowanz, Prämonstratenserinnenkloster **II** 110, 125

D
Daberstedt **IV** 92
Dachser, Jakob **VI** 18
Dachstein **V** 76
Dänemark, Königreich **II** 141, 143–145, 148, 153, 159f., 162, 193, 203 **III** 12, 139f., 211 **IV** 267 **V** 86 **VI** 117, 119f., 123, 146–148, 154, 156 **VII** 23, 36, 118
Dagsburg-Leiningen, Grafschaft s. Leiningen-Dagsburg, Grafschaft
Dahme **II** 69, 78
Dalberg, Herrschaft **IV** 78
Dalheim, Augustiner-Chorherrenstift **III** 150
Dalmatin, Georg **I** 110
Dammann, Jakob **VI** 161f.
Damme, Kirchspiel **III** 131
Danckelman, Eberhard von **III** 196
Dangast, Johanniterkloster **VI** 133
Daniel Brendel von Homburg, Erzbischof von Mainz **IV** 61, 81f., 84–86, 139
Danzig **II** 131, 133, 190, 208f., 211, 213, 216–218
- Birgittinnenkloster **II** 212
- Dominikanerkloster **II** 209, 212
- Karmelitenkloster **II** 212
- St. Marien **II** 209, 211, 215
Dappen, Bernhard OFM **II** 78
Dargun, Zisterzienserkloster **II** 175
Darmstadt, Amt **IV** 63, 255, 259, 269 **V** 156
Dathenus, Petrus **III** 213 **V** 27
Daucher, Hans **VI** 16
Daun-Falkenstein, Grafschaft **V** 126
Dauphiné **V** 295f.
David, Graf von Mansfeld-Hinterort **VI** 80
David Költerer von Burgstall, Bischof von Regensburg **VI** 37, 49
David von Burgund, Bischof von Utrecht **III** 205
Declaratio Ferdinandea (1555) **III** 122, 153 **IV** 82f. **V** 26 **VII** 77, 87, 115
Degenfeld, Grafschaft **V** 195

Degenfeld, Freiherren von **V** 195
Delfzijl **III** 173
Delitzsch **IV** 35
Delmenhorst
- Herrschaft **VI** 123, **130–151**
- Stadt **III** 121 **VI** 131
- Kanonikerstift **VI** 133, 139, 144
Den Haag **III** 209f. **V** 33, 40
Denck, Hans **I** 38
Denkendorf, Chorherrenkloster vom Hl. Grab **V** 172, 180
Depenau, Gut **II** 159
Derendingen **I** 110
Derneburg, Zisterzienserinnenkloster **III** 23
Dessau **II** 40, 72, 89f., 93–96, 98 **III** 22
- Marienkirche **II** 94f.
Dessauer Bund (1525) **II** 14 **III** 22, 25
Detlev von Reventlow, Bischof von Lübeck **II** 155 **VI** 115, 123
Detmold **III** 151, 153, 155f., 163f.
Dettelbach **IV** 103, 114, 120 **VII** 114
Deutscher Orden, Deutschherren (OT), -ballei, -kommende **I** 34f., 40, 90, 95 **II** 113, 132 **III** 111, 132, 135 **IV** 34f., 43, 52, 55, 62, 102, 161, 204f., 210, 256, 260, 272 **V** 10, 127, 170 **VI** 38, **224–248** **VII** 31, 84, 92, 94f., 97, 98 Anm. 47
Deutschland **III** 172 **VII** 19, 47 **VII** 56 Anm. 54, 57, 67, 89, 123, 143, 156, 159, 169, 179f., 184, 197f.
- s. a. Heiliges Römisches Reich
Deutschordensland Preußen s. u. Preußen
Deutz **III** 69
Deventer
- Bistum **III** 87, 184, 188, 202
- Stadt **III** 89, 112, 203, 211, 215
Dewitz, Jobst von **II** 194, 198
Dieburg **IV** 74
- Kapuzinerkonvent **IV** 91
Diepholz, Grafschaft **III** 9, 11, 109, 131f. **VI** 132
Dierstein, Benediktinerkloster **V** 62
Diesdorf, Augustiner-Chorfrauenstift **II** 44 **VII** 97 Anm. 41
Diestelmeier, Lampert **II** 47

Dietenberger, Johannes OP **IV** 47
Dietersweg **I** 45
Diether von Ysenburg, Erzbischof von Mainz **IV 61**, 64–66, 103
Dietrich von Hardenberg, Bischof von Brandenburg **II** 96, 97
Dietrich von Cleen, Deutschmeister **VI 225**, 230
Dietrich von Moers, Erzbischof von Köln **III** 61, 149
Dietrich von Bülow, Bischof von Lebus **II** 37, 38
Dietrich Arends, Bischof von Lübeck **VI** 115
Dietrich von Reden, Bischof von Lübeck **VI 115**
Dietrich, Graf von Manderscheid-Virneburg **IV 215**, 227
Dietrich von Fürstenberg, Bischof von Paderborn **III 149**, 155–157 **VII** 78
Dietrich Adolf von der Reck, Bischof von Paderborn **III** 159, **149**
Dietrich Hüls von Sebaste, Weihbischof von Schwerin **II** 177
Dietrich, Franz OSB, Abt von Weingarten **V 233**
Dietrich, Veit, Superattendent von Schleusingen **I** 38, 109 **IV** 31, 203
Dietrichstein, Sigmund von **I** 106
Diettelstedt **IV** 92
Diez, Grafschaft **IV** 235, 237, 242
Diez, Grafen von **IV** 255, 273f.
Dijon **VI** 200
Dillenburg, Amt **III** 221 **IV** 235–237, 239f., 242, 244, 246 **V** 33
Diller, Michael **I** 48, 49 **V** 22, 133
Dillingen **I** 51f., 99 **III** 157, 215 **V** 40, 228, 246–248, 268, 271, 316 **VI** 9–11, 19f., 22, 24–26, 238 **VII** 101
– s. a. Universitäten
Dilsberg **V** 40
Dinkelsbühl, Reichsstadt **I** 12 **V 196**, 208f., 226, 229 **VI** 10, 22, 27 **VII** 33
– Deutschordenshaus **VI** 229, 232
– Kapuzinerkloster **V** 228
Dinner, Konrad **IV** 115
Dinslaken **III** 98
Dipperz b. Fulda **IV** 133

Disibodenberg, Zisterzienserkloster **VI** 174, 178
Disputationen, s. Religionsgespräche
Dithmarschen **II** 143f., 146, 150, 156f.
– s. Schleswig-Holstein
Dittersbach **VI** 101
Ditzun **III** 176
Dobbertin, Benediktinerinnenkloster **II** 175f.
Doberan, Zisterzienserkloster **II** 175
Doberlug, Herrschaft **VI** 106
– Zisterzienserkloster **VI** 95f., 100
Döring, Matthias OFM **II** 38
Dörnberg, Hans von **IV** 260
Dohna, Abraham von **II** 54f., 127, 129
Dohna, Otto von **II** 104
Dôle **IV** 156 **V** 261 **VI** 24, 199–201, 203, 205f., 208f., 211–213, 215–219
– Jesuitenkolleg **VI** 215–217
– Kapuzinerkloster **VI** 215
– s. a. Universitäten
Dominikaner (OP), -kloster **I** 34, 37, 139 **II** 38–41, 71f., 76, 78, 110, 125, 133, 151, 160, 171f., 175, 209, 212 **III** 17, 46, 64, 92, 96, 111, 113, 132, 135, 150, 154, 166, 228 **IV** 19, 43f., 77, 102, 153, 261, 264 **V** 59, 78, 144, 146, 197, 201, 204, 218–220, 224f., 262 **VI** 12, 38, 48, 50, 96, 99f., 116, 204 **VII** 69, 94
Dominikanerinnen (OP), -kloster **I** 34, 37, 52 **II** 98, 110 **V** 14, 74, 83, 133, 176 **VI** 12, 38, 85, 133 **VII** 93
Dominikaner-Tertiarinnen (TOSD), -kloster **VI** 12, 20
Donato, Lunardo **VI** 63
Donau, Kanton **IV** 183, 193 **VI** 9
Donaualtheim **VI** 26
Donaustauf, Herrschaft **VI** 37
Donauwörth, Reichsstadt **I** 66f. **IV** 170, 207 **V** 34, **195**, 208–210 **VI** 10, 52 **VII** 85, 191
– Deutschordenshaus **V** 210 **VI** 232
– Kloster Hl. Kreuz **V** 210 **VI** 11, 14
Donellus, Hugo **V** 27, 29
Doornik s. Tournai

Dordrecht **II** 160 **III** 48, 176, 206, 223, 232 **IV** 282
Dordrechter Synode (1619) **II** 160 **III** 51, 176, 223, 232 **IV** 282 **V** 313
Dornberg, Amt **IV** 63
Dornbirn **V** 257
Dornburg, Amt **IV** 13
Dornum, Ulrich von **III** 166
Dorothea von der Pfalz, Gemahlin Johann Georgs von Anhalt-Köthen-Altzerbst **II** 99
Dorothea Sybille von Liegnitz, Gemahlin Johann Georgs von Brandenburg-Ansbach **II** 129
Dorothea von Dänemark, Gemahlin Albrechts von Brandenburg **II** 147
Dorothea von Lothringen, Gemahlin Erichs II. von Calenberg-Göttingen **III** 24
Dorothea von Dänemark, Gemahlin Friedrichs II. von der Pfalz **V** 17, 28
Dorothea Maria, Gemahlin Johanns von Sachsen-Weimar **IV** 25, 27
Dorsen, Familie **VI** 27
Dorsten **III** 76
Dortmund, Reichsstadt **III** 88, 101 **IV** 54
– Kommende **VII** 31
Douai **III** 212, 215, 228 **IV** 156
– s. a. Universitäten
Drach, Johann **IV** 72
Draheim **II** 203
Drakenburg a. d. Weser **III** 47 **VI** 88
Drehna, Herrschaft **VI** 96
Dreier, Christian **II** 231
Dreier, Johannes OESA **III** 91, 95
Dreißigjähriger Krieg (1618–1648) **I** 28, 54, 66, 98, 114, 130, 136 **II** 29, 61, 82, 168, 203, 218 **III** 54, 77f., 100, 102, 126, 138, 140, 157, 159, 176, 194 **IV** 22, 27, 35, 48, 50f., 53, 56, 91, 120, 143, 176, 178, 187, 229, 231, 248, 283 **V** 36, 39, 42f., 53, 57, 64, 66, 91, 141, 144, 146f., 149, 161, 180, 206, 210f., 225, 229, 247, 249, 274, 308f. **VI** 23, 26, 30, 42, 45, 50–53, 61, 110f., 125, 145–147, 155, 163, 166, 183, 185, 187, 190, 192, 201, 218, 239, 243 **VII** 24–27, 30, 34, 39, 96, 129, 159, 167, 193, 198

Drenthe, Provinz **III** 109
Dresden
– Hof **VII** 29, 148, 161
– Stadt **II** 9, 15, 18, 20, 24, 26f., 56, 131, 133 **IV** 19 **V** 184 **VII** 39, 159
– Augustiner-Eremitenkloster **II** 13
– Kreuzkirche **II** 18
Driedo, Johannes **III** 210
Driedorf **IV** 237
Dringenberg, Burg **III** 153
Druckereien, s. Buchdruck
Drübel, Eckart von **V** 83
Duderstadt **IV** 83f., 87 **VII** 115
Dülmen, Amt **III** 110, 120
– Kollegiatstift **III** 111
Dünkirchen **III** 209, 227
Düren **III** 88f., 94
Dürer, Albrecht **I** 34, 36 **IV** 44, 151 **VI** 16, 53
Düsseldorf **I** 51 **III** 87f., 92, 95, 97
Duisburg **III** 89, 98, 102 **VI** 234
– s. a. Universitäten
Dumoulin, Charles **VI** 211
Dungersheim, Hieronymus **IV** 108
Dunkelmännerbriefe, Epistolae obscurorum virorum (1515/17) **II** 72 **IV** 15, 66, 104
Durlach
– Hof **V** 139
– Stadt **V** 125, 127f., 135–137, 140
Duvergier de Hauranne, Jean Ambroise **V** 119
Dyon, Adam **II** 114f.

E
Ebelsberg **VI** 61
Eberbach, Zisterzienserkloster **IV** 74
Eberbach, Johannes s. Stumpf, Johannes
Eberhard II. von Hirnheim, Bischof von Eichstätt **IV** **167**, 173
Eberhard von Holle, ev. Bischof von Lübeck und Verden **II** 156 **III** 28 **VI** **115**, 123
Eberhard II., Erzbischof von Salzburg **I** 75
Eberhard, Graf von Solms **IV** 52

Eberhard, Graf von Wertheim **IV** 217
Eberhard I., Herzog von Württemberg **V 169**, 170–172
Eberhard II., Herzog von Württemberg **V 169**, 170, 172
Eberhard III., Herzog von Württemberg **V 169**, 188f.
Eberhard V., Graf von Württemberg-Urach s. Eberhard I., Herzog von Württemberg
Eberhard von Württemberg, Sohn Christophs von Württemberg **V** 182
Eberhardsklausen, Augustiner-Chorherrenstift **V** 62
Eberlin von Günzburg, Johann, Superintendent von Wertheim **I** 46 **IV** 220–222 **V** 199, 264
Ebermannstadt **IV** 162
Ebernburg **IV** 71, 195 **V** 55, 78 **VI** 174
Ebersberg (b. Hassfurt) **IV** 148
Eberstadt **IV** 87
Eberstein, Grafschaft **V** 125, 127f., 136, 147, 152f. **VII** 87 Anm. 79
Eberstein, Haus **V** 150
Ebrach, Zisterzienserkloster **IV** 102
Ebstorf, ev. Damenstift **III** 20
Echallens **V** 279
Eck, Johann(es), Theologe **I** 59, 96, 142 **II** 12f., 75, 78 **IV** 106, 108, 172 **V** 264, 298 **VI** 14
Eck, Johannes, Jurist **V** 54f.
Eck, Leonhard von **I** 59, 61f. **IV** 171 **VII** 186
Eck, Marquardt von, Landkomtur **VI** 240f.
Eck, Simon Thaddäus **IV** 175
Eder, Georg **I** 128
Edo Wiemken der Jüngere, Häuptling von Jever **VI 131**, 141f.
Eduard Fortunat, Markgraf von Baden-Baden **V 126**, 139, 141, 148, 152, 155
Edward VI., König von England **III** 213
Edzard I., Graf von Ostfriesland **III 163**, 164, 166 **VI** 141
Edzard II., Graf von Ostfriesland **III 163**, 168, 170–174 **VII** 165

Eelde b. Groningen **III** 172
Efferen, Wilhelm Ferdinand von **VII** 193
Egeln **II** 79f.
– Zisterzienserinnenkloster **II** 81
Egenolff, Christian **IV** 49
Eger **I** 135, 142
– Franziskanerkloster **I** 139
– Jesuitenkolleg **I** 150
Egg a. d. Günz **VI** 14
Eggenburg **VI** 66
Egli, Raphael **IV** 282
Egloffstein, von, Familie **IV 183**
Egloffstein, Leonhard von **IV** 190
Egmond, Benediktinerkloster **III** 209
Egmont-Büren, Grafen von **III** 183
Ehem, Christoph **V** 23, 27–30
Ehingen **IV** 183 **V** 247, 257
Ehinger, Familie **V** 198
Ehinger, Hans **V** 205
Ehinger, Johann Elias **I** 48
Ehrenforst **II** 103
Eichhorn, Joachim OSB, Abt von Einsiedeln **V** 313
Eichsfeld **III** 155 **IV** 61, 63, 65, 69, 75, 78, 83–85, 88, 92 **IV** 259 **VI** 83 **VII** 50, 51 Anm. 28, 65, 86, 115
Eichstätt
– Bistum **I** 11, 13, 33f., 45f., 48, 52, 57 **IV** 62, **166–181**, 183, 190 **V** 10, 21 **VI** 226 **VII** 71 Anm. 25, 86
– Hochstift **IV** 188, 217 **V** 10 **VII** 15 Anm. 10, 76, 80, 82, 86
– Domkapitel **IV** 168, 170f., 174, 177
– Stadt **IV** 139, **166–181**, 190f., 200 **VII** 100
– Dom **IV** 169
– Jesuitenkirche **IV** 176
– Kapuzinerkloster **IV** 177
– Schottenkloster **IV** 170, 177 **VII** 69, 100
– St. Walburg **IV** 170
– Willibaldsburg **IV** 174, 176
Eiderstedt **II** 157f.
Eidinger, Christoph **V** 134
Eilenburg **IV** 12
Einbeck **III** 21, 35
– Augustiner-Eremitenkloster **III** 16
Einsiedeln, Benediktinerkloster **V** 234, 239, 243, 313, 315

Eisenach **IV** 11f., 20, 22, 25, 27
Eisenberg, Amt **II** 23
Eisenberg, Grafen zu **III** 151
Eisenerz **I** 107
Eisengrein, Martin **I** 96 **V** 137
Eisermann, Johann **IV** 264
Eisfeld **IV** 106
Eisleben, Amt **II** 92 **VI** 79–90
- Augustinerkloster **VI** 82
- Nikolaikirche **VI** 89
- St. Andreas **VI** 84f., 87
Eitel Friedrich von Hohenzollern-Sigmaringen, Bischof von Osnabrück, Kardinal **III 131**, 139
Eitzen, Paul von, Superintendent von Hamburg und Schleswig **II** 151, 155, 157f.
Elberfeld **III** 92
Elbing **II** 208–213, 216f.
- Dominikanerkloster **II** 209
Elbmarschen **II** 157
Elchingen, Benediktinerkloster **V** 195, 233, 235, 245, 247, 249, 252
Eldena **II** 204
- Benediktinerinnenkloster **II** 175
- Zisterzienserinnenkloster **II** 192
Elgard, Nikolaus **IV** 155
Elgersma, Rupert **II** 40f.
Elisabeth von Thüringen, Hl. **IV** 260 **VI** 229, 233
Elisabeth von Dänemark, Gemahlin Joachims I. von Brandenburg **II** 40
Elisabeth von Brandenburg, Gemahlin Erichs I. von Braunschweig-Calenberg-Göttingen **III 9**, 21–23, 31, 34
Elisabeth I., Königin von England **VII** 192
Elisabeth von Stolberg-Königstein, Gemahlin Dietrichs von Manderscheid-Virneburg bzw. Wilhelms von Krichingen **IV** 226f.
Elisabeth von Bayern-Landshut, Gemahlin Ruprechts von der Pfalz **V** 12
Elisabeth von Hessen-Kassel, Gemahlin Ludwigs VI. von der Pfalz **V** 29
Elisabeth Stuart, Gemahlin Friedrichs V. von der Pfalz **V** 37, 39 **VI** 183

Elisabeth, Gemahlin Ludwigs II. von Pfalz-Zweibrücken **VI** 175
Elisabeth von Hessen, Gemahlin Johanns des Jüngeren von Sachsen **II** 11, 18
Elisabeth von Rochlitz, Gemahlin Herzog Johanns von Sachsen **VII** 164 Anm. 67
Elisabeth von Braunschweig-Lüneburg, Gemahlin Ottos IV. zu Schaumburg **VI** 161, 167 **VII** 165f.
Elisabeth Lukretia, Herzogin von Teschen **II 104**, 132
Elisabeth-Charlotte von der Pfalz, Gemahlin Philipps I. von Orléans **V** 43
Elkershausen, Georg Wilhelm von, gen. Klüppel **VI** 242
Ellar **IV** 237
Ellen **VI** 143
Ellingen, Landkommende **IV** 167, 170 **VI** 225, 228, 236, 243f.
Ellwangen, Chorherrenstift **I** 11 **V** 170, 209, 234, 243 **VI** 27, 236
Elsaß **IV** 184 **V** 11, 56, 82, 87, 91, 99, 103, 106, 113f. **V** 209, 220, 225f., 258–260, 262, 266, 269–272, 274f., 291, 298 **VI** 173, 186f., 190, 229
- Oberelsaß **V** 73, 85, 169, 257, 263
- Unterelsaß **V** 73f., 83, 86, 257, 263
- Kammerballei Elsaß-Burgund **VI 224–248**
Elstra **VI** 100
Eltville **IV** 61, 65, 74, 80
- Martinsburg **IV** 65
Elyan, Kaspar **II** 112
Elzach **V** 161
Emanuel Philibert, Herzog von Savoyen, Generalstatthalter der Niederlande **III 201**, 214 **V** 305
Emden, Amt **III** 50f., 101, 163f., 166, 169, 171–177, 211f., 220, 232 **VI** 140 **VII** 29
- Franziskanerkloster **III** 165
Emesgonien **III** 164
Emmendingen **V** 125, 160
Emmerich **III** 89f., 95, 101
Emmius, Ubbo **III** 175
Emser, Hieronymus **II** 13, 15, 71 **II** 94
Emsland **III** 145, 184f., 193

Engelberg (Schweiz), Benediktinerkloster **V** 279
Engelberg b. Großheubach, Kapuzinerkloster **IV** 91, 229
Engelberg, Burkhard **V** 198
Engels, Friedrich **IV** 103
Engelszell, Zisterzienserkloster **VI** 62
Engelthal, Dominikanerinnenkloster **I** 34, 37 **IV** 52
England, Königreich **III** 53f., 94, 101, 172, 203, 232 **IV** 189, 267 **V** 80 **VI** 117, 119 **VII** 19, 23 **VII** 192
Englische Fräulein (IBMV), -institute **I** 68
Enno I., Graf von Ostfriesland **III 163**, 165
Enno II., Graf von Ostfriesland **III 163**, 166–169 **VI** 141f.
Enno III., Graf von Ostfriesland **III 163**, 174
Enno Ludwig, Graf von Ostfriesland **III 163**
Enschringen, Ludolf von **V** 54
Ensisheim **V** 257, 261, 264, 268, 270–272
Enzlin, Mathäus **VII** 61
Eppenrod **IV** 237
Eppstein **VII** 25
Erasmus von Manteuffel, Bischof von Cammin **II 183**, 186, 189, 193, 195, 197, 199
Erasmus Schenk von Limpurg, Bischof von Straßburg **V 73**, 83–85
Erasmus von Rotterdam **I** 96 **II** 15, 147, 158, 210 **III** 35, 90f., 93, 204, 206, 226 **IV** 70, 108 **V** 17, 20, 77, 291–293 **VI** 208 **VII** 14, 79, 193
Erast, Thomas **V** 23, 28f.
Erbach, Grafschaft **IV** 62, 224, 256 **V** 10
Erbach, Grafen von **IV** 85, 226
Erfurt
– Bistum **IV** 62
– Erfurter Staat **IV** 11f., 61, 78, 259
– Stadt **II** 13 **IV** 14f., 34, 36, 61, 66, 68, 70, 72f., 83, 85, 88, 92–94, 103, 108, 133, 154, 190, 220 **VII** 31, 34, 87, 114f., 133, 198
– Andreaskirche **IV** 73
– Barfüßerkirche **IV** 73
– Benediktinerkloster St. Peter **IV** 73
– Kaufmannskirche **IV** 73
– Michaeliskirche **IV** 73
– Pfarrkirche Allerheiligen **IV** 92
– Predigerkirche **IV** 73
– Reglerkirche **IV** 73
– St. Lorenz **IV** 92
– St. Marien **IV** 72f., 92
– St. Nikolai **IV** 92
– St. Severi **IV** 72f., 92
– Thomaskirche **IV** 73
– Wigbertikirche **IV** 92
– s. a. Universitäten
Erfurt, Hans von **VI** 15
Erhard von Queis, Bischof von Pomesanien **II** 210, 222–224
Erhart, Gregor **V** 198
Erhart, Michael **V** 198
Erich I., Herzog von Braunschweig-Calenberg-Göttingen **II** 14, 40 **III 9**, 11, 17, 21, 22, 23, 24, 47 **VI** 157
Erich II., Herzog von Braunschweig-Calenberg-Göttingen **III** 9, 14, 22–24 **VI** 88, 161 **VII** 63, 165f.
Erich, Graf von Hoya und Bruchhausen **III** 171
Erich I. von Sachsen-Lauenburg, Bischof von Münster **III 109**
Erich II. von Braunschweig-Grubenhagen, Bischof von Münster, Osnabrück und Paderborn **III** 14, 21, **109**, 114f., **131**, 133, **149**, 152, 186 **VI** 158 **VII** 78
Erich, Graf zu Schaumburg **VI 154**
Erich von Lothringen-Chaligny, Bischof von Verdun **V 98**, 114, 117f.
Erlangen **I** 26 **IV** 183
– s. a. Universitäten
Erlinger, Georg **IV** 153
Ermland **II 206–219 VII** 77
– Bistum **II** 124, **206–219**, 221, 224
– Hochstift **II 206–219**, 221
– Domkapitel **II** 231
Ernestine de Ligne, Gemahlin Johanns VIII. von Nassau-Dillenburg **IV** 248
Ernst, Fürst von Anhalt-Dessau **II** 89
Ernst Friedrich, Markgraf von Baden-Durlach **V 126**, 134f., 139f., 148, 159

Ernst, Markgraf von Baden-Durlach **V 125, 126,** 128, 131f., 136
Ernst Jakob von Baden-Hachberg **V** 135
Ernst von Mengersdorf, Bischof von Bamberg **IV 147,** 155f., 160
Ernst Wilhelm, Graf von Bentheim-Steinfurt und Tecklenburg **III 183**
Ernst II., Herzog von Braunschweig-Grubenhagen **III 10,** 21
Ernst II., Herzog von Braunschweig-Lüneburg **III 9**
Ernst, der Bekenner, Herzog von Braunschweig-Lüneburg **II** 91 **III 9,** 17–21, 34 **VI** 161
Ernst, Bruder Johann Sigismunds von Brandenburg **II** 55
Ernst Bogislaw von Croy, Bischof von Cammin **II 183,** 204
Ernst August, Kurfürst von Hannover **III 10,** 38f.
Ernst, Landgraf von Hessen-Rheinfels **IV** 285 **VII** 38
Ernst von Bayern, Erzbischof von Köln, Bischof von Freising, Hildesheim, Lüttich und Münster **I** 66 **III 10,** 29, **59,** 62, 74–76, **109,** 125f., 157, **202,** 229f. **IV** 68
Ernst von Sachsen, Erzbischof von Magdeburg **II 69,** 70
Ernst, Graf von Mansfeld **V** 91
Ernst I., Graf von Mansfeld **VI** 81
Ernst, Graf von Mansfeld-Eisleben **VI 79,** 90
Ernst, Graf von Mansfeld-Hinterort **VI** 80
Ernst Ludwig, Graf von Mansfeld-Hinterort **VI** 80
Ernst II., Graf von Mansfeld-Vorderort **VI 79,** 81–86
Ernst Kasimir, Graf von Nassau-Diez **IV 235**
Ernst August I. von Braunschweig-Lüneburg, ev. Bischof von Osnabrück **III 131,** 145
Ernst, Erzherzog von Österreich, Generalstatthalter der Niederlande **I** 113, 128 **III 201**
Ernst Ludwig, Herzog von Pommern-Wolgast **II 183**

Ernst Adalbert von Harrach, Erzbischof von Prag, Kardinal **I** 150f.
Ernst, Kurfürst von Sachsen **II** 9 **IV** 11 **VI** 81
Ernst, der Fromme, Herzog von Sachsen-Gotha **IV** 10, 24, 26–28, 122
Ernst von Bayern, Erzbischof von Salzburg, Bischof von Passau **I 73,** 82, 121 **II** 16 **IV** 171 **VI 59,** 62, 65f.
Ernst, Graf zu Schaumburg **VI 154,** 164, 165, 166
Erthal, Familie von **IV 183**
Erthal, Burkhard von **IV** 197
Esch, d', Familie **V** 107
Esche, Nicolaus von **III** 71
Eschenbach **VI** 236
Esel von Eselsberg, Philipp OSB, Abt von Gengenbach **V 243,** 246
Esens, Herrschaft **III** 163
Esens, Balthasar von **III** 166, 168
Esenshamm **VI** 135
Essen, Kanonissenstift **III** 88
Esser, Adam **V** 224
Esslingen, Reichsstadt **IV** 183 **V** 21, 130, 170, 173, **195,** 208, 210, 216
Etsch s. Österreich und an der Etsch und im Gebirge
Ettenheim **V** 85
Etting **IV** 177
Ettlingen **V** 127, 131, 138, 141–143, 146
- Kollegiatstift **V** 129, 139
Eugen IV., Papst **I** 89, **II** 36
Eulenberg, Herrschaft **VI** 242
Europa **VII** 42 Anm. 39, 77, 89, 104, 188
Eußerthal **VI** 182
Eutin **II** 155f. **VI** 115, 118
- Kollegiatkapitel **II** 144, 155f.
Everhard van der Marck, Bischof von Lüttich **III 202,** 208f., 211
Everwin II., Graf von Tecklenburg **III 183**
Everwin III., Graf von Bentheim-Steinfurt und Tecklenburg **III 183,** 189
Ewich, Johann von **III** 50
Ewiger Landfrieden (1495) **IV** 67 **V** 54
Exorzismusstreit **II** 27

Exter, Johann von, Superintendent von Lippe **VI** 159
Exulanten **I** 29, 132 **II** 218 **III** 100 **V** 27, 35 **VI** 51, 182 **VII** 60, 131
Eyb, von, Familie **IV** 183
Eyb, Albrecht von **IV** 104, 190
Eyb, Sebastian von **IV** 197
Eybach, Herrschaft **V** 195

F
Faber Stapulensis s. Lefèvre/Lefèbvre d'Etaples, Jacques
Faber, Ägidius **II** 116
Faber, Martin **III** 170
Faber, Nikolaus OMel **VI** 175
Faber, Petrus **IV** 82
Fabian Weickmann, Weihbischof von Eichstätt **IV** 152
Fabian von Lossainen, Bischof von Ermland **II** 207
Fabri, Felix OP **V** 198
Fabri, Georg s. Smed, Georg
Fabri, Johannes **V** 284
Fabricius, Jakob **II** 217
Fabricius, Theodor **III** 67
Fabricius, Wolfgang s. Capito, Wolfgang
Fabritius, Dietrich **III** 119
Falkenberg **II** 103
- Kollegiatstift 109
Falkenburg (b. Bergzabern) **VI** 186
Falkenburg (b. Detmold) **VI** 156
Falkenhagen, Kreuzherrenkloster **III** 158f.
Falkenstein, Grafschaft **IV** 78 **VI** 172
Farel, Guillaume **V** 107–109, 173, 295–297 **VI** 205
Faust, Johannes **VII** 15f.
Faverney, Benediktinerkloster **VI** 217
Fax, Ludwig **II** 16, 22
Feige, Johann **IV** 264, 266
Feldkirch **V** 257, 263, 272
- Johanniterkloster **V** 246
- Kapuzinerkloster **V** 274
Fellen **IV** 85
Fels, Peter Ernst von der **IV** 142
Feltre, Bistum **I** 87
Ferdinand I., Kaiser **I** 61, 75, **87**, 90–92, 94, **103**, 106–108, **119**, 120, 123–125, 127, **135**, 143–145 **II** 14–16, 18, 21, 30, 39, 41, **103**, **104**, 108, 116–118, 121–123, 125, 198 **III** 37f., 94, 98, 119, 122 **IV** 33, 35, 45, 81–83, 112, 185, 196 **V** 18, 133, 169, 171, 174, 177, 205, 221, 238–240, 242–245, **257**, 263–269, 271, 298f **VI** 22, 44f., 53, 61, 65–68, 85, **93**, 99f., 105, 108, 159, 238f. **VII** 33, 76, 103 Anm. 86, 143, 187
Ferdinand II., Kaiser **I** 66, **103**, 112, 114, **119**, 130f., **135**, 149–151 **II** 29f., **103**, 130–132, 134, 161 **III** 54, 141 **IV** 91, 208, 230, 284 **V** 39f., 89, 91, 118, 144, 149, 152, 155f., 188, 251, 273–275 **VI** 46, 52, 71f., **93**, 102f., 111, 125, 165f., 242f. **VII** 22, 33, 41, 192
Ferdinand III., Kaiser **I** **103**, **119**, **135** **II** **103**, 132, 134 **III** 38 **V** 189, 275 **VI** 53, 147, 244
Ferdinand IV., Deutscher König **VI** 53
Ferdinand Maximilian, Erbprinz von Baden-Baden **V** 153, 160
Ferdinand Maria, Kurfürst von Bayern **VII** 67
Ferdinand de Rye, Erzbischof von Besançon **VI** **199**, 214f., 217–219
Ferdinand von Bayern, Erzbischof von Köln, Bischof von Hildesheim, Lüttich, Münster und Paderborn **I** 66, 113 **III** **10**, 37, **59**, 62, 74, 77–79, 81, 97, **109**, 126, 140, **149**, 157–159, **202**, 230 **VI** 60, 70
Ferdinand von Fürstenberg, Bischof von Paderborn **III** 159
Ferdinand, Kardinal-Infant von Spanien, Generalstatthalter der Niederlande **III** 201
Ferdinand II., Erzherzog von Tirol **I** 87, 93, 98f. **V** 245, **258**, 269, 271 **VI** 240 **VII** 78f., 125, 147
Ferdinand Karl, Erzherzog von Tirol **I** 87 **V** 258
Ferdinand Karl, Graf von Wertheim **IV** **215**, 230
Fernando Alvarez, Herzog von Alba, Generalstatthalter der Niederlande **III** 99, 171, **201**, 220f. **VI** 180, 201, 206, 211–213 **VII** 190

Ferrara **V** 242 **VI** 23
- s. a. Universitäten
Ferreri, Giovanni Stefano **I** 147
Ferreri, Zacharias **II** 210
Ferry, Paul **V** 114
Fettmilch, Vinzenz **IV** 49f., 54
Feuchtwangen, Kollegiatstift **I** 13, 20, 23
Feuerbacher, Matern **V** 173
Feuerstein, Simon **I** 97
Feyerabend, Sigismund **IV** 49
Feyertag, Johann **IV** 70
Fichtelberger Quartier **IV** 183
Fiegenputz, Conrad **II** 98
Fieß, Georg **V** 204
Finck, Salomo **II** 58
Fink, Elias **V** 161
Finsterwalde **VI** 94, 102
Fischart, Johann **V** 89
Fischbeck, Augustinerinnenkloster **VI** 161, 167
Fischer, Friedrich **IV** 105
Fischhausen **II** 221
Fiume s. St. Veit a. Flaum
Flacianer, Flacianischer Streit **I** 125 **II** 202 **III** 33 **IV** 25 **VI** 90
Flacius Illyricus, Matthias **I** 96 **II** 22, 74, 79 **IV** 20f., 204 **VI** 45, 54, 90
Flandern, Grafschaft **III** 68, 201, 207, 224, 228 **VI** 117 **VII** 20
- Seeländisch Flandern **III** 227, 231
Flechtdorf, Benediktinerkloster **III** 150
Fleckenstein, Heinrich von **V** 136
Fleckenstein, Ludwig von **V** 20
Flensburg **II** 149
Fliesteden, Peter **III** 67, 92
Flinspach, Cunmann, Superintendent von Zweibrücken **V** 59 **VI** 177f., 180
Flözlingen **V** 224
Florenz **IV** 15
Floris, Graf von Palland **V** 135
Floß, Amt **I** 45, 53
Flossenbürg **I** 53
Flüe, Nikolaus von **V** 283
Förster, Johann **III** 20
Forbes, Augustiner-Chorherrenstift **I** 139
Forchheim **IV** 149f., 155, 157, 162
- Franziskanerkloster **IV** 163

Forchheimer Quartier **IV** 183
Fordon **II** 218
Forst, Herrschaft **VI** 96, 99f., 106, 111
Forster, Johann **IV** 31 **VI** 20, 44
Fort de l'Ecluse **V** 296
Fortunat, Eduard **V** 158
Fourier, Pierre **V** 115f.
Frammersbach **IV** 85
Franche-Comté s. Burgund, Freigrafschaft
Francisci, Adam **I** 23
Francisco de Mello, Generalstatthalter der Niederlande **III 201**
Franciscus Sonnius, Bischof von Herzogenbusch **III** 213–215
Franck, Sebastian **V** 80, 202
François Richardot, Bischof von Arras **III** 215
François de Rye, Erzbischof von Besançon **VI 199**
François de Beaucaire de Puyguillon, Bischof von Metz **V 97**, 111
François de Rosières, Generalvikar von Toul **V** 103
Franeker **III** 228
- s. a. Universitäten
Franken **I** 11–30 **IV** 12f., 100–102, 104, 106, 111f., 122, 168, 170f., 177, 179, **182–213**, 219, 225, 229 **V** 216 **VI** 228f., 242 **VII** 54, 75, 87, 114, 124, 126, 129, 131, 133, 145
- Herzogtum **IV** 25, 27, 109, 122, 162, 208, 223
- Ballei **VI 224–248**
- Ritterkreis **IV 182–213**
Frankenhausen **IV** 11, 29f., 34, 75 **VI** 83
Frankenstein, Kreuzherrenkloster **II** 100
Frankenstein, von, Familie **IV 183**
Frankenthal **III** 213, 220 **IV** 48 **V** 27, 35, 40f., 156 **VI** 182, 199
- Augustiner-Chorherrenstift **V** 14
Frankfurt a. Main, Reichsstadt **I** 34 **III** 67, 113f., 212f., 220 **IV** 20, **40–59**, 70, 74, 79, 138, 166, 232, 237, 256 **V** 39 **VII** 33f., 36, 76, 94, 172
- Begardenhaus **IV** 43

- Beginenhaus **IV** 43
- Dominikanerkloster **IV** 43f., 46 **VII** 94
- Franziskanerkloster (Barfüßer; heute Paulskirche) **IV** 43, 46f., 51 **VII** 94
- Johanniterkloster **IV** 43
- Karmelitenkloster **IV** 43f., 46 **VII** 94
- Liebfrauenstift **IV** 43, 47
- St.-Bartholomäus-Stift (Dom) **IV** 42–45, 47, 49
- St. Katharinenkloster **IV** 43, 45f., 51 **VII** 94
- Weißfrauenkloster **IV** 43, 46
- Hl. Drei Könige **IV** 42, 46
- St. Leonhard **IV** 43
- St. Nikolai **IV** 44
- St. Peter **IV** 42, 44, 46
- Messe **IV** 41f., 44f., 48, 74, 79
- Sachsenhausen **IV** 42, 50 **VI** 228, 230
- Sachsenhausen, Kommende **IV** 42f., 52 **VI** 229, 232 **VII** 31, 34

Frankfurt a. d. Oder **II** 36f., 39, 42, 48, 58, 94, 112, 188 **VI** 98
- Kartäuserkloster **II** 44
- Franziskanerkloster **II** 44
- s. a. Universitäten

Frankfurter Anstand (1539) **II** 18, 41 **V** 16

Frankreich, Königreich **I** 61 **II** 23, 60 **III** 19, 68, 94, 101, 113, 143, 159, 172, 202, 205, 208, 214, 220, 222, 224, 228 **IV** 79, 122, 189, 200, 216, 218, 220, 244, 267, 273, 283f. **V** 27, 31f., 34, 42f., 53, 80, 86f., 91, 99, 103, 105, 109, 115, 117f., 120, 122 **V** 52f., 80, 86f., 91, 97, 99f., 103, 105, 109, 115, 117f., 120, 126, 144, 147, 156, 159f., 182, 186, 189, 225, 270, 275, 282, 287f., 292, 296f., 302, 305–309, 311 **VI** 135, 179–182, 186–188, 190f., 199, 201, 205–207 **VII** 18f., 37, 39, 96, 101f., 171, 179, 182, 187, 192

Franz Xaver, Hl. **VI** 218

Franz von Hatzfeld, Bischof von Bamberg und Würzburg **IV** 99, 121f., **147**, 162, 209

Franz Otto, Herzog von Braunschweig-Lüneburg **III** 9, 34

Franz I., König von Frankreich **V** 52, 55, 174, 176

Franz I., Herzog von Lothringen **V** 97

Franz II., Herzog von Lothringen **V** 97, 116

Franz von Braunschweig-Wolfenbüttel, Bischof von Minden **III** 14

Franz von Waldeck, Bischof von Minden, Münster und Osnabrück **III** **109**, 115–119, 121, **131**, 133–137, 186 **IV** 268 **VI** 137f.

Franz Wilhelm von Wartenberg, Bischof von Minden, Osnabrück, Regensburg und Verden **I** 68 **III** 37, 55f., 138–140, 143f. **VI** **37**, 52, **131**, 167 **VII** 34

Franz Johann Desideratus, Graf von Nassau-Siegen **IV 235**

Franz, Herzog von Pommern-Stettin, ev. Administrator von Cammin **II 183**

Franz von Lothringen-Chaligny, Bischof von Verdun **V 99**

Franzburg **II** 203

Franziskaner, Minoriten, -kloster **I** 46, 82, 89, 94, 151, **II** 13f., 18, 38, 44, 49, 71, 76–78, 82, 92, 94, 96–98, 110, 129, 132, 150, 171f., 175, 177, 188 **III** 18, 36, 46, 92, 116, 132, 135, 150, 157, 159, 165, 228 **IV** 19, 55f., 77, 90, 102, 130, 134, 153, 220, 238, 262, 264 **V** 19, 22, 41, 62, 144, 146, 154, 159, 197f., 201, 291 **VI** 38, 46, 48f., 96, 100, 116, 119, 187, 204, 215 **VII** 69, 81, 98

Franziskaner-Konventualen, Barfüßer (OFMConv), -kloster **I** 148 **IV** 35, 43, 46f., 51f., 53, 55, 73, 130 **V** 78, 204 **VI** 12, 16, 18 **VII** 94f.

Franziskaner-Observanten (OFM), -kloster **I** 34, 139 **II** 45, 110f., 145 **III** 13, 16, 18f., 20, 23, 78, 90, 102, 111, 126f., 159 **IV** 90, 92, 102, 162, 220, 249, 261 **V** 14, 19

Franziskaner-Reformaten (OFMRef), -kloster **I** 68 **II** 129

Franziskaner-Rekollekten (OFMRec), -kloster **V** 90

Franziskaner-Tertiaren (TOF), -kloster **II** 78
Franziskaner-Tertiarinnen (TOF), -kloster **VI** 12
Franzius, Thomas **III** 174
Fraterherren, s. Brüder vom gemeinsamen Leben
Frauenalb, Benediktinerinnenkloster **V** 128, 137, 140, 146–148, 150f. **VII** 99
Frauenberg, Amt **VI** 189
Frauenburg, Antoniterkloster **II** 214
Frauenfeld, Kapuzinerkloster **V** 315
Frecht, Martin **V** 202, 204
Freckenhorst, adeliges Damenstift **III** 111
Freder, Johann, Superintendent von Stralsund **II** 202
Freher, Marquard **V** 38
Freiberg **II** 11, 18 **IV** 17
Freiburg i. Br. **III** 93 **V** 129, 160, 228, 242, 246–248, 257, 259, 261f., 264f., 268, 271–273 **VI** 23, 211, 239
– Kapuzinerkloster **V** 274
– Münster **V** 262
– s. a. Universitäten
Freiburg/Schweiz **V** 279, 281, 287, 289, 294–296, 298, 300f., 304f., 315 **VI** 208
Freimaurer **II** 151
Freising
– Bistum **I** 57, 65f., 74, 87 **III** 125, 206, 230 **V** 14 **VII** 70, 189
– Hochstift **I** 57f., 103, 119
Freistadt **II** 104
Fremersberg **V** 143
Frenswegen, Augustiner-Chorherrenstift Marienwolde **III** 113, 190, 193
Freudenberg, Amt (Grafschaft Tecklenburg) **VI** 132
Freudenberg, Amt (Grafschaft Wertheim) **IV** 217, 225, 227
Freudenstadt **V** 187
Freudenthal, Herrschaft **II** 132 **VI** 242
Freystadt **II** 114
Freyung **VI** 63
Friaul **I** 103
– s. a. Innerösterreich

Friedberg, Reichsburg **IV** 41, 51
Friedberg, Reichsstadt **IV** 40–59
– Augustiner-Eremitenkloster **IV** 52f.
– Barfüßerkloster/Franziskanerkloster **IV** 52, 53
– Liebfrauenkirche **IV** 52
Friedberg, Sitz des Ritterkantons „Am Rheinstrom" **IV** 183
Friedeburg, Amt **VI** 79, 86
Friedeck **II** 104
Friedland **II** 109, 168, 170, 173, 224 **VI** 95f., 100
Friedrich I. Barbarossa, Kaiser **I** 75 **IV** 53, 101
Friedrich II., Kaiser **VII** 16
Friedrich III., Kaiser **I** 76, 89, 105, 119–121 **II** 143 **III** 164 **IV** 67 **V** 11, 53, 128, 236, 238 **VI** 39f., 60, 80, 200
Friedrich II. von Zollern, Bischof von Augsburg **VI** 9
Friedrich V., Markgraf von Baden-Durlach **V** 126, 141, 143–146, 149
Friedrich VI., Markgraf von Baden-Durlach **V** 126
Friedrich Förner, Weihbischof von Bamberg **IV** 160f.
Friedrich Ludolf, Graf von Bentheim-Steinfurt und Tecklenburg **III** 183
Friedrich II., Kurfürst von Brandenburg **II** 36, 38f.
Friedrich Wilhelm, Kurfürst von Brandenburg, der Große Kurfürst **II** 35, 57, 61f., 85, **183**, 221, 231f. **III** 87, 98
Friedrich IV., der Ältere, Markgraf von Brandenburg-Ansbach und Brandenburg-Kulmbach/Bayreuth **I** 11, 14
Friedrich von Brandenburg-Ansbach, Dompropst in Würzburg **I** 16, 19 **IV** 110
Friedrich, Herzog von Braunschweig-Lüneburg **III** 9
Friedrich Ulrich, Herzog von Braunschweig-Wolfenbüttel **III** 9, 36f.
Friedrich von Schleswig-Holstein, ev. Administrator von Bremen **III** 45

Friedrich I., König von Dänemark, Herzog von Schleswig-Holstein **II** 141, 143, 145–150, 152 **VI** 122 **VII** 91 Anm. 2
Friedrich II., König von Dänemark **II** 141, 155, 157, 158
Friedrich III., König von Dänemark **II** 141, 160f.
Friedrich von Holstein, ev. Administrator von Hildesheim und Schleswig **III** 10, 28f.
Friedrich III., Herzog von Holstein-Gottorf **II** 141, 155, 158
Friedrich IV. von Wied, Erzbischof von Köln **III** 59, 99, 123
Friedrich II., Herzog von Liegnitz-Brieg-Wohlau und von Münsterberg-Frankenstein und Oels-Bernstadt **II** 103, 104, 108, 111, 114–118, 120f.
Friedrich III., Herzog von Liegnitz-Brieg-Wohlau und von Münsterberg-Frankenstein und Oels-Bernstadt **II** 104
Friedrich IV., Herzog von Liegnitz-Brieg-Wohlau **II** 104, 128
Friedrich IV. von Brandenburg, Erzbischof von Magdeburg **II** 47, 69, 79
Friedrich Christoph, Graf von Mansfeld-Hinterort **VI** 80
Friedrich I., Herzog von Mecklenburg-Schwerin **II** 167
Friedrich, Graf von Mömpelgard **VI** 205
Friedrich III. von Wied, Bischof von Münster **III** 109, 114, 120 **VII** 76
Friedrich Heinrich von Nassau-Oranien, Generalstatthalter der Niederlande **III** 184, 194, 196
Friedrich IV., Herzog von Österreich **V** 219
Friedrich Mauerkirchner, Bischof von Passau **VI** 59
Friedrich von Öttingen, Bischof von Passau **VI** 59
Friedrich I. der Siegreiche, Kurfürst von der Pfalz **V** 9, 11
Friedrich II., Kurfürst von der Pfalz **I** 45 **IV** 81 **V** 9, 10, 16f., 20, 22 **IV** 64

Friedrich III. der Fromme, Kurfürst von der Pfalz **II** 23 **IV** 81, 205 **V** 9, 10, 24, 26–30, 32, 37, 59, 154, 157, 312
Friedrich IV., Kurfürst von der Pfalz **IV** 205 **V** 9, 28, 30, 32–37, 39 **V** 155 **VI** 183
Friedrich V., Kurfürst von der Pfalz, König von Böhmen („Winterkönig") **I** 149 **II** 130 **III** 158 **IV** 91, 205 **V** 9, 32, 36–42, 91, 155 **VI** 110, 183
Friedrich Casimir von Pfalz-Landsberg, Sohn Johanns I. von Pfalz-Zweibrücken **VI** 185
Friedrich Ludwig, Herzog/Pfalzgraf von Pfalz-Zweibrücken **VI** 171, 184f., 187f.
Friedrich, Herzog/Pfalzgraf von Pfalz-Zweibrücken **VI** 171, 184f.
Friedrich, Pfalzgraf von Zweibrücken, Bruder Philipp Ludwigs von Pfalz-Neuburg **II** 129
Friedrich, Sohn Wolfgangs von Pfalz-Zweibrücken **VI** 180
Friedrich I., König in Preußen **II** 232 **III** 184, 196
Friedrich II., der Große, König von Preußen **III** 184, 197 **VII** 39
Friedrich Wilhelm I., König in Preußen, der Soldatenkönig **II** 62 **III** 184, 196 **VII** 39
Friedrich, der Weise, Kurfürst von Sachsen **II** 12f. **III** 19 **IV** 9, 12, 15, 17, 105 **V** 55 **VI** 82
Friedrich, Sohn Georgs d. Bärtigen von Sachsen **II** 17
Friedrich Wilhelm II., Herzog von Sachsen-Altenburg **IV** 10, 25f.
Friedrich von Sachsen(-Meißen), Hochmeister des Deutschen Ordens **II** 221 **VI** 225
Friedrich Wilhelm I., Herzog von Sachsen-Weimar **II** 28 **IV** 10, 22, 25
Friedrich von Schaumburg, Erzbischof von Salzburg **I** 73
Friedrich von Blankenheim, Bischof von Straßburg **V** 76
Friedrich Wilhelm, Herzog von Teschen **II** 104, 132

Friedrich IV. von Baden, Bischof von Utrecht **III** 205
Friedrich Ludwig, Graf von Wertheim **IV 215**, 229f.
Friedrich I., Herzog von Württemberg **V 169**, 183, 186–188
Friedrich von Wirsberg, Bischof von Würzburg **IV 99**, 113, 115f., 118, 226
Friedrichstadt **II** 158, 160f. **VII** 37
Fries, Lorenz **IV** 104, 108, 110
Friesische Wede **VI** 133, 143
Friesland **II** 218 **III** 109, 113, 118f., 122, 205f.
– Herrlichkeit **III** 201, 212
Friesoythe **III** 185
Fritz, Franz **V** 131
Fritze, Johannes **VI** 119
Fritzhans, Johann **II** 71
Fritzlar, Amt **IV** 65, 78, 87, 92f., 255, 259 **VII** 31
– Fritzlar-Naumburg, Amt **IV** 64, 86
Froben, Johannes **V** 291
Fröschel, Sebastian **II** 14
Frohse **II** 77
Froment, Antoine **V** 296
Fronapfel, Martin SJ **V** 142
Frosch, Johann(es) OCarm, gen. Rana **VI** 16, 19
Froschauer, Hans **VI** 15
Fruchtbringende Gesellschaft (Köthen) **II** 100 **IV** 27 **VII** 196f.
Fuchs von Bimbach, Familie **IV 183**
Fuchs von Wallburg, Andreas **IV** 150–153, 190
Fuchs von Wallburg, Jakob **IV** 150–152
Fuchs, Leonhard **I** 20 **V** 176
Fürst, Christian II. SOCist, Abt von Salmansweiler **V 233**
Fürstenau **III** 115, 132, 143 **VII** 27
Fürstenaufstand (1552) **III** 137 **IV** 47, 79, 199, 272 **V** 105, 178 **VI** 22, 88
Fürstenberg, Grafschaft **III** 160 **V** 125, 170, 215, 234, 241, 258
Fürstenberg, Grafen von **V** 127, 160f., 249 **VII** 103
Fürstenberger, Philipp **IV** 44
Fürsteneck **VI** 64
Fürstenwalde **II** 36, 46
Fürstenzell, Zisterzienserkloster **VI** 62

Fürth **IV** 63
Füssel, Martin **II** 57f.
Füssen **VI** 9, 25
– Benediktinerkloster St. Mang **VI** 14
Fugger, Familie **II** 39 **V** 196, 257 **VI** 9, 23, 25, 27
– Linie Babenhausen **VI** 9
– Linie Glött **VI** 9
– Linie Kirchberg-Weißenhorn **V** 195 **VI** 9
– Linie Kirchheim **VI** 9
– Linie Nordendorf **VI** 9
– Linie Mickhausen **VI** 9
Fugger, Anton **VII** 143
Fugger, Jakob, gen. der Reiche **VI** 16
Fugger, Octavianus Secundus **VI** 24
Fugger, Philipp Eduard **VI** 24
Fulda
– Benediktinerabtei **IV** 62, 100, 113, 117, **128-145**, 184f., 188, 217, 256 **VII** 74, 77, 101, 114, 125, 130
– Stiftskapitel **IV** 130, 143
– Nebenkloster Frauenberg **IV** 130, 134, 142
– Nebenkloster Johannesberg **IV** 130, 142
– Nebenkloster Michaelsberg **IV** 130
– Nebenkloster Neuenberg **IV** 130
– Nebenkloster Petersberg **IV** 130, 133f., 136, 142
– Beginengemeinschaften **IV** 130, 134
– Benediktinerinnenkloster **IV** 142
– Franziskanerkloster **IV** 130, 134
– Stadt **IV** 84, **128–145**, 200 **VI** 238 **VII** 115
– Bistum **IV** 135, 141
– s. a. Universitäten
Fultenbach, Benediktinerkloster **VI** 14
Funck, Matthias **II** 112
Funk, Christoph OSB, Abt von Petershausen **V 233**
Fusilius, Sigmund s. Gossinger, Sigmund

G

Gábor Béthlen, Fürst von Siebenbürgen **II** 131, 133
Gabriel von Eyb, Bischof von Eichstätt **IV 167**, 169, 171–175, 190

Gaesdonck b. Goch **III** 90
Gallas, Matthias von **VI** 184
Gallikanismus **VI** 220
Gallus, Nikolaus, Superintendent von Regensburg **II** 79 **VI** 44f., 49
Gandersheim **III** 30 **IV** 63 **VI** 140
- Reichskloster **III** 9f., 12, 30
- Stiftskirche **III** 26
- Franziskanerkloster **III** 36
Gansfort, Wessel **III** 209
Ganzhorn, Johann Wilhelm **IV** 115
Gasparo Contarini, Bischof von Belluno, Kardinal **VI** 44
Gaster, Amt **V** 279, 305, 316
Gattinara, Mercurio de **IV** 68
Gau-Algesheim **IV** 70
Gaußig **VI** 102f.
Gauthiot d'Ancier, Simon **VI** 209
Gebauer, Petrus **II** 133
Gebhard Truchseß von Waldburg, Erzbischof von Köln **III** 59, 74, 76, 79, 154 **IV** 159, 274 **V** 86, 104
Gebhard, Graf von Mansfeld-Arnstein **VI** 79
Gebhard VII., Graf von Mansfeld-Mittelort **VI** 80, 81f., 84, 86–89
Gebhard, Erzbischof von Salzburg **I** 74
Gebürg, Kanton **IV** 183–185, 202, 204, 207
Gedicke, Simon **II** 56
Geheimprotestantismus **I** 114 **VII** 22, 36
Gehrden, Benediktinerkloster **III** 150
Geiler von Kaysersberg, Johann **IV** 105 **V** 77
Geiling, Johann **V** 173
Geislingen **V** 196, 201–203, 205
Geismar, Herbold von **III** 156
Geistlicher Vorbehalt (1555) **I** 62 **II** 47 **IV** 82f., 192, 247 **V** 26
Geizkofler, Hans **I** 91
Geizkofler, Lucas **I** 91
Geizkofler, Zacharias **VII** 193
Geldenhauer, Gerhardus Eobanus **III** 204 **IV** 242–245, 270

Geldern, Herzogtum **III** 59, 87, 94, 109, 116, 121, 163, 168, 187, 201f., 205–207, 231 **IV** 245 **VII** 182
Geldersheim **IV** 113
Gelnhausen **IV** 51 **V** 9
Gemen, Herrschaft **VI** 154, 156, 167
Gemert **VI** 239
Gemmingen **IV** 196
Gemmingen, Philipp von **I** 49
Generalstaaten s. u. Niederlande
Genevois **V** 306
Genf
- Bistum **V** 280
- Stadt **III** 51, 170, 172, 175, 192, 212, 222, 232 **V** 27, 109, 279, 287f., 290, 294–297, 304–306, 311f. **VI** 205, 207, 209 **VII** 67
Gengenbach, Reichsstadt **V** 73, **215**, 225, 227, 267
- Benediktinerkloster **V** 151, 241, 243f., 248 **VII** 98
Gent
- Bistum **III** 202
- Stadt **III** 168, 203, 205, 207, 209, 213, 223f., 227
Genthin **II** 69, 78
Georg, Hl. **VI** 229, 242
Georg III., der Gottselige, Fürst von Anhalt-Dessau **II** 41, **89,** 92–95
Georg Friedrich, Markgraf von Baden-Durlach, Hachberg und Rötteln-Sausenberg **V** **126,** 134f., 140–142, 144, 148, 159, 188
Georg I. von Schaumberg, Bischof von Bamberg **IV** 190
Georg III. Schenk von Limpurg, Bischof von Bamberg **IV** **147,** 151, 190
Georg IV. Fuchs von Rügheim, Bischof von Bamberg **IV** **147,** 154
Georg der Reiche, Herzog von Bayern-Landshut **I** 45 **V** 12, 238
Georg von Poděbrad und Kunštát, König von Böhmen **I** 139–141 **II** 12
Georg Wilhelm, Kurfürst von Brandenburg **II** **35,** 60f., **183, 221,** 231 **III** 87
Georg der Fromme, Markgraf von Brandenburg-Ansbach und Brandenburg-Kulmbach/Bayreuth **I** 11,

14, 16–22, 27, 38, 144 **II 104**, 105, 107f., 115f., 118, 121 **IV** 198
Georg Friedrich, Markgraf von Brandenburg-Ansbach und Brandenburg-Kulmbach/Bayreuth, Herzog in Preußen **I** 11, 20, 22f., 25–27 **II** 51, **105**, 129, **221**, 225, 230 **V** 30, 158, 183, 189 **VII** 146, 162
Georg, Herzog von Braunschweig-Grubenhagen **III** 10, 38
Georg Wilhelm, Herzog von Braunschweig-Grubenhagen **III** 10
Georg von Braunschweig-Wolfenbüttel, Erzbischof von Bremen, Bischof von Minden und Verden **III** 14, 28, **45**, 53
Georg I., Herzog von Brieg **II** 108
Georg II., Herzog von Brieg und Wohlau **II** 119
Georg von Österreich, Bischof von Brixen und Lüttich **I** 92 **III** 202
Georg Hund von Wenkheim, Hoch- und Deutschmeister **VI 225**, 238
Georg Ernst, Graf von Henneberg **IV** 30, 31
Georg I., Landgraf von Hessen-Darmstadt **IV 256**, 274, 279 **VII** 164 Anm. 67
Georg II., Landgraf von Hessen-Darmstadt **IV** 230, **256**, 284
Georg Friedrich, Graf von Hohenlohe **VI** 243
Georg von Blumenthal, Bischof von Lebus und Ratzeburg **II** 45, 177
Georg Rudolf, Herzog von Liegnitz-Wohlau **II 104**, 120, 129, 133f.
Georg Friedrich Greiffenclau von Vollrads, Erzbischof von Mainz, Bischof von Worms **IV 61**, 92
Georg von Anhalt, Koadjutor von Merseburg **II** 21f., 43
Georg von Baden, Bischof von Metz **V** 101
Georg, Herzog von Münsterberg-Frankenstein und Oels-Bernstadt **II 104**
Georg, Graf von Nassau-Dillenburg und Nassau-Beilstein **IV 235**
Georg, Graf von Oldenburg **VI 131**, 134f.

Georg Heßler, Bischof von Passau, Kardinal **VI 59**, 60
Georg, Pfalzgraf von Pfalz-Simmern **IV** 81 **V** 37
Georg Wilhelm, Pfalzgraf von Pfalz-Zweibrücken-Birkenfeld **V** 159f. **VI** 190
Georg Gustav, Pfalzgraf von Pfalz-Veldenz **VI** 191f.
Georg Hans, Pfalzgraf von Pfalz-Veldenz **V** 58, 157 **VI** 191, 239
Georg (von) Venediger, ev. Bischof von Pomesanien **II** 201, 224–226, 228
Georg I., Herzog von Pommern **II 183**, 189f., 192f. **VII** 49
Georg Marschalk von Pappenheim, Bischof von Regensburg **VI 37**
Georg der Bärtige, Herzog von Sachsen **II 9**, 11–18, 24, 40, 71f., 92, **105**, 116 **III** 25, 205 **IV** 13, 34f., 79 **V** 15 **VI** 81f., 85, 234 **VII** 46, 47 Anm. 9, 54 Anm. 42, 76, 99 Anm. 58, 164, 164 Anm. 67
Georg von Kuenburg, Erzbischof von Salzburg **I 73**
Georg von Polentz, Bischof von Samland **II** 210, 213, 222–224, 229
Georg, Pfalzgraf b. Rhein, Bischof von Speyer **IV** 68 **V** 21
Georg Truchseß von Waldburg **V** 173, 237, 265
Georg II., Graf von Wertheim **IV 215**, 216, 218, 220–223, 225
Georg von Slatkonja, Bischof von Wien **I** 122
Georg, Graf von Württemberg **V** 186
Georg Flach, Weihbischof von Würzburg **IV** 115f.
George van Egmond OSB, Abt von St. Amand **III** 206
George Schenck van Toutenburg, Statthalter in Friesland **III** 206
George d'Aubusson, Bischof von Metz **VI** 186
Gera **I** 27
Gera, Herren von **IV** 11, 29, 32f. **VII** 92
Gera, Vögte von **IV** 11
Gera-Gera, Herren von **IV** 9, 31

Gerard van Groesbeek, Bischof von Lüttich, Kardinal **III 202**, 229
Gerbel, Nikolaus **V** 78
Gerbrunn (Würzburg) **IV** 115, 117
Gerbstedt, Benediktinerinnenkloster **VI** 85
Gerd, Graf von Oldenburg **VI** 132
Gerhard II. zur Lippe, Erzbischof von Bremen **III** 46
Gerhard, Johann, Superintendent von Coburg **IV** 26, 29
Gerkens, Bürgermeister von Lübeck **VI** 124
Germersheim **V** 9, 41
Gernrode, Damenstift **II** 98
Gernsbach **V** 125, 148–151
Gernsheim **IV** 64
Geroldseck, Walther von **V** 75
Gerolstein, Grafschaft **V** 51
Gerolzhofen **IV** 114, 120 **VII** 114
Gersau **V** 279
Gertener, Madern **IV** 42
Gertrudenberg, Benediktinerinnenkloster **III** 136
Geseke **III** 61, 66, 76, 78
Gevelsberg **III** 102
Gex **V** 296, 306
Geyer, Florian **IV** 197
Giech, Hans Georg von **IV** 204
Giengen a. d. Brenz, Reichsstadt **V** 170, **195**, 208
Gießen **IV** 258, 281–284 **V** 184 **VII** 153
– s. a. Universitäten
Gigler, Andre **I** 108
Gilbert de Choiseul du Plessis-Praslin, Bischof von Comminges und Tournai, Kardinal **VI** 220
Ginderich, Matthias **III** 168
Giovanni Delfino, Bischof von Brescia und Torcello **I** 146
Giovanni Francesco Commendone, Bischof von Zante, Kardinal **III** 26, 99 **VI** 69
Giovanni Ludovico von Madruzzo s. Johann Ludwig von Madruzzo
Gisenius, Johannes **III** 144
Gladbach **III** 89
Glanaeus, Jodocus **III** 51
Glareanus s. Loriti, Heinrich

Glarus **V** 279, 291, 301, 305, 315, 317
Glaser, Caspar **VI** 176
Glast, Johannes **V** 205
Glatz
– Grafschaft **I** 135 **II** 103, 106, 109, 116–118
– Stadt **II** 131–133
– Augustiner-Chorherrenstift **II** 112, 129
– Kloster der Franziskaner-Observanten **II** 110
Glauburg, Arnold von **IV** 44
Glauburg, Johann von **IV** 44
Glaucha, Zisterzienserinnenkloster St. Georg **II** 75, 78
Gleichen, Grafschaft **II** 9
Gleissenthal, Johann Georg von **V** 29
Gleiwitz **II** 129
Gleschendorf **II** 149
Glogau **II** 107, 109, 112, 116, 121, 127, 133f.
– Fürstentum **II** 103, 118
– Klarissenkloster **II** 110
– Franziskanerkloster **II** 110
Glückstadt **VII** 37
Gmunden **I** 122
Gnadenberg, Birgittinnenkloster **V** 23
Gnapheus, Wilhelm **II** 209
Gnesen
– Kirchenprovinz **II** 35, 106, 184, 207
– Erzbistum **II** 106, 109, 124, 207, 209, 215
Gnesiolutheraner **II** 22, 24f., 151 **III** 50 **IV** 20–22, 273 **VI** 124
Go, Familie **V** 109
Goch **III** 220
Godefroy, Denis s. Gothofredus, Dionysius
Göda **VI** 95, 102f.
Göggingen **VI** 21
Gönner, Nicolaus Thaddäus **VII** 176
Göppingen **V** 133
Göritz a. d. Oder **II** 38, 45
Görlitz **II** 57 **VI** 96, 99f., 103f. **VII** 113
– Minoritenkloster **VI** 96, 100
– Peterskirche **VI** 98

Görlitz, Martin, Superintendent von Braunschweig **III** 26
Görz, Grafschaft **I** 103, 105
- s. a. Innerösterreich
Göttingen **III** 16f., 21f., 34–36 **VII** 118, 123
- Kommende **VI** 234
Gogreve, Johannes **III** 90f., 93
Goldberg **II** 112, 114, 117, 120
Goldhahn, Matthäus **I** 143
Gomaristen, Kontraremonstranten **III** 231f. **IV** 248
Gondrecourt **V** 113
Gorze **V** 108
Goslar, Reichsstadt **III** 9, 11, 16, 18, 24f., 35, 38
Gossinger, Sigmund **II** 112
Goßmannsdorf, Amt **IV** 215
Gotha **II** 13, 91 **IV** 10, 12, 14–16, 26, 28, 112
Gothaischer Bund (1526) **II** 91 **V** 200
Gothofredus, Dionysius **V** 38
Gottesau, Benediktinerkloster **V** 144, 146
Gottesgnaden, Prämonstratenserkloster **II** 82
Gotthardt, Georg **VI** 70
Gottorf **II** 141, 153
Gottschalk von Ahlefeldt, Bischof von Schleswig **II** 145, 152, 154
Gouda **III** 204
Gournay, de, Familie **V** 107
Graben **V** 144–146
Gradiska, Grafschaft **I** 103
Gräfendorf **IV** 203
Gräfenstein, Herrschaft **V** 125, 128
Gräter, Johann Wilhelm, Superintendent von Wertheim **IV** 229
Grafenfehde (1534) **II** 152 **VI** 122
Granada **VII** 19
Grandson **V** 279
Granvelle, Nicolas Perrenot de s. Perrenot de Granvelle, Nicolas
Grasburg **V** 279
Grat, Alexius OP **V** 289
Graubünden **I** 87, 100 **V** 185, 279, 301, 308f.
Graudenz **II** 217
Grauert, Johann **II** 76

Grauhof **III** 36
Graupen, Franziskanerkloster **I** 139
Grave **III** 206
Gray **VI** 217
- Jesuitenkolleg **VI** 215
- Kapuzinerkloster **VI** 215
Graz **I** 66, 103, 106–108, 110–114, 130 **IV** 158 **VI** 72
- Deutschordenshaus **VI** 237
- s. a. Universitäten
Greco, El **VII** 42 Anm. 39
Greetsiel, Amt **III** 172
Gregor von Virneburg, Weihbischof von Trier **V** 62f., 67
Gregor XIII., Papst **III** 74f., 124f., 155 **IV** 88, 117, 141 **V** 52, 138, 210 **VI** 28, 30 **VII** 99
Gregor, Heinz s. Brück, Gregor
Gregorianischer Kalender **III** 155 **IV** 88, 156, 230 **V** 210 **VI** 22, 28, 30, 50, 186
Greifen, Haus **II** 183f., 203
Greiffenclau von Vollrads, Heinrich **IV** 87
Greifswald **II** 185, 188, 191f., 194, 196, 200–202, 204 **VII** 98 Anm. 47
- St. Nikolai **II** 191f.
- s. a. Universitäten
Greiz, Herrschaft **IV** 9, 32
Greiz, Vögte von **IV** 11
Gremheim **VI** 26
Gresbeck, Heinrich **III** 119
Gretser, Jakob SJ **I** 51 **II** 28
Greven **III** 110
Grevenhagen **III** 149
Greyerz, Grafschaft **V** 304, 316
Griechenland **V** 185 **VII** 12 Anm. 7
Griesbach **VI** 63
Grimm, Sigmund **VI** 15
Gronau
- Herrschaft **III** 183, 189
- Stadt **III** 16, 190
- Benediktinerkloster **IV** 264 **V** 62
Groningen
- Bistum **III** 202
- Herrlichkeit **III** 201, 212
- Stadt **III** 119, 164–166, 172f., 175, 203, 205f., 228
- s. a. Universitäten
Groningen, Jost von **VI** 138

Gronsfeld **V** 125
Gronsfeld, Haus **V** 150f.
Gropper, Caspar **III** 99, 124 **IV** 84, 155
Gropper, Johannes **I** 96 **III** 69f., 93, 96
Groß Ammensleben, Benediktinerkloster **II** 77, 81
Groß Strehlitz **II** 103
Groß Wartenberg **II** 127
Groß-Lichtenau **II** 210
Großenenglis **IV** 259
Großenhain **II** 10
Großgründlach, Zisterzienserinnenkloster Himmelthron **I** 34, 37
Grottkau **II** 109, 115
Grubenhagen, Fürstentum **III** 8–43
Grünau im Spessart, Kartause **IV** 217, 224, 229
Grünberg (Hessen), Antoniterhaus **IV** 264
Grünberg (Schlesien) **II** 112
Grünewald, Matthias **IV** 44 **V** 263
Grünpeck, Joseph **VI** 54
Grünrade, Otto von **IV** 244f. **V** 32
Grünwald b. München **I** 59
Grüssau, Zisterzienserkloster **II** 110
Grumbach, Argula von **IV** 190
Grumbach, Wilhelm von **IV** 13, 112, 116
Grunau **VI** 101, 110
Grunau, Simon OP **II** 210
Gruterus, Jan **V** 38f.
Grynaeus, Johann Jakob **V** 38, 313
Grynaeus, Theophilus **V** 134
Guben **VI** 96, 99, 105, 110f.
- Benediktinerinnenkloster **VI** 96, 100
Günther IV., Graf von Mansfeld-Vorderort **VI** 79, 81, 86
Günther XL., Graf von Sondershausen **IV** 29
Günther XLI. der Streitbare, Graf von Sondershausen **IV** 29, 30
Günther, Franz **II** 75, 78
Günthersdorf **VI** 110
Günzburg **IV** 220 **V** 199, 257
- Kapuzinerkloster **V** 274
Guericke, Otto **VI** 55
Gürtler, Hieronymus **II** 133

Güstrow **II** 168, 170, 173f., 178f.
- Franziskanerkloster **II** 175
Güttel, Caspar **VI** 82, 84–87, 89
Guggenberg, Schloß **VI** 20
Guhrau **II** 112
Guillaume Simonin, Weihbischof von Besançon **VI** 215, 219
Guillaume de Haraucourt, Bischof von Verdun **V** 98
Gundelfingen **I** 45 **VI** 26
Gundelsheim **VI** 238
Gundermann, Christoph **II** 26, 28
Gunzenhausen **I** 23
Gurk, Bistum **I** 74f., 89, 103f., 112
Gustav Adolf, Herzog von Mecklenburg-Güstrow **II** 167
Gustav Philipp, Pfalzgraf von Pfalz-Veldenz **VI** 192
Gustav Samuel Leopold, Herzog/Pfalzgraf von Pfalz-Zweibrücken **VI** 171, 189
Gustav I. Eriksson Wasa, König von Schweden **II** 146 **VI** 191
Gustav II. Adolf, König von Schweden **I** 28 **II** 29, 61, 83, 168, 203 **III** 55, 141 **IV** 25, 50, 92f., 121, 208, 229, 283 **V** 41, 91, 155, 188 **VI** 30, 183, 187, 190, 192, 243 **VII** 33, 41
Gustav Gustavson, illegitimer Sohn Gustav Adolfs, von Schweden **III** 141, 143
Gustav Trolle, Erzbischof von Uppsala **II** 145
Gut, Oswald **V** 132
Gutenzell, Zisterzienserinnenkloster **V** 233, 235, 248f., 252
Guttenberg, von, Familie **IV** 183, 200
Guttenberg, Friedrich Wilhelm **IV** 200
Guttenberg, Johann von **IV** 108f.
Guttenberg **VI** 173, 186, 191f.
Guttstadt **II** 213
Gymnich, Werner von **III** 98, 100

H
Haag, Grafschaft **I** 58, 63, 66f.
Haan, Georg **IV** 161
Haarlem **III** 117f., 211
- Bistum **III** 202
Habelschwerdt **II** 118f.

Habermann, Johann **I** 143
Hablizel, Johann III. OSB, Abt von Weingarten **V 233**
Hablizel, Michael OPraem, Abt von Weißenau **V 233**
Habrovany **I** 143
Habsburg, Haus **I** 34, 103 **II** 61, 103, 106, 108, 122, 128 **III** 62, 64, 88, 94, 101, 116, 121, 183, 189, 195, 201, 205f., 208, 211, 216, 229 **IV** 31, 107, 193, 266, 271, 283 **V** 11, 26, 31, 33f., 39, 82, 115, 127, 130–132, 144, 153, 160, 174f., 189, 209, 217f., 223, 226, 236, 239, 251, 257–262, 267–272, 274f., 302, 305 **VI** 9, 11, 21, 37f., 43–45, 52f., 60–62, 70–73, 101, 106, 111, 158, 199–201, 237, 240, 242 **VII** 22f., 47, 50–52, 54, 65
– spanische Linie **V** 32, 264 **VI** 199f. **VII** 23, 47, 49 Anm. 16, 74, 76, 78f., 84, 87, 111f., 114, 125, 127f., 131, 148, 168, 172, 175, 181, 190, 194
– Tiroler Nebenlinien **V** 257, 273
Hachberg, Markgrafschaft **V** 125–127, 161
Hachberg, Markgrafen von **V** 160
Hacklberg **VI** 59
Hadamar, Grafschaft **IV** 235, 237
Hadeln **III** 45, 52
Hadersleben **II** 147f., 152f.
– Kollegiatkapitel **II** 144
Hadmersleben **II** 80
Hadrian VI., Papst **III** 209, 214 **IV** 107
Härtlin, Johann Christoph OPraem, Abt von Weißenau **V 233**, 247
Hage **III** 170
Hagen **III** 17
Hagen, Familie von **IV** 83
Hagenau
– Reichsstadt **II** 17, 41, 74 **V** 56, 87, 90f., 185, **195**, 209, 272, 274, 291 **VI** 176
– Kapuzinerkloster **V** 274
– Reichslandvogtei **II** 123 **IV** 152 **V** 11, 56, 73, 83, 87, 90f., 257f., 260, 264
Hagenburg, Amt **VI** 157, 160, 167

Haidenburg **VI** 68
Haina, Zisterzienserkloster **IV** 43, 263, 264
Halberstadt
– Bistum **II** 9, 35f., 69–71, 83, 90 **III** 10, 13, 27f., 150, 158 **IV** 11, 62, 69, 92 **V** 73 **VI** 73, 80, 226
– Hochstift **II** 20, 62, 69, 90 **III** 10, 12, 27f., 33, 37f. **IV** 13, 80, 90 **VII** 30, 64
– Stadt **II** 77 **III** 16
– Chorherrenstift St. Johann **II** 72 **III** 31
– Franziskanerkloster **VII** 98 Anm. 47
Halewyn, Franz von **III** 95
Hall in Tirol **I** 88, 91, 94, 99 **IV** 219
Halle a. d. Saale **II** 40f., 69–75, 77–79, 84f., 94 **III** 22 **IV** 73f., 271 **VII** 94 Anm. 27, 96 Anm. 35, 119, 123
– St. Mauritius **II** 85
– Franziskanerkloster **II** 71, 82
– Neues Stift **II** 72f., 78f.
– St. Marien **II** 73, 75
Halle, Johann von **VI** 139
Hallein **VI** 69
Haller, Berchtold **V** 220, 288f.
Hallischer Bund (1533) **II** 41, 169 **III** 22 **IV** 76
Hallstatt **I** 107
Hals, Grafschaft **VI** 59, 68
Haltenbergstetten **IV** 203
Hamburg
– Kirchenprovinz und Erzbistum s. Bremen, Erzbistum Bremen-Hamburg
– Hansestadt **II** 143, 148–151, 156, 158, 194 **III** 10, 12, 18, 45, 52–54, 167, 170 **VI 114–128**, 147, 156 **VII** 24, 36, 76, 102 Anm. 80, 118, 128, 133
– Domkapitel **II** 144, 148, 150f., 154, 156 **VI** 118
– Dominikanerkloster St. Johannis **II** 151 **VII** 94 Anm. 27
– St. Ansgar **II** 151
– St. Michaelis **II** 151
Hamelmann, Hermann, Superintendent von Oldenburg **III** 97 **VI** 137, 140f., 143

Hameln **III** 22, 35 **VII** 119
Hamm **III** 89, 93, 96, 102
- Franziskanerkloster **III** 90
Hammacher, Rudolf **III** 138
Hammelburg **IV** 73, 132–138, 141f. **VII** 114, 124f., 130, 133
Hammer, Georg **II** 82
Hammerstein **II** 215
Hanau, Grafschaft **IV** 41f., 51, 62, 85, 87, 247, 256
Hanau-Lichtenberg, Grafschaft **V** 73, 99, 115, 126 **VI** 172
Hanau-Lichtenberg, Grafen von **V** 83
Hanau-Münzenberg, Grafschaft **IV** 78, 130
Handschuhsheim, Dieter von **IV** 195
Haner, Johannes **IV** 108
Hanfeld, Georg **V** 135
Hannover
- Stadt **II** 151 **III** 9, 16–18, 22, 25, 34, 38, 56 **VII** 38, 119
- Königreich **III** 177
Hans Adelmann von Adelmannsfelden, Deutschmeister **VI 225**
Hans von Küstrin s. Johann von Küstrin
Hanse, -bund, -städte **VI** 117–119, 122, 124f. **VII** 118, 124
Hanstein, Familie von **IV** 83
Harburg **III** 19
Harde, Johannes **III** 154
Hardehausen, Zisterzienserkloster **III** 150
Hardenberg, Albert Rizäus **III** 50
Harderwijk **III** 228
- s. a. Universitäten
Harkotten, Herrlichkeit **III** 110
Harlingerland **III** 163f., 166–168, 171, 176, 178
Harlunger Berg **II** 38
Harpersdorf **II** 117
Harpstedt, Amt **VI** 132, 137–139
Harsefeld, Benediktinerkloster **III** 46, 54
Harst, Karl **III** 90, 93
Hartmann von Kirchberg OSB, Abt von Fulda **IV 129**, 131, 133, 136
Hartmann von Stockheim, Deutschmeister **VI 225**
Hartmanni, Hartmann d. Ä. **V** 21

Harvestehude, Zisterzienserinnenkloster **II** 150f. **VII** 94 Anm. 27
Harz **IV** 225f. **VI** 83
Harzgerode **II** 92
Has, Hans **I** 107
Hase, Heinrich **V** 20
Hasenweiler **V** 246
Haslach **V** 160
- Kapuzinerkloster **V** 161 **VII** 103
Haß, Johannes **VI** 98
Hasselt, Johanniterkommende **III** 166
Haßfurt **IV** 106, 194, 206
- Ritterkapelle **IV** 103
Hattingen **III** 97
Haunold, Achatius **II** 114
Haunsheim **I** 45, 47
Haunstetten **VI** 21
Hauprecht, Graf von Eberstein **V** 148
Hausbergen **V** 75
Hausmann, Nikolaus **II** 96, 98
Hauzenberg **VI** 63
Havelberg
- Bistum **II** 35f., 38, 42, 44f., 69f., 167 **VII** 69, 91
- Hochstift **II** 47
- Domkapitel **II** 39, 46
- Domstift **II** 37, 46
Havenreuter, Johann Ludwig **IV** 228
Haxthausen, Herren von **III** 153, 158
Haxthausen, Heinrich von **III** 149
Haynau **II** 112, 117
Hechler, Johann **VI** 135
Hecker, Gerhard **III** 133
Hecklingen, Augustinerinnenkloster **II** 98
Hector de Rochefort d'Ailly, Bischof von Toul **V 98**
Hedersleben, Zisterzienserinnenkloster **VI** 85
Hedio, Kaspar **IV** 70, 72, 74 **V** 78f., 81, 129
Hedwig von Sagan, Gemahlin Bernhards VI. von Anhalt-Bernburg **II** 90
Hedwig von Münsterberg, Gemahlin Georgs von Brandenburg-Ansbach **II** 108
Heerbrand, Jakob **IV** 277 **V** 133, 184
Hees, Wolfgang von der **IV** 87

Hegau-Allgäu-Bodensee, Kanton
  IV 183, 193
Hegau-Bodensee, Bezirk **IV** 183
Hegel, Georg Wilhelm Friedrich
  VII 176
Heggbach, Zisterzienserinnenkloster
  V 233, 245
Hegge, Jakob **II** 209
Hegius, Alexander **III** 203
Heideck, Amt **I** 45, 50, 53f.
Heidelberg
– Hof **I** 26, 58 **II** 55, 194 **IV** 205, 238
  V 12, 18, 20, 24, 29, 31, 35f., 38,
  133, 139, 153, 157 **VI** 183 **VII** 17,
  29, 159, 161
– Stadt **I** 48f. **II** 58, 99, 129, 225 **III**
  95, 102, 192 **IV** 104f., 154, 199,
  221, 277 **V** 9, 11, 14, 17, 19, 22f.,
  27f., 30, 39–41, 43, 60, 127, 129f.,
  148, 154, 204, 245, 247 **VI** 181
– Franziskanerkloster **V** 19
– Heiliggeiststift **V** 15, 23
– s. a. Universitäten
Heidelberger Katechismus (1563) **III**
  51, 195, 213 **IV** 245 **V** 24 **VI** 180f.
Heidelberger Verein (1553) **III** 95 **IV**
  80 **V** 16
Heidelsheim **V** 19
Heidenfeld, Augustiner-Chorherrenstift **IV** 113
Heidenheim, Amt **V** 171
Heidenreich, Lorenz **VI** 99, 105
Heidersdorf **II** 119
Heidingsfeld (Würzburg) **IV** 114
Heilbronn, Reichsstadt **IV** 101, 183,
  190, 208 **V** 170, 173, 175, 187f.,
  195, 208f. **VI** 230, 232 **VII** 34
– Kommende **VI** 236 **VII** 31
Heilbronner Bund (1633) **I** 28 **IV** 208
  V 188, 206 **VI** 184
Heilbronner Konvent (1594) **V** 187
Heilbrunner, Jakob **I** 50, 52 **V** 184 **VI**
  181
Heilbrunner, Philipp **I** 50f.
Heiligelinde, Jesuitenkloster **II** 231
Heiligengrabe, Zisterzienserinnenkloster **II** 44f. **VII** 97 Anm. 41 und
  46
Heiligenstadt **III** 155 **IV** 83f., 87
– St. Martinstift **IV** 83

Heilsberg **II** 207, 212–214, 221
Heilsbronn **I** 13, 16, 20f., 26
– Zisterzienserkloster **I** 12, 15
Heilsbruck, Zisterzienserinnenkloster
  V 14
Heilwig, Gemahlin Edo Wiemkens von
  Jever **VI** 141
Heimburg, Gregor von **IV** 104
Heiningen, Augustinerinnenkloster
  III 26
Heinrich II. der Heilige, Kaiser **I** 58
Heinrich IV., Kaiser **VI** 53
Heinrich IV. von Lichtenau, Bischof
  von Augsburg **VI** 9
Heinrich V. von Knöringen, Bischof
  von Augsburg **I** 52 **V** 210 **VI** 9, 11,
  25, 26
Heinrich III. Groß von Trockau, Bischof von Bamberg **IV** 190
Heinrich der Mittlere, Herzog von
  Braunschweig-Lüneburg **III** 9, 11,
  19
Heinrich der Ältere, Herzog von
  Braunschweig-Wolfenbüttel **II** 14
  III 9, 11, 47 **VI** 132
Heinrich der Jüngere, Herzog von
  Braunschweig-Wolfenbüttel **II** 40
  III 9, 11, 14, 22, 24–31, 36, 123,
  134 **IV** 112 **VI** 88, 158, 161 **VII** 47
  Anm. 9, 54 Anm. 42, 76, 165
Heinrich Julius, Herzog von Braunschweig-Wolfenbüttel, ev. Administrator von Halberstadt **III** 9, 14,
  27f., 33
Heinrich III. von Sachsen-Lauenburg,
  ev. Administrator von Bremen, Osnabrück und Paderborn **III** **45**, 53,
  127, 138, **131**, **149**, 154f.
Heinrich, Graf von Castell **V** 183
Heinrich von Bobenhausen, Hoch- und
  Deutschmeister **IV** **129** **VI** **225**,
  238, 239, 240
Heinrich VIII., König von England **II**
  15 **III** 94
Heinrich II., König von Frankreich **II**
  21 **V** 52, 105f. **VI** 212
Heinrich III., König von Frankreich **II**
  207, 211 **V** 307

Heinrich IV., König von Frankreich **II** 100 **V** 33f., 36, 87, 114, 117, 307 **VII** 192
Heinrich, Pfalzgraf b. Rhein, Bischof von Freising, Utrecht und Worms **IV** 68 **V** 21
Heinrich Karl von Braunschweig-Wolfenbüttel, ev. Administrator von Halberstadt **III** 37
Heinrich III., Landgraf von Hessen **IV 255**
Heinrich XI., Herzog von Liegnitz **II 104**
Heinrich II., Herzog von Lothringen **V** 97, 115, 119
Heinrich, Graf von Mansfeld-Mittelort **VI 80**
Heinrich V., der Friedfertige, Herzog von Mecklenburg **II** 91, **167**, 168–174, 176f. **VII** 49 **VI** 121
Heinrich IV., Burggraf von Meißen **IV** 33
Heinrich von Bourbon-Verneuil, Bischof von Metz **V 98**, 117
Heinrich von Lothringen-Vaudémont, Bischof von Metz **V 97**, 101
Heinrich II., Herzog von Münsterberg-Frankenstein und Oels-Bernstadt **II 104**
Heinrich Kasimir I., Graf von Nassau-Diez **IV 235**
Heinrich von Nassau-Dillenburg, Bruder Wilhelms von Oranien **IV** 241
Heinrich, Prinz von Nassau-Oranien **VI** 244
Heinrich von Navarra s. Heinrich IV., König von Frankreich
Heinrich der Ältere, Herr von Reuß **IV** 32
Heinrich V., der Fromme, Herzog von Sachsen **IV** 13, 18 **II 9**, 16–19, **105**
Heinrich XV., Herr von Schleiz **IV** 31f.
Heinrich von Bayern, Bischof von Utrecht **III** 206
Heinrich von Valois s. Heinrich III., König von Frankreich
Heinrichau, Zisterzienserkloster **II** 110

Heinrichisches Quartier **IV** 183
Heintz, Joseph **I** 50f.
Hel, Konrad **VI** 27
Helbling, Hieronimus **V** 21
Held, Matthias **II** 16
Heldburg **IV** 12, 26
Heldrungen, Amt **VI** 79, 82–84
Helfenstein, Grafen von **V** 245
Helfenstein, Grafschaft **V** 170, 185, 195
Hell, Kaspar **IV** 177
Heller von Korbach, Johann OFM **III** 92
Heller, Jakob **IV** 44
Hellu, Balthasar **IV** 112, 117
Helmstadt **IV** 103
Helmstedt **II** 76, 172 **III** 30, 33, 35–37 **IV** 29 **V** 38, 184 **VII** 58, 153
– Benediktinerkloster **III** 88
– s. a. Werden-Helmstedt
– s. a. Universitäten
Helt, Georg **II** 92f., 96, 98
Helt, Konrad OESA **II** 78
Hemau **I** 45
Henckel von Donnersmarck, Grafen **II** 106
Henckel von Donnersmarck, Lazarus **II** 132
Henneberg, Grafschaft **II** 24 **IV** 11, 31, 99, 202, 256 **VII** 130
Henneberg, Grafen von **IV** 100, 113, 117, 119 **VII** 114
– Römhilder Linie, Zweig Römhild **IV** 30
– Römhilder Linie, Zweig Schwarza **IV** 30
– Schleusinger Linie **IV** 9, 30, 109f.
Henneberg, Christoph von **IV** 151f.
Henneberg-Schleusingen, Grafschaft **IV** 130
Hennebergisches Quartier **IV** 183
Hennegau, Grafschaft/Provinz **III** 201 **VI** 200
Heppenheim **IV** 63f. **V** 40
Herberstorff, Adam Graf von **I** 131
Herborn, Nikolaus von OFM **II** 149
Herborn **III** 51, 175, 192 **IV** 237, 242, 245f. **V** 60
– s. a. Universitäten

Herbrechtingen, Augustiner-Chorherrenstift **V** 172, 179
Herbsleben, Amt **II** 23
Herbstein **IV** 138f.
Herdecke **III** 96, 102
Heresbach, Konrad von **III** 90f., 93, 95
Herford **III** 88–91, 95f., 151 **VII** 116
- adeliges Damenstift **III** 91, 96f. **VI** 154
- Malteserkomturei St. Johannes Baptist **III** 159
Hering, Loy **IV** 169
Herll, Andreas **III** 71
Hermann von Salza, Hochmeister des Deutschen Ordens **VI** 229
Hermann Georg von Neuhoff OSB, genannt Ley, Abt von Fulda **IV 129**
Hermann II., Graf von Katzenellenbogen **III** 110
Hermann IV. von Hessen, Erzbischof von Köln, Bischof von Paderborn **III 59, 149**, 150
Hermann V. von Wied, Erzbischof von Köln, Bischof von Paderborn **II** 21 **III 59**, 64, 66–70, 75, 94 **III 149**, 152, 186 **IV** 79, 81f. **V** 56 **VI** 160
Hermann Adolf, Graf zur Lippe-Detmold **VI 153**
Hermann, Graf zur Lippe-Schwalenberg/Sternberg **VI 153**
Hermann von Schaumburg, Bischof von Minden **VI** 164
Hero Omken der Jüngere, Häuptling von Esens, Stedesdorf und Wittmund **III** 163
Heroldt, Johann Jakob **IV** 158
Herrenalb, Zisterzienserkloster **V** 172
Herrenberg, Kloster der Brüder vom gemeinsamen Leben **V** 172
Herrieden **IV** 167
Hersbruck **I** 33
Hersfeld, Benediktinerkloster **IV** 130, 142f., 255f., 284
Herstelle a. d. Weser, Franziskanerkloster **III** 159
Hertingshausen **IV** 86
Herwart, Familie **VI** 23
Herzberg **III** 9, 38

Herzebrock, Benediktinerinnenkloster **III** 187f.
Herzogenbusch
- Bistum **III** 202, 215
- Stadt **III** 203, 209
Hescher, Peter **VI** 175
Heshusen, Tilemann s. Tilemann Heshus(en)
Hespringen, Herrschaft **V** 125, 128, 137, 153
Heß, Johann **II** 114f.
Hessen, Landgrafschaft **I** 20, 75 **II** 11, 16, 27, 158 **III** 22f., 26, 59, 78, 100, 116, 119, 122, 126f., 134, 149, 151, 157f., 185f., 232 **IV** 19, 31, 34f., 41f., 51, 54, 61–64, 73, 76–78, 86, 107, 109, 130f., 188, 236f., 241, 243, 245, **254–288 V** 10, 17, 51, 55, 81, 127, 174 **VI** 17, 156–160, 236 **VII** 20f., 24f., 31, 37, 46, 52f., 53 Anm. 37, 54, 59, 60 Anm. 63, 76, 78, 115, 121, 130, 139, 143 Anm. 17, 144, 149, 152, 158, 164, 182
- Großherzogtum **IV 254–288**
- Hessen-Darmstadt **IV** 41, 54, 56, 62, **254–288 V** 10
- Hessen-Kassel **II** 55 **III** 10 **IV** 11, 62, 247, **254–288 V** 35 **VI** 132, 154, 167 **VII** 37, 39, 148
- Hessen-Marburg **IV** 41, 62, **254–288 V** 184 **VII** 148, 161
- Hessen-Rheinfels **IV** 62, **254–288 VII** 38
- Niederhessen **IV 254–288**
- Oberhessen **IV 254–288**
- Ballei **IV** 52, 261 **VI 224–248**
Hessen, Haus **IV** 24, 54, 63, 255, 260, 263, 274 **VI** 229
- Darmstädter Linie **IV** 255, 279, 281
- Kasseler Linie **IV** 255, 279–281
- Rheinfelser Linie **IV** 279
Hessisch Oldendorf s. Oldendorf
Hessus, Eobanus **IV** 15
Hettstedt **VI** 81, 84f.
Heu, de, Familie **V** 107
Heu, Gaspard de **V** 108
Heu, Robert de **V** 107
Hexamer, Bartholomäus **VI** 181

Hexen, -prozesse, -verfolgung **I** 40, 68, 159 **III** 80f., 138, 158, 192 **IV** 89, 121f., 161f., 177, 270 **V** 65f., 117 **VI** 165, 203, 219 **VII** 15, 40
Hieronymus Rozrazewski, Bischof von Leslau **II** 215f.
Hieronymus Schultz, Bischof von Brandenburg und Havelberg **II** 37, 39, 78
Hildesheim
- Bistum **I** 47, 66 **III** 8–43, 125, 141, 150, 157, 230 **IV** 62, 79, 83 **VI** 157 **VII** 190
- Hochstift **VI** 156 **VII** 84, 86, 117
- Großes Stift **III** 8–43 **VII** 87
- Kleines Stift **III** 8–43
- Domkapitel **III** 29
- Stadt **II** 83 **III** 8–43 **VII** 123
Hillersleben, Benediktinerkloster **II** 81f.
Hilpoltstein, Amt **I** 45, 50, 53f.
Hilspach, Michael **VI** 176
Hiltner, Johann **VI** 43, 45
Hilwartshausen, Augustinerinnenkloster **III** 23, 37
Himmel von Emmerich, Augustin, Augustiner-Eremit **III** 66
Himmelkron, Zisterzienserinnenkloster **I** 20
Himmelpforten, Zisterzienserinnenkloster **III** 46, 55
Himmelwitz, Zisterzienserkloster **II** 110
Hinrich Bockholt, Bischof von Lübeck **VI** 115
Hippolithus a Lapide s. Chemnitz, Bogislaw Philipp
Hirsau, Benediktinerkloster **V** 128, 172, 180, 187
Hirschberg (Hochstift Eichstätt) **IV** 168
Hirschberg (Schlesien) **II** 112
Hirschhorn **IV** 63
Hirschzell **VI** 27
Hitzkirchen **IV** 75, 259, 265
Hochburg **V** 125
Hochheim **IV** 92
Hochrhein **V** 258, 267 **VI** 229
Hochstraten, Jakob OP **III** 64
Hoe von Hoenegg, Matthias **II** 28, 56

Höchst (b. Frankfurt) **IV** 61 **V** 40, 149
- Antoniterkloster **IV** 43
Höchst (Odenwald), Augustinerinnen-/Benediktinerinnenkloster **IV** 130, 217
Höchstädt **I** 45, 53f. **VI** 20, 26
Höchstetter, Familie **VI** 27
Hoen, Cornelis **III** 209f.
Hörde, Philipp von **III** 154
Hördt, Augustiner-Chorherrenstift **V** 14
Hörstein **IV** 87
Höxter **VII** 115, 123
Hof **I** 20, 23
Hoffmann, Christoph (Ostrofrancus) **VI** 53
Hoffmann, Melchior **II** 149, 156f. **III** 114, 117, 166, 211 **V** 80 **VI** 119
Hoffrichter, Andreas, Superintendent von Wertheim **IV** 222
Hofgeismar **IV** 86
Hofmann, Daniel **III** 35
Hofmann, Melchior **II** 114
Hogensee, Jacob **II** 190, 197
Hohenberg, Grafschaft **V** 215, 264, 266, 272
- Niedere Grafschaft **V** 257
- Obere Grafschaft **V** 257
Hohenburg a. Inn, Herrschaft **VI** 37
Hohenburg i. Nordgau, Herrschaft **VI** 37, 42
Hohenems, Haus **V** 269
Hohengeroldseck, Herrschaft **V** 127
Hohenlimburg, Grafschaft **III** 183
Hohenlohe, Grafschaft **I** 12 **II** 172 **IV** 62, 99, 203 **V** 170
Hohenlohe-Waldenburg, Grafschaft **IV** 198
Hohenschwangau, Herrschaft **I** 87
Hohenwaldeck, Herrschaft **I** 63, 66, 87
Hohenzollern, Grafschaft **V** 170
Hohenzollern, Haus **I** 11f., 14, 19, 22, 26, 28 **II** 35, 39, 70, 84, 91, 103, 105–107, 193, 203f., 221 **III** 12, 22, 102, 183 **IV** 68, 101, 198 **V** 257 **VII** 22f.
- Brandenburgische Linie **II** 104 **III** 87

- Fränkische Linie **IV** 168
Hohlfelder Quartier **IV** 183
Hohnstein (Oberlausitz), Herrschaft **VI** 95
Hohnstein (Thüringen) s. Honstein
Hoitband, Martin **III** 153
Holbein der Ältere, Hans **IV** 44
Holland, Grafschaft **II** 209, 228 **III** 119, 194, 201, 203, 209f., 223f., 231 **V** 41 **VI** 122 **VII** 17
Hollmann, Johann **III** 52
Holstein
- Herzogtum **II 140–164 III** 10, 45, 47 **VI** 115f., 124, 145, 154, 156, 167 **VII** 118
- s. a. Schleswig-Holstein
Holstein, Haus **III** 29
Holstein-Gottorf, Haus s. u. Oldenburg, Haus
Holstein-Schaumburg, Haus **VI** 154, 156, 167
- Gemener Linie **VI** 166
Holtgaste **III** 176
Holthausen, Zisterzienserinnenkloster **III** 150
Holzen, Benediktinerinnenkloster **VI** 14
Holzhausen, von, Familie **IV** 44
Holzhausen, Hamman von **IV** 44
Holzkirchen, Benediktinerkloster **IV** 130, 138, 217, 224, 226, 229
Homberg a. d. Efze **III** 185 **IV** 262f.
Homberger, Jeremias **I** 112
Homburg a. Main, Amt **IV** 99, 215
Homburg v. d. H. **V** 57
Homburg (b. Nümbrecht), Herrschaft **III** 88
Homburg (Saarland) **VI** 171
- Franziskanerkloster **VI** 187
Honold, Familie **VI** 23
Honstein (Thüringen), Grafschaft **II** 9 **III** 9, 11, 33, 37 **IV** 37, 62
Horb **V** 266
Horburg, Herrschaft **V** 169
Horn (Grafschaft Lippe) **VI** 155
Horn (Niederösterreich) **I** 126
Horn, Gustav Graf **VI** 243
Hornbach **V** 158 **VI** 173, 179, 186, 190

- Benediktinerkloster **VI** 174, 178f., 183
- Kollegiatstift St. Fabian **VI** 174, 176
Hornburg, Benediktinerinnenkloster Holzzelle **VI** 85
Horneck **VI** 225, 227–229
Horneck, Burkard **IV** 104
Hornig, Hieronymus **II** 114
Horst, Arnold von **III** 155
Horst, Rotger von **III** 155
Horstmar
- Amt **III** 110
- Kollegiatstift **III** 111
Hortleder, Friedrich **IV** 25, 27
Hospitaliter, -kloster **VI** 174
Host von Romberg, Johannes OP **III** 92
Hotzenplotz **II** 106
Hoya, Grafschaft **III** 9, 11, 31, 45 **VI** 132
Hoyer VI., Graf von Mansfeld-Vorderort **VI** 79, 81f., 84–86
Hoyerswerda, Herrschaft **VI** 96, 100, 104, 106, 111
Hren, Thomas s. Thomas Chrön
Huber, Samuel **II** 28
Hubmaier, Balthasar **I** 123f. **V** 264f. **VI** 40
Hude, Zisterzienserkloster **III** 121 **VI** 133, 136, 138
Hügel, Andreas **II** 74
Hümmling **III** 185
Hürnheim, Wolf von **V** 264
Hüventhal, Friedrich **III** 17
Hugenotten **IV** 51 **V** 27, 31, 37, 86, 186, 270, 313 **VI** 135, 180
Hugo von Salins, Erzbischof von Besançon **VI** 202
Hugo, Graf von Mansfeld-Bornstedt **VI** 79
Hugues des Hazards, Bischof von Toul **V 98**
Hulst, Frans van der **III** 209f.
Humyn, Claudius de **V** 155, 159
Hunger, Albrecht, SJ **I** 51
Hunnius, Aegidius **I** 51 **II** 28 **IV** 257, 277f., 282 **V** 184
Hunnius, Nikolaus, Superintendent von Lübeck **VI** 125

Hunsrück **V** 57, 66 **VII** 25
Hus, Johannes **I** 136, 139 **II** 12
Hussen, Tilemann von, Superintendent von Schleswig **II** 154f., 157
Hussiten **I** 135–138, 149 **II** 12f., 106, 114, 187 **IV** 103 **VI** 98 **VII** 96
Husum **II** 145
Hut, Hans **I** 38, 123 **IV** 106 **VI** 18, 65
Huter, Jakob **I** 92
Hutten, von, Familie **IV** 183
Hutten, Georg Ludwig von **IV** 205
Hutten, Hans von **V** 171
Hutten, Ludwig von **IV** 197
Hutten, Ulrich von **II** 38 **IV** 70, 104–106, 150f., 190, 195 **V** 171 **VI** 206 **VII** 181
Hutter, Leonhart **II** 56
Hyperius, Andreas **IV** 257, 270

I

Ibach, Hartmann **IV** 45
Ibbenbüren **III** 185f.
Iburg **III** 132 **VII** 117
- Benediktinerkloster **III** 136
Idstein **IV** 236
Ignatius von Loyola, Hl. **I** 53 **VI** 25, 217
Ihlow, Zisterzienserkloster **III** 166
Ilbenstadt, Prämonstratenserkloster **IV** 52
Ilksen, Ummo **VI** 135
Ilmenau **III** 23
Ingelheim **V** 9, 11, 17
Ingolstadt **I** 45, 52, 58, 64, 99, 113 **III** 24, 140 **IV** 106, 115, 154, 156, 168, 172, 174–178 **V** 112f., 129, 137, 228, 247, 261, 264, 271 **VI** 18, 238
- s. a. Universitäten
Inhausen, Herrlichkeit **VI** 146
Innerösterreich **I** 76f., **102–116**, 119 **V** 185, 266 **VII** 22, 83f., 87
- s. a. Kärnten, Krain, Steiermark, Österreich
Inningen **VI** 21
Innozenz VIII., Papst **II** 185
Innozenz XII., Papst **III** 111
Innsbruck
- Hof **V** 242, 245, 251, 259, 268, 275
- Stadt **I** 87, 92, 94–99, 105, 120 **V** 196, 251, 257, 261, 269f., 272 **VII** 78, 103 Anm. 86

- St. Jakob **VI** 242
- s. a. Universitäten
Innviertel **I** 57
Insterburg
- Stadtkirche **II** 231
Inte, Johanniterkloster **VI** 133
Interim (1548) **I** 21, 39, 47, 62 **II** 22, 46, 74, 151, 154, 170f., 176, 198, 200 **III** 21, 23, 26, 97, 137, 153, 169 **IV** 18–20, 31, 36, 47, 53, 77, 198, 224, 240, 272 **V** 16, 84, 88, 177–180, 184, 204, 209 **VI** 22, 44, 67, 89, 124, 142, 177 **VII** 58, 115, 118, 186
Interlaken **V** 290
Iphofen **IV** 106, 110, 114
Irenicus, Franz s. Fritz, Franz
Irenik, synkretistische Theologie **IV** 29, 279f., 283 **V** 30, 43
Irland **VII** 19, 23
Irsee, Benediktinerkloster **V** 233, 250f.
Isabella, Erzherzogin von Österreich, Generalstatthalterin der Niederlande **III** 201, **183**, 194, 228 **V** 155 **VI** **199**, 201
Isarhel, Harmen **VI** 119
Isenburg s. Ysenburg
Isenheim **V** 263
Iserlohn **III** 91
Isny
- Reichsstadt **V** **195**, 207, 289
- Benediktinerkloster **V** 233
Issum **III** 77
Istrien **I** 103, 105
- s. a. Innerösterreich
Italien **I** 88 **II** 112 **III** 113 **IV** 14, 51, 189f., 248 **V** 27, 80, 263, 274, 281 **VI** 61, 179, 218 **VII** 16, 101
Itzehoe, Zisterzienserinnenkloster **II** 144, 154 **VII** 97 Anm. 41
Ivenack, Zisterzienserinnenkloster **II** 175

J

Jacques Le Bret, Bischof von Toul **V 98**
Jäger, Johann s. Crotus Rubeanus
Jäger, Melchior **V** 183

Jägerndorf, Herzogtum **I** 14f. **II** 55, 104, 107–109, 115f., 118 129, 132
Jägerndorf **I** 22f.
Jagemann, Christoph **IV** 84
Jagiellonen, Haus **II** 103, 107, 207 **VII** 112
Jagstfeld **IV** 64
Jakob I., Markgraf von Baden **V 125**, 129
Jakob Feucht, Weihbischof von Bamberg **IV** 155
Jakob Christoph Blarer von Wartensee, Bischof von Basel **V** 270, 317
Jakob von Salza, Bischof von Breslau **II 105**, 114–116, 121f.
Jakob I., König von England **V** 37, 39 **VI** 183
Jakob III., Markgraf von Hachberg **V 126**, 134f., 139
Jakob von Liebenstein, Erzbischof von Mainz **IV 61**, 67
Jakob von Sierck, Erzbischof von Trier **V** 62
Jakob II. von Baden, Erzbischof von Trier **V 51**, 54, 129
Jakob III. von Eltz, Erzbischof von Trier **V 51**, 52, 58f., 62–67
Jakobäa von Baden, Gemahlin Wilhelms IV. von Bayern **V 131**, 136f.
Jakobe von Baden, Gemahlin Johann Wilhelms von Jülich-Kleve-Berg **III** 100
Jakobiner, -kloster **VI** 204 **VII** 69
Jakubica, Miklaws **VI** 103
Jan IV., Herzog von Brabant **III** 203
Jan van Horne, Bischof von Lüttich **III 202**, 208
Jan Rokycana, hussitischer Erzbischof von Prag **I** 139f.
Jandelsbrunn **VI** 59, 61
Jansenismus **I** 151 **II** 161 **V** 119 **VI** 220
Janssen, Nikolaus OP **II** 160, 161
Jauer
– Fürstentum **I** 135 **II** 114, 117
– Stadt **II** 107, 133f.
– Franziskanerkloster **II** 110
– s. a. Schweidnitz(-Jauer), Fürstentum
Jauernick **VI** 102, 110
Jean des Porcelets de Maillane, Bischof von Toul **V 98**, 117
Jean-Jacques Fauche de Domprel, Erzbischof von Besançon **VI 199**
Jeanne d'Albret von Navarra, Gemahlin Wilhelms V. von Jülich-Kleve-Berg **III** 94
Jehuda ben Samuel he-chasid, Rabbi **VI** 41
Jemgum **III** 168, 171
Jena **II** 225 **IV** 9–12, 14, 19–21, 24, 26–28 **V** 38 **VI** 54 **VII** 58, 152
– s. a. Universitäten
Jenatsch, Georg **V** 309
Jenich, Johann Konrad, Superintendent von Durlach **V** 139
Jerichow **II** 69, 80
– Prämonstratenserkloster **II** 82
Jerusalem **I** 88 **II** 111
Jesberg **IV** 86
Jesuiten, Gesellschaft Jesu (SJ) **I** 50–53, 64, 82, 94, 96, 98–100, 111, 113, 127f., 131, 145, 150f. **II** 28, 125, 131, 133, f., 212, 214–217 **III** 71, 78, 95, 101, 103, 125–127, 155f.,158f., 193, 229f. **IV** 56, 82–86, 89f., 92, 115, 119, 139–141, 155f., 160f., 163, 173, 176f., 206, 248f. **V** 41, 43, 63, 65f., 84, 89f., 112–115, 118, 138, 142f., 145f., 189, 209, 225, 228, 246f., 251, 268, 271–273, 315f. **VI** 24–26, 49, 64, 72, 125f., 166, 215–217, 219f., 238, 242 **VII** 17, 78f., 81f., 85, 91, 98, 100–105
Jesuitengymnasium, -kolleg, -konvikt, -seminar **I** 52, 64, 66, 94, 111f., 127, 145, 150 **II** 126, 128, 131, 203, 214, 216f. **III** 27, 29, 72, 95, 125f., 140f., 143, 155, 157, 229 **IV** 83, 85, 88, 92f., 115f., 118f., 156, 200 **V** 58, 114, 138, 143, 145, 271f., 315 **VI** 24, 26, 28, 30, 55, 72f., 215, 218, 238
– Germanikum (Rom) **I** 83, 95, 99 **II** 126f., 133 **III** 124, 139f., 155 **IV** 84, 89, 154, 159f. **V** 64, 112 **VI** 242

Jever, Herrschaft **III** 163f. **VI 130–151**
Jičín, Jesuitenkolleg **I** 150
Joachim Ernst, Fürst von Anhalt-Dessau **II 89**, 90, 98f.
Joachim, Fürst von Anhalt-Dessau **II 89**, 92, 94f., 97
Joachim I. (Nestor), Kurfürst von Brandenburg **II** 14, **35**, 37, 39f., 42 **II** 92, 94, 169 **IV** 68, 105 **VII** 50 Anm. 21, 76, 165
Joachim II. (Hector), Kurfürst von Brandenburg **I** 21 **II** 11, 22, **35**, 40–45, 47–49, 78 , 230 **IV** 81 **V** 17
Joachim Friedrich, Kurfürst von Brandenburg **I** 27 **II 35**, 45, 47, 49–52, 58, **221**, 230
Joachim Ernst, Markgraf von Brandenburg-Ansbach **I 11**, 27f.
Joachim von Gravenegg OSB, Abt von Fulda **IV 129**, 143, 185
Joachim Friedrich, Herzog von Liegnitz-Brieg-Wohlau **II 104**, 128
Joachim Friedrich von Brandenburg, ev. Administrator von Magdeburg **II 69**, 70, 81, 84
Joachim, Herzog von Münsterberg-Frankenstein und Oels-Bernstadt **II 104**
Joachim Rönnow, Bischof von Roskilde **II 152**
Joachim Mörlin, Bischof von Samland **II** 224–226, 228
Joachimsthal **I** 142 **II** 49 **VII** 112, 129
Jobst, Graf zu Hoya **VI 158**
Jobst Hermann, Graf zur Lippe-Schwalenberg/Sternberg **VI 153**
Jobst, Graf von Mansfeld-Eisleben **VI 79**
Jobst I., Graf zu Schaumburg **VI 154**, 160
Jobst Hermann, Graf zu Schaumburg **VI 154**, 166f.
Jodokus Hodtfilter, Bischof von Lübeck **VI 115**
Jörger von Tollet **I** 123
Johann Georg, Fürst von Anhalt **II 89**, 99

Johann VI., Fürst von Anhalt-Dessau **II 89**, 92–97
Johann Casimir, Fürst von Anhalt-Dessau **II 89**
Johann Georg I., Fürst von Anhalt-Dessau **II 89**
Johann, Fürst von Anhalt-Zerbst **II 89 VI** 147
Johann Egloff von Knöringen, Bischof von Augsburg **IV** 115 **VI 9**, 11
Johann Otto von Gemmingen, Bischof von Augsburg **VI 9**
Johann Rudolf von Rechberg, Administrator von Augsburg **VI 9**
Johann Georg I. Zobel von Giebelstadt, Bischof von Bamberg **IV 147**, 155
Johann Georg II. Fuchs von Dornheim, Bischof von Bamberg **IV 147**, 161, 162, 207
Johann Gottfried von Aschhausen, Bischof von Bamberg und Würzburg **IV 99**, 121, **147**, 160, 207
Johann Philipp von Gebsattel, Bischof von Bamberg **IV 147**, 157–160 **VII** 83 Anm. 55
Johann Schöner, Weihbischof von Bamberg **IV** 159f.
Johann von Luxemburg, König von Böhmen **II** 103
Johann (Cicero), Kurfürst von Brandenburg **II 35**, 37
Johann Georg (Oeconomus), Kurfürst von Brandenburg **II 35**, 45f., 48–50 **VII** 146
Johann Sigismund, Kurfürst von Brandenburg **I** 28 **II** 28, **35**, 50, 52–54, 56f., **59**f., 62, **221**, 230f. **III** 87, 101 **V** 87
Johann (Hans) von Küstrin, Markgraf von Brandenburg-Neumark **II** 20, **35**, 40f., 43–46, 48 **III** 31
Johann Friedrich, Herzog von Braunschweig-Grubenhagen **III 10**, 38 **VII** 38
Johann III. Rode, Erzbischof von Bremen **III 45**, 46f.
Johann Adolf von Schleswig-Holstein-Gottorf, ev. Administrator von Bre-

men und Lübeck **II** 141, 155f., 158 **III** 45, 53 **VI** 115, 123
Johann Friedrich von Schleswig-Holstein-Gottorf, ev. Administrator von Bremen, Lübeck und Verden **III** 45, 53–56 **VI** 115, 123
Johann IV. Roth, Bischof von Breslau **II** 105, 108, 112f.
Johann V. Thurzo, Bischof von Breslau **II** 105, 108, 113f.
Johann VI. von Sitsch, Bischof von Breslau **II** 105, 126
Johann Balthasar Liesch von Hornau, Weihbischof von Breslau **II** 133
Johann Christian, Herzog von Brieg **II** 129, 131, 134
Johann Friedrich von Pommern-Wolgast, Bischof von Cammin **II** 183, 199
Johann, König von Dänemark **II** 141
Johann Caspar von Ampringen, Hoch- und Deutschmeister **VI** 244
Johann Caspar von Stadion, Hoch- und Deutschmeister **VI** 226, 243
Johann Eustach von Westernach, Hoch- und Deutschmeister **VI** 225, 243
Johann Friedrich, Graf von Eberstein **V** 150
Johann Jakob II., Graf von Eberstein **V** 148–150
Johann Philipp, Graf von Eberstein **V** 149
Johann Christoph von Westerstetten, Bischof von Eichstätt **I** 52 **IV** 167, 176–178, 207
Johann III. von Eich, Bischof von Eichstätt **IV** 167, 168f., 175
Johann Konrad von Gemmingen, Bischof von Eichstätt **IV** 167, 175–177
Johann Albrecht Wasa, Bischof von Ermland **II** 207
Johann Konopacki, Bischof von Ermland **II** 207
Johann II. von Rietberg, Häuptling von Esens, Stedesdorf und Wittmund **III** 163
Johann, Graf von Falkenburg **III** 163, 168

Johann II. von Henneberg OSB, Abt von Fulda **IV** 129, 133
Johann III. von Henneberg OSB, Abt von Fulda **IV** 129, 131, 133–136
Johann Adolf von Hoheneck OSB, Abt von Fulda **IV** 129, 143
Johann Bernhard Schenck zu Schweinsberg OSB, Abt von Fulda **IV** 129, 142f., 207
Johann Friedrich von Schwalbach OSB, Abt von Fulda **IV** 129, 142
Johann Bronckhorst, Graf von Gronsfeld **V** 149
Johann IV. von Sachsen-Lauenburg, Bischof von Hildesheim **III** 10, 11
Johann, Graf zu Holstein-Schaumburg **VI** 154, 156
Johann Georg von Brandenburg, Herzog von Jägerndorf **II** 55f., **105**, 129–131 **V** 87
Johann III., Herzog von Jülich-Kleve-Berg **III** 87, 88, 90–93, 96, 120, 151 **VI** 158
Johann Wilhelm, Herzog von Jülich-Kleve-Berg, Administrator von Münster **III** 87, 99–101, **109**
Johann II., Herzog von Kleve-Mark **III** 87, 88
Johann Gebhard von Mansfeld, Erzbischof von Köln **III** 59
Johann Bernhard, Graf zur Lippe-Detmold **VI** 153
Johann Grimolt, Bischof von Lübeck **VI** 115
Johann von Schleswig-Holstein-Gottorf, ev. Bischof von Lübeck **VI** 115, 123
Johann Albrecht von Brandenburg, Erzbischof von Magdeburg **II** 69, 70, 74, 79
Johann Adam von Bicken, Erzbischof von Mainz **IV** 61, 86f., 89
Johann Philipp von Schönborn, Erzbischof von Mainz, Bischof von Worms und Würzburg **IV** 61, 88, 93f., **99**, 122, 230 **VII** 34
Johann Schweikard von Kronberg, Erzbischof von Mainz **IV** 49, 54, **61**, 86, 89–92

Johann Albrecht, Graf von Mansfeld-Arnstein **VI 79**, 86
Johann Georg, Graf von Mansfeld-Artern **VI 79**
Johann Hoyer, Graf von Mansfeld-Artern **VI 79**, 86
Johann Georg, Graf von Mansfeld-Eisleben (1531–1579) **VI 79**, 88, 90
Johann Georg, Graf von Mansfeld-Eisleben (1619–1647) **VI 79**, 86
Johann Ernst, Graf von Mansfeld-Heldrungen **VI 79**
Johann Albrecht I., Herzog von Mecklenburg **II 167**, 170f., 174, 176f., 226
Johann Albrecht II., Herzog von Mecklenburg-Güstrow **II 167**, 179
Johann VII., Herzog von Mecklenburg **II 167**
Johann VII. von Schleinitz, Bischof von Meißen **II** 14
Johann VIII. von Maltitz, Bischof von Meißen **II** 18, 22
Johann IX. von Haugwitz, Bischof von Meißen **II** 23 **VI** 107f.
Johann von Lothringen, Bischof von Metz, Toul und Verdun, Kardinal **V** 97, **98**, 101, 108
Johann von Hoya, Bischof von Münster, Osnabrück und Paderborn **III** 109, **131**, **149**, 123f., 137f., 153f.
Johann, Herzog von Münsterberg-Frankenstein und Oels-Bernstadt **II** 104
Johann V., Graf von Nassau-Dillenburg **IV 235**, 238
Johann VI., der Ältere, Graf von Nassau-Dillenburg **III** 191 **IV 235**, 241, 243–248 **V** 33
Johann Ludwig, Graf von Nassau-Hadamar **IV 235**, 249
Johann IV., Graf von Nassau-Saarbrücken **V** 151
Johann VII. der Mittlere, Graf von Nassau-Siegen **IV 235**, 248 **V** 34
Johann VIII. der Jüngere, Graf von Nassau-Siegen **IV 235**, 248f.
Johann Moritz, Graf von Nassau-Siegen **IV 235**

Johann V., Graf von Oldenburg **VI 131**, 132–135, 141
Johann VI., Graf von Oldenburg **VI 131**, 134f.
Johann VII., Graf von Oldenburg **VI 131**, 134, 139–141, 143–145
Johann, Graf von Ostfriesland **III 163**, 168, 171f. **VII** 165
Johann, Sohn Edzards I. von Ostfriesland **VI** 142
Johann Wilhelm, Kurfürst von der Pfalz **V** 9
Johann Casimir, Pfalzgraf von Pfalz-Lautern, Administrator der Kurpfalz **II** 100 **III** 75 **IV** 205, 247 **V 9**, 27f., 30–32, 34, 39, 86f., 139, 155 **VI** 181
Johann Friedrich, Pfalzgraf von Pfalz-Neuburg **I** 53f.
Johann I., Pfalzgraf von Pfalz-Simmern **V** 153
Johann II., Pfalzgraf von Pfalz-Simmern **V** 134, 136, 154, 157
Johann August, Pfalzgraf von Pfalz-Veldenz-Lützelstein **VI** 192
Johann Casimir von Pfalz-Zweibrücken-Kleeburg **VI** 187
Johann I., Herzog/Pfalzgraf von Pfalz-Zweibrücken **V** 36, 158 **VI 171**, 180–182, 185, 187, 189, 191
Johann II., Herzog/Pfalzgraf von Pfalz-Zweibrücken **IV** 205 **V** 36f. **VI 171**, 182–184, 187
Johann II. Kasimir, König von Polen **II** 232
Johann III. Sobieski, König von Polen **II** 216
Johann Wigand, ev. Bischof von Pomesanien und Samland **II** 225, 228, 230
Johann III. von der Pfalz, Bischof von Regensburg **V** 21 **VI 37**
Johann, Graf von Rietberg **III** 156
Johann der Beständige, Kurfürst von Sachsen **II** 91, 103, 198 **IV 9**, 12, 15, 75, 85f., 198, 268 **VI** 234
Johann Friedrich der Großmütige, Kurfürst von Sachsen **II** 18–20, 153, 198 **III** 92, 96 **IV 9**, 12f., 15, 25, 29,

31f. **V** 174 **VI** 86, 88, 100f., 234 **VII** 92, 145
Johann Georg I., Kurfürst von Sachsen **II 9**, 28–30 **VI 93**, 110f. **VII** 114
Johann Friedrich der Jüngere, Herzog von Sachsen **IV 9**
Johann Friedrich der Mittlere, Herzog von Sachsen **IV 9**, 14, 20–22, 25
Johann Philipp, Herzog von Sachsen-Altenburg **IV 10**, 25
Johann Ernst, Herzog von Sachsen-Coburg **IV 9**, 12
Johann Casimir, Herzog von Sachsen-Coburg-Eisenach **IV 10**, 24, 26
Johann Ernst, Herzog von Sachsen-Eisenach **IV 10**, 25f.
Johann, Herzog von Sachsen-Weimar **IV 10**, 25
Johann Ernst der Jüngere, Herzog von Sachsen-Weimar **IV 10**, 25 **VII** 197
Johann Wilhelm, Herzog von Sachsen(-Weimar) **IV 9**, 10, 14, 21f. **V** 26
Johann der Jüngere, Sohn Georgs d. Bärtigen von Sachsen **II** 11, 17f.
Johann Jakob von Kuen-Belasy, Erzbischof von Salzburg **I 73**, 112
Johann der Ältere, Herzog von Schleswig-Holstein-Haderslebn **II 141**
Johann der Jüngere, Herzog von Schleswig-Holstein, „abgeteilter Herr" **II 141**
Johann Heinrich, Graf von Schwarzburg-Leutenberg **VI** 88
Johann Albrecht, Graf von Solms-Braunfels **V** 33
Johann von Lichtenberg, Bischof von Straßburg **V** 74
Johann von Manderscheid, Bischof von Straßburg **V 73**, 84–87, 89
Johann, Herzog von Tost, Ratibor und Oppeln **II** 107, 116
Johann Ludwig von Madruzzo, Bischof von Trient, Kardinal **I** 98
Johann Hugo von Orsbeck, Erzbischof von Trier **V** 64
Johann II. von Baden, Erzbischof von Trier **V 51**, 53f., 62
Johann III. von Metzenhausen, Erzbischof von Trier **V 51**, 52, 56, 62
Johann IV. von Hagen, Erzbischof von Trier **V 51**, 56
Johann V. von Ysenburg, Erzbischof von Trier **V 51**, 52, 56, 62, 84, 110
Johann VI. von der Leyen, Erzbischof von Trier **V 51**, 57–59, 62f.
Johann VII. von Schönenberg, Erzbischof von Trier **V 51**, 61, 63–66, 157
Johann III., Graf von Wertheim **IV 215**, 216
Johann Dietrich, Graf von Wertheim **IV 215**, 228f.
Johann von Dalberg, Bischof von Worms **V** 15
Johann Friedrich, Herzog von Württemberg **V 169**, 188
Johann Pettendorfer, Weihbischof von Würzburg **IV** 106, 152
Johanna von Aragon, Gemahlin Philipps des Schönen von Spanien **III** 205
Johannes (XXIII.), Papst **V** 219
Johannes Rüger OP, Weihbischof von Bamberg **IV** 153
Johannes Dantiscus, Bischof von Ermland und Kulm **II 207**, 209f., 214
Johannes Mensing, Weihbischof von Halberstadt **II** 71f.
Johannes von Schlabrendorff, Bischof von Havelberg **II** 37
Johannes, Graf von Mansfeld-Hinterort **VI** 80
Johannes Tiedemann, Bischof von Lübeck **VI 115**
Johannes Pelcking, Weihbischof von Paderborn **III** 157f.
Johannes Lohelius OPraem., Erzbischof von Prag **I** 147f.
Johannes Delphius, Weihbischof von Straßburg **V** 84
Johannes Hinderbach, Bischof von Trient **I** 88
Johanniter, Malteser (OMel), -kommende **II** 45, 110 **III** 111f., 136, 165f., 190 **IV** 43 **V** 83, 127, 219f., 246 **VI** 38, 99, 136, 174f., 231, 239

Jonas, Justus **II** 18, 74f., 78f., 98 **VI** 45, 49, 87f.
Jordan, Peter **IV** 79
Joris, David **III** 170
Joseph II., Kaiser **I** 114 **VII** 23
Joseph Wenzel, Reichsfürst zu Mansfeld **VI** 90
Jost Maximilian, Graf von Gronsfeld **V** 149
Juan von Österreich, Generalstatthalter der Niederlande **III** 201 **VI** 201
Juda ben Samuel he-chasid s. Jehuda ben Samuel he-chasid
Juden **I** 88, 141 **III** 171, 176, 196 **IV** 45, 48–50, 52, 175f., 204 **V** 27, 66 **VI** 41, 116, 179 **VII** 36
Judenburg **I** 110, 112f.
Judex, Matthäus **IV** 21
Jülich, Gerhard von **III** 90
Jülich, Herzogtum **I** 51 **II** 52 **III** 59, 62, **86–106**, 116 **V** 51 **VII** 49
– Jülich-Kleve **II** 53 **IV** 80 **V** 17, 36, 63, 273 **VI** 138
– Jülich-Berg-Ravensberg **III** 88, 101
– s. a. Jülich-Kleve-Berg
Jülich-Kleve-Berg, vereinigte Herzogtümer **II** 17 **III 86–106**, 190, 202, 221 **VI** 72 **VII** 49, 58, 70 Anm. 15, 77, 79, 88, 115, 189, 191
– s. a. Berg, Jülich, Kleve, Mark, Ravensberg, Ravenstein
Jülich-Klevischer Erbfolgestreit (1609–1614) **I** 51 29, 53
Jüterbog **II** 69, 75, 78, 189 **VI** 98
– Franziskanerkloster **II** 78
– St. Nikolai **II** 78
– St. Marien **II** 78
Juliane von Hessen-Darmstadt, Gemahlin Ulrichs II. von Ostfriesland **III 163**
Juliane von Stolberg, Gemahlin Wilhelms des Reichen von Nassau-Dillenburg **IV** 238
Juliane Magdalene, Gemahlin Friedrich Ludwigs von Pfalz-Zweibrücken **VI** 185
Julius II., Papst **II** 37
Julius III., Papst **II** 199 **VI** 24

Julius, Herzog von Braunschweig-Wolfenbüttel **III** 9, 27f., 30f., 34, 36f. **VII** 146, 162
Julius Pflug, Bischof von Naumburg **II** 16, 21f. **IV** 33 **VI** 107f.
Julius Friedrich, Herzog-Administrator von Württemberg **V** 188
Julius Echter von Mespelbrunn, Bischof von Würzburg **IV** 82, 87, **99**, 102, 114–121, **129**, 140f., 155f., 159, 161, 202, 205–207, 227f. **VI** 231, 238, 241 **VII** 84, 100
Jung, Familie **VI** 27
Junius, Franz **V** 38
Junius, Johann **IV** 161
Junius, Melchior **IV** 228
Justinian, Römischer Kaiser **VII** 196
Justingen, Freiherren von **V** 202

K
Kaaden a. d. Eger **V** 174
– Franziskanerkloster **I** 139
Kärnten, Herzogtum **I** 73f., 87, **102–116 IV** 147f. **VII** 22
– s. a. Innerösterreich
Käser, Leonhard **VI** 65
Kahla **IV** 30
Kaiser, Jakob **V** 299
Kaiser, Kaisertum **I** 39 **IV** 194f., 198, 205, 207, 217, 225, 267 **V** 11, 26, 34, 52, 100, 115, 118, 127, 183, 217, 235f., 238, 242–244, 249, 259, 275, 308 **VI** 13, 30, 37f., 41, 48, 51, 53, 63, 86, 88, 102, 108, 118, 121, 125f., 135, 138, 155, 157, 159, 162, 177, 184, 201, 210, 226f., 230f., 234, 243f. **VII** 34, 39, 47, 62 Anm. 74, 64, 73–75, 77, 79f., 83, 88, 96, 127, 145, 148, 150, 168f., 172, 174f., 177, 181–183, 187, 189, 192, 194f., 198
Kaiserlicher Bund (1535) **I** 61 **IV** 152
Kaisersberg, Reichsstadt **V 215**, 225
– Deutschordenshaus **VI** 229
Kaiserslautern **V** 9, 11, 28
Kaisheim, Zisterzienserkloster **V** 195, 233f., 247, 249 **VI** 9
Kalckbrenner, Gerhard **III** 71
Kalkar **III** 93, 220

Kalmarer Union (1397–1523) **II** 145f.
Kaltenthal **VI** 27
Kaltenthal, Georg Christoph von **VI** 27
Kalundborg, Schloß **II** 146
Kamen **III** 97
Kamenz **VI** 96, 99, 105, 111 **VII** 113
- Zisterzienserkloster **II** 110
- Franziskanerkloster **VI** 96, 100
- Stadtkirche **VII** 113
Kamerijk s. Cambrai
Kamin **II** 216
Kammermeister, Hieronymus **IV** 150, 152
Kamp **III** 60
Kampen **III** 64
Kanth, Halt **II** 105
Kappel **V** 243, 293f., 299–302, 304, 315f.
Kapuziner (OFMCap), -kloster **I** 68, 72, 98, 114, 147 **III** 78, 103, 157, 159, 228 **IV** 55, 90–92, 161, 176f., 229f. **V** 41, 43, 90, 143f., 146, 161, 225, 228, 272, 274, 315 **VI** 46, 64, 72, 187, 189, 215, 242 **VII** 81f., 91, 101–103, 105
Karbach, Nikolaus **IV** 70
Karda von Gemen, Gemahlin Johanns zu Holstein-Schaumburg **VI** 156
Karg, Georg **I** 22–24
Karl I., der Große, Kaiser **I** 74, 104
Karl IV., Kaiser **II** 103 **IV** 42, 217 **V** 12, 76
Karl V., Kaiser **I** 47f., 61, **87**, **103**, **119**, 120, 123 **II** 16, 19–21, 39, 41, 43, 91, 100, 145, 151, 171, 198f. **III** 21f., 24f., 48, 62, 94, 96f., 115, 120, 153, **183**, 187f., **201**, 205–207, 209f., 212–214, 216 **IV** 44–47, 54f., 73, 75, 79f., 107f., 111f., 136, 138, 150, 172, 185, 196, 198, 223, 240, 257, 262, 264, 266, 268, 271f. **V** 16–18, 22, 52, 55f., 62, 104f., 108, 130, 132, 136, **169**, 171, 174, 200, 203f., 209, 222f., 239f., 242, 245, **257**, 263f., 266f., 295, 304, 312 **VI** 10, 18, 21, 24, 41, 44f., 81, 86, 88, 118, 138, 142, 159, **199**, 200, 203, 208f., 211, 214, 227, 230, 236 **VII** 33, 47, 76, 93, 95, 122, 143, 148, 165, 180–183, 185f.
Karl I., Markgraf von Baden **V 125**, 128f., 153
Karl II., Markgraf von Baden-Durlach **V 126**, 132–135, 137, 160, 183
Karl von Österreich, Bischof von Breslau und Brixen, Hoch- und Deutschmeister **II 105**, 127–129, 132f. **VI** 225, 242, 243
Karl Ferdinand von Polen, Bischof von Breslau und Plock **II 105**, 132
Karl Joseph von Österreich, Bischof von Breslau, Olmütz, Passau, Hoch- und Deutschmeister **VI 59**
Karl der Kühne, Herzog von Burgund **V** 53, 100 **VI** 200
Karl VIII., König von Frankreich **VI** 200
Karl IX., König von Frankreich **V** 137
Karl von Egmont, Herzog von Geldern und Zutphen **III** 119, 167f., 205f.
Karl, Landgraf von Hessen-Kassel **VI** 244
Karl II., Erzherzog von Innerösterreich **I** 66, **103**, 108–111, 113 **VI** 72
Karl Friedrich, Bruder Johann Wilhelms von Jülich-Kleve-Berg **III** 99, 125
Karl, Fürst von Liechtenstein **II** 128
Karl III., Herzog von Lothringen **V 97**, 102f., 106, 111f., 115 **VI** 191
Karl IV., Herzog von Lothringen **V 97**, 115, 118
Karl Borromäus, Erzbischof von Mailand **I** 83 **V** 110f., 115, 282, 314f.
Karl, Herzog von Mecklenburg **II 167**
Karl von Lothringen, Bischof von Metz und Straßburg, Kardinal **V 73**, 87–89, **98**, 103, 111, 187
Karl I., Herzog von Münsterberg-Frankenstein und Oels-Bernstadt **II 104**, 116, 121
Karl II. von Oels, Herzog von Münsterberg-Frankenstein und Oels-Bernstadt **II 104**, 119, 129
Karl Christoph, Herzog von Münsterberg-Frankenstein und Oels-Bernstadt **II 104**

Karl Friedrich I. von Oels, Herzog von Münsterberg-Frankenstein und Oels-Bernstadt **II 104**, 134
Karl II., Kurfürst von der Pfalz **V 9**, 43
Karl Ludwig, Kurfürst von der Pfalz **IV** 93 **V 9**, 41, 43, 156
Karl Philipp, Kurfürst von der Pfalz **V 9 VI** 190
Karl Theodor, Kurfürst von der Pfalz und von Bayern **VI** 190
Karl II. August, Herzog/Pfalzgraf von Pfalz-Zweibrücken **VI 171**, 190
Karl, Pfalzgraf von Pfalz-Zweibrücken-Birkenfeld **V** 158 **VI** 180, 189f.
Karl Otto, Pfalzgraf von Pfalz-Zweibrücken-Birkenfeld **VI** 190
Karl von Lothringen-Guise, Erzbischof von Reims, Bischof von Metz, Kardinal **V 97**, 102, 105, 112
Karl III., Herzog von Savoyen **V** 295
Karl X. Gustav, König von Schweden **VI** 188
Karl XI., König von Schweden, Herzog/Pfalzgraf von Pfalz-Zweibrücken **VI 171**, 188
Karl XII., König von Schweden, Herzog/Pfalzgraf von Pfalz-Zweibrücken **VI 171**, 188f.
Karl II., König von Spanien **VI 199**
Karl von Burgau, Sohn Erzherzog Ferdinands II. von Tirol **V** 272–274
Karl von Lothringen-Vaudémont, Bischof von Toul und Verdun, Kardinal **V 98**, 111, 113
Karl Emmanuel Madruzzo, Bischof von Trient **I** 99
Karl von Liechtenstein, Herzog von Troppau **II 105**, 130, 132
Karl von Lothringen-Chaligny, Bischof von Verdun **V 99**, 118
Karl von Poděbrad, Herzog von Wohlau-Steinau **II** 108
Karl, Graf von Zollern-Sigmaringen **V** 137
Karlsberg, Schloß (b. Homburg/Saar) **VI** 171
Karlstadt **IV** 114 **VI** 233 **VII** 114
Karlstadt, Andreas **I** 96 **II** 12, 146 **IV** 15f. **III** 66f., 166, 168 **IV** 105

Karmeliten (OCarm), -kloster **I** 35, 37, 148 **II** 76, 110, 212 **III** 71, 213, 228 **IV** 43, 92, 153 **V** 41 **VI** 16, 133, 204, 215 **VII** 69, 94
Kartäuser (OCart), -kloster **I** 34, 37, 95 **II** 44, 110, 156, 175, 212 **III** 71, 112 **IV** 80, 102, 106, 217, 219 **V** 83, 86, 245 **VI** 125 **VII** 100
Karthaus, Kartäuserkloster **II** 212
Kasimir, Markgraf von Brandenburg-Ansbach und Kulmbach/Bayreuth **I** 11, 14–16 **IV** 190 **VII** 102 Anm. 85
Kasimir VII. von Pommern, ev. Bischof von Cammin **II 183**
Kasimir II., Herzog von Teschen und Groß Glogau **II 104**, 108, 116
Kaspar von Logau, Bischof von Breslau **II 105**
Kaspar von Seckendorff, Bischof von Eichstätt **IV 167**, 175
Kaspar, Herzog/Pfalzgraf von Pfalz-Zweibrücken **VI 171**
Kassel
– Hof **IV** 262 **III** 185
– Stadt **III** 116f., 186 **IV** 255, 258, 265, 269, 277, 285 **VI** 85
– Martinskirche **IV** 260
Kastellaun **V** 125, 153, 157f., 160 **VI** 189
Kastenbauer s. Agricola, Stephan
Kastl, Benediktinerkloster **V** 14, 23 **VII** 93
Katharina von Stolberg-Königstein, Gemahlin Philipps von Eberstein **IV** 226f.
Katharina von Waldeck, Mutter Simon Philipps zur Lippe-Detmold **VI** 167
Katharina von Schweden, Gemahlin Edzards II. von Ostfriesland **III** 171
Katharina von Rohan, Gemahlin Johanns II. von Pfalz-Zweibrücken **VI** 182
Katharina Sophie von Liegnitz, Gemahlin Friedrichs von Pfalz-Zweibrücken **II** 129
Katharina Wasa, Gemahlin Johann Casimirs von Pfalz-Zweibrücken-Kleeburg **VI** 187

Katharina von Mecklenburg, Gemahlin Heinrichs V. des Frommen von Sachsen **II** 19
Katharinenburg, Schloß **VI** 171
Katharinerinnen, -kloster **II** 214
Katholischhennersdorf **VI** 110
Katscher **II** 106
Katzbach **II** 117
Katzenelnbogen, Grafschaft **IV** 234–252 **V** 51
– Niedere Grafschaft **V** 56
– s. a. Hessen
Katzenelnbogen, Grafen von **IV** 63f., 236
Kaub **V** 13
Kaufbeuren, Reichsstadt **V** 195, 208f. **VI** 9–11, 30, 25
Kaufungen, Benediktinerinnenkloster **IV** 264
Kaut, Ambrosius CRSA **V** 204
Kaysersberg s. Kaisersberg
Kaysersberg, Geiler von **II** 12
Kelheim **IV** 171
Keller von Schleiten, Hans Melchior **IV** 158
Keller, Jakob SJ **I** 52
Keller, Michael **VI** 16, 19
Kemnade, Herrschaft **VI** 153
Kemnath **V** 9, 12
Kempach, Johannes **IV** 133, 135
Kempe, Stephan OFM **II** 150 **III** 18
Kempen **III** 69, 78
Kempis, Thomas a **VII** 14
Kempten
– Fürstabtei, Benediktinerkloster **V** 234, 236, 239 **VI** 9
– Reichsstadt **I** 99, 109 **V** 195, 207, 210 **VI** 10
Kenzingen **V** 264
Kepler, Johannes **I** 129 **VI** 55
Keppel, Gert von **III** 112
Kerssenbrock, von, Familie **III** 132
Ketelhut, Christian **II** 188–191, 200
Ketteler, Familie **III** 127
Kettenbach, Heinrich OFM **V** 199
Ketzerdorf-Karlsmarkt, Franziskanerkloster **II** 110
Keuler, Matthias **V** 20
Kevelaer **III** 80
Kiel **II** 149

Kilian, Hl. **IV** 103, 120
Kindt, Nikolaus **IV** 106
Kintinger, Sigmund **I** 49
Kirchberg-Weißenhorn, Grafschaft **V** 257
Kirchberg **V** 153, 156, 263
Kirchbrombach **IV** 224
Kirchentellinsfurt **V** 187
Kirchhain **VI** 100
Kirchheim/Teck **V** 187
Kirkel, Amt **VI** 173
Kirmesser, Christoph **II** 129
Kitzingen a. Main **I** 23, 28 **IV** 99, 101, 106, 115, 117, 120–122 **VII** 34, 87, 109, 125
Klagenfurt **I** 106, 110–113
Klammer, Balthasar **III** 20
Klarissen (OSCl), -kloster **I** 35, 37 **II** 129, 175 **IV** 115 **V** 197f. **VI** 38
Klattau, Jesuitenkolleg **I** 150
Klausen s. Eberhardsklausen
Kleeburg, Amt **VI** 171, 173, 187
Kleinhöchstetten **V** 288
Klemens VII., Papst s. Clemens VII.
Klemens VIII., Papst s. Clemens VIII.
Klemme, Pankratius OP **II** 209
Klesl, Melchior s. Melchior Klesl
Klettgau, Landgrafschaft **V** 280
Kleve
– Herzogtum **I** 28 **II** 55, 62 **III** 86–106, 59, 62, 109, 117f., 121, 125, 151 **VI** 157 **VII** 22, 49
– Stadt **I** 28 **II** 53 **III** 86–106
– Kleve-Mark **III** 88, 98, 102f. **VI** 153
– Kleve-Mark-Ravensberg **III** 101
– s. a. Jülich-Kleve-Berg
Kleve, Herzöge von **III** 87, 109, 116, 122
Kleve, Eberhard von OP **V** 219
Klopreis, Johann **III** 67, 91, 92
Klostergrab **I** 149
Klostermansfeld, Benediktinerkloster **VI** 85
Klosterreichenbach, Benediktinerkloster **V** 128, 147, 151, 187
Klotz, Stephan, Superintendent von Schleswig-Holstein **II** 159
Kniche(n), Andreas von **IV** 27
Kniphausen, Herrlichkeit **VI** 146, 148
Kniphausen, Tido von **VI** 146

Knipperdolling, Bernd **III** 120
Knipstro, Johann(es), Superintendent von Pommern-Wolgast **II** 188f., 191, 197, 200f.
Knobelsdorf, Eustachius von **II** 124
Knöpke, Andreas **II** 188
Koberer, Georg OCart. **IV** 106
Koblenz
- Kammerballei **VI** **224–248**
- Stadt **III** 119 **IV** 183, 237, 242 **V** 51, 56, 59, 61–63
- Dominikanerkloster **V** 59
- Franziskanerkloster **V** 62
- Jesuitenkolleg **V** 64
- Ehrenbreitstein **V** 51

Koblenzer Bündnis (1534) **V** 56
Kochendorf **IV** 183
Kocher, Kanton **IV** 183
Kochersberg **V** 76, 85
Köckritz, Herren von **VI** 99
Köllin, Konrad **III** 65
Köln
- Kirchenprovinz **III** 10, **58–84**, 87, 109, 115, 131, 163, 184, 202, 214 **IV** 183, 256 **V** 51 **VI** 131, 153f.
- Erzbistum **I** 66 **III** **58–84**, 87, 89, 100, 125, 136, 143, 154, 157, 190, 202, 214, 230 **IV** 62, 79, 183, 256, 258 **V** 51, 67, 104 **VI** 153, 161 **VII** 104, 189
- Erzstift **III** 29, **58–84**, 87f., 90, 94, 96, 100, 116, 118, 120, 125–127, 139, 143, 149, 155, 170, 177, 202, 229 **IV** 61, 116, 236, 247, 256 **V** 17, 51, 66 **VI** 138, 160f. **VII** 15 Anm. 10, 51 Anm. 28, 76f., 85f., 120, 189
- Dom **III** 126
- Domkapitel **III** 60, 63–65, 69f., 72, 74–76 **V** 104 **V** 104 **VI** 135, 176 **VII** 79
- Reichsstadt **III** 89, 92, 95, 98, 112f., 126, 134, 168, 186, 209, 220 **IV** 41, 81f., 86, 90, 93, 154 **V** 30, 54, 86, 118, 225, 248 **VI** 116, 239 **VII** 76, 79, 83, 99 Anm. 57, 103 Anm. 86, 132
- Augustinerkirche **III** 66
- Chorherrenstift Herrenleichnam **III** 65

- Deutschordenshaus Jungenbiesen **VI** 239
- Kartause **III** 65 **VII** 100
- Kreuzbrüderkloster **III** 65
- s. a. Reichstage
- s. a. Universitäten

König, Albertus **III** 95
Königgrätz **I** 136
- Jesuitenkolleg **I** 150

Königlich Preußen **II** **206–219** **VII** 77
Königsberg i. Bay. (Sachsen-Coburg), Augustiner-Eremitenkloster **IV** 102
Königsberg/Preußen **I** 14, 20, 22, 26, 28 **II** 53, 62, 190, 209f., 212f., 215, 221f., 225–227, 229–231 **IV** 100, 105 **VI** 225 **VII** 23, 152
- Dom **II** 213, 222
- s. a. Universitäten

Königsbronn, Zisterzienserkloster **V** 172
Königsbrück, Herrschaft **VI** 96, 100
Königsegg, Herren von **V** 234
Königsegg-Rothenfels, Grafschaft **V** 258
Königshain **VI** 101, 110
Königshofen a. d. T. **IV** 106, 110
Königslutter **III** 13
Königstein (Sachsen), Cölestinerkloster **II** 13
Königstein, Grafschaft **IV** 61f., 78, 85–87 **VII** 85
- Kapuzinerkloster **IV** 91

Königstein, Wolfgang **IV** 47
Königstetten **VI** 61
Köniz, Kommende **VI** 233
Könnern **II** 80
Körlin **II** 183
Köslin **II** 183, 193
Köstlin, Konrad OP **V** 201
Köthen **II** 89, 90, 92, 96, 98 **IV** 27
Kötteriz, Wolf von **I** 22
Kötzschenbroda **II** 30
Kohl, Paul **VI** 43
Kolb, Franz **IV** 219
Kolberg **II** 185, 193, 199, 202 **VII** 120, 123
Kolowrat **II** 108, 127
Komerstadt, Georg von **II** 22
Komerstadt, Hieronymus von **VI** 107

Komotau, Jesuitenkolleg **I** 145
Kongregation Notre-Dame, Welschnonnen (CND) **VII** 101
Konitz **II** 215f.
Konkordienbuch (1580) **I** 25, 39, 50, 125 **II** 25, 28, 49, 59, 230 **III** 31, 35, 51 **IV** 22, 24, 30f., 203, 277f. **V** 29, 88, 184, 186, 205 **VI** 181
Konkordienformel (1577) **I** 25, 39, 50, 111 **II** 24–26, 28, 49, 54, 59, 84f., 99, 119, 151, 156, 158f., 172, 178f., 202, 230 **III** 35, 51, 53, 172 **IV** 22, 24, 30f., 35, 37, 205, 227, 277 **V** 29, 134, 158, 186, 210 **VI** 45f., 90, 125, 189 **VII** 118f., 130
Konopaeus, Paulus **I** 150
Konrad Gumprecht, Graf von Bentheim-Steinfurt und Tecklenburg **III 183**
Konrad von Erlichshausen, Hochmeister des Deutschen Ordens **VI** 240
Konrad von Rietberg, Bischof von Münster und Osnabrück **III 109, 131**
Konrad von Vechta, Erzbischof von Prag **I** 137, 139
Konrad I., Erzbischof von Salzburg **I** 75
Konrad, Reichsgraf von Solms-Braunfels **III** 189
Konrad, Graf von Tecklenburg **III** 151, **183**, 185–187, 189–191
Konrad II. von Thüngen, Bischof von Würzburg **IV 99**, 106, 108–111, 136, 197, 221, 223
Konrad III. von Bibra, Bischof von Würzburg **IV 99**, 112
Konstantinopel **I** 140 **V** 185
Konstanz
- Bistum **IV** 62, 183 **V** 73, 126, 128f., 169–171, 195–197, 199, 206, 215, 222, 234, 248f., 258, 261, 264, 267, 280, 283, 313f., 316 **VI** 27, 226, 241
- Hochstift **V** 234, 280
- Kapuzinerkloster **V** 274
- Reichsstadt **I** 74, 80, 90, 136 **II** 12 **V** 175, **195**, 207–209, 226, 242f., 250, 257–259, 262, 270f., 273, 289, 298, 304, 314f. **VI** 18

Kontraremonstranten s. Gomaristen
Konzelmann, Familie **VI** 27
Konzil von Trient, Tridentinum (1545–1563) **I** 51f., 63f., 82f., 93, 95–97, 108, 111f., 145 **II** 125f., 215 **III** 60, 74, 79, 99, 123, 138–140, 144, 154f., 158, 194, 213–215, 222, 228–230 **IV** 76f., 84, 88, 94, 116, 118, 141, 153f., 156, 173f., 191 **V** 20, 56, 59, 62f., 67, 84, 103, 110f., 115, 178, 247, 315 **VI** 24, 26, 28, 73, 203, 212f., 231, 238, 241 **VII** 67, 81, 98
Kopenhagen
- Hof **II** 159
- Stadt **II** 141, 146, 148, 152f.
- s. a. Universitäten
Koranda, Wenzel d. J. **I** 140
Korbach **VII** 121
Kornelimünster, Benediktinerkloster **III** 88
Krabbe, Jakob **VI** 119
Krafft, Adam **IV** 133, 257, 263f., 266, 269f.
Krafft, Matthäus **V** 199
Krafft, Ulrich **V** 198
Kraft, Adam **I** 35
Kraichgau, Kanton **IV** 183, 196, 198, 205, 207 **V** 21, 27
Krain, Herzogtum **I** 74, **102–116**
- s. a. Innerösterreich
Krakau
- Bistum **II** 106, 109, 119
- Stadt **II** 111f., 129, 207, 210, 213, 222 **VI** 227
- s. a. Universitäten
Kramer, Heinrich **VI** 142
Krantz, Albert **II** 145
Krappitz **II** 103
Krautwald, Valentin **II** 113, 119f.
Krechting, Bernhard **III** 120
Kreich, Tilmann **IV** 55
Krell, Nicolaus **II** 27f. **IV** 24f. **VII** 61
Krell, Wolfgang **IV** 244f.
Kremnitz **II** 116
Krems **VII** 112
Kreps, Michel **VII** 171
Kreuzburg **II** 224
Kreuzherren (OSCr), -kloster **I** 145 **II** 110 **III** 123, 187

Kreuzinger, Johann **II** 125
Kreuzlingen, Augustiner-Chorherrenstift **V** 250
Kreuznach **IV** 92 **V** 21, 40f., 125, 153–157
- Franziskanerkloster **V** 19
- Wörthkirche **V** 155
Kreuzwertheim **IV** 217
Krevese, Benediktinerinnenkloster **II** 44 **VII** 97 Anm. 41
Krevet, Johann **VI** 121
Kroatien **V** 185
Kröv **V** 58, 158
Kröver Reich **V** 51, 58, 153, 157–159
Kromayer, Johann, Superintendent von Weimar **IV** 27
Kronach **IV** 149, 163
Kronberg **IV** 196
Kronberg, Hartmut von **IV** 194, 196
Krummau, Jesuitenkolleg **I** 145
Krummhörn **III** 176
Krummspree **VI** 96
Kruse, Gottschalk OSB **III** 16, 19f.
Kruse, Wichmann **II** 191
Kryptocalvinisten **II** 25, 158f. **III** 51, 53 **IV** 25, 244, 279 **V** 31
Külsheim **IV** 74
Künßberg, von, Familie **IV** **183**, 204
Küps **IV** 202
Küstrin **I** 22 **II** 48
Kugelherren (Marburg), s. Brüder vom gemeinsamen Leben
Kulm
- Bistum **II** 207f., 212, 216f., 224
- Stadt **II** 208
Kulmbach
- s. Brandenburg-Kulmbach/Bayreuth
- Stadt **I** 11, 21–24
- Plassenburg **I** 14 **IV** 33
Kunigunde von Brandenburg-Kulmbach, Gemahlin Karls II. von Baden-Durlach **V** 132
Kurbrandenburg s. Brandenburg, Kurfürstentum
Kureke, Johann(es) **II** 188, 190
Kurköln s. Köln, Erzstift
Kurmainz s. Mainz, Erzstift
Kurmark s. Brandenburg, Kurfürstentum
Kuroberpfalz s. Oberpfalz

Kurpfalz s. Pfalz, Kurfürstentum
Kursachsen s. Sachsen
Kurzbach, Hans von **II** 116
Kurzbach, Heinrich von **II** 116
Kusel, Amt **IV** 78 **VI** 173, 178f., 185
Kuttenberg, Jesuitenkolleg **I** 150
Kyritz **II** 42

L
La Petite Pierre s. Lützelstein
Labiau **II** 227
Labricq zu Lanoy auf Steenvorde, Simon Ritter von **I** 53
Ladenburg **V** 28
Lage, Johanniter-Kommende **III** 136
Lahr, Augustinerkloster **V** 151
Lahr-Mahlberg, Herrschaft **V** 125, 127f., 136, 147, 151–153
Laibach
- Bistum **I** 103, 105
- Domkapitel **I** 106 **V** 185
- Dom **I** 109
- Stadt **I** 106, 110–113
- ev. Kirche **I** 110
- Jesuitenkolleg **I** 112
Lambert von Avignon, Franz **IV** 262, 270 **V** 80
Lambrecht **VI** 182f.
- Dominikanerinnenkloster **V** 14, 27
Lamoraal, Graf van Egmont **III** 217
Lampadius, Jacob **III** 38
Lampe, Heinrich **III** 16
Landau i. d. Pfalz, Reichsstadt **V** 10, 21, **195** **VI** 172
Landauer Reformkonvent (1526) **IV** 152
Landsberg i. Alsenztal, Amt **VI** 173
Landsberg a. Lech **IV** 112, 118, 176 **VI** 20, 25
Landsberg (Pfalz), Burg **VI** 171, 185
Landsberger Bund (1556) **IV** 112, 118 **VI** 242 **VII** 190
Landschad von Steinach, Hans **IV** 193f., 196 **V** 20
Landshuter Erbfolgekrieg **V** 147, 170
Langeln, Kommende **VI** 234
Langen, Joachim von **III** 155
Langen, Rudolf von **III** 113, 117
Langenfeld **IV** 203

Langenmantel vom Sparren, Familie **VI** 17, 23
Langenmantel, Ulrich **V** 137
Langenprozelten **IV** 85
Langwarden **VI** 136
Lanoy, Nikolaus de SJ **I** 96
Lasco s. A Lasco, Johannes
Latomus, Bartholomäus **V** 54
Latomus, Jacobus **III** 210
Lauban **VI** 96, 99
- Franziskanerkloster **VI** 96, 100
- Magdalenerinnenkloster **VI** 96, 101, 108, 110
Lauda **IV** 99
Laudenbach, Amt **IV** 215, 225, 227
Lauenau, Amt **VI** 157, 161, 167
Lauenburg (Pommern), Land **II** 203
Lauenburg, Herzogtum s. Sachsen-Lauenburg
Lauf **I** 33
Laufen-Zwingen, Herrschaft **V** 317
Laufenburg **V** 257
- Kapuzinerkloster **V** 274
Lauffen a. Neckar **V** 174
Lauginger s. Lauinger
Lauingen **I** 45–50, 52–54 **V** 158 **VI** 26, 28
- Zisterzienserinnenkloster St. Agnes **I** 49, 52f **VII** 98 Anm. 48, 102 Anm. 81
Lauinger, Familie **VI** 27
Laurentius von Brindisi OFMCap, Hl. **I** 147
Lausanne
- Bistum **V** 280, 314 **VI** 212
- Stadt **III** 212 **V** 296f., 311
Lausitzen **I** 139 **II** 29f., 128, 131 **VI** 92–113 **VII** 72, 76, 92, 112–114
- Niederlausitz, Markgraftum **I** 135 **II** 9, 29f., 35, 69, 106 **IV** 11 **VI** 92–113 **VII** 92
- Oberlausitz, Markgraftum **I** 135 **II** 9, 29f., 35, 106 **VI** 92–113 **VII** 92
Lauterecken **VI** 171, 173, 177, 186, 191f.
Lavant, Bistum **I** 75, 89, 103f., 112
Laymann (von Liebenau), Dominicus OSB, Abt von Weingarten **V** 233, 251
Layman, Paul SJ **I** 99

Lazaristen (CM), -kloster **V** 119
Le Clerc, Alix **V** 115
Le Mans **III** 159
Lebus
- Bistum **II** 35f., 38, 42, 44f. **VII** 70, 91
- Hochstift **II** 47 **VII** 75 Anm. 41
- Domstift **II** 37
- Domkapitel **II** 46
Ledebur, Wilhelm von **III** 155
Leeden, Zisterzienserinnenkloster **III** 187f.
Leer **III** 164, 175, 177
Leerort, Amt **III** 172, 175
Leeuwarden
- Bistum **III** 202
- Stadt **III** 211
Lefè(b)vre d'Etaples, Jacques **V** 80, 109
Leib, Kilian, Augustinerchorherr **IV** 169, 172
Leibniz, Gottfried Wilhelm von **III** 35 **IV** 285
Leiden **III** 117f., 211, 228 **V** 27
- s. a. Universitäten
Leiden, Jan von s. Bockelson, Jan
Leiningen, Grafschaft **IV** 62 **V** 126 **VI** 172
Leiningen-Dagsburg, Grafschaft **V** 73, 99, 109
Leipheim **V** 196, 205
Leipzig **I** 17, 142, 144 **II** 11, 16, 18–20, 22, 24f., 74, 92f., 112, 120 **III** 36 **IV** 11f., 26, 79 **IV** 104, 208, 224, 229, 239 **V** 38 **VI** 81, 89f., 98, 104, 140
- St. Johannes **II** 14
- Thomaskirche **VI** 89
- s. a. Universitäten
Leipziger Konvent (1631) **IV** 208, 229 **V** 188, 206
Leisentrit, Johann **II** 30 **VI** 107–110
Leisnig **IV** 12, 17
Leitmeritz
- Kapuzinerkloster **I** 148
- Jesuitenkolleg **I** 150
Leitmeritz, Hilarius von **I** 139
Lembeck, Herrlichkeit **III** 110

Lemgo **III** 97, 151, 156 **VI** 153, 155–159, 162–164, 167 **VII** 116, 122f., 127, 131, 134
Lengerich **III** 186, 192
Lenoncourt, Antoine de **V** 114
Lentersheim, von, Familie **IV 183**
Lentz, Salomon, Superintendent von Regensburg **VI** 51, 54
Leo X., Papst **II** 37, 42, 108, 145 **III** 64 **IV** 70 **V** 101 **VI** 62
Leoben **I** 112
Leobschütz **II** 107, 109, 118
- Franziskanerkloster **II** 110
Leonberg **V** 187
Leonhard Haller, Weihbischof von Eichstätt **IV** 173
Leonhard von Keutschach, Erzbischof von Salzburg **I 73**, 78
Leonhardt, Sebastian **II** 27
Leopold I., Kaiser **V** 275
Leopold Wilhelm, Sohn Wilhelms von Baden-Baden **V** 144, 146
Leopold Wilhelm von Österreich, Erzbischof von Magdeburg, Bischof von Breslau, Halberstadt, Olmütz, Passau und Straßburg, Hoch- und Deutschmeister, Generalstatthalter der Niederlande **II 69**, 82f. **III** 37, 54, **201 V 73**, 89, 145, 274 **VI 59**, 73, 225, **226**, 243f.
Leopold V., Bischof von Passau und Straßburg, Erzherzog von Tirol **I 87**, 98f., 148 **V 73**, 89–91, 141, 145, **258**, 273–275 **VI 59**, 60, 70, 72
Leopold Ludwig, Pfalzgraf von Pfalz-Veldenz **VI** 192
Leoprechting **VI** 64
Leslau
- Bistum **II** 184, 203, 207, 212
- Stadt **II** 217
Lessius, Leonardus SJ **V** 119
Leubus, Zisterzienserkloster **II** 110
Leuchtenberg, Landgrafschaft **IV** 99 **V** 10, 12
Leusser, Clemens **IV** 224f.
Leutenberg, Herrschaft **IV** 29
Leutershausen **I** 23
Leuthen, Herrschaft **VI** 96
Leutkirch, Reichsstadt **V 195**, 208, 234

Leyen, von der, Familie **VI** 172
Liborius, Hl. **III** 158f.
Lichtenau b. Ansbach **I** 33
Lichtenberg, Amt (Katzenelnbogen) **IV** 63
Lichtenberg, Oberamt (Pfalz-Zweibrücken) **VI** 173, 176, 178, 182, 186f.
Lichtenstein, von, Familie **IV 183**
Lichtenthal, Zisterzienserinnenkloster **V** 128, 137, 142f., 146
Liebenthal, Benediktinerinnenkloster **II** 110
Liebenzell, Amt **V** 187
Lieberose, Herrschaft **VI** 96, 100
Liebstedt, Kommende **VI** 234
Liechtenstein, Fürstentum **II** 132, 134
Liegnitz
- Fürstentum **II** 107f., 114, 117–119, 128, 134
- Halt **II** 105
- Stadt **II** 107, 109, 113, 133
- Benediktinerinnenkloster **II** 110
- Franziskanerkloster **II** 110
- Zisterzienserkloster **II** 110
- Hl. Grab-Stift **II** 115
- St. Johanneskirche **II** 115
Liegnitz-Brieg-Wohlau, Herzogtum **II 103**, 134
Lienhart, Gregor **V** 206
Liesborn, Benediktinerinnenkloster **III** 111
Liga (1609) **I** 66 **III** 37, 126, 140, 194 **IV** 91, 118, 121, 176f., 208 **V** 35, 40, 229, 272 **VI** 28, 242 **VII** 191
Ligarius, Johannes **III** 170, 172f.
Lilienthal, Zisterzienserinnenkloster **III** 46, 55
Lille **III** 212
Limburg (Pfalz), Benediktinerkloster **V** 14, 19
Limburg a. d. Lahn **V** 53, 55
Limburg, Herzogtum **III** 87 **III** 201 **VI** 200
Limburg-Styrum, Grafschaft **III** 88 **VI** 154, 167
Limnaeus, Johannes **I** 29
Limoges **VI** 180
Limpurg, Grafschaft **V** 170
Linck, Wenzel **I** 38

Lindanus, Theodor **II** 126
Lindanus, Wilhelm **I** 96
Lindau, Reichsstadt **V 195**, 207, 210, 226, 249, 289 **VI** 10, 18, 25
- Damenstift **V** 239
Lindow, Zisterzienserinnenkloster **II** 44 **VII** 97 Anm. 41
Lingelsheim, Georg Michael **V** 32f., 39
Lingen, Grafschaft **III** 109, 131, 132, **182-198**
Link, Johann OFM **IV** 153
Linsingen **IV** 86
Linz a. d. Donau **I** 61, 119-122, 126, 129f. **VI** 66
Linz a. Rhein **III** 69
Linzgau **V** 241
Lipan **I** 137
Lippe, Grafschaft **III** 10, 87, 97, 149-151, 191 **VI 152-169 VII** 28f., 116, 127, 131
Lippe, Haus **III** 149 **VI 152-169**
- Linie Detmold **VI** 153, 167
- Linie Brake **VI** 153, 167
- Linie Schwalenberg **VI** 153
- Linie Sternberg **VI** 153
- Linie Alverdissen **VI** 153f., 167
Lipperode **VI** 153, 156
Lippramsdorf **III** 110
Lippstadt **III** 66, 88f., 92f., 96, 149 **VI** 153, 155, 157
- Augustiner-Eremitenkloster **III** 113, 151
- Jakobikirche **III** 151
Lipsius, Justus **VII** 40
Litauen **II** 227, 229 **VII** 18
- s. a. Polen(-Litauen), Königreich
Liudger, Hl., Bischof von Münster **III** 111
Liverdun **V** 118
Livland **VI** 227, 230, 236
Ljubljana s. Laibach
Lobenstein, Herren von **IV** 9, 31
Lobenstein **IV** 32f.
Lobkowitz auf Raudnitz, Haus **II** 105
Lobkowitz, Matthäus Leopold Popel von **II** 130
Lobkowitz, Zdeněk Popel von **I** 147
Loburg **II** 69, 78
Locarno **V** 279, 304, 317

Loccum, Zisterzienserkloster **III** 9, 10, 31
Lochau, Martin von **II** 11
Loe, Elisabeth von, Gemahlin Joachims von Büren **III** 156
Löbau **VI** 96, 99, 111 **VII** 113
- Minoritenkloster **VI** 96, 100
Löbejühn **II** 78
Loeben, Johann von **II** 52
Löbl, Hans Jakob von **I** 129
Loefenius, Michael **V** 33
Loen, Johann von **III** 190
Lörrach **V** 146
Löschenbrand, Sebastian **V** 198, 200
Löwen **III** 64, 89, 188, 203f., 209f., 215, 228 **IV** 154, 156 **VI** 239
- s. a. Universitäten
Löwenberg **II** 112, 117
Löwenstein, Grafschaft **V** 170f.
Löwenstein-Wertheim, Haus **IV** 215, 231 **VI** 172
- Linie Löwenstein-Wertheim-Virneburg **IV** 215
- Linie Löwenstein-Wertheim-Rochefort **IV** 215
Logau, Caspar von **II** 122
Løgum s. Lügum
Logum **III** 168
Loher, Johann **IV** 133
Lohr **IV** 85
- Kapuzinerkonvent **IV** 91
London **III** 169f., 212, 220 **VI** 117, 119
- Augustiner-Eremitenkloster **III** 213
Longueville, Herzog von **V** 156
Lons-le-Saunier, Kapuzinerkloster **VI** 207, 215
Loon, Grafschaft **III** 208
Loosdorf **I** 126
Loquard **III** 176
Lorch, Benediktinerkloster **V** 172
Lorenz von Bibra, Bischof von Würzburg **IV 99**, 104f., 108, 190 **VII** 71
Loreto **I** 115
Lorichius, Jodocus **V** 268
Loriti, Heinrich, gen. Glareanus **V** 220, 291
Lorsch **V** 40
- Benediktiner-, dann Prämonstratenserkloster **IV** 63f., 92 **V** 14, 23

Loscher, Sebastian **VI** 16
Loslau, Herrschaft **II** 106, 116
Lossen, Johanniterkommende **II** 110, 130
Lothar von Süpplingenburg, Kaiser **VI** 156 **VII** 196
Lothar von Metternich, Erzbischof von Trier **V** 51, 53, 61, 63f.
Lothringen
- Herzogtum **III** 202 **V** 11, 51, 73, 87, 91, **96-122**, 153, 258 **VI** 172, 200, 205, 207, 216 **VII** 22, 48, 74, 76f., 88, 102
- Ballei **VI 224-248**
Lothringen, Haus **V** 86f., 97, 101-103, 113f.
Lotichius, Petrus **IV** 136
Louise Juliane, Gemahlin Friedrichs IV. von der Pfalz **V** 33
Lublinitz **II** 103
Lucenius, Albert **III** 139 **VII** 26
Luckau **VI** 96
- Dominikanerkloster **VI** 96, 99f.
Lucklum, Kommende **VI** 234
Luckow, Johannes OFM **II** 96
Luder, Peter **V** 15
Ludwig I., der Fromme, Kaiser **III** 159
Ludwig IV., der Bayer, Kaiser **I** 58 **V** 12
Ludwig, Fürst von Anhalt-Köthen **II 89**, 100
Ludwig Wilhelm, Markgraf von Baden-Baden **V** 142, 150
Ludwig X., Herzog von Bayern **I 57**, 59 **VII** 76
Ludwig II., König von Böhmen und Ungarn **I 135 II 103**, 107f., 115 **VI 93**, 100, 105
Ludwig, Graf von Eberstein **II** 185
Ludwig XI., König von Frankreich **VI** 200
Ludwig XIII., König von Frankreich **V** 118
Ludwig XIV., König von Frankreich **III** 194 **V** 43, 91, 156
Ludwig I., Landgraf von Hessen **IV 255**
Ludwig II., Landgraf von Hessen **IV 255**

Ludwig III., Landgraf von Hessen **IV 255**
Ludwig IV., Landgraf von Hessen-Marburg **IV 256**, 274f., 277-281 **IV** 86 **V** 30, 184 **VII** 64, 146, 162, 164 Anm. 67
Ludwig V., Landgraf von Hessen-Darmstadt **IV** 49, 54, **256**, 279-281, 283f.
Ludwig Casimir, Graf von Hohenlohe **IV** 202
Ludwig III., Graf von Löwenstein und Wertheim **IV 215**, 227f.
Ludwig von Bourbon, Bischof von Lüttich **III** 208
Ludwig von Lothringen-Guise, Bischof von Metz, Kardinal **V** 97
Ludwig Heinrich, Graf von Nassau-Dillenburg **IV 235**
Ludwig von Nassau-Siegen, Bruder Wilhelms von Oranien **IV** 241, 243
Ludwig V., Kurfürst von der Pfalz **II** 194 **IV** 71, 196, 221 **V 9, 10**, 15, 17, 20, 154
Ludwig VI., Kurfürst von der Pfalz **IV** 205, 244 **V 9, 10**, 28-30, 60, 134, 154
Ludwig Philipp, Pfalzgraf von Pfalz-Simmern **V** 37, 42f., 155f.
Ludwig I., Herzog/Pfalzgraf von Pfalz-Zweibrücken **VI 171**, 172-174 **V** 153
Ludwig II., Herzog/Pfalzgraf von Pfalz-Zweibrücken **VI 171**, 174f.
Ludwig, Graf von Sayn-Wittgenstein **IV** 52 **V** 33, 58
Ludwig von Lothringen, Bischof von Verdun **V** 98
Ludwig IV., Graf von Wertheim **IV 215**, 228-230
Ludwig von Stolberg-Königstein, Graf von Wertheim **IV 215**, 225-227
Ludwig, Herzog von Württemberg **IV** 203 **V** 30, 134, **169**, 182f., 185-188
Ludwig I., Graf von Württemberg-Urach **V 169**
Ludwig II., Graf von Württemberg-Urach **V 169**

Ludwig Friedrich, Sohn Friedrichs I. von Württemberg **V** 187f.
Ludwig, Johann **VI** 105
Lübben **VI** 93, 95f., 99, 106, 109, 111
- Wilhelmiterkloster **VI** 96, 100
Lübbenau, Herrschaft **VI** 96
Lübeck **VI 114-128**
- Bistum **II** 143-145, 151, 155, 167 **VI 114-128**
- Hochstift **II** 143, 155f. **VI 114-128 VII** 31, 77
- Dom **VI** 116f., 120f.
- Domkapitel **II** 144, 148f., 156 **VI** 118-120, 122f., 126 **VII** 31
- Reichsstadt **II** 143, 148, 151f., 194 **VI 114-128 VII** 76, 116, 190
- Augustinerinnenkloster St. Annen **VI** 116, 121
- Beginenkonvente **VI** 116
- Burgkloster (Dominikaner) **VI** 116, 121, 123
- Franziskanerkloster St. Katharinen **VI** 116, 120f.
- Zisterzienserinnenkloster St. Johannis **VI** 116, 121, 123, 125 **VII** 95
- St. Ägidien **VI** 116, 120
- St. Jacobi **VI** 116, 121
- St. Marien **VI** 116f., 119-121, 123
- St. Petri **VI** 116, 123
Lüben **II** 112
Lüdenscheid **III** 97
Lüders, Benediktinerkloster (Reichsabtei) **V** 269f. **VI** 202
Lüdinghausen, Amt **III** 110
Lügde **III** 149, 156, 158
- Augustinerinnenkloster **III** 150
Lügum, Zisterzienserkloster **II** 144
Lüne, Benediktinerinnenkloster **III** 20
Lüneburg
- Fürstentum **III 8-43**, 168f. **VII** 94, 122
- Stadt **II** 151, 156f., 194 **III** 13, 18f., 34f. **VI** 85, 117-119, 122-124 **VII** 94, 119, 122f.
- Benediktinerkloster St. Michael **II** 156 **III** 18, 20, 28 **VII** 94
- s. a. Braunschweig-Lüneburg, Herzogtum

Lüneburg, Haus **III** 38, 143
- Neues Haus, Linie Calenberg **III** 9, 14, 30, 36, 143
- Neues Haus, Linie Dannenberg **III** 9, 38
- Neues Haus, Linie Harburg **III** 9, 20
- Mittleres Haus **III** 9
- s. a. Welfen, Haus
Lüthken, Johann **II** 156
Lüttich **III 200-235**
- Bistum **III** 62, 87, 89, 125, 157 **V** 51 **VII** 189
- Hochstift **I** 75 **III** 87, **200-235** **V** 153 **VI** 236 **VII** 85, 190
- Domkapitel **III** 208
- Stadt **III 200-235 V** 81
Lützelburg **VI** 21
Lützelstein
- Grafschaft/Amt **V** 73, 83 **VI** 191f.
- Burg **VI** 171, 186, 191
Lützen **II** 29, 203 **IV** 143 **V** 91
Lugano **V** 279
Luis de Requesens, Generalstatthalter der Niederlande **III** 201
Luise Juliane von der Pfalz, Gemahlin Johanns II. von Pfalz-Zweibrücken **VI** 183
Lultsch **I** 143
Lund
- Kirchenprovinz **II** 143f., 184
- Erzbistum **II** 145, 148
Lunden, Franziskanerkloster **II** 145, 157
Lungau **I** 83
Lupi, Johannes **IV** 43
Lure s. Lüders
Lussy von Nidwalden, Melchior, Ritter **V** 313
Luther, Martin **I** 15, 18-20, 36, 59, 79, 96, 123, 144 **II** 12, 14, 18, 24, 39, 71, 73-76, 78, 92f., 95f., 113-116, 124, 147, 149, 153, 156, 169, 173, 177, 188f.,. 202, 210, 213, 222, 224f., 227-230 **III** 17, 19, 24f., 28, 34, 48, 64, 95, 113f., 116, 119, 166-168, 185, 189f., 204, 208-210 **IV** 15-20, 36, 43f., 69-72, 75, 105, 107-109, 112, 150f., 169f., 172, 191f., 194f., 197, 200, 205, 218f., 221-224, 247, 257, 262, 266, 270f.,

275, 282 **V** 15, 18–20, 22, 55, 78, 81f., 107, 120, 130, 154, 184, 245f., 287, 291f., 298, 302 **VI** 15f., 19, 21, 23, 28, 39, 43, 65–67, 81–84, 86–89, 98f., 103, 106, 135, 141, 176, 208, 227 **VII** 47f., 63, 75f., 80, 111 Anm. 16, 143, 154, 179–183, 186
Lutter **III** 54, 140 **VI** 125
Luxemburg, Herzogtum **III** 87, 201 **IV** 84 **V** 51f., 57, 63f., 99, 125, 128, 130, 153 **VI** 200
Luzern **V** 246, 279, 281, 298, 300f., 307, 314–316
Lyon **VI** 208, 215
Lyonnais **VI** 205
Lyser, Polykarp **V** 184
Lyskircher, Wolfgang **VI** 40

M

Maastricht **III** 211f., 227
Machiavelli, Niccolò **III** 174 **IV** 248
Madrid
– Hof **III** 228f. **VII** 30
– Stadt **II** 132, 161 **V** 35
Mähren **I** 99, 119, 132, 135, 139, 141, 149f. **II** 106, 117 **V** 115 **VI** 65, 107 **VII** 22, 112
Magdalena von Sachsen, Gemahlin Joachims II. von Brandenburg **II** 11
Magdalena, Tochter Wilhelms V. von Jülich-Kleve-Berg **III** 100
Magdalena, Gräfin zur Lippe **III** 152
Magdalena von Bayern, Gemahlin Wolfgang Wilhelms von Pfalz-Neuburg **I** 51f. **IV** 178
Magdalena von Neuenahr, Gemahlin Arnolds IV. von Tecklenburg (II.) **III** 190
Magdalene, Schwester Anton Günthers von Oldenburg **VI** 148
Magdalenerinnen, Reuerinnen (OSMM), -kloster **II** 110 **V** 83 **VI** 101, 174
Magdeburg
– Kirchenprovinz **II** 9, 35, **68–86**, 90, 167 **IV** 11
– Erzbistum **II** 9, **68–86**, 90 **III** 12, 28 **IV** 11, 20, 69, 76 **V** 73 **VI** 73, 80, 86 **VII** 119, 191
– Erzstift **II** 9, 16, 20, 29, 47, 51, 62, **68–86**, 90 **III** 10, 12, 38 **IV** 11, 13, 116 **VI** 80, 86, 90, 98 **VII** 30, 64, 76, 96, 96 Anm. 35
– Landesteil Holzkreis **II** 69, 77
– Herzogtum **II** 83
– Domkapitel **II** 76f., 79f. **VII** 119, 124
– Dom **II** 76, 79f.
– Stadt **I** 144, 150 **II** 22, 49, **68–86**, 91, 122, 169, 225 **IV** 239 **VI** 54, 55, 88, 124 **VII** 71, 94 Anm. 27, 95, 119, 123f., 133
– Altstadt **II** 76, 79f.
– Augustinerkloster **II** 73, 75f., 79
– Dominikanerkloster **II** 71, 76, 79
– Franziskanerkloster **II** 71, 76f., 79 **VII** 98 Anm. 47
– Prämonstratenserkloster Unserer lieben Frau **II** 76, 79, 81f.
– Stiftskirche St. Sebastian **II** 76, 79f.
– Stiftskirche St. Nikolai **II** 76, 79f.
– Stiftskirche St. Gangolf **II** 76, 79f.
– St. Johannis **VI** 89
– St. Petri **II** 75
– St. Ulrichskirche **II** 74
– Neustadt **II** 76, 79
– Zisterzienserinnenkloster St. Agnes **II** 76, 79, 81, 83
– Zisterzienserinnenkloster St. Lorenz **II** 76, 79, 81
– Sudenburg, Vorstadt **II** 76f.
– Karmelitenkloster **II** 76f., 79
Magenbach, Johann **V** 199
Magni, Valerian OFMCap **I** 150
Magnus II., Herzog von Mecklenburg **II** 167
Magnus von Mecklenburg, Bischof von Schwerin **II** 176f.
Mahlberg, Herrschaft s. Lahr-Mahlberg, Herrschaft
Maier, Andreas **IV** 70
Mailand
– Kirchenprovinz **V** 280
– Erzbistum **V** 110, 280, 314
– Herzogtum **V** 280, 307f.
– Stadt **V** 305, 315 **VII** 79
Mainau, Kommende **VI** 225
Mainberg, Amt **IV** 99f.
Mainisches Quartier **IV** 183
Mainz **IV** **60–97** **VII** 86

- Kirchenprovinz **I** 11, 33, 45, 57, 87 **II** 9, 35, 39, 69, 90 **III** 10, 45, 58, 87, 149, 153 **IV** 41, **60-97**, 99, 129, 147, 167, 183, 191, 216, 236, 256 **V** 10, 51, 73, 126, 170, 195, 215, 234, 258, 280 **VI** 9, 80, 153, 172, 226
- Erzbistum **II** 9, 69, 71, 74 **III** 10, 17, 21, 27, 149f. **IV** 41f., 99, 103, 122, 129, 183, 216f., 236, 238, 240, 256, 258-260 **V** 10, 51, 126, 128, 154 **VI** 80, 172f., 176, 226 **VII** 52, 71, 91 Anm. 2, 94, 198
- Erzstift **II** 9, 16 **III** 10, 27, 149, 155 **IV** 41f., **60-97**, 107, 111, 113, 130, 136, 140f., 188, 193, 216f., 255f., 281f. **V** 10, 17, 40-42, 56, 127 **VI** 172 **VII** 15 Anm. 10, 25, 30f., 80, 85, 87, 114f., 187, 198
- Oberes Stift **IV** **60-97**, 100
- Unteres Stift **IV** **60-97**
- Domkapitel **IV** 52, 64f., 67f., 71f., 74-77, 79, 84f., 93, 259 **VI** 176
- Domstift **IV** 77
- Dom **IV** 70, 78 **V** 78
- Stadt **II** 77 **III** 113 **IV** 41, 81, 139, 189, 259 **V** 42, 156 **VI** 238, 243 **VII** 34, 171
- Martinsburg **IV** 80f., 92
- Franziskanerkloster „Zum Großen Convent" **IV** 90
- Jesuitenkolleg **IV** 93
- Kanonikerstift St. Alban **IV** 52, 80
- Kanonikerstift Hl. Kreuz **IV** 80, 90
- Kanonikerstift St. Johannes **IV** 86
- Kanonikerstift St. Marien **IV** 66
- Kanonikerstift St. Viktor **IV** 80
- Stift St. Severi **IV** 66
- Liebfrauen **IV** 70
- St. Christoph **IV** 75
- St. Emmeran **IV** 74
- St. Gangolf **IV** 93
- St. Ignaz **IV** 70, 74
- St. Quintin **IV** 74, 90
- s. a. Universitäten

Maius, Heinrich **II** 28
Major, Georg, Superintendent von Mansfeld **II** 74 **IV** 20 **VI** 89
Majoristischer Streit **II** 24 **IV** 20 **VI** 124
Malaspina, Germanico **I** 147
Malchin **II** 168
Malchow **II** 176
- Zisterzienserinnenkloster **II** 175
Maldonat, Juan SJ **V** 113
Maletius, Hieronymus, Superintendent von Lyck **II** 227
Malgarten, Benediktinerinnenkloster **III** 136
Malmédy s. Stablo-Malmédy
Malmö **II** 161
Malteser, s. Johanniter
Manderscheid, Grafschaft **III** 59
Manderscheid, Haus **V** 51f.
Mannheim **V** 35, 40, 43 **VI** 190, 192 **VII** 38
Mansfeld, Grafschaft **II** 9, 24, 69, 90 **IV** 11, **78-91**, 145, 239
- Mansfeld-Vorderort **VI** 79, 81
- Mansfeld-Hinterort **VI** 79, 81
- Mansfeld-Mittelort **VI** 79, 81
Mansfeld, Grafen von **IV** 30f. **VI** **78-91**
Mantel, Johann **V** 173
Manuel von Castel Rodrigo, Generalstatthalter der Niederlande **III** 201
Manuel, Niklaus **V** 288
Marbach, Johann(es) **V** 22, 29, 88f. **VI** 178f., 182
Marbach, Philipp **V** 158
Marbeck, Pilgram **VI** 18
Marburg a. d. Drau **I** 74
Marburg **II** 28 **III** 112, 167 **IV** 240, 255, 258-261, 264-266, 269f., 277-285 **V** 38, 59, 175, 184, 302 **VI** 175, 191, 229 **VII** 58, 152, 159
- Landkommende **IV** 52, 255, 261, 263 **VI** 233 **VII** 84 Anm. 59
- Dominikanerkloster **IV** 261, 264
- Elisabethkirche **VI** 233, 260
- Franziskanerkloster **IV** 261, 264
- Brüder vom gemeinsamen Leben/ Kugelherren **IV** 261, 264
- s. a. Universitäten
Marchtal (Obermarchtal), Prämonstratenserkloster **V** 233, 235, 238, 264
Marck, van der, Familie **III** 208
Margarete, Hl. **III** 186

Margarete von Münsterberg, Regentin von Anhalt-Dessau **II** 71f., **89**, 92–96

Margarethe von der Saale, Nebenfrau Philipps von Hessen **IV** 271 **VII** 164

Margaretha von Österreich, Generalstatthalterin der Niederlande **III** 201, 205–207, 210 **VI** 200f.

Margaretha von Parma, Generalstatthalterin der Niederlande **III** 201, 215, 219f. **VI** 201

Maria Einsiedeln **I** 88

Maria-Laach, Benediktinerkloster **V** 62

Maria Mödingen, Dominikanerinnenkloster **I** 52 **VI** 14

Maria, Hl. **V** 116 **VI** 229, 242

Maria Anna von Bayern, Gemahlin Kaiser Ferdinands II. **VII** 84

Maria von Burgund, Gemahlin Kaiser Maximilians I. **V** 54 **VI** 200

Maria Franziska, Gemahlin Ferdinand Maximilians von Baden-Baden **V** 160

Maria, Königin von Böhmen und Ungarn, Generalstatthalterin der Niederlande **III** 201, 207, 214 **V** 108 **VI** 201

Maria Tudor, Königin von England **V** 80

Maria, Häuptlingin von Jever **VI** 131, 141–143

Maria von Jülich-Berg-Ravensberg, Gemahlin Johanns III. von Jülich-Kleve-Berg **III** 88, 92

Maria von Österreich, Gemahlin Wilhelms V. von Jülich-Kleve-Berg **III** 94

Maria, Gemahlin Karls II. von Österreich **I** 66, 109

Maria Elisabeth von Pfalz-Zweibrücken, Gemahlin Georg Gustavs von Pfalz-Veldenz **VI** 192

Maria von Sachsen, Gemahlin Philipps I. von Pommern-Wolgast **II** 198

Maria von Pommern, Gemahlin Ottos IV. zu Schaumburg **VI** 160f.

Maria Stuart, Königin von Schottland **III** 213

Marianische Kongregation **I** 94 **II** 133 **III** 80 **IV** 90, 120, 176 **V** 90, 113f., 116 **VII** 102f.

Marie von Eicken, Gemahlin Eduard Fortunats von Baden-Rodemachern **V** 139

Marie Eleonore von Brandenburg, Gemahlin Ludwig Philipps von Pfalz-Simmern **V** 156

Marienberg, Benediktinerkloster **I** 95

Marienborn, Augustinerinnenkloster **II** 81

Marienburg (Hst. Hildesheim) **III** 12

Marienburg (Preußen) **II** 208, 210f., 216, 218 **III** 12

– St. Johann **II** 210

Marienburger Werder **II** 210f., 216

Marienehe, Kartäuserkloster **II** 175

Marienfeld, Zisterzienserkloster **III** 111f.

Marienfließ/Stepenitz, Zisterzienserinnenkloster **II** 44 **VII** 97 Anm. 41

Mariengart, Servitenkloster **IV** 130, 134

Mariengarten, Zisterzienserinnenkloster **III** 37

Marienmünster, Benediktinerkloster **III** 150, 158, 153

Marienstein, Augustinerinnenkloster **IV** 169

Marienstern, Zisterzienserinnenkloster **II** 30 **VI** 96, 105, 108, 110 **VII** 113

Mariental b. Hagenau **V** 90

Marienthal (Niedersachsen) **III** 36

Marienthal (Oberlausitz), Zisterzienserinnenkloster **II** 30 **VI** 96, 108, 110

Marienweiher, Franziskanerkloster **IV** 163

Marienwerder **II** 207, 221

Marinus de Fregano, Bischof von Cammin **II** 185

Mark Brandenburg s. Brandenburg, Kurfürstentum

Mark Sittich von Hohenems, Bischof von Konstanz, Kardinal **V** 269, 313

Mark Sittich von Hohenems, Erzbischof von Salzburg **I 73**, 83f.

Mark, Grafschaft **II** 53, 62 **III** 59, **86–106**, 109, 117 **VII** 22, 49
– s. a. Jülich-Kleve-Berg
Markgräflerland s. Baden
Markirch s. Sainte-Marie-aux-Mines
Marklissa **VI** 100
Marktbibart **IV** 110
Marktoberdorf **VI** 9
Marquard vom Berg, Bischof von Augsburg **VI 9**, 24
Marquard II. Schenk von Castell, Bischof von Eichstätt **IV 167**, 178
Marsbach **VI** 61
Marschalk von Ostheim, Moritz **IV** 197
Marschalk, Nicolaus **IV** 15
Martin von Eyb, Bischof von Bamberg **IV 147**, 155
Martin von Gerstmann, Bischof von Breslau **II 105**, 126
Martin Carith, Bischof von Cammin **II 183**, 185–188
Martin von Weiher, Bischof von Cammin **II 183**, 199
Martin von Schaumberg, Bischof von Eichstätt **IV 167**, 173–176 **VII** 86, 100
Martin Kromer, Bischof von Ermland **II 207**, 214
Martin Brenner, Bischof von Seckau **I** 112–115
Martini, Cornelius **III** 35
Martinius, Matthias **III** 52
Martinus Rythovius, Bischof von Ypern **III** 215
Masius, Andreas **III** 97f.
Massachusetts **VII** 18
Masuren **II** 227, 229
Mathesius, Johannes **VII** 112
Matsch, Gaudenz von **I** 88
Mattaincourt **V** 115
Matthäus Lang von Wellenburg, Erzbischof von Salzburg, Kardinal **I 73**, 75, 77f.
Matthäus Schiner, Bischof von Sitten, Kardinal **V** 282
Matthias, Kaiser **I** 114, **119**, 127–130, **135**, 148f. **II 103**, 128, 130 **III** 223 **IV** 49, 160 **V** 273 **VI** 46, 72, **93**, 110, 145 **VII** 191–193

Matthias I. Corvinus, König von Böhmen und Ungarn **I** 77, 120 **II** 106f. **VI 93**
Matthias von Jagow, Bischof von Brandenburg **II** 37, 42, 45, 78
Matthys, Jan **III** 117f., 211
Maulbronn, Zisterzienserkloster **V** 14, 171f., 180, 185
Mauritius Ferber, Bischof von Ermland **II 207**, 210, 213
Mauritius, Georg **VII** 111
Maus, Peter **IV** 86, 88
Mautern **VI** 61
Max I. Joseph, König von Bayern s. Maximilian Joseph, Herzog/Pfalzgraf von Pfalz-Zweibrücken
Maximilian I., Kaiser **I** 14, 45, **87**, 89f., **103**, 106, **119**, 120 **II** 37 **III** 11, 168, 205 **IV** 67f., 184f. **V** 17, 54f., 77, 87, 170, 217f., 236, 239f., 243, **257**, 260, 262f., 281 **VI** 40f., 53, 60f., 81, 200 **VII** 175, 180
Maximilian II., Kaiser **I** 66, 93, 103, 110, **119**, 125–127, 135, 145 **II** 23, **103 III** 31, 99, 123 **IV** 53, 140 **V** 26, 89, 137, 182, 209, 269 **VI** 53, 70, **93**, 210, 239f. **VII** 77, 79, 84, 99f., 112, 171, 187, 190, 192
Maximilian I., Kurfürst von Bayern **I** 51, **57**, 66, 83, 98f., 131 **III** 157 **IV** 91, 120, 178 **V** 34, 40–42, 103, 141, 145, 210, 251 **VI** 51f. **VII** 34, 67, 85
Maximilian IV. Joseph, Kurfürst von Bayern s. Maximilian Joseph, Herzog/Pfalzgraf von Pfalz-Zweibrücken
Max Heinrich von Bayern, Erzbischof von Köln **III** 127
Maximilian von Egmont-Büren, Herr der Grafschaft Lingen **III 183**, 187
Maximilian Joseph, Herzog/Pfalzgraf von Pfalz-Zweibrücken **VI 171**, 190
Maximilian, Erzherzog von Tirol, Hoch- und Deutschmeister **I 87**, 98f. **IV 129 V 258**, 272f. **VI 225**, 240–243
May, Lucas **IV** 279
Mayer, Johann Simon **I** 48

Mayer, Johannes VI. OPraem, Reichsprälat (Roggenburg) **V 233**
Mecheln
- Kirchenprovinz **III** 202, 214f., 228, 231
- Erzbistum **III** 202, 215
- Stadt **II** 161 **III** 201, 207, 215

Mechthild von Hessen, Gemahlin von Konrad von Tecklenburg **III** 151, 186

Mecklenburg, Herzogtum **I** 48 **II** 35, **166–180**, 184 **VI** 115f., 140, 143, 161, 178 **VII** 48 Anm. 14, 49, 50 Anm. 24, 60 Anm. 65, 61 Anm. 69, 76, 97, 116, 119f. 149
- Mecklenburg-Güstrow **II 166–180**
- Mecklenburg-Schwerin **II 166–180** **III** 10

Medingen, Dominikanerinnenkloster **III** 20
Meerhusen, Zisterzienserinnenkloster **III** 171
Meersburg **V** 270
Mehringen, Zisterzienserinnenkloster **II** 94, 98
Meier, Bartholomäus, Superintendent von Kassel **IV** 277
Meiningen **IV** 99f., 117
Meisenheim, Oberamt **IV** 78 **VI** 171, 173, 176, 178f., 182, 184–186
- Franziskanerkloster **VI** 187
- Johanniterkommende **VI** 174f.

Meißen
- Bistum **I** 135 **II** 9, 15, 30, 35, 69f., 106, 109 **IV** 11, 14 **VI** 93, 95f., 104, 106–108 **VII** 52, 99 Anm. 58
- Hochstift **I** 89, 135 **II** 9f., 13, 19, 24 **VI** 93, 95, 102, 107 **VII** 60 Anm. 65, 77
- Domkapitel **VI** 106f.
- Mark **IV** 11–13
- Stadt **II** 10f., 22, 27 **VI** 98

Meißen, Burggrafen von **IV** 9, 13, 32f.
Melanchthon, Philipp **I** 19, 24f., 38, 46 **II** 16, 22, 24f., 41, 74, 84, 95, 99, 113–115, 119f., 123, 153, 158, 174, 177, 190, 196, 199, 201f., 210, 217, 225 **III** 34f., 50, 67, 69, 91, 114, 116, 170 **IV** 15, 17, 19–21, 36, 109,

221, 257, 262, 266, 268, 270f., 275, 279 **V** 20, 22–24, 26, 59, 129, 176, 184 **VI** 18, 82, 87, 89, 140, 178, 182, 206 **VII** 17, 111, 143

Melander, Dionysius **IV** 45, 70
Melchendorf **IV** 92
Melchior Eccard, Superintendent von Oels **II** 119
Melchior Klesl, Bischof von Wien und Wiener Neustadt **I** 128–131 **VI** 70 **VII** 192
Melchior Otto Voit von Salzburg, Bischof von Bamberg **IV 147**, 162f.
Melchior Zobel von Giebelstadt, Bischof von Würzburg **IV 99**, 112, 114f., 192, 225
Meldorf **II** 156
Melk **I** 123
- Benediktinerkloster **VII** 69, 93
Mellenburg, Landgrafschaft **V** 257
Mellnau **IV** 86
Mellrichstadt **IV** 105 **VII** 114
Memel **II** 231
Memmingen, Reichsstadt **V 195**, 207, 245, 289 **VI** 9f., 18, 25
Mendrisio **V** 279, 315
Mengen **V** 257
Mengersen, Herren von **III** 153
Menhart, Familie **VI** 27
Mening, Marcus **III** 50f.
Mennoniten **II** 149, 158, 218 **III** 176 **V** 43 **VI** 124 **VII** 36
Mensing, Johannes OP **II** 40, 94 **III** 18 **VI** 84
Mentzer, Balthasar **IV** 282
Mentzinger, Johannes **IV** 77
Menzel, Hieronymus, Superintendent von Mansfeld **VI** 89
Meppen, Amt **III** 110, 126f. **VI** 137
Merboth, Nikolaus **II** 112
Mercator, Gerhard **III** 98
Merenberg, Familie **IV** 54
Mergentheim
- (Deutsch-)Meistertum **IV** 62, 102 **VI 224–248**
- Stadt **IV** 113
Merian, Matthäus der Ältere **IV** 49
Merlau **IV** 86
Merseburg

- Bistum **II** 9, 21 **IV** 14 **VII** 99 Anm. 58
- Hochstift **I** 89 **II** 9, 10, 13, 69, 95 **VI** 80 **VII** 60 Anm. 65
- Stadt **II** 22, 93

Merxhausen **IV** 264
Mesmerode, Amt **VI** 161, 167
Messerschmidt, Georg, Johanniterkomtur von Meisenheim **VI** 175
Metelen, Damenstift **III** 111
Mettingen **III** 185
Mettlach, Benediktinerkloster **V** 62
Metz **V 96–122**
- Bistum **V** 10, 51, 87, **96–122 VI** 172f.
- Hochstift **V** 52, **96–122**, 153
- Domkapitel **V** 97, 101, 107f., 117 **VI** 205
- Reichsstadt **V 96–122 VI** 184, 186, 188
- Benediktinerkloster St. Vincent **V** 100 **VI** 174

Metzler, Hans **II** 118
Meurisse, Martin **V** 119
Meyenburg, Michael **IV** 36
Meyendorf, Zisterzienserinnenkloster **II** 81
Meyer, Marx **VI** 122
Michael Helding, Bischof von Merseburg, Weihbischof von Mainz **II** 21f. **IV** 77–79, 82
Michael II., Graf von Wertheim **IV** **215**, 216, 222f.
Michael III., Graf von Wertheim **IV** 138, **215**, 222, 224f.
Michael von Kuenburg, Erzbischof von Salzburg **I 73**
Michelangelo **VII** 42 Anm. 39
Michele, Giovanni **VI** 63
Michelstadt **IV** 224
Micron, Maarten **III** 170, 213
Micyllus, Jakob **V** 20
Middelburg, Bistum **III** 202, 215 **IV** 245f.
Militsch, Herrschaft **II** 105, 116
Miller, Johann **VI** 15
Miltenberg **IV** 72, 74, 80 **VII** 129
Minckwitz, Herren von **VI** 98
Minckwitz, Hans von **VI** 99
Mindelheim, Herrschaft **V** 234 **VI** 25

Minden
- Bistum **III** 10, 27f., 53, 62, 87, 89, 115, 131, 141, 150 **VI** 52, 153–155, 157, 164, 167
- Hochstift **II** 62 **III** 10, 12, 14, 27, 87, 131, 134 **VI** 154, 167 **VII** 30, 64, 77, 84, 116
- Dom **III** 28
- Domkapitel **III** 28
- Stadt **VII** 31, 116f., 123, 129, 133

Minfeld **VI** 184
Minoriten s. Franziskaner-Konventualen
Mirandola, Giovanni Pico della **II** 113
Mirecourt **V** 115
Miruš, Jan **I** 142
Mitmánek, Wenzel **I** 144
Mittel-Rheinstrom, Kanton **IV** 183
Mock, Jakob **V** 223
Möckerheide **V** 27
Möckern **II** 69, 78
Möckmühl, Amt **V** 171
Möllenbeck, Kanonikerstift **VI** 167
Mölln **VI** 115, 121, 124
Mömbris **IV** 87
Mömpelgard, Grafschaft **V** 27, 30, 38, 169, 258, 280 **VI** 173, 176, 178f., 182, 186, 189, 200, 202, 205, 207
- s. a. Württemberg
Mörlenbach **IV** 64
Mörlin, Maximilian, Superintendent von Nassau **IV** 242f. **V** 133
Mörnsheim, Sigmund von **I** 48
Moers, Grafschaft **III** 88, 172
Mörs-Saarwerden, Grafen von **V** 151
Möser, Justus **VII** 27
Mohacs **I** 104
Moibanus, Ambrosius **II** 113, 115, 118f., 123
Moirans **VI** 207
Molanus, Johannes **III** 50
Molina, Luis de SJ **V** 119
Moller, Albin **VI** 103
Molsheim **V** 87, 89–91, 248, 271, 273
- Jesuitenkolleg **V** 145
- s. a. Universitäten
Mondsee **I** 77
Monheim **I** 45f., 49 **VI** 26
Monheim, Johannes **III** 95, 99
Monnikendam **III** 210

Montafon **V** 257
Montaigne, Michel Eyquem Seigneur de **VII** 14
Montanus, Jakob, Fraterherr **III** 91
Montbéliard s. Mömpelgard
Montfort, Herrschaft **VI** 185
Montfort, Grafen von **V** 234
Montigny **V** 108
Moosham, Ruprecht von **VI** 65
Moritz, Graf von Büren **III** 158
Moritz von Hutten, Bischof von Eichstätt **I** 48 **IV 167**, 173, 176
Moritz der Gelehrte, Landgraf von Hessen-Kassel **II** 55, 58 **IV 256**, 280–283, 285
Moritz, Graf von Nassau, Herr der Grafschaft Lingen **III 183**, 193, 228, 231f.
Moritz, Kurfürst von Sachsen **II** 9, 19–24, 46, **105 IV** 13, 29, 35, 47, 79 **V** 105, 178 **VI** 86–89 **VII** 143, 147f., 158, 164 Anm. 67, 186
Moritz, Graf von Tecklenburg **III 183**
Morsius, Joachim **VI** 126
Morstein **IV** 204
Morungen, Amt **VI** 79f.
Mosbach **IV** 78
Moschel-Landsberg s. Landsberg (Pfalz)
Mosellanus, Petrus **II** 11, 114
Moser, Johann Jakob **VII** 171
Moskauer Staat s. Rußland
Motschenbach, Pangraz **IV** 157
Mühlberg a. d. Elbe
– Herrschaft **II** 24
– Stadt **II** 20, 198 **IV** 13, 19, 77, 271 **V** 82 **VI** 21, 102 **VII** 185
Mühldorf a. Inn **I** 59
Mühlhausen (b. Augsburg) **VI** 27
Mühlhausen, Reichsstadt **II** 9 **IV** 9, 11f., 34, 36, 62 **V 195 VI** 83, 231, 234
– Barfüßerkloster **IV** 35
– St. Blasii **IV** 34f.
– St. Marien **IV** 34f.
Mülhausen **V** 218, 279, 298, 304, 312 **VI** 233
Müller, Caspar **VI** 82

München
– Hof **IV** 159, 175 **V** 137, 139, 178 **VI** 50, 70f. **VII** 29
– Stadt **I** 51, 57, 64, 66, 68, 111 **VI** 18, 69 **VII** 17 **VII** 84, 147, 161
– St. Michael **I** 50 **VII** 103
Münden **III** 21f., 27
Münnerstadt **IV** 110, 114, 117, 120, 202 **VI** 241 **VII** 114, 124, 132
– Augustiner-Eremitenkloster **IV** 102
– Deutschordenshaus **VI** 229, 231
Münsing **V** 170, 288
Münster im St. Gregoriental, Reichsstadt **V** 99, **195**
Münster, von, Familie **IV 183**
Münster, Johann von **III** 192 **V** 139
Münster, Sebastian **V** 20
Münster **III 108–129**
– Bistum **III** 62, 87, 89, **108–129**, 131, 150, 153, 157, 163, 165, 184, 195, 202, 214, 230 **VI** 154, 157 **VII** 76, 189
– Hochstift **I** 75 **III** 11, 53, 59, 87, 99, **108–129**, 131, 134f., 137, 184f., 189f., 202 **VI** 132f., 137f. **VII** 69, 85
– Niederstift **III 108–129**, 131f., 135, 145, 163, 185 **VI** 132, 137
– Oberstift **III 108–129**
– Dom **III** 116f., 120
– Domkapitel **III** 115, 120, 122–124, 126, 128
– Stadt **II** 149 **III** 67, 89, 93, **108–129**, 133f., 143, 159, 170, 193–195, 211, 232 **IV** 230, 241, 268, 284 **V** 56 **VI** 18, 137, 146, 156 **VII** 33f., 76, 117, 182
– Benediktinerinnenkloster Liebfrauen/Überwasser **III** 111
– Deutschordensniederlassung **III** 111
– Franziskanerkloster **III** 111, 116, 126
– Fraterherrenhaus „Zum Springborn" **III** 112f.
– Johanniterkloster **III** 111f.
– Kollegiatstift Alter Dom **III** 111
– Kollegiatstift St. Ludgeri **III** 111, 120
– Kollegiatstift St. Martini **III** 111

- Kollegiatstift St. Mauritz **III** 111, 114, 117
- Zisterzienserinnenkloster **III** 111
- St. Lamberti **III** 114

Münsterberg-Frankenstein, Herzogtum **II** 104, 134

Münsterberg-Oels, Herzogtum **II** 116, 119

Münsterdorf **II** 154

Münsterdreisen, Prämonstratenserkloster **V** 19

Münsterschwarzach, Benediktinerkloster **IV** 102, 114

Müntzer, Thomas **I** 38, 143 **II** 38, 75–78 **IV** 15f., 18, 29, 34, 36, 75, 133 **V** 265 **VI** 82–84

Münzer, Erasmus, Abt von St. Emmeram/Regensburg **VI** 53

Multscher, Hans **V** 198

Mundelsheim, Amt **V** 187

Munderkingen **V** 257, 264

Murbach, Benediktinerkloster **V** 99, 258, 269

Murer, Jakob OPraem, Abt von Weißenau **V** 237

Murgtal **IV** 222

Murner, Thomas OFMConv. **V** 54, 78f.

Murrhardt, Benediktinerkloster **V** 172, 251

Murrmann, Johann **IV** 162

Murten **V** 279

Musaeus, Johann **IV** 29

Musaeus, Simon **IV** 20

Musculus, Andreas **II** 48f., 51

Musculus, Petrus s. Maus, Peter

Musculus, Wolfgang **VI** 19, 22

Muskau, Herrschaft **VI** 96, 100, 106

Myconius, Friedrich **II** 13 **III** 92

Myconius, Oswald **V** 220, 284, 310

Mylius, Georg **II** 26

Mynsinger, Joachim **III** 30

Mystopol, Jan **I** 144

N

Nabburg **V** 9, 12, 21

Nadler, Jörg **VI** 15

Nägeli, Hans Franz **V** 296

Nägelstedt, Kommende **VI** 234

Namen s. Namur

Namens, Lütge OFM **II** 149

Namur
- Bistum **III** 202
- Grafschaft **III** 201

Nancy **V** 97, 102f., 110, 113–116, 118f. **VI** 200
- Jesuitenkolleg **V** 114

Napoleon I., Kaiser der Franzosen **II** 151

Nas, Johannes OFM **I** 94, 96f.

Nassauische Grafschaften **III** 59, 172 **IV** 51, 62, **234–252** **V** 51 **VII** 57 Anm. 55
- Nassau-Beilstein **IV** **234–252**
- Nassau-Diez **III** 196 **IV** **234–252**
- Nassau-Dillenburg **III** 51, 191f. **IV** 78, **234–252**, 281 **V** 27, 34, 57, 139 **VII** 20, 28f.
- Nassau-Hadamar **IV** **234–252** **VII** 28
- Nassau-Idstein **IV** 236f., 246
- Nassau-Saarbrücken **IV** 41, 236 **V** 99, 115, 125, 127, 151 **VI** 172
- Nassau-Siegen **IV** **234–252** **VII** 28
- Nassau-Usingen **IV** 236
- Nassau-Weilburg **IV** 54, 236f., 246
- Nassau-Wiesbaden **IV** 78, 236

Nassau, Haus **IV** 256
- Ottonische Linien **IV** **234–252**, 236, 256
- Siegener Linie **IV** 248
- Walramische Linie **IV** 236, 246, 256
- Beilsteiner Nebenlinie **IV** 237
- Haus Nassau-Oranien **II** 61 **III** 183, 187, 196 **V** 40

Naumburg (b. Kassel), Amt **IV** 93 **VII** 31

Naumburg a. Queis, Magdalenerinnenkloster **II** 110

Naumburg a. d. Saale
- Bistum Naumburg(-Zeitz) **II** 9, 21, 74 **IV** 11, 14
- Hochstift **I** 89 **II** 9f., 13, 24 **IV** 12f. **VII** 60 Anm. 65
- Stadt **II** 23 **IV** 13, 20 **VI** 124

Nausea, Friedrich **I** 96 **IV** 47, 77

Nebelschütz **VI** 101, 104, 110

Neckar-Schwarzwald, Kanton **IV** 183

Neckarmühlbach **IV** 64

Neckarsteinach **IV** 196
Neckarsulm **V** 10 **VI** 243
Neckartal **IV** 74
Necrosius, Konrad OP **IV** 77
Neidecker, Paul **IV** 153
Neidhardt von Thüngen, Bischof von Bamberg **IV** 147, 156–158, 161, 206
Neidlingen **V** 187
Neisse-(Ottmachau-)Grottkau, Fürstentum **II** 105, 109, 116, 132
Neisse **II** 109f., 112f., 124–126, 129f., 133
– Franziskanerkloster Maria in Rosis **II** 133
– Franziskanerkloster Hl. Kreuz **II** 110
– Jesuitenkolleg **II** 131
– St. Jakob **II** 124
Neithard, Familie **V** 198
Neithard, Ulrich **V** 199
Nekher, Vitus SOCist, Abt von Salem **V 233**
Nellenburg, Landgrafschaft **V** 264, 272
Neresheim, Benediktinerkloster **V** 170, 233
Neri, Filippo **VII** 14, 42 Anm. 39
Nesen, Wilhelm **IV** 44
Nesse b. Norden **III** 170, 172
Nessun **VI** 180
Neu-Hanau **IV** 48
Neubrandenburg **II** 168, 170, 173, 178
– Franziskanerkloster **II** 175
Neuburg a. d. Donau **I** 45–47, 49f., 52 **V** 13, 22f., 157 **VI** 26, 28, 181 **VII** 159
– s. a. Pfalz-Neuburg
Neudenau **IV** 64
Neudingen, Zisterzienserinnenkloster Maria Hof **VII** 98 Anm. 48
Neudorfer, Georg OP **V** 221f.
Neuenahr, Grafen von **III** 192
Neuenburg a. Rhein **V** 264, 266
– Kapuzinerkloster **V** 274
Neuenburg i. W. **II** 218
Neuenburg, Grafschaft **V** 279, 294f., 301 **VI** 200, 205, 207

Neuendorf b. Gardelegen, Zisterzienserinnenkloster **II** 44 **VII** 97 Anm. 41
Neuenhain, Amt **IV** 93 **VII** 34
Neuenheerse, Damenstift St. Saturnina **III** 150
Neuenkamp, Zisterzienserkloster **II** 198
Neuenrade **VII** 116
Neuenstadt/Kocher, Amt **V** 171
Neuenwalde, Benediktinerinnenkloster **III** 46, 55
Neuerburg, Herrschaft **V** 51
Neuhaldensleben **II** 69, 77, 81
Neuhaus (b. Bad Mergentheim), Feste **VI** 236
Neuhaus (b. Paderborn) **III** 151
Neuhaus (Böhmen)
– Franziskanerkloster **I** 139
– Jesuitenkolleg **I** 145
Neuhaus-Veldenstein (bambergische Exklave) **IV** 148
Neuhelfta **VI** 85
Neukastel, Amt **VI** 176, 187
Neukloster (b. Buxtehude), Benediktinerinnenkloster **III** 46, 54
Neukloster (b. Wismar), Amt **II** 169
– Zisterzienserinnenkloster **II** 175
Neumagen, Herrschaft **V** 58
Neumark, Markgrafschaft s. u. Brandenburg, Kurfürstentum
Neumarkt (Oberpfalz) **V** 9, 12, 16, 18, 28
Neumarkt (Schlesien) **II** 112, 118 **VII** 113
– Benediktinerkloster **II** 110
Neumünster-Bordesholm, Chorherrenstift **II** 144
Neunburg vorm Wald **V** 9, 12, 28
Neunkirchen a. Potzberg **VI** 192
Neuruppin, Dominikanerkloster **II** 38
Neuss **III** 61, 69, 78
Neustadt (b. Marburg), Amt **IV** 43, 64, 86, 92f., 255 **VII** 31
Neustadt (Oberschlesien) **II** 103
Neustadt a. d. Aisch **I** 23
Neustadt a. d. Orla **IV** 18
Neustadt a. d. Saale **IV** 106, 114, 116 **VII** 114

Neustadt a. d. Haardt **V** 9, 11, 19, 21, 28, 41 **VI** 183
- Chorherrenstift **V** 19

Neustadt a. Main, Benediktinerkloster **IV** 102, 114

Neustadt i. Sachsen **VI** 95

Neustetter, Johann Christoph, genannt Stürmer **IV** 115

Neustift b. Brixen, Chorherrenstift **I** 88

Neustoizismus **II** 61

Neuzelle, Zisterzienserkloster **II** 30 **VI** 96, 101, 108, 110 **VII** 92

Never, Heinrich **II** 172 **VI** 121, 123

Niavis, Paulus **II** 11

Niclaes, Hendrick **III** 170

Nicolaas de Castro, Bischof von Middelburg **III** 215

Nicolas Boucher, Bischof von Verdun **V** 98

Nicolas Bousmard, Bischof von Verdun **V** 98

Nicolas Psaume, Bischof von Verdun **V** 98, 102, 105, 110f.

Nidda, Grafschaft **IV** 63, 269 **V** 134

Niedbrück, Familie s. Pont de Nied, du, Familie

Nieder-Rheinstrom, Kanton **IV** 183

Niederländischer Aufstand, Spanisch-Niederländischer Krieg (1568–1648) **III** 75, 77, 94, 99f., 125, 154, 191, 193, 216–221 **IV** 236, 241 **V** 27, 30, 36 **VI** 180, 206 **VII** 190

Niederlande **II** 147, 149, 160, 218 **III** 50, 53f., 62, 73, 75–77, 87, 94, 99, 109, 117f., 122f., 125, 163, 166, 170f., 176f., 187f., 191, 193f., **200–235 IV** 27, 30, 48, 189, 228, 236, 241, 243f., 272f. **V** 27, 36, 38, 107, 109, 135, 196, 252, 264, 274, 309 **VI** 117, 125, 145, 158, 163, 180, 185, 199–201, 206, 211, 218, 234, 244 **VII** 18, 23, 76f., 121, 187, 190
- Republik der Vereinigten Niederlande / Generalstaaten **II** 53, 61, 160 **III** 76f., 88, 100f., 103, 126f., 173, 175, 184, 191–194, 223, 226–228, 230–232 **V** 40
- spanische Niederlande **II** 160 **III** 68, 75, 109, 116, 154, 170, 183f.,

190, 194, 227–229 **IV** 47 **V** 35, 64, 99, 103 **VI** 73, 236 **VII** 74

Niederösterreich **I** 77, **118–133 II** 172 **V** 184, 266 **VI** 60, 62, 66, 70f. **VII** 22, 51 Anm. 28, 79, 87f., 96, 112
- s. a. Österreich

Niederrhein **III** 76, 89, 112, 125f., 159, 183 **V** 11, 36, 100 **VI** 153

Niedersachsen **III** 15, 16, 17, 34, 38, 45

Niederseifersdorf b. Reichenbach **VI** 101

Niederstotzingen **V** 195

Nieheim **III** 155

Niemegk **VI** 85

Nienburg **II** 92
- Benediktinerkloster **II** 98

Niklashausen **IV** 103

Nikolaus V., Papst **II** 36

Nikolaus von Kues, Bischof von Brixen, Kardinal **II** 38 **IV** 42, 66, 169

Nikolaus Szyszkowski, Bischof von Ermland **II** 207

Nikolaus Elgard, Weihbischof von Mainz **IV** 84f. **V** 64

Nikolaus von Amsdorf, ev. Bischof von Naumburg **II** 21, 72–74, 76 **IV** 13, 20

Nikolaus II., Graf von Tecklenburg **III** 185

Nikolaus III., Graf von Tecklenburg **III 183**, 185

Nikolaus IV., Graf von Tecklenburg **III 183**, 185–187

Nikolaus Franz von Lothringen, Bischof von Toul, Kardinal **V 97, 98,** 118

Nikolaus von Lothringen, Bischof von Verdun **V** 98

Nimwegen **II** 126 **III** 94, 203 **VI** 200

Ninguarda, Felician, OP **I** 64, 82, 147 **VI** 49 **VII** 82

Nödigk, Peter **IV** 70

Nördlingen, Reichsstadt **I** 54 **IV** 25, 93, 122, 143, 162, 229 **V** 18, 42, 144, 149, 187f., **195**, 208, 250 **VI** 10, 30f., 184, 243

Nördlinger Ries **I** 22

Nörten **III** 21

Nohfelden, Amt **VI** 173

Nonsberg **I** 88, 97
Nopp, Hieronymus **VI** 45
Norbert von Xanten, Hl. **I** 150
Norden, Amt **III** 164f., 170, 172f., 177
- Dominikanerkloster **III** 166
Nordgau s. u. Oberpfalz
Nordhausen, Reichsstadt **III** 10 **IV** 9, 11f., 34–37 **VI** 89
- Augustiner-Eremitenkloster **IV** 36
- Kanonikerstift St. Crucis **IV** 36
- St. Blasii **IV** 36
- St. Petri **IV** 36
Nordhorn **III** 190
Nordstrand **II** 161
Nordwestdeutschland **VII** 109, 122
Normaljahr, Normaltag (1624) **I** 54, 67 **II** 63 **III** 38, 56, 126, 128, 144, 194 **IV** 143, 162, 209 **V** 42f., 145, 150, 152, 156, 159 **VI** 31, 126, 184 **VII** 25, 27, 30–33, 36, 38, 51, 96
Normannen **III** 164
Northeim **III** 22, 35 **VII** 119
Norwegen **II** 145
Nostitz, Otto von **II** 131
Nothgottes im Rheingau, Kapuzinerkloster **IV** 91
Notke, Bernt **VI** 117
Nottuln, Kanonissenstift **III** 111
Novenianus, Philipp **II** 72, 78
Novgorod **VI** 117
Noviomagus s. Geldenhauer, Gerhardus Eobanus
Nuber, Veit **VI** 178
Nürnberg, Reichsstadt **I** 12, 17–19, 25, **33–42**, 45, 47, 50, 57, 142 **II** 114, 222 **III** 22, 26, 115, 121 **IV** 31, 35f., 41, 46, 76, 105f., 147f., 149, 153, 161f., 167, 170, 183, 207, 239 **V** 10, 13, 21, 35, 99, 104, 196, 199, 216, 289f. **VI** 15, 28, 44, 46, 54, 116, 176, 178, 244 **VII** 20f., 24, 33, 54, 70 Anm. 16, 71, 76, 102 Anm. 80, 132, 182
- Augustiner-Eremitenkloster **I** 34, 36f.
- Benediktinerkloster St. Egidien **I** 34, 37f. **IV** 107
- Dominikanerkloster **I** 34, 37

- Dominikanerinnenkloster St. Katharina **I** 35, 37 **VII** 93 Anm. 18
- Franziskanerkloster **I** 34, 37
- Karmelitenkloster **I** 35, 37
- Kartäuserkloster Marienzelle **I** 34, 37
- Klarissenkloster St. Klara **I** 35, 37 **VII** 93 Anm. 18
- Deutschordenskommende **I** 34f., 40 **VI** 229, 232, 243 **VII** 31, 94
- Deutschordenskirche St. Elisabeth **I** 34, 40 **VI** 232, 244 **VII** 94
- Deutschordenskirche St. Jakob **I** 34, 40 **VI** 232, 244
- Frauenkirche **I** 35
- Hl.-Geist-Spitalkirche **I** 34–36, 38
- St. Lorenz **I** 34f., 37f., 41 **IV** 31
- St. Sebald **I** 17, 34f., 38, 40f.
- s. a. Reichstage
Nürnberger Anstand (1532) **III** 115, 121 **IV** 36, 76 **V** 16, 174 **VI** 176
Nürnberger Bund (1538) **I** 61 **II** 16, 18 **III** 22, 25 **IV** 35, 76, 107 **VII** 182

O
Ober-Rheinstrom, Kanton **IV** 183
Oberaltertheim **IV** 226
Oberdeutschland **VII** 175
Oberehnheim, Reichsstadt **V** 83, **215**, 225
Oberglogau **II** 103, 109
Oberinntal **I** 96
Oberitalien **V** 35, 196, 307 **VII** 129
Oberkirch **V** 187
Oberkranichfeld, Herrschaft **IV** 9, 32
Oberländer, Martin **II** 173
Oberlausitz s. u. Lausitz
Obermedlingen, Dominikanerinnenkloster **VI** 14
Obermoschel **VI** 171, 173, 185f.
Obermundat **V** 73
Obernberg a. Inn **VI** 59, 63
Obernkirchen **VI** 157, 166
- Augustinerinnenkloster **VI** 161, 167
Obernzell **VI** 63f.
Oberösterreich **I** 84, **118–133 V** 103, 184, 266, 269 **VI** 60, 62f., 65–67, 70f., 73 **VII** 22, 71, 85, 88, 111, 124

– s. a. Österreich
Oberpfalz, Fürstentum **I** 11, 13, 33, 45, 57f, 67, 74, 135 **II** 100 **IV** 147, 161, 177 **V 8-49 VI** 38, 51f. **VII** 28, 30, 38, 50f., 65, 85
Oberrhein, Kanton **IV** 205
Oberrhein **III** 117 **V** 127-129, 275, 304, 308
Obersalm, Grafschaft **V** 73
Oberschönenfeld, Zisterzienserinnenkloster **VI** 14
Oberschüpf **IV** 74
Oberschwaben **IV** 74 **V** 207f., 225f., 236, 243, 259 **VII** 76
Oberseifersdorf b. Zittau **VI** 101
Oberstein, Herrschaft **VI** 172
Oberwald **III** 159
Oberwesel **V** 53, 55f.
Obotriten, Wendisches Fürstenhaus **II** 167
– Schweriner Linie **II** 167
– Stargarder Linie **II** 167
Obsopoeus, Vinzenz **I** 20
Ochsenfurt **IV** 101, 110, 114 **VII** 114
Ochsenhausen, Benediktinerkloster **V** 233, 235, 238, 241, 244f., 247, 251
Ochsenwang **V** 187
Odenkirchen **III** 77
Odense
– Bistum **II** 143
– Stadt **II** 148
Odenwald, Kanton **IV** 183, 185, 199, 203-205, 207f.
Odenwald **IV** 64f., 74f., 86, 110, 173, 216
Oderberg, Herrschaft **I** 14 **II** 105-108, 129
Odernheim **VI** 173
Odilienberg **V** 90
Oebisfelde **II** 69, 78
Öglin, Erhart **VI** 15
Ökolampad, Johann **I** 62, 96 **III** 168 **IV** 70, 195, 205 **V** 201, 291-293, 310 **VI** 14
Oels-Bernstadt, Fürstentum **II** 104, 134
Oesede, Benediktinerinnenkloster **III** 136
Österreich, Erzherzogtum **I** 29, 57-63, 65-67, 73f., 77, 81-83, 89, 97, 107, 111, 114, 135 **II** 50, 219 **IV** 116, 148, 272 **V** 91, 129, 132, 160f., 169, 173f., 182-184, 186, 237f., 241f., 244-246, 251, 258, 260, 263, 266, 268, 270, 272, 275, 298f., 301, 308 **VI** 17, 22, 37, 46, 51, 54, 59-62, 65, 68, 70, 72, 108, 237, 240 **VII** 22f., 51, 65, 73f., 76f., 79, 85, 88, 111, 124f., 128, 149, 198
– Österreich und an der Etsch und im Gebirge, Kammerballei **I** 90, 95 **VI 224-248**
– Österreichische Vorlande **I** 93, 103 **V** 99, 239, **256-277 VII** 79, 125
– s. a. Innerösterreich, Niederösterreich, Oberösterreich, Vorderösterreich
Oestringen **VI** 143
Oestringfelde, Dominikanerinnenkloster **VI** 143
Oettingen, Grafschaft **I** 12, 45 **VI** 27, 233
– Deutschordenskommende **VI** 229, 233
Oeynhausen, Herren von **III** 153
Offenbach (a. Glan) **VI** 173
– Benediktinerkloster **VI** 174, 178
Offenburg **IV** 54, 183 **V 215**, 225, 227
– Kapuzinerkloster **V** 228
Offizinen s. Buchdruck
Oisterwijk, Maria von **III** 71
Oldeklooster **III** 211
Oldekop, Johann **III** 28
Oldenbarnevelt, Johan van **III** 231f.
Oldenburg
– Grafschaft **III** 11, 45, 47, 109, 127, 145, 163, 164 **VI** 123, **130-151** **VII** 72
– Stadt **VI** 131
– Kanonikerstift St. Lamberti **VI** 133, 136f.
– Großherzogtum Oldenburg **II** 156
Oldenburg (b. Bad Pyrmont), Amt **III** 149, 158
Oldenburg, Haus **II** 141, 143, 152, 160 **VI** 131, 156
– Linie Augustenburg **II** 141
– Linie Glücksburg **II** 141

- Linie (Holstein-)Gottorf **II** 143, 155f., 160 **VI** 123, 147f
- Linie Sonderburg **II** 141

Oldendorf **VI** 157, 167
Oldenstadt, Benediktinerkloster **III** 20
Oldenzaal **III** 193
Oldersum **III** 166
Oldersum, Boing von **VI** 142
Oldisleben **IV** 30
Olevian, Caspar **IV** 245f. **V** 24, 26, 28, 57, 59f.
Olewig, Caspar von der s. Olevian, Caspar
Olisleger, Heinrich **III** 90f., 93
Oliva **II** 221
- Zisterzienserkloster **II** 212

Olmütz
- Bistum **I** 138 **II** 106, 109, 185 **V** 73 **VI** 73, 226, 242
- Stadt **VI** 107

Olmützer, Hans **II** 111
Olry de Blâmont s. Ulrich von Blankenberg
Omphalius, Jakob **III** 98
Oñate **V** 91, 274
Onna, Gemahlin Ottos III. von Rietberg **III 163**
Opitz, Josua **I** 128 **VI** 45
Opitz, Martin **II** 120, 129 **V** 39 **VII** 196
Oppeln(-Ratibor), Fürstentum **I** 14 **II** 103, 108, 116, 132
- Franziskanerkloster **II** 110
- Kollegiatstift **II** 109

Oppenheim a. Rhein **V** 9, 11 **VII** 38
- Franziskanerkloster **V** 19

Oranien, Haus s. u. Nassau, Haus
Oratorianer (Or), -kloster **II** 161 **V** 119 **VI** 216
Orbe **V** 279
Orgelet **VI** 207
- Kapuzinerkloster **VI** 215

Orlamünde **IV** 12, 16
Orlau, Benediktinerkloster **II** 110
Orléans **V** 59
Orléans, Gaston d' **V** 119
Ornbau **IV** 167
Orscelaer, Heinrich Karl Freiherr von **V** 142

Ortenau **V** 144, 225f., 259, 274
- Reichslandvogtei **V** 11, 73, 244, 257f., 260, 267
- Kanton **IV** 183

Ortenburg, Grafschaft **I** 57f., 63 **VI** 68 **VII** 31
Orthodoxie, lutherische **I** 41 **II** 28, 117, 159, 202, 218, 231 **III** 31, 33, 35, 50 **IV** 26, 28, 115, 226, 228, 242, 273, 277, 279–281, 283 **V** 23, 88 **VI** 125, 177f., 180–182
Oschatz **II** 11
Osenbrügge, Joachim **VI** 119
Osiander, Andreas **I** 17–19, 37f., 47 **II** 202, 222, 226, 229, 231 **IV** 20, 219 **V** 22
Osiander, Lukas **I** 96
Osiandrischer Streit **II** 226, 228 **IV** 20 **VI** 124
Osnabrück **III 130–146**
- Bistum **III** 10, 53, 55, 62, 87, 89, 109, 121, 127, **130–146**, 150, 153, 156, 163, 165, 184, 186f., 190, 195, 202, 214 **VI** 52, 131, 135 **VII** 26f.
- Hochstift **III** 10, 12, 14, 38, 87, 109, 115–117, 121, **130–146**, 184f. **VI** 137 **VII** 26f., 33, 76f., 80, 86, 117, 124
- Dom **III** 132, 137, 144
- Domkapitel **III** 127, 132–136, 138–140, 143f. **VII** 117, 124
- Stadt **II** 124, 204 **III** 67, 92, **130–146**, 159 **IV** 230, 284 **VI** 140, 146 **VII** 18, 27, 33, 117, 123f., 129
- Petersburg, Zitadelle **III** 141
- Augustiner-Eremitenkloster **III** 113, 132f., 135
- Benediktinerinnenkloster Getrudenberg **III** 132
- Deutschordens-Kommende **III** 132, 135
- Dominikanerkloster **III** 132, 135
- Franziskanerkloster **III** 132, 135
- St. Katharinen **III** 132, 135, 137, 141, 144
- St. Marien **III** 132f., 135, 137, 141, 144
- Stiftskirche St. Johann **III** 132, 135, 137, 144
- s. a. Universitäten

Osse, Melchior von **II** 24 **VII** 159
Ossegg, Herrschaft **I** 148
Ossig b. Lüben **II** 114
Ostendorff b. Lippramstorf, Herrlichkeit **III** 110
Osterberg, Kreuzherrenkloster **III** 187f.
Osterhofen, Prämonstratenserkloster **VI** 62, 83
Osterholz, Benediktinerinnenkloster **III** 46, 55
Osterhusen **III** 175
Osterland **IV** 12
Osterzell **VI** 27
Ostfriesland, Grafschaft **II** 149 **III** 109, **162–180**, 202, 213, 221 **VI** 131f., 134, 140–142, 145 **VII** 61 Anm. 69
Ostpreußen s. Preußen, Herzogtum
Ostritz **VI** 101, 110
Ostrofrancus s. Hoffmann, Christoph
Ostschwaben **VI** 10, 21, 26f., 61
Oswald, Georg **V** 201
Otmar, Silvan **VI** 15
Ottavio Mirto Frangipani, Erzbischof von Tarent, Bischof von Cajazzo und Tricarico **III** 72
Otter, Jakob **V** 264
Otterberg **VI** 182
– Zisterzienserkloster **V** 14, 27
Ottersdorf, Georg III. von **II** 133
Ottheinrich, Kurfürst von der Pfalz **I 45**, 46–50, 52 **IV** 199 **V 9**, 12, 20, 22–24, 26, 28–29 **VI** 11, 179
Ottheinrich, Graf von Schwarzenberg **V** 137, 138
Ottmachau s. Neisse-(Ottmachau-)Grottkau, Fürstentum
Otto II., Kaiser **IV** 63
Otto Truchseß von Waldburg, Bischof von Augsburg, Kardinal **I** 47 **IV** 76 **V** 267 **VI 9**, 10f., 22–25
Otto der Einäugige, Herzog von Braunschweig-Göttingen **III** 13
Otto I., Herzog von Braunschweig-Lüneburg(-Harburg) **III** 18, 20, 46
Otto IV., Graf von Eberstein **V** 149f.
Otto von Hoya, Häuptling von Esens, Stedesdorf und Wittmund **III** 163
Otto, Landgraf von Hessen **IV** 255

Otto III. von Schaumburg, Bischof von Hildesheim **III 10**, 28
Otto, Graf zur Lippe-Brake **VI 153**, 167
Otto Heinrich, Sohn Wolfgangs von Pfalz-Zweibrücken **VI** 180
Otto, Graf zu Schaumburg **VI 154**
Otto IV., Graf zu Schaumburg **VI 154**, 160f., 164–167
Otto V., Graf zu Schaumburg **VI 154**, 167
Otto, Graf von Solms **IV** 64
Otto, Graf von Solms-Braunfels-Hungen **V** 35
Otto VII., der Jüngere, Graf von Tecklenburg **III 183**, 185
Ottobeuren, Benediktinerkloster **V** 234, 247 **VI** 9
Overijssel, Herrlichkeit **III** 109, 118, 127, 184, 187–189, 193, 201, 203, 207, 212
Ow, Georg von, Johanniterkomtur **V** 220
Oxenstierna, Axel **I** 28 **VI** 30, 122 **VII** 33

P
Pacius, Julius **V** 38
Pack, Otto von **II** 14 **IV** 153, 265 **VI** 85
Packsche Händel (1528) **IV** 109, 153, 265 **VI** 85
Paderborn **III 148–161**
– Bistum **III** 10, 27, 53, 59, 87, 89, **148–161** **IV** 62, 256, 258 **VI** 153, 155f., 159, 164 **VII** 15 Anm. 10, 91 Anm. 2, 117
– Hochstift **III** 10, 12, 14, 27, 53, 59, 87, 137, **148–161** **IV** 256 **VI** 154f. **VII** 76, 78, 85, 124
– Dom **III** 150, 152f., 158f.
– Domkapitel **III** 149f., 152–155, 157, 159 **VII** 117, 124
– Stadt **III** 24, **148–161** **VII** 124
– Benediktinerinnenkloster **III** 150
– Benediktinerkloster Abdinghof **III** 150, 153, 156, 158
– Franziskanerkloster **III** 150, 157, 159
– Kapuzinerkloster **III** 157

- Kollegiatstift St. Peter und Andreas **III** 150
- Ursulinenkloster **III** 159
- Zisterzienserinnenkloster **III** 150
- Gaukirche **III** 150, 152, 156
- Marktkirche **III** 150, 152f., 156, 158
- s. a. Universitäten

Padua
- Bistum **I** 87
- Stadt **VI** 24
- s. a. Universitäten

Palästina **II** 185 **IV** 238
Palant, Werner von **III** 92, 96
Paminger, Leonhard **VI** 67
Pankraz von Sinzenhofen, Bischof von Regensburg **VI 37**
Papinga, Haus **VI** 131, 141
Pappenheim(-Treuchtlingen), Herrschaft **IV** 11, 167, 169, 177
Pappenheim, Herren von **IV** 178
Pappus, Johann(es) **V** 88 **VI** 181f.
Papst, Papsttum s. Rom, Kurie
Parchim **II** 168, 170, 173, 178
- Franziskanerkloster **II** 175
- St. Georg **II** 174
- St. Marien **II** 174

Parenzo, Bistum **I** 103, 105
Pareus, David **V** 38
Paris
- Hof **IV** 122 **V** 102, 117, 178 **VII** 30
- Stadt **II** 13, 149 **V** 81, 83, 112, 117 **VI** 211
- s. a. Universitäten

Paris von Lodron, Erzbischof von Salzburg **I 73**, 83f.
Parkstein-Weiden **I** 45, 53 **V** 12
Passau **VI 58–76**
- Bistum **I** 65f., 73f., 103, 105, 119, 121f., 124, 128, 131 **IV** 68 **V** 73 **VI 58–76**, 226 **VII** 71
- Hochstift **I** 58, 66, 135 **VI 58–76** **VII** 76, 85
- Landesteil Land der Abtei **VI** 59, 63f., 67
- Landesteil Rent- bzw. Waldgütleramt **VI** 59
- Landesteil Riedenburg **VI** 59
- Dom St. Stephan **VI** 64
- Domkapitel **VI** 60, 62, 68–70, 72f.
- Stadt **I** 121 **II** 21, 47, 92 **III** 97 **IV** 53, 55, 79–81, 224, 240, 272 **V** 178 **VI** 22, 30, **58–76**, 88 **VII** 186
- Augustiner-Chorherrenstift St. Nikola **VI** 61f., 67, 69
- Benediktinerinnenstift Niedernburg **VI** 62, 64
- Franziskanerkloster St. Anna **VI** 64
- Jesuitenkolleg **VI** 72f.
- Kapuzinerkloster **VI** 64, 72
- Oberhaus **VI** 70
- St. Bartholomäus **VI** 64
- St. Paul **VI** 64
- Wallfahrtskirche Mariahilf **VI** 73 **VII** 88 Anm. 80

Passeiertal **I** 96
Patschkau **II** 112
Paul III., Papst **II** 16 **III** 70
Paul IV., Papst **III** 122, 188, 214
Paul V., Papst **IV** 248 **V** 117
Paul Albert, Bischof von Breslau **II 105**
Paul von Hohenfurt, Weihbischof von Passau **I** 139
Paul Speratus, ev. Bischof von Pomesanien **I** 78, 123 **II** 223f., 228f. **IV** 105
Paul de Fiesque, Bischof von Toul **V 98**
Paul, Vinzenz von, Hl. **V** 119
Paulaner (OMinim), -kloster **VI** 208
Paull, Andreas **II** 27
Paur, Johannes **I** 97
Pausa **IV** 12, 33
Pavia **V** 12, 174, 287f. **VI** 24
Pays de Bitche **V** 109
Peblis, Wilhelm von **V** 139
Pedena, Bistum **I** 103, 105
Pedro, Graf von Fuentes, Generalstatthalter der Niederlande **III 201**
Pegaeus, Thomas s. Brunner, Thomas
Peine, Amt **III** 12, 28f.
Peinliche Halsgerichtsordnung, Carolina (1532) **IV** 150, 271
Peitz, Herrschaft **II** 35 **VI** 94, 102
Pelargus, Ambrosius **V** 54
Pelargus, Christoph, Superintendent von Brandenburg **II** 51, 55f., 59

Pellikan, Konrad, Franziskanerguardian **V** 284, 291f.
Pelplin, Zisterzienserkloster **II** 212
Pelt, Johan **III** 167
Peltzer, Bürgermeister von Osnabrück **III** 138
Pencz, Jörg **I** 38
Perlesreuth **VI** 67
Perrenot de Granvelle, Nicolas **VI** 209, 211, 214, 216
Perugia **V** 247
Peter von Schaumberg, Bischof von Augsburg, Kardinal **VI** 23
Peter Tylicki, Bischof von Ermland **II** 207
Peter Ernst, Graf von Mansfeld-Friedeburg **II** 133 **III** 201 **VI** 79, 86, 90
Peter Kostka, Bischof von Kulm **II** 212
Peter Wolkow, Bischof von Schwerin **II** 168
Peter Binsfeld, Weihbischof von Trier **V** 65, 67
Peter Bonomo, Bischof von Triest **I** 106, 109
Petershagen **VII** 116
Petershausen, Benediktinerkloster **V** 233, 240, 243
Petkum, Herrlichkeit **III** 176
Petrikau **II** 124, 217
Petrus Martyr, Hl. **V** 220
Pettau **I** 74
Peucer, Kaspar **II** 25 **IV** 279
Peutinger, Conrad **V** 199 **VI** 19
Pewsum **III** 176
Pezel, Christoph **II** 25 **III** 51 **IV** 244, 279
Pezold, Hieronymus **VI** 178
Pfälzer Erbfolgekrieg (1688–1697) **V** 43 **VII** 37
Pfaffendorf **VI** 110
Pfalz
– Kurfürstentum **I** 11, 33f. **II** 23, 27, 29, 49, 53, 58, 99 **III** 75, 91, 100, 172, 192, 213, 232 **IV** 42, 51, 62f., 68, 76, 78, 80f., 83, 91f., 104, 107, 147, 168, 188, 196, 198, 205, 207f., 229, 238, 243–247, 256, 273, 281 **V** **8–49**, 51, 55f., 59, 125–129, 133f., 139–141, 147f., 153–159, 170, 182, 184, 187, 205, 308 **VI** 38, 172f., 180, 182f., 186, 190–192 **VII** 25, 29, 35, 37f., 57 Anm. 55, 64 Anm. 86, 65, 70, 72, 74, 77, 131, 144, 149, 190, 191
– Pfalz-Birkenfeld **V** 128 **VI** **170–197**
– Pfalz-Kleeburg **VI** **170–197**
– Pfalz-Landsberg **VI** **170–197**
– Pfalz-Lautern **V** 9, 10, 27f., 30, 37
– Pfalzburg-Lixheim **V** 109
– Pfalz-Neuburg **I** 11, 33, **44–55**, 58, 61 **II** 29, 53, 62 **III** 87, 101, 102, 109 **IV** 147, 167f., 177 **V** 10, 12f., 22, 35f., 43f., 156, 170, 195 **VI** 9, 11, 26, 38, 44, 51f., 72, **170–197** **VII** 51 Anm. 28, 52 Anm. 32, 53 Anm. 37, 61 Anm. 68, 77, 83f., 86, 88, 98 Anm. 47, 102 Anm. 81, 116
– Pfalz-Simmern **IV** 62, 78, 81, 256 **V** 9f., 37, 43, 125, 127f., 136, 153, 156f. **VI** **170–197**
– Pfalz-Sulzbach **I** 54 **VI** 192 **VII** 38
– Pfalz-Veldenz **V** 58, 153, 157 **VI** **170–197**, 186, 191f.
– Pfalz-Zweibrücken **I** 49 **IV** 62, 78 **V** 10, 26, 35, 51, 58f., 99, 127f., 134, 153, 157f., 160 **VI** **170–197** **VII** 37, 39, 102
– s. a. Oberpfalz
Pfalzburg **VI** 191
Pfauser, Johann Sebastian **I** 93
Pfeddersheim **V** 23
Pfeffingen, Herrschaft **V** 317
Pfeffinger, Johann(es) **II** 25, 74 **VI** 64f.
Pfeiffer, Heinrich **IV** 34
Pfersee **VI** 21
Pfirt, Grafschaft **V** 257, 263f.
Pflug von Pegau, Julius **III** 91, 98 **IV** 77
Pförten, Herrschaft **VI** 96
Pforta (Schulpforte), Zisterzienserkloster **II** 22
Pforzheim **I** 21 **V** 125, 127f., 132, 135, 140, 144–146 **VI** 174, 176
– Dominikanerinnenkloster **V** 133
– Kollegiatstift **V** 129, 144
Pfullendorf, Reichsstadt **V** **215**, 225
Pfyffer, Ludwig **V** 307, 315

Philibert, Markgraf von Baden-Baden **V 126**, 136–138, 147, 151, 154, 157
Philipp I., Markgraf von Baden **V 125**, 128, 130–132, 137f.
Philipp II., Markgraf von Baden-Baden **V 126**, 137, 138, 139, 148, 155
Philipp Konrad, Graf von Bentheim-Steinfurt und Tecklenburg **III 183**
Philipp I., Herzog von Braunschweig-Grubenhagen **II** 91 **III 10**, 21
Philipp II., Herzog von Braunschweig-Grubenhagen **III 10**
Philipp der Gute, Herzog von Burgund **III** 208
Philipp II., Graf von Eberstein **IV 215**, 227 **V** 147
Philipp III., Graf von Eberstein **V** 148f.
Philipp, Pfalzgraf b. Rhein, Bischof von Freising **IV** 68
Philipp Georg Schenk zu Schweinsberg OSB, Abt von Fulda **IV 129**
Philipp Schenk zu Schweinsberg OSB, Abt von Fulda **IV 129**, 136–138
Philipp Ludwig II., Graf von Hanau **IV** 48, 87
Philipp der Großmütige, Landgraf von Hessen **I** 46 **II** 11, 14, 18f., 22, 152 **III** 22, 25f., 115f., 121, 151f., 167, 185, 187, 189 **IV** 71, 75f., 81, 134, 136f., **255**, 257, 260–265, 267–277, 279, 281 **V** 29, 52, 56, 174, 200, 302 **VI** 156–158, 160, 175, 177, 233 **VII** 143, 143 Anm. 17, 145, 147f., 156, 164, 164 Anm. 67, 165, 182, 186
Philipp der Jüngere, Landgraf von Hessen-Rheinfels **IV 256**, 274
Philipp I. von Daun-Oberstein, Erzbischof von Köln **III** 59
Philipp, Graf zur Lippe-Alverdissen bzw. zu Schaumburg-Lippe **VI 153**, **154**, 167f.
Philipp, Graf von Mansfeld-Bornstedt (1531–1546) **VI 79**, 86, 88
Philipp, Graf von Mansfeld-Bornstedt (1615–1657) **VI 79**
Philipp Sigismund von Braunschweig-Wolfenbüttel, ev. Administrator von Osnabrück und Verden **III** 28, 33, **131**, 138f.
Philipp der Aufrichtige, Kurfürst von der Pfalz **II** 13 **III** 206 **V 9**, **10**, 11f. **VII** 69
Philipp Wilhelm, Kurfürst von der Pfalz **III** 87 **V 9 VI** 192
Philipp, Pfalzgraf von Pfalz-Neuburg **I** 45f. **V** 12, 22
Philipp Ludwig, Pfalzgraf von Pfalz-Neuburg **I 45**, 49–51 **V 36**, 134, 158 **VI** 180f., 183, 189
Philipp II., Herzog von Pommern-Stettin **II 183**
Philipp I., Herzog von Pommern-Wolgast **II 183**, 194, 198f.
Philipp Julius, Herzog von Pommern-Wolgast **II 183**
Philipp Wilhelm von Bayern, Bischof von Regensburg **VI 37**, 49, 50
Philipp III., Graf von Rieneck **IV** 85
Philipp, Reichsgraf von Solms-Braunfels **III** 189
Philipp der Schöne, Herzog von Burgund, König von Spanien **III 201**, 205, 207 **VI** 199f.
Philipp II., König von Spanien **III** 99, 122, **183**, 188, 191, 193, **201**, 214–217, 220f., 224, 227 **V** 52, 64 **VI 199**, 201, 208, 210–212, 239 **VII** 190
Philipp IV., König von Spanien **III 184**, **201 VI** 199
Philipp von Flersheim, Bischof von Speyer **V** 21
Philipp Christoph von Sötern, Erzbischof von Trier **V 51**, 52f., 63, 65, 155
Philipp von Burgund, Bischof von Utrecht **III** 205f.
Philipp Adolf von Ehrenberg, Bischof von Würzburg **IV 99**, 121, 161, 207f.
Philippisten **I** 24, 26, 39–41 **II** 24–27, 48, 51, 99, 158–160 **IV** 21f., 25, 139, 273, 277 **V 23f.**, 29 **VII** 130
Phyen, Gerhard SJ **IV** 119
Piaristen (SP) **I** 150
Piasten, Haus **II** 103f., 132, 134
– Linie Liegnitz-Brieg **II** 129

Picardie **VI** 200
Piccolomini, Enea Silvio s. Pius II., Papst
Piden s. Pedena
Pierius, Urban **II** 27f.
Pierre de Bérulle **V** 119
Pierre de la Baume, Erzbischof von Besançon **VI** 199
Pierre du Châtelet, Bischof von Toul **V 98**, 106
Pietro Paolo Vergerio, Bischof von Capo d'Istria **V** 185
Pilgram, Nikolaus von **I** 140
Pillau **II** 231
Pillenreuth, Augustinerinnenkloster **I** 34, 37
Pilsen, Franziskanerkloster **I** 139
Pinneberg, Grafschaft **II** 143, 159f. **III** 45 **VI** 154, 156, 161, 166f.
Pinzgau **I** 79, 83
Pirckheimer, Caritas **I** 37 **III** 26
Pirckheimer, Willibald **I** 36f. **V** 199
Pirmasens **V** 128
Piscator, Jakob, Superintendent von Wertheim **IV** 226
Piscator, Johann **IV** 245
Pistoris, Simon **II** 16
Pistorius, Johann **V** 134f., 140
Pius II., Papst **I** 137 **II** 112 **IV** 64, 169
Pius IV., Papst **I** 83, 145 **III** 139 **V** 110
Pius V., Papst **I** 82 **III** 123 **V** 65 **VI** 212, 216
Platter, Felix **V** 311
Plauen **IV** 12, 33 **V** 31
Pleß, Herrschaft **II** 105, 108f., 116, 119
Plessen, Volrad von **V** 33
Plettenberg **III** 97
Płock, Bistum **II** 132, 207
Plönnies, Hermann, Bürgermeister von Lübeck **VI** 121f.
Plötzkau **II** 99
Pobethen **II** 227
Poděbrad, Haus **II** 104, 134
Poduška, Jan **I** 142
Pöchlarn **VI** 37
Poel, Amt **II** 169

Pöttinger, Christoph **VI** 72
Pogul, Halt **II** 105
Pogum **III** 176
Poissy **V** 185
Pola, Bistum **I** 103, 105
Polen(-Litauen), Königreich **I** 112, 144 **II** 35, 106f., 109, 132, 184, 193, 203, 207f., 210–212, 214f., 217, 221–224, 226f., 229–232 **III** 169 **V** 185 **VI** 117, 226f., 239f. **VII** 18, 23
Polenz, Herren von **VI** 99
Poliander, Johann **II** 223 **IV** 105
Pollich, Martin **IV** 105
Pollius, Johannes **III** 186, 189
Pomesanien
- Bistum **II** 207f., 210, 213, 216, 222–224, 230 **IV** 105
- Hochstift **II** 221
Pommerellen **II** 208, 211f., 215f.
Pommern, Herzogtum **II** 35, 62, 167, **182–205**, 207 **VI** 115f. **VII** 48 Anm. 14, 49, 49 Anm. 15, 53, 56, 60 Anm. 65, 70, 76, 120
- Pommern-Stettin **II 182–205**
- Pommern-Wolgast **II 182–205**
Pommersfelden, Lorenz Truchseß von **IV** 75
Pongau **I** 83
Pont de Nied, du, Familie **V** 107
Pont-à-Mousson **V** 111–115, 119
- s. a. Universitäten
Pontarlier **VI** 217
- Kapuzinerkloster **VI** 215
Porec s. Parenzo
Portia, Bartolomeo **IV** 158 **VI** 48
Portner, Hans **VI** 43
Portugal, Königreich **II** 132 **III** 203
Posen, Bistum **II** 35f., 106, 109
Possevino, Antonio SJ **VI** 216
Posthius, Johannes **V** 39
Potsdam **VII** 39
Prämonstratenser (OPraem), -kloster **I** 139, 147 **II** 37, 76, 81f., 98, 109, 147, 175, 188 **III** 46, 52, 90, 111f., 187f. **V** 14, 19, 23, 90, 237, 247f. **VII** 94
Prämonstratenserinnen (OPraem), -kloster **II** 110, 125, 175, 212 **III** 171

Praepositus, Jacobus **III** 208
Prätorius, Abdias **II** 48
Praetorius, Petrus **II** 217
Prag
- Hof **I** 147 **II** 126 **III** 33 **IV** 281f. **V** 242, 259, 272 **VII** 15, 84, 192
- Kirchenprovinz **I** 135, 138 **II** 9, 106
- Erzbistum **I** 135 **II** 9, 106, 109, 119 **VI** 93, 95, 108
- Veitsdom **I** 140 **V** 39
- Stadt **I** 128, 136f., 141–143, 146, 148–150 **II** 29f., 83, 107f., 128–130, 134, 139 **III** 55 **IV** 25, 121, 162, 208, 230, 284 **V** 39f., 42, 91, 188, 207 **VI** 71f., 104, 111f., 126, 238, 243 **VII** 16, 100
- Dominikanerkloster **I** 145 **VII** 100
- Franziskanerkloster St. Ambrosius **I** 139
- Prämonstratenserkloster Strahov **I** 147
- Marienkirche a. Teyn **I** 139f.
- Salvatorkirche **I** 148
- Jesuitenkolleg St. Clemens **I** 145 **VII** 100
- Jesuitenkolleg i. d. Neustadt **I** 150
- Jesuitenkolleg a. d. Kleinseite **I** 150
- Dreifaltigkeitskirche / Maria de Victoria **I** 148
- St. Ambrosius **I** 139
- Kleinseite **I** 148, 150 **VI** 72
- s. a. Universitäten
Praner, Mathäus **I** 47
Pravest, Wilhelm **II** 149
Prechtal, Herrschaft **V** 125, 127, 147, 160f.
Preetz, Benediktinerinnenkloster **II** 144f., 154 **VII** 92, 97 Anm. 41
Preichau, Halt **II** 105
Prenninger, Marsilius **IV** 108
Preßburg **I** 74
Pressius, Paulus **I** 146
Preußen
- Deutschordensland **II** 147, 207f., 222 **VI** 224–248 **VII** 21, 76
- Herzogtum **I** 26, 78 **II** 53f., 60, 62, 148, 207f., **220–233** **VII** 21–24, 37, 39, 46 56, 57 Anm. 54, 64, 75 Anm. 40, 98 Anm. 47, 190
- Preußen, Königreich **II** 162 **III** 196f. **VI** 90 **VII** 23, 65
- s. a. Königlich Preußen und Brandenburg, Kurfürstentum
Preußisch Eylau **II** 224
Preutäus, Hugo OSB, Abt von Kloster Werden **III** 37
Priebus **VI** 94
Prignitz **II** 36, 38
Probst, Jacob **III** 48
Promnitz auf Sorau, Freiherrn von **II** 105, 119 **VI** 106
Propst, Jakob **III** 166
Protestation von Speyer (1529) **I** 39 **II** 169 **III** 19 **IV** 36 **V** 244 **VI** 43, 175
Prothmann, Regina **II** 214
Prüm, Benediktinerkloster **V** 51f. **VII** 99
Pruntrut **V** 271, 315
Pürnstein **VI** 61
Pürstinger, Berthold s. Berthold Pürstinger
Pütter, Johann Stephan **VII** 176
Pufendorf, Samuel **V** 43
Pulsnitz **VI** 100
Puttlingen **V** 153
Pyritz **II** 188f.
- Franziskanerkloster **II** 188
- Mauritiuskirche **II** 189
Pyrmont, Grafschaft **III** 10, 149 **VI** 154

Q

Quakenbrück **III** 132, 135f.
- Stift St. Sylvester **III** 144
Quedlinburg, Kanonissenstift **II** 90 **III** 10
Querfurt, Herrschaft **II** 69, 78, 80, 84 **IV** 11 **VI** 80
Querhamer, Caspar **II** 72, 78
Questenberg, Kaspar von **I** 150
Quitzow, Anna von SOCist, Äbtissin von Heiligengrabe **II** 45 **VII** 97 Anm. 46

R
Rabe, Laurentius **II** 112, 114
Rabelais, François **V** 89 **VII** 14
Rabus, Ludwig, Superintendent von Ulm **V** 205f.
Radibor b. Bautzen **VI** 101, 104, 110
Radolfzell **IV** 183 **V** 265
- Kapuzinerkloster **V** 274
Radtke, Wolfgang **II** 100 **IV** 27 **VII** 172
Raesfeld, Herrlichkeit **III** 110
Raesfeld, von, Familie **III** 127
Raesfeld, Gottfried von **III** 124f.
Raid, Balthasar **IV** 133
Raistingen **VI** 26
Raitner, Johann IV. OSB, Abt von Weingarten **V 233**
Ramelsloh, Kollegiatstift **III** 20
Ramismus **III** 52
Rammelburg, Amt **VI** 79
Ramminger, Melchior **VI** 15
Ramus, Petrus **III** 54
Rannariedl, Herrschaft **VI** 61
Rantzau **II** 159
Rantzau, Heinrich **II** 158
Rapagellan, Stanislaus **II** 229
Rapperswil **V** 279, 315f.
Rappoltstein, Grafschaft **V** 73, 99, 109 **VI** 190
Rappoltstein, von, Familie **V** 270f.
Rappoltsweiler **VI** 171
Rasser, Johann **V** 268
Rastede, Benediktinerkloster **VI** 133, 136
Ratgeb, Jerg **IV** 44
Rathsmannsdorf **VI** 59
Ratibor **I** 14 **II** 103, 107, 109, 132
- Dominikanerinnenkloster **II** 110
- Franziskanerkloster **II** 110
- s. a. Oppeln(-Ratibor), Fürstentum
Ratichius, Wolfgang s. Radtke, Wolfgang
Ratzeburg
- Bistum **II** 167, 176–178 **VI** 116, 118
- Hochstift **II 166–180**, 167–169 **III** 38 **VI** 116 **VII** 52 Anm. 34, 60 Anm. 65
- Dom **II** 177
- Domkapitel **II** 177, 178

Rauber, Martin **V** 204
Rauden, Zisterzienserkloster **II** 110
Raudnitz, Kapuzinerkloster **I** 148
Raugrafschaft **IV** 78
Rauting, Andreas **IV** 243, 245
Ravensberg, Grafschaft **II** 53, 62 **III 86–106,** 109, 131f., 149–151 **VI** 154 **VII** 22, 49
- s. a. Jülich-Kleve-Berg
Ravensburg, Reichsstadt **V 196**, 207–209, 226, 234, 245, 250, 267 **VI** 22 **VII** 33
- Kapuzinerkloster **V** 228
Ravenstein, Herrschaft **II** 53 **III** 87
- s. a. Jülich-Kleve-Berg
Rechberg, Grafschaft **V** 195
Rechenberg, Johann von **II** 116
Recke **III** 185
Reckenberg, Amt **III** 131, 143
Recklinghausen, Vest **III 58–84**, 87, 109
Redorffer, Wolfgang **II** 40f.
Redwitz, von, Familie **IV 183**, 202
Rees **III** 89
Regensburg **VI 36–57**
- Bistum **I** 11, 13, 45f., 48, 52, 57, 65, 74, 135 **II** 9 **IV** 11, 147f. **V** 10, 14 **VI 36–57**, 70, 226 **VII** 70f.
- Hochstift **I** 45, 57f. **VI 36–57**, 68 **VII** 80, 82
- Dom **VI** 37–39, 49, 51, 54
- Domkapitel **VI** 39, 42, 46, 48, 50f. **VII** 69, 85 Anm. 65
- Reichsstadt **I** 58, 61, 63, 66f., 132 **II** 17, 19f., 41, 74, 79, 92, 123 **III** 68, 95 **V** 13, 16, 40, 56 **VI 36–57**, 228 **VII** 31, 69, 95, 115
- Augustinerkloster St. Salvator **VI** 38, 48f.
- Benediktinerkloster St. Emmeram **I** 147 **VI** 37–39, 42–44, 46, 48f., 51, 54 **VII** 69
- Frauenstift Mittelmünster (St. Paul); s. a. Jesuitenkolleg **VI** 38, 39, 49, 54f.
- Deutschordenshaus St. Ägidius **VI** 38, 229 **VII** 31
- Dominikanerinnenkloster Hl. Kreuz **VI** 38, 48

- Dominikanerkloster St. Blasius **VI** 38, 46, 48, 50, 54
- Franziskanerkloster St. Salvator **VI** 38, 46, 48f., 54
- Frauenstift Niedermünster **VI** 37–39, 42f., 49
- Frauenstift Obermünster **VI** 37–39, 42f., 49
- Jesuitenkolleg **VI** 46, 54f.
- Johanniterkommende St. Leonhard **VI** 38
- Kapuzinerkloster **VI** 46
- Karmelitenkloster **VI** 46
- Klarissenkloster St. Maria Magdalena **VI** 38, 48
- Kollegiatstift St. Johann **VI** 38
- Schottenkloster St. Jakob **VI** 38, 46, 48f., 54
- Alte Kapelle **VI** 54
- Dreieinigkeitskirche **VI** 46, 50
- Neupfarrkirche Zur Schönen Maria **V** 264 **VI** 39, 41, 44–46
- Obere Pfarrei s. St. Rupert
- St. Dionys **VI** 39
- St. Kassian **VI** 38f.
- St. Oswald **VI** 46
- St. Peter und Paul **VI** 39
- St. Rupert **VI** 39
- St. Thomas **VI** 39
- St. Ulrich **VI** 38, 49
- Synagoge **VI** 41
- s. a. Reichstage

Regensburger Fürstentag (1622) **IV** 161

Regensburger Konvent (1524) **I** 59 **IV** 107, 152 **V** 16

Regenstein(-Blankenburg), Grafschaft **II** 90 **III** 9, 11, 33, 37

Reggio **I** 90

Regius, Albertus s. König, Albertus

Rehlinger, Familie **VI** 23, 27

Rehna, Prämonstratenserinnenkloster **II** 175

Reibersdorf, Herrschaft **VI** 96

Reich, Heiliges Römisches Reich Deutscher Nation **II** 145 **III** 116, 122, 126, 132, 143, 208, 229, 232 **IV** 27, 49, 52–54, 105, 195, 197, 208, 217, 219, 236, 244, 265, 271, 275, 278f. **V** 15, 31, 40, 52, 55, 62, 81f., 91, 104, 106, 115, 120, 153, 171, 181, 187, 196, 223, 238f., 243, 261, 280f., 304, 309, 312 **VI** 23, 40f., 54, 61, 63, 67, 81, 94, 107, 123, 133f., 138, 146, 160, 162–166, 172, 174, 184, 188, 192, 200, 216, 226–228, 242 **VII** 10, 15, 18–21, 23f., 30–33, 35, 37f., 46–48, 61, 64, 68, 72, 75, 83, 85f., 88, 91, 97, 110 Anm. 13, 113f., 117f., 127–129, 132, 137f., 140–142, 144–153, 155, 158–162, 164, 168–170, 172–178, 182–185, 187–191, 193–196, 198f.

Reichard, Pfalzgraf von Pfalz-Simmern **IV** 81 **V** 28, 33, 37

Reichenau (Bodensee), Benediktinerkloster **V** 197, 241

Reichenau (Oberlausitz) **VI** 102

Reichenbach (Baden) s. Klosterreichenbach

Reichenbach (Oberlausitz) **VI** 100f., 104

Reichenbach (Oberpfalz), Benediktinerkloster **V** 14, 128, 147, 187

Reichenbach (Schlesien) **II** 112

Reichenhall **VI** 69

Reichenweier, Herrschaft **V** 91, 169

Reichsdeputationsordnung (1555) **V** 240

Reichshofrat **I** 28, 98 **IV** 54, 249, 282–284 **V** 34, 141, 144, 148f., 206 **VI** 63, 144, 163, 243

Reichskammergericht **I** 144 **II** 191, 198 **III** 37, 123f., 154, 158, 189, 207 **IV** 36, 45f., 56, 67, 73, 91, 121, 140, 162, 207, 227 **V** 34, 51, 83, 104, 115, 117, 136, 138, 148f., 155, 170, 201, 216, 247, 281 **VI** 21, 70, 122, 136, 147 **VII** 33

Reichskirchenrecht, ius circa sacra **VII** 35

Reichskreise
- Bayerischer Reichskreis **VI** 45, 52, 63, 73 **V** 10 **VI** 226
- Burgundischer Reichskreis **III** 202, 207 **VI** 199, 202
- Fränkischer Reichskreis **I** 11, 33 **IV** 62, 99, 147, 161, 167, 216 **VI** 226f.
- Kurrheinischer Reichskreis **III** 59 **IV** 62, 236 **V** 10, 51 **VI** 226

- Niederrheinisch-Westfälischer Reichskreis **III** 59, 87, 109, 131, 149, 163, 184, 202, 207, 236 **VI** 131, 153, 163 **VII** 190
- Niedersächsischer Reichskreis **II** 69, 143, 157, 167 **III** 10, 37, 45, 50, 55 **IV** 11, 34 **VI** 116, 124
- Oberrheinischer Reichskreis **IV** 40, 54, 62, 129, 202, 236, 256 **V** 10, 51, 73, 126, 258 **VI** 172, 199
- Obersächsischer Reichskreis **II** 9, 35, 90, 184 **III** 54 **IV** 11f., 34 **VI** 80, 116
- Österreichischer Reichskreis **I** 87, 103, 119 **V** 258 **VI** 226
- Schwäbischer Reichskreis **V** 126, 151, 169, 195, 215, 248, 258, 261, 270 **VI** 9, 27, 226

Reichsmesse s. Frankfurt a. Main, Messe
Reichspublizistik **VII** 195
Reichsritterschaft **IV** 51f., 101, 109, 118, 121, 149, 162, 168, **182–213**, 216, 256 **V** 10, 21, 27, 73, 83, 127, 170, 241, 248 **VI** 9 **VII** 24, 77, 87
Reichsstaatsrecht **VII** 32
Reichstage
- Worms (1495) **VII** 174
- Augsburg (1510) **II** 149
- Trier/Köln (1512) **V** 239
- Augsburg (1518) **II** 12
- Worms (1521) **I** 15, 123 **II** 12, 39 **III** 15 **IV** 16, 71f., 107, 172, 219, 262 **V** 130, 287 **VI** 66, 81 **VII** 181
- Nürnberg (1522/23) **II** 169 **IV** 71, 152, 219
- Nürnberg (1524) **V** 16, 219
- Speyer (1526) **I** 15 **III** 151 **IV** 135, 262 **VI** 86 **VII** 151, 182, 186
- Speyer (1529) **I** 92 **II** 91, 169, 192 **III** 167 **IV** 219, 265f. **V** 16, 200 **VI** 175
- Augsburg (1530) **I** 16, 61 **II** 16, 192 **III** 15, 20, 115 **IV** 108, 172, 238, 266 **V** 81, 200, 208, 223 **VI** 16, 81, 86, 99, 230 **VII** 76, 95
- Regensburg (1541) **I** 46, 61 **II** 43 **III** 68 **IV** 29, 137, 271 **VI** 44 **VII** 76
- Speyer (1542) **V** 104
- Augsburg, geharnischter Reichstag (1547/48) **I** 62, 90 **II** 20f., 46, 170, 198 **III** 153 **IV** 80, 138, 224 **V** 56, 85, 177 **VI** 159
- Augsburg (1550/51) **V** 85
- Augsburg (1555) **I** 62 **II** 23, 47 **V** 16
- Augsburg (1566) **II** 23, 80 **III** 99 **IV** 205 **V** 26, 62, 312 **VI** 180
- Speyer (1570) **I** 98 **VII** 192
- Regensburg (1608) **IV** 91
- Regensburg (1613) **VII** 191
- Regensburg (1653) **V** 156

Reihing, Jakob SJ **I** 52
Reil **V** 58
Reims
- Kirchenprovinz **III** 202, 214
- Erzbistum **V** 102
- Benediktinerkloster St. Rémi **VI** 174

Rein, Stephan **IV** 138
Reinfeld, Zisterzienserkloster **II** 144 **III** 30
Reinking, Dietrich **IV** 283
Reipoldskirchen, Herrschaft **IV** 78
Religionsgespräche, Disputationen
- Heidelberger Disputation (1518) **V** 130
- Leipziger Disputation (1519) **I** 59 **II** 12, 75
- Marburger Religionsgespräch (1529) **I** 39 **III** 167 **IV** 266 **V** 302 **VI** 175
- Leipziger Religionsgespräch (1539) **II** 17, 95
- Hagenauer Religionsgespräch (1540) **II** 17, 41, 74, 123 **IV** 75, 152 **V** 16, 56
- Wormser Religionsgespräch (1540/41) **II** 17, 41, 72, 74, 123 **III** 95 **IV** 152 **V** 16
- Regensburger Religionsgespräch (1541) **II** 17, 41, 74, 123 **IV** 75, 152 **V** 16
- Regensburger Religionsgespräch (1546) **II** 74, 94 **IV** 173 **VI** 53
- Wormser Religionsgespräch (1557) **V** 24, 185
- Regensburger Religionsgespräch (1601) **I** 51 **II** 28 **VI** 53

Rem, Familie **VI** 27

Rembert von Kerssenbrock, Bischof von Paderborn **III** 149 153 **VI** 159
Remigiusberg, Benediktinerkloster **VI** 174, 192
Remiremont **V** 113
- Frauenstift **V** 100
Remlingen, Amt **IV** 215, 220, 225–228
Remmelding, Antonius **II** 192
Remonstranten, s. Arminianer
Rendsburg **II** 146, 154 **VI** 147
René II., Herzog von Lothringen **V 97**, 100f.
Renzelmann, Walter **VI** 135
Restitutionsedikt (1629) **I** 28, 40, 66 **II** 29, 203 **III** 54 **IV** 50, 53, 56, 92, 94, 121, 142, 161, 207f. **V** 57, 143f., 188, 251 **VI** 30, 183, 243 **VII** 33
Rethius, Johannes SJ **III** 72
Rettenberg, Schloß **I** 88
Reuber, Justus **V** 139, 140
Reuchlin, Johannes **IV** 15, 66 **V** 15, 129, 291
Reuerinnen, s. Magdalenerinnen
Reumann, Georg **IV** 115
Reuschenberg, Heinrich von, Landkomtur **VI** 239
Reuß, Herren **IV** 11, 29, 32f.
Reußische Herrschaften **I** 12 **II** 9 **IV** 9, 147
Reuter, Christoph **I** 125f.
Reutlingen, Reichsstadt **V** 170f., 173, **195**, 208–210, 216, 263
Reyß, Johann **IV** 104f.
Rhäzüns **I** 87
Rheda, Herrschaft **III** 88, 131f., 183, 186f., 188–190, 196
Rhegius, Urbanus, Superintendent von Lüneburg **I** 91, 96 **II** 194 **III** 18, 34 **VI** 15, 19
Rheinberg **III** 60, 77, 78, 101
Rheinbrohl **V** 63
Rheine(-Bevergern), Amt **III** 110, 126f.
Rheinfelden **V** 257, 264
- Kapuzinerkloster **V** 274
Rheinfels/St. Goar **IV** 269
Rheingau **IV** 74, 75
Rheingauquartier **IV** 183

Rheingrafschaft **IV** 62, 78 **V** 10, 127 **VI** 172
- s. a. Wildgrafschaft
Rheinische Einung (1532) **IV** 107 **V** 16
Rheinische Pfalz s. Pfalz, Kurfürstentum
Rheinland **II** 83 **III** 24, 64, 190f., 220, 229 **IV** 184
Rheinstrom, Ritterkreis **IV** 186
Rheintal **V** 279
Rhenanus, Beatus **V** 291
Rhodler, Matthias **V** 157
Rhön-Werra, Kanton **IV** 183–185, 194, 202, 207
Ribe s. Ripen
Ribeaupierre s. Rappoltstein
Ribeauvillé s. Rappoltsweiler
Ribnitz **II** 171, 173
- Klarissinnenkloster **II** 175f.
Richard von Greiffenklau, Erzbischof von Trier **IV** 71 **V 51**, 52–56
Richelieu, Kardinal s. Armand-Jean du Plessis, Herzog von Richelieu, Kardinal
Riddagshausen, Zisterzienserkloster **III** 9, 16, 26, 36
Riebling, Johann, Superintendent von Mecklenburg **II** 174, 177
Riechenberg **III** 36
Riedberg, Grafschaft **III** 109
Riedenburg, Herrschaft **VI** 61
Riedesel von Bellersheim, Friedrich **IV** 81
Riedesel von Bellersheim, Margarethe **IV** 81
Riedlingen **V** 257
- Kapuzinerkloster **V** 274
Riemenschneider, Tilman **IV** 103
Rieneck
- Grafschaft **IV** 61f., 78, 85–87, 100 **VII** 85
- Stadt **IV** 85
Rieneck, Grafen von **IV** 113f.
Ries s. Nördlinger Ries
Riesenburg **II** 221, 229
Rietberg, Grafschaft **III** 87, 131f., 149f., 156 **VI** 154
Rietberg, Grafen von **III** 151
Riga
- Kirchenprovinz **II** 207f., 221

- Stadt **II** 188 **VI** 117
Rijeka s. St. Veit a. Flaum
Rijswijk **V** 43f. **VI** 188f. **VII** 35, 37
Rinck, Melchior **IV** 19
Ringelheim, Benediktinerkloster **III** 36
Ringelstein **III** 158
Rinteln **III** 144, 158 **IV** 255, 284f. **VI** 157, 165, 167
- s. a. Universitäten
Ripen
- Bistum **II** 143
- Stadt **II** 143, 156
Riser, Conrad **V** 224
Rist, Johann **VII** 196
Ritzebüttel, Amt **III** 45
Riva **I** 93
Riviera **V** 279
Robert de Croy, Bischof von Cambrai **III** 213
Robert van Berghen, Bischof von Lüttich **III 202**
Robert de Lenoncourt, Bischof von Metz, Kardinal **V 97**, 105, 111
Rochefort **IV** 228
Rochlitz **II** 18
Rodacher Quartier **IV** 183
Rode, Hinne **III** 209
Rode, Paul vom, Superintendent von Pommern-Stettin **II** 187, 189, 197, 200f.
Rodemachern, Herrschaft **V** 125, 128, 137, 139, 153 s. a. Baden
Rodenberg, Amt **VI** 157, 160, 167
Rodens, Johanniterkloster **VI** 133
Rodtbart, Petrus, Superintendent von Jever **VI** 143
Röbel **II** 168
- Dominikanerkloster **II** 175
Rödelheim **IV** 47
Röhrentrup **VI** 164
Römhild **IV** 30f.
Römisches Recht **VII** 33
Roermond, Bistum **III** 80, 87, 202, 215
Roeskilde s. Roskilde
Rößel, Augustiner-Eremitenkloster **II** 214
Rötteln(-Sausenberg), Herrschaft **V** 125, 127, 129, 135, 140

Rötteln **V** 125, 134, 146
Röttlin, Michael, gen. Rubellus **V** 220
Roggenburg, Prämonstratenserkloster **V** 233, 235, 238, 240, 244
Rohr, Benediktinerinnenkloster **IV** 130
Rom
- Kurie **I** 113, 139f., 142, 146 **II** 39, 41 **III** 125, 127f., 136, 139, 154, 210, 222, 229f. **IV** 69, 71, 73, 77, 84, 109, 135, 140, 154f., 158–160, 195, 249 **V** 14, 20, 41, 56, 103f., 117f., 282, 305, 314 **VI** 19, 49, 60, 87, 108, 203, 212, 214, 229, 236, 238, 242 **VII** 16, 18, 32, 47, 62 Anm. 74, 68–70, 72, 74f., 77, 80f., 83, 88, 91, 93f., 150, 179f., 182
- St. Peter **II** 39
- Stadt **I** 63f., 88, 122 **II** 115, 126, 132f., 148, 161, 185, 199, 222 **III** 24, 27, 73–75, 97–99, 113, 122–125, 140, 214 **IV** 68, 82, 154 **V** 64, 112, 269 **VI** 30, 188, 242 **VII** 16f.
Rommelius, Friedrich OPraem, Abt von Roggenburg **V 233**
Roritzer, Wolfgang **VI** 40
Rosenberg **II** 103
Rosenberg, Familie von **IV 183**, 202
Rosenberg, Albrecht von **IV** 202f.
Rosenberg, Zeisolf von **IV** 203
Rosenkranz-Bruderschaften **V** 247
Rosenthal **IV** 86
Rosheim, Reichsstadt **V** 83, **215**, 225
Rosinus, Bartholomäus **VI** 45
Roskilde **II** 155
- Bistum **II** 184, 196
Rossum, Maarten van **III** 206
Rostock
- Domstift **II** 171
- Stadt **I** 126 **II** 150, 168, 170, 172, 174, 176, 178f. **III** 112 **V** 184 **VI** 114–128 **VII** 119f., 122f.
- Dominikanerkloster **II** 171, 175
- Franziskanerkloster **II** 171, 175
- Zisterzienserinnenkloster Hl. Kreuz **II** 172, 175
- St. Marien **II** 171
- St. Petri **II** 171
- Geistliches Ministerium **II** 151
- s. a. Universitäten

Rot an der Rot, Prämonstratenserkloster **V** 233, 235f., 247, 251
Rotbart, Franz **VI** 99
Rotenburg/Fulda **IV** 269
Rotenburg/Wümme **VI** 88
Rotenhan, von, Familie **IV 183**
Rotenhan, Sebastian von **IV** 104, 110, 189f.
Roth, Matthäus SOCist, Abt von Salem **V 233**
Roth, Melchior Volmar **V** 220
Rothenburg (Grafschaft Mansfeld), Amt **VI** 79f.
Rothenburg (Oberlausitz) **VI** 100
Rothenburg o. d. Tauber, Reichsstadt **I** 12, 33, 109 **III** 48 **IV** 101f., 110, 170 **V 195**, 208, 216 **VI** 231f.
– Minoritenkloster **IV** 102
– St. Jakob **IV** 103
Rothenfels a. Main **IV** 118
Rothenfels, Grafschaft **VI** 9
Rothmann, Bernd **III** 113, 115f., 118–120
Rottenbuch, Augustiner-Chorherrenstift **VI** 27
Rottenburg **V** 176, 257, 264, 266, 272f.
– Kapuzinerkloster **V** 274
Rottenmünster, Zisterzienserinnenkloster **V** 215, 233
Rotterdam, Erasmus von s. Erasmus von Rotterdam
Rottweil, Reichsstadt **V** 170, 178, **214–230**, 262, 279 **VII** 73 Anm. 30, 76
– Beginenkloster **V** 218
– Dominikanerkloster **V** 218–220, 225
– Heilig-Geist-Spital **V** 219
– Heiligkreuzbruderschaft **V** 219
– Heiligkreuzkirche **V** 218f.
– Johanniterkommende **V** 219f.
– Kapuzinerkloster **V** 225, 228
– Liebfrauen-/Kapellenkirche **V** 218f.
Rouen **VI** 202
Rožd'álovský, Wenzel **I** 142
Rubellus s. Röttlin, Michael
Ruben, Leonhard OSB **III** 156
Rubens, Peter Paul **VII** 42 Anm. 39
Rudolf II., Kaiser **I** 83, **87**, 114, 127, 141, **119**, **135**, 146–148 **II 103**, 127–129 **III** 74f., 100f., 173, 175 **IV** 117, 157, 160, 206, 282 **V** 36, 63, 139–141, 248, **258**, 272 **VI** 53, 70, 72, **93**, 163, 166, 183, 239f. **VII** 15f., 79, 189, 192
Rudolf, Fürst von Anhalt-Zerbst **II 89**
Rudolf August, Herzog von Braunschweig-Wolfenbüttel **III 10**
Rudolf von Braunschweig-Wolfenbüttel, ev. Administrator von Halberstadt **III** 37
Rudolf Christian, Graf von Ostfriesland **III 163**, 178
Rudolf von Frankenstein, Bischof von Speyer **IV** 81
Rudolf II. von Scherenberg, Bischof von Würzburg **IV 99**, 100, 102f. **VI** 229
Rudolstadt **IV** 11, 29
Rüde, Zisterzienserkloster **II** 144
Rüdt, von, Familie **IV** 87
Rügenwalde **II** 183
Rüger, Johannes s. Johannes Rüger
Rügheim **IV** 183
Rühel, Johann **VI** 82
Rühn **II** 176
– Benediktinerinnenkloster **II** 175
Rüsselsheim, Amt **IV** 63
Rüthen **III** 61
Rufach **V** 73, 85, 149
– Deutschordenshaus **VI** 229
Ruff, Simpert **VI** 15
Rufus, Mutianus **IV** 15
Ruhland **VI** 100
Rulle, Zisterzienserinnenkloster **III** 136
Runge, Jacob **II** 201f.
Rupert, Hl. **I** 74
Rupert II. von der Pfalz, Bischof von Regensburg **VI** 37
Rupertsberg, Benediktinerinnenkloster **IV** 53
Ruppin, Herrschaft **II** 36
Ruprecht von der Pfalz, Deutscher König **I** 58 **V** 11, 14 **VI** 172
Ruprecht, Sohn Philipps des Aufrichtigen von der Pfalz **V** 12
Ruprecht, Pfalzgraf von Pfalz-Veldenz **VI** 176f., 191
Ruprecht von Bayern, Bischof von Straßburg **V** 74

Rurer, Johann **I** 15–18 **II** 120
Rusdorf, Johann Joachim von **V** 39
Rußland **II** 210 **VI** 117, 123 **VII** 12 Anm. 7, 18
Rychard, Wolfgang **V** 199, 220
Rye, de, Familie **VI** 206

S

Saalburg **IV** 9, 31
Saalekreis **II** 69, 78, 81, 84
Saalfeld (Preußen) **II** 225
Saalfeld (Thüringen) **IV** 12 **VI** 80
Saalfelden **I** 79
Saalfelder Bündnis (1531) **I** 61
Saalisches Quartier **IV** 183
Saanen **V** 304
Saarburg **VI** 186
Saarland/Saarprovinz **V** 56 **VI** 186f.
Saarwerden, Grafschaft **V** 109, 115, 125
Saaz **I** 140, 143
Sabine von Bayern, Gemahlin Ulrichs von Württemberg **V** 171
Sachs, Hans **I** 36
Sachse, Karl **II** 58
Sachsen **I** 26, 36, 142 **II** 56, 113, 134 **III** 26, 164 **IV** 63, 66, 76, 78, 85, 109, 119, 122, 148, 202, 238, 243, 273, 277 **VI** 179, 236 **VII** 24, 52f., 59, 69, 113, 152f., 158f., 164
- Albertinisches Sachsen (vor 1547 Herzogtum, ab 1547 Kurfürstentum) **I** 11, 24f., 135 **II** 9–32, 27, 35, 47f., 61, 69, 77, 90f., 106, 131 **III** 51, 87, 101 **IV** 11, 13, 22, 24f., 27, 62, 94, 117, 130, 204, 231, 278f., 281f., 284 **V** 31, 33, 145, 185, 186 **VI** 80f., 85f., 90, 93, 102, 107, 234 **VII** 20f., 46, 49 Anm. 16, 52 Anm. 32, 53 Anm. 38, 54, 60 Anm. 65, 61, 61 Anm. 69, 72, 74, 76, 99 Anm. 58, 114, 121, 139, 144, 149, 158, 164 Anm. 67, 187, 190
- Ernestinisches Sachsen (vor 1547 Kurfürstentum, ab 1547 Herzogtum) **I** 11, 38, 75 **II** 9, 13, 16, 18–20, 22, 35, 40, 69, 71, 90, 198 **III** 19, 92, 119, 168 **IV 8–39**, 62, 72f., 99, 130, 147, 170, 188, 197f., 256f., 262, 265f., 271 **V** 16, 26, 81, 174, 266 **VI** 22, 80, 82, 86, 88, 95, 98, 100, 112, 234 **VII** 21, 54, 56, 61 Anm. 68, 62 Anm. 75, 64 Anm. 86, 73, 76, 92, 121, 182, 197
- Sachsen-Altenburg, Herzogtum **IV 8–39**
- Sachsen-Coburg, Herzogtum **IV 8–39**, 106
- Sachsen-Eisenach, Herzogtum **IV 8–39**
- Sachsen-Gotha, Herzogtum **IV 8–39**
- Sachsen-Lauenburg, Herzogtum **II** 143, 167 **III** 10, 45, 47 **VI** 116
- Sachsen-Weimar, Herzogtum **IV 8–39** **V** 156
- Ballei Sachsen **VI 224–248**
Sachsenburg, Amt **II** 23 **IV** 13f.
Sachsenhagen, Amt **VI** 157, 167
Sachsenhausen s. Frankfurt a. Main
Sadolin, Jörgen **II** 148
Säben/Brixen, Bistum s. Brixen
Säckingen **V** 257, 268
Sagan
- Herzogtum **II** 105, 109, 133, 135
- Stadt **II** 113, 116
- Augustiner-Chorherrenstift **II** 111f.
- Franziskanerkloster **II** 133
Sagsdorf **II** 171
Saint-Amand, Benediktinerkloster **III** 206
Saint-Amour **VI** 207
- Kapuzinerkloster **VI** 215
Saint-Claude **VI** 217
- Kapuzinerkloster **VI** 215
Saint-Cyran s. Duvergier de Hauranne, Jean Ambroise
Saint-Dié **V** 113
Saint-Germain **V** 112
Saint-Hippolyte **V** 103
Saint-Julien **V** 295f.
Saint-Mihiel **V** 114
Saint-Nicolas-de-Port **V** 109, 113f.
Saint-Omer, Bistum **III** 202
Saint-Vanne, Benediktinerkloster **VI** 215
Sainte-Marie-aux-Mines **V** 109, 113
Salem s. Salmansweiler
Salentin von Isenburg, Erzbischof von Köln **III 59**, 61, 71, 74, **149**, 154f.

Sales, Franz von **VII** 14, 42 Anm. 39
Salesianerinnen, s. Visitantinnen
Salins **VI** 206, 217
- Kapuzinerkloster **VI** 215
Salm, Grafschaft **V** 99, 109, 115
Salmansweiler (Salem), Zisterzienserkloster **V** 233f., 238, 240f., 245, 247-249
Salminger, Sigmund **VI** 18
Salmuth, Johannes **II** 27f.
Salza, Wigand von **II** 112
Salzburg **I 72-85**
- Kirchenprovinz **I** 11, 45, 57-59, 65, **72-85**, 87, 99, 103, 109, 112, 119, 135 **II** 9 **IV** 11, 147 **VI** 9, 38, 59, 69f., 226 **VII** 86 Anm. 69
- Erzbistum **I** 66, **72-85**, 87, 103f. **IV** 62 **V** 247 **VII** 36
- Erzstift **I 72-85**, 87 **II** 16 **VI** 68 **VII** 36f., 76, 82, 85, 102
- Domkapitel **I** 82-84
- Dom **I** 84
- Feste Hohensalzburg **I** 77
- Stadt **I** 64, **72-85**, 119, 121 **VII** 101
- Benediktinerkloster St. Peter **I** 77, 82 **V** 246
- Benediktinerinnenkloster Nonnberg **I** 77
- s. a. Universitäten
Salze **II** 77
Salzkotten **III** 155
Salzuflen **VI** 155, 157
Sam, Konrad **V** 173, 199f., 202
Samland
- Bistum **II** 213, 221-225
- Hochstift **II** 221
Sandau **II** 69, 78
Sandizell, Hans von **V** 136
Sandwich **III** 220
St. Gallen **V** 279, 298, 315
- Benediktinerkloster **IV** 142 **V** 239, 243, 279, 299, 301, 312, 315f.
St. Georgen, Benediktinerkloster **V** 172
St. Georgenberg, Benediktinerkloster **I** 88, 95
St. Georgsorden **VI** 239
St. Goar **IV** 258, 284 **V** 56
- Burg Rheinfels **IV** 255, 259

St. Jörgenschild **V** 238, 240
St. Maximin b. Trier, Benediktinerkloster **V** 52, 63
St. Pölten **I** 125 **VII** 112
St. Veit a. Flaum **I** 103, 105, 109, 115
St. Wendel **V** 55
St. Wolfgang **I** 77
Santiago de Compostela **I** 88
Sarcerius, Erasmus **IV** 239, 242 **VI** 89
Sargans **V** 279
Sarre-Union s. Bouquenom
Sartorius, Dietrich **IV** 45, 70
Sassenberg, Amt **III** 110
Sattler, Basilius **III** 35 **V** 184
Sattler, Michael **V** 266
Sauer, Stanislaus **II** 112
Sauerland **III** 60
Saulgau **V** 257
Sausenberg, Landgrafschaft **V** 125, 127
- s. a. Rötteln(-Sausenberg), Herrschaft
Savigny, Nicole de **VI** 212
Savoyen, Herzogtum **V** 103, 280, 287f., 296, 301, 304f., 307 **VI** 200
Savoyen, Haus **V** 295
Sayn(-Wittgenstein), Grafschaft **III** 88 **IV** 236f., 247, 256 **V** 51
- s. a. Wittgenstein, Grafschaft
Sayn(-Wittgenstein), Grafen von **V** 58, 63
Schaffhausen **V** 217, 279, 281, 298-300, 304, 312
Schale, Zisterzienserinnenkloster **III** 187f.
Schalginhaufen, Johann **II** 98
Schalling, Martin **V** 29
Schappeler, Christoph **V** 207
Scharfeneck, Herrschaft **VI** 172
Scharnebeck **III** 19
Schauenburg **IV** 63, 92, 93
Schaumberg, Familie von **IV 183**
Schaumberg, Adam von **IV** 197
Schaumberg, Georg von **IV** 197
Schaumberg, Sylvester von **IV** 196, 202
Schaumberg, Wilhelm von **IV** 197
Schaumburg, Grafschaft **III** 10, 158 **IV** 255, 284 **VI 152-169** **VII** 36

- Amt Schaumburg **VI** 157
- Burg Schaumburg **VI** 156
- Grafschaft Schaumburg-Lippe **VI** 153f.
Schaumburg, Grafen zu **II** 160 **III** 61
- s. a. Holstein-Schaumburg, Haus
Schaumburg-Lippe, Grafen zu **VI** 154
- s. a. Lippe, Haus, Linie Alverdissen
Schede-Melissus, Paul **V** 39
Schedel, Hartmann **II** 110 **IV** 103 **VI** 53
Schele, von, Familie **III** 132
Schelklingen, Herrschaft **V** 257, 264
Schellenberg, Herrschaft **V** 280
Schellenberg, Georg von **II** 107
Schemnitz **II** 129
Schenck von Tautenburg, Jörg **III** 118
Schenk, Jakob **II** 18
Schenkendorf **VI** 96
Scherer, Georg SJ **I** 128
Scherpfer, Anton **IV** 72
Scherweiler **V** 82
Scheuerlein, Lorenz **V** 155
Scheurl, Christoph **I** 38
Scheyern, Benediktinerkloster **I** 61
Schierstein, Herrschaft **IV** 78
Schildesche, Damenstift **III** 103
Schinbain s. Tibianus, Joannes Georgius
Schippenbeil **II** 224
Schirgiswalde **VI** 110
Schledehausen **III** 144 **VII** 27
Schleiden i. d. Eifel **V** 81
Schleinitz, Heinrich von **II** 11
Schleiz **IV** 31, 33
Schleiz, Herren von **IV** 9
Schleiz, Vögte von **IV** 11
Schlesien, Herzogtum **I** 14, 16, 19, 135 **II** 9, 35, **102-138** **V** 38f., 115 **VI** 93f., 105, 110f., 242 **VII** 22, 27, 31, 51, 76, 79, 112f.
- Niederschlesien **II** 134
- Oberschlesien **I** 15 **II** 107-109, 134
Schleswig
- Bistum **II** 140-164
- Dom **II** 147, 152
- Domkapitel **II** 144, 154f.
- Damenstift **II** 154 **VII** 97 Anm. 41
- Herzogtum **II** 140-164
Schleswig-Holstein **II** 140-164 **III** 45f. **VI** 124 **VII** 20, 37, 76, 97 Anm. 41
- Haderslebener Anteil **II** 143
- Segeberger Anteil **II** 143
- Gottorfer Anteil **II** 143
Schlettstadt, Reichsstadt **V** 83, 90, 99, 215, 220, 225f., 262, 272, 291
Schleusingen **IV** 31
Schlick, Stephan Graf von **I** 142
Schluckenau **VI** 95
Schlüchtern, Benediktinerkloster **IV** 102, 136
Schlüsselau, Zisterzienserinnenkloster **IV** 158
Schmalkalden, Herrschaft **IV** 31, 255, 258, 283f.
- Augustiner-Eremitenkloster **IV** 102
Schmalkaldischer Bund (1531) **I** 39, 46, 61 **II** 16, 18f., 45f., 77, 91f., 96, 151, 198 **III** 17, 19, 23, 25f., 49, 94, 115f., 187, 206 **IV** 36, 46f., 55, 185, 198, 222, 257, 267, 271 **V** 52, 81, 136, 176, 243f., 260 **VI** 20, 43, 86, 88, 121, 124, 159, 176 **VII** 53, 116, 118, 124, 145, 182, 185
Schmalkaldischer Krieg (1546-1547) **I** 39, 47, 144 **II** 20, 46, 74, 79, 92, 121, 171, 228 **III** 21, 47, 70, 95, 121, 136, 187f. **IV** 13, 29, 32f., 36, 47, 77, 153, 224, 271, 274 **V** 16, 133, 177-179, 203, 240, 246, 267, 312 **VI** 44, 86, 88, 138, 142, 159f., 177, 236 **VII** 96
Schmidt, Caspar **VI** 82
Schmidt, Liborius **III** 153
Schneeberg **II** 10f.
Schneevogel, Paulus s. Niavis, Paulus
Schneid, Johann **VI** 16
Schnepf, Erhard **V** 19, 173, 175f.
Schnepf, Johann, Superintendent von Nassau **IV** 240
Schöckingen **V** 187
Schöffer, Ivo **IV** 79
Schöffer, Johannes **IV** 71
Schönaich, Georg von **II** 120
Schönau (Nassau), Benediktinerkloster **V** 62
Schönau auf dem Eigen **VI** 101

Schönau im Odenwald **V** 27 **VI** 182
- Zisterzienserkloster **V** 14, 23

Schönberg b. Görlitz **VI** 100

Schönborn, Haus **IV** 94

Schönburg, Herrschaft **II** 9f. **IV** 11

Schönebeck **II** 77

Schöneflieth (b. Greven), Amt **III** 110

Schöneich, Kaspar von **II** 169

Schönfeld, Gregor **IV** 279

Schönsperger, Johann **VI** 15

Schönthal, Augustinerkloster **V** 23

Schöpping **III** 120

Scholl, Bernhard **IV** 77

Schonebeck (b. Senden), Amt **III** 110

Schonen **II** 144 **VI** 117

Schongauer, Martin **V** 263

Schopfheim **V** 134

Schopper, Jakob **V** 184

Schopper, Johann **I** 15f.

Schorich, Georg SJ **V** 137f.

Schottenmönche, -kloster **I** 34 **IV** 104, 113, 170, 177 **VI** 38, 48f. **VII** 69, 100

Schottland **III** 172 **VII** 19, 23

Schramberg, Herrschaft **V** 257

Schraplau, Amt **VI** 79

Schreiber, Christoph **IV** 72

Schreibersdorf **II** 112

Schrezheim **VI** 26

Schüttorf **III** 53, 192

Schütz, Christian **II** 25

Schütz, Heinrich **IV** 280

Schütz, Jakob s. Bophart, Jakob

Schuh, Wolfgang **V** 103

Schuldorp **II** 147

Schulpforte s. Pforta

Schumann, Valentin **II** 15

Schurgast **II** 103

Schussenried, Prämonstratenserkloster **V** 233, 238

Schuttern, Benediktinerkloster **V** 151f.

Schwabach **I** 13, 17, 23

Schwabacher Artikel (1529) **II** 40

Schwaben **I** 12, 78, 88 **IV** 168, 170, 171, 184, 193, 196f., 204, 277 **V** 103, 169, 227, 233, 235, 237f., 240–243, 247, 249, 258–260, 263, 266, 268, 270, 274f., 281 **VI** 23–25, 30, 229f., 242 **VII** 33, 37, 75, 101, 153
- Herzogtum **V** 216
- Reichslandvogtei **V** 234, 246, 257, 267 **VI** 228
- Ritterkreis **IV** 183, 186

Schwabmünchen **VI** 20

Schwadorf **VI** 61

Schwäbisch Gmünd, Reichsstadt **V** 170, 178, **215**, 225–227

Schwäbisch Hall, Reichsstadt **I** 12, 33 **IV** 101 **V** 170, 177, **195**, 208
- Franziskanerkloster **IV** 102

Schwäbisch Österreich **V** **256–277**
- s. a. Österreichische Vorlande

Schwäbische Alb **VII** 25

Schwäbischer Bund (seit 1488) **I** 59f. **IV** 73, 107, 110, 184, 196f., 263, 267 **V** 171, 173f., 197, 227, 233, 238f., 249, 260f., 263, 266 **VI** 20, 230

Schwärmer **I** 78, 124 **II** 14, 173, 228 **IV** 133 **VI** 125

Schwalenberg, Grafschaft/Amt **III** 149, 158 **VI** 156

Schwanhausen, Johann **IV** 150, 152

Schwartzberg **IV** 192

Schwarza **IV** 31

Schwarzach, Benediktinerkloster **V** 128, 138, 142f., 146

Schwarzburg, Grafschaft **II** 9 **III** 10 **IV** 30, 32
- Oberherrschaft **IV** 11, 29f.
- Unterherrschaft **IV** 11, 29f., 34
- Rudolstädter Linie **IV** 29f.
- Sondershäuser Linie **IV** 9, 29 **VI** 80
- Schwarzburg-Arnstadt **IV** 29
- Schwarzburg-Blankenburg **VI** 80

Schwarzenberg, Grafschaft **I** 12 **IV** 99, 147

Schwarzenberg, Adam von **II** 61

Schwarzenberg, Johann von **IV** 150, 190, 202

Schwarzenburg **V** 279

Schwarzfeld-Lauterberg, Grafschaft **III** 9

Schwarzwald **V** 11, 74 **V** 160, 187, 215, 226, 257f., 263, 267, 275 **VII** 25

Schwaz **I** 91, 96

Schwebel, Johann **IV** 195 **VI** 174, 175, 176, 177, 182
Schweden, Königreich **I** 132 **II** 30, 61, 100, 134, 145f., 169, 183, 203f., 218 **III** 37f., 45f., 55f., 126f., 138, 141, 143f., 159, 171 **IV** 25, 53, 56, 93, 121f., 143, 161f., 178, 208, 229f., 284 **V** 42, 53, 57, 143–145, 149, 152, 155, 159, 188f., 206, 250f., 308 **VI** 25, 28, 51f., 111, 117, 126, 146f., 167, 172, 183f., 187–189, 218, 243 **VII** 22f., 39, 96, 118
Schweidnitz
- Fürstentum Schweidnitz(-Jauer) **I** 135 **II** 103 **II** 107, 118, 132
- Stadt **II** 111, 113, 133f.
Schweinberg, Amt **IV** 215, 217, 225, 227
Schweinfurt, Reichsstadt **IV** 99–101, 104, 109, 112f., 120, 183f., 192, 197
Schweiz, Eidgenossenschaft **III** 172, 232 **IV** 262, 266 **V** 127, 131, 133f., 141, 146, 173f., 217f., 222–224, 236, 244, 250, 258, 260f., **278–323** **VI** 17, 25, 175, 200–202, 205, 207–211 **VII** 18, 22, 37, 76f., 101f., 121, 190
Schwenckfeld, Kaspar von **II** 114f., 117, 228 **III** 114 **IV** 20 **V** 88, 132, 202 **VI** 123
Schwenckfelder **II** 119–121 **V** 88, 134
Schwendi, Familie **V** 270
Schwendi, Lazarus von **VI** 239 **VII** 171, 191–193
Schwendi, Marquard **VI** 72f.
Schwerin
- Bistum **II** 167, 176, 178, 184, 190f., 196 **VI** 116, 118 **VII** 52 Anm. 34, 120
- Hochstift **II** 166–180, 167–169 **VII** 60 Anm. 65
- Dom **II** 173, 177
- Domkapitel **II** 173, 176f.
- Stadt **II** 168–170, 178f. **VII** 38
- Franziskanerkloster **II** 175
- St. Georgs-Hospital **II** 173
Schwestern vom gemeinsamen Leben **III** 90, 112f.

Schwyz **V** 279, 298–300, 305, 315
Scintilla, Engelhard **IV** 104
Scultetus, Abraham **II** 58 **V** 38f.
Sebald, Hl. **I** 34
Sebastian von Heusenstamm, Erzbischof von Mainz **IV** 61, 64, 76–78, 80, 82
Sebnitz **VI** 94
Seckau, Bistum **I** 75, 89, 103–105, 112
Seckendorff, von, Familie **IV** **183**, 203
Seckendorff, Veit Ludwig von **IV** 28 **VII** 194 Anm. 91
Seckenheim, Herrschaft **IV** 92 **V** 153, 170
Sedan **V** 37, 109
Seeburg, Amt **VI** 79
Seediek, Remmer von **VI** 142f.
Seehausen **II** 77
Seehofer, Arsacius **I** 62
Seeland (Dänemark) **VI** 122
Seeland (Niederlande), Grafschaft/Provinz **III** 47, 201, 203, 223f.
Sega, Filippo **I** 147
Segeberg, Augustiner-Chorherrenstift **II** 144
Seidenberg **VI** 100, 104
Seinsheim, von, Familie **IV** **183**
Seitendorf **VI** 101, 110
Seld, Georg Sigmund **VII** 191
Selender, Wolfgang OSB, Abt von Braunau **I** 147–149
Seligenporten, Zisterzienserinnenkloster **V** 23
Seligenstadt **IV** 74
Seligmann, Martin **VI** 84
Selmenitz, Felicitas von **II** 75
Selnecker, Nikolaus, Superintendent von Gandersheim **II** 25f. **IV** 21 **VI** 140
Senden **III** 110
Sender, Clemens **VI** 20
Senfft, Walter **I** 49
Senftenberg, Amt **VI** 94, 102, 111
Sengstake, Hans **VI** 119
Senlis **VI** 200
Serviten (OSM), -kloster **I** 98 **II** 98 **IV** 130, 134
Severini, Paulus **II** 156

Sibo Attena, Häuptling von Esens, Stedesdorf und Wittmund **III 163**
Sibylla, Tochter Wilhelms V. von Jülich-Kleve-Berg **III** 100
Sibylle von Jülich-Kleve-Berg, Gemahlin Johann Friedrichs von Sachsen **III** 92
Sichard, Johann **V** 176
Sichem, Eustachius van **III** 210
Sickingen, Herrschaft **VI** 172, 174
Sickingen, Franz von **IV** 71, 184, 195–197, 263 **V** 18, 53, 55, 78 **VI** 172, 174f.
Sidonia, Gemahlin Herzog Albrechts von Sachsen **II** 12
Sidonie Katharina von Sachsen, Fürstin von Teschen **II** 119
Siebenbürgen **VII** 23
Siebenjähriger Krieg (1756–1763) **VII** 35
Siegburg **III** 89
Siegen, Grafschaft/Amt **IV** 78, 235–237, 239f.
– Franziskanerkloster **IV** 238
Siegerland **IV** 63
Siegmund, Kaiser **I** 136–139 **II** 106 **IV** 184
Siena **IV** 189
– s. a. Universitäten
Sievershausen **II** 21 **III** 27
Sigismund Franz von Österreich, Bischof von Augsburg, Gurk und Trient, Kardinal **VI 9**
Sig(is)mund von Brandenburg, Erzbischof von Magdeburg **II** 47, **69**, 80f. **VII** 119
Sigismund von Lindenau, Bischof von Merseburg **II** 21
Sigismund, Oberlandeshauptmann von Nieder- und Oberschlesien **II** 107
Sigismund I., König von Polen **II** 113, 115, **207**, 209, 222 **VI** 227
Sigismund II. August, König von Polen **II 207**, 211
Sigismund III. Wasa, König von Polen und Schweden **II** 211, **207**, 215
Sigmaringen, Grafschaft **V** 257f.
Sigmund, Markgraf von Brandenburg-Kulmbach/Bayreuth **I** 11

Sigmund, Fürst von Köthen-Altzerbst **II** 90
Sigmund Friedrich von Fugger, Bischof von Regensburg **VI 37**
Sigmund von Holleneck, Erzbischof von Salzburg **I 73**
Sigmund, Erzherzog von Tirol **V** 260 **VI** 61
Simmern s. Pfalz-Simmern
Simon Rudnicki, Bischof von Ermland **II 207**, 218
Simon V., Graf zur Lippe **III** 151 **VI 153**, 156, 158
Simon VI., Graf zur Lippe **III** 156, 158 **VI 153**, 162f., 166f.
Simon VII., Graf zur Lippe-Detmold **VI 153**, 163, 166
Simon Ludwig, Graf zur Lippe-Detmold **VI 153**
Simon Philipp, Graf zur Lippe-Detmold **VI 153**, 167
Simon zur Lippe, Bischof von Paderborn **III** 150
Simon von Trient **I** 88
Simons, Menno **II** 157, 173 **III** 169, 212
Sindelfingen, Augustiner-Chorherrenstift **V** 171
Sindolsheim **IV** 87
Sion s. Sitten
Sitten, Bistum **V** 280, 314
Sittichenbach, Zisterzienserkloster **VI** 80, 85
Sitzinger, Ulrich **VI** 178f.
Sixtus IV., Papst **II** 185 **V** 171
Sixtus V., Papst **V** 106
Sixtus von Tannberg, Bischof von Freising **I** 58
Sizilien **VII** 20
Skandinavien **VII** 19, 23
Skarga, Peter SJ **II** 215
Skorischau, Halt **II** 105
Slachtscaep von Tongern, Hendrik **III** 92
Slaggert, Lambrecht **II** 174
Slowenien **I** 74, 109 **V** 185
Slüter, Joachim **II** 171
Smed, Georg **II** 112
Smetius, Heinrich **V** 38
Snekis, Cornelius a OP **II** 171

Snetlage, von, Familie **III** 132
Soden, Reichsdorf **IV** 41
Söflingen, Klarissenkloster **V** 195, 197, 234, 244
Sömmerda **IV** 65, 94
Soest **III** 66, 88f., 91, 96f., 99, 101, 149, 158 **VII** 31, 115, 123
- Patroklistift **III** 62, 158
Sohn, Georg **IV** 257, 277 **V** 38
Soldin, Kollegiatstift **II** 45
Solingen **III** 96 **VI** 69
Solms, Grafschaft **III** 172 **IV** 41f., 51, 78, 236, 256
- Solms-Braunfels, Grafschaft **III** 196 **IV** 246f.
Solms, Grafen von **IV** 54
Solnhofen, Nebenkloster von Fulda **IV** 130
Solothurn **V** 279, 281, 298, 300f., 304–306, 315f. **VI** 208
Somborn **IV** 87
Sommerfeld **II** 40 **VI** 94, 100
Sommersdorf **IV** 204
Sonderburg, Amt **II** 143
Sondershausen **IV** 11, 29
Sonnenberg, Herrschaft **V** 257
Sonnewalde, Herrschaft **VI** 94, 98, 100, 102, 106
Sonnius, Franciscus s. Franciscus Sonnius
Sophia, Schwester Georgs des Frommen von Brandenburg-Ansbach **II** 108
Sophia Elisabeth von Anhalt, Gemahlin Georg Rudolfs von Liegnitz **II** 129
Sophie Katharina von Holstein-Sonderburg, Gemahlin Anton Günthers von Oldenburg **VI** 147
Sophie von Brandenburg, Gemahlin Kurfürst Christians I. von Sachsen **II** 27
Sorau, Herrschaft **VI** 94, 96, 99f., 106, 111
- Franziskanerkloster **VI** 96, 100
Spät, Antonius **II** 115
Spalatin, Georg **II** 93 **III** 19 **IV** 15, 105
Spalt **IV** 167
Spandau, St. Nicolai **II** 42

Spangenberg, Cyriacus **I** 96 **VI** 90
Spangenberg, Johann, Superintendent von Mansfeld **IV** 36 **VI** 89
Spanien, Königreich **I** 126 **II** 160f. **III** 68, 74–77, 99–101, 125, 170, 191, 193–195, 214, 216f., 222f., 227, 231 **IV** 53, 56, 247, 272 **V** 9, 27, 34, 36, 40–42, 52f., 91, 99, 135, 147, 155f., 159, 174, 177, 263, 274, 301f., 305–309 **VI** 86, 143, 145, 183, 185, 199, 201, 211f., 218 **VII** 19, 47, 189, 192
Spanisch-Niederländischer Krieg, s. Niederländischer Aufstand
Spanische Niederlande s. Niederlande
Speciano, Cesare **I** 147
Specklin, Johann **IV** 224
Spee von Langenfeld, Friedrich SJ **III** 80, 158 **V** 66
Speinshart, Prämonstratenserkloster **V** 14, 29
Speiser, Johann **VI** 16
Spener, Philipp Jakob **IV** 51 **VI** 190
Spengler, Lazarus **I** 17f., 38
Spengler, Peter **V** 264
Speratus, Paul s. Paul Speratus
Spessart **IV** 64, 216
Speyer
- Bistum **IV** 62, 183 **V** 10, 13f., 21, 51, 126, 128f., 146, 149, 151, 170, 195 **VI** 172f., 175f. **VII** 70, 99
- Hochstift **V** 10, 14, 91, 125, 126 **VI** 172
- Domkapitel **V** 19
- Reichsstadt **II** 191, 192 **III** 189 **IV** 29, 36, 56, 81, 266 **V** 20, 76, 104, 115, 130, 142, 150, 244 **VI** 86, 175
- Deutschordenskommende **VI** 229
- s. a. Reichstage
Spiegel, Herren von **III** 153, 158
Spiegelberg, Grafschaft **III** 9, 11
Spieß, Jakob **V** 204
Spinelli, Filippo **I** 147 **II** 127
Spinola, Ambrosio **III** 193 **VI** 185, 229
Spiritualisten **I** 78 **II** 117, 224, 228 **IV** 105 **V** 21, 80, 88, 265 **VI** 125 **VII** 14, 42
Spital a. Pyrhn **IV** 161

Sponheim, Grafschaft **IV** 78, 104 **V** 51, 126, 147, 153, 155
- Hintere Grafschaft **IV** 90 **V** 58, 125, 128, 147, 153f., 157–159 **VI** 180, 172, 179, 186, 189f.
- Vordere Grafschaft **IV** 90 **V** 37, 125, 128, 147, 154, 156f., 159
- Benediktinerkloster **V** 14

Spremberg **VI** 96, 99
Spreter, Johannes **V** 222
Springiersbach, Augustiner-Chorherrenstift **V** 56
Sprottau, Magdalenerinnenkloster **II** 110
Stablo-Malmédy, Benediktinerkloster **III** 201f., 229
Stade **III** 52–54, 56 **VII** 118
- Benediktinerkloster St. Maria **III** 46, 52, 54
- Franziskanerkloster St. Johann **III** 46
- Prämonstratenserkloster St. Georg **II** 147 **III** 46, 52f. **VII** 94 Anm. 26

Stadland **VI** 132f., 144, 146f.
Stadthagen, Amt **VI** 157, 160, 165, 167f.
Stadtilm **IV** 29f.
Stadtlohn **III** 126
Staffelstein **IV** 150, 157
Staffort, Schloß **V** 140
Stagefyr, Nikolaus von s. Herborn, Nikolaus von
Staigerwalder, Friderich **I** 88
Stalburg, Claus **IV** 44
Stams, Zisterzienserkloster **I** 90, 95
Stanislaus Hosius, Bischof von Ermland und Kulm, Kardinal **I** 96 **II** 124, **207**, 211f., 214f.
Stanislaus Karnkowski, Erzbischof von Gnesen, Bischof von Leslau **II** 211, 215
Stanislaus Leszczyński, König von Polen **VI** 188
Stans, Kapuzinerkloster **V** 315
Staphylus, Friedrich **II** 124f., 229
Stargard **II** 168, 186, 193f.
Starhemberg **VI** 61
Starkenburg **IV** 63f. **V** 40
Staßfurt **II** 77

Staufen, Haus **V** 235, 242 **VI** 227 **VII** 16
Stauffenberg, Herrschaft **V** 125, 142
Staupitz, Johann von OESA **I** 34
Stedesdorf, Herrschaft **III** 163
Stefan Barthory, König von Polen **II** 207
Steiermark, Herzogtum **I** 66, 73–75, 102–116, 126, 128, 130f. **II** 172 **VI** 240 **VII** 22, 84
- s. a. Innerösterreich

Steigerwald, Kanton **IV** 183–185, 202, 204, 207
Stein, Barthel **II** 112
Stein, Grafen von **V** 195
Stein, Paul **IV** 283
Stein, Wolfgang **IV** 15f.
Steinbach, David **II** 27
Steiner, Heinrich **VI** 15
Steinfeld **I** 147
Steinfurt **III** 183, 189
- Grafschaft **III** 109, **182–198**
- Johanniterkommende **III** 190

Steinheim b. Höxter **III** 156
Steinheim b. Marbach, Dominikanerinnenkloster **V** 176
Steinwer, Hippolyt von **II** 191
Stendal **II** 35, 37, 40 **VI** 85
- Augustiner-Chorfrauenstift **II** 44 **VII** 97 Anm. 41
- Kollegiatsstift **II** 44

Stephan Heinrich, Graf von Eberstein **V** 148
Stephan Weber, Weihbischof von Mainz **IV** 84f.
Stephan, Herzog/Pfalzgraf von Pfalz-Zweibrücken **VI** 171, 172, 174
Stephani, Joachim **II** 201
Sternberg (Mecklenburg) **II** 168, 171, 176
- Augustinerkloster **II** 174f.

Sternberg (Schaumburg) **VI** 154
Sternberg, Hans von **IV** 197
Sterzing **I** 88, 91, 93, 96
- Kommende **VI** 238

Stetten, Familie **VI** 23
Stettin **II** 57, 185–187, 189, 193f, 201f., 204 **VII** 120, 123
- Domstift St. Marien **II** 196
- Domstift St. Otten **II** 196

- Jakobikirche **II** 189
Steuerwald, Amt **III** 9, 12, 28f.
Steuß, Johann **V** 59
Steyn, Augustiner-Chorherrenstift **III** 204
Steyr **I** 122f., 125 **VI** 66 **VII** 111, 124, 129, 131
Stibar von Buttenheim, Daniel **IV** 104
Stibelius, Johann **V** 155
Stickhausen, Amt **III** 172
Stiefel, Michael **VI** 82
Stiepel, Herrschaft **VI** 153
Stobäus, Georg **I** 112
Stockelsdorf **VI** 122
Stockholm
- Hof **VI** 187
- Stadt **II** 146
- Storkyrka **VI** 117
Stöckel, Leonhard **VI** 85
Stössel, Joachim, Superintendent von Heldburg **V** 133
Stolberg, Grafschaft **II** 9 **III** 10 **IV** 36
- Stolberg-Stolberg, Grafschaft **II** 90 **VI** 80
Stolberg, Haus **IV** 30 **VII** 114
- Stolberg-Königstein **IV** 215
- Stolberg-Wernigerode **II** 92
Stoll, Heinrich **V** 19f., 23
Stolp **II** 188–190, 194, 197
- Marienkirche **II** 190
Stolpen **II** 24, 30 **VI** 95, 102, 107
Stolzenau, Amt **VI** 132, 148
Stoppelberg, Amt **III** 149, 158
Storkow, Herrschaft **VI** 94, 100
Stormarn, Grafschaft **VI** 156
Stoß, Andreas OCarm **I** 37 **IV** 153
Stoß, Veit **I** 34, 37 **II** 111
Stralsund
- Stadt **II** 188–191, 194, 202f. **VI** 114–128 **VII** 94 Anm. 27, 98 Anm. 47, 120, 123
- Geistliches Ministerium **II** 151
- Johanniskloster **II** 191
- St. Nikolai **II** 190f.
Straßberg **VI** 27
Straßburg **V** 72–95
- Bistum **II** 55 **IV** 62, 74, 183 **V** 10, 14, 21, 126, 128f., 146, 151f., 160, 195, 215, 234, 248, 258, 264, 271, 274 **VI** 72f., 172, 226 **VII** 98
- Hochstift **V** 72–95, 99, 126, 170, 187, 258 **VII** 69f., 80, 86, 189
- Domkapitel **III** 60 **V** 75, 84–86, 89, 104, 135, 187, 227, 261 **VI** 176
- Münster **V** 85f., 91, 205
- Reichsstadt **I** 34, 36, 144 **II** 149 **III** 68, 114, 117, 190, 192, 212 **IV** 41, 46, 72, 81, 105, 228, 263, 267, 270 **V** 21f., 27, 29, 34f., **72–95**, 107–109, 129, 132, 134, 144, 158, 185, 188, **195**, 206, 208, 226, 259, 262, 268, 273, 275, 289f., 292f., 304 **VI** 15, 17–19, 28, 54, 116, 174–179, 181f., 190, 232 **VII** 20f., 24, 70, 76
- Augustiner-Chorherrenstift St. Arbogast **V** 83
- Barfüßerkloster **V** 78
- Dominikanerinnenkonvente **V** 83
- Dominikanerinnenkloster St. Nikolaus in undis **V** 74
- Dominikanerkloster **V** 81
- Frauenstift St. Stephan **V** 83
- Johanniterkloster **V** 83
- Kartause **V** 83, 86, 90
- Kollegiatstift Alt-St.-Peter **V** 85, 91
- Kollegiatstift Jung-St.-Peter **V** 85, 90f.
- Kollegiatstift St. Thomas **V** 78, 81, 85
- Reuerinnenkloster **V** 83
- St. Aurelien **V** 78
- St. Wilhelmkloster **V** 81
- s. a. Universitäten
Stratner, Jakob **II** 43f.
Straubing **VI** 40, 61 **VII** 126f., 131
Strauß, Jakob **I** 91 **IV** 15f., 219
Strauß, Wenzel **V** 19
Strehlen, Klarissenkloster **II** 110
Streitberger, Johann **I** 23
Strejc, Georg **I** 146
Stricker, Martin **III** 54
Striegau, Benediktinerinnenkloster **II** 110
Strigel, Victorin **IV** 21
Stromberg, Amt **III** 110
Strückhausen, Johanniterkommende **VI** 133
Stücklin, Konrad **V** 221–224

Stühlingen, Landgrafschaft **V** 280
Stürmer s. Neustetter, Johann Christoph
Stuhm **II** 216
Stukenbrock **III** 155
Stumpf, Johannes **IV** 70
Stuppach **VI** 241
Sturm, Jakob **IV** 267 **V** 78, 80–82
Sturm, Johann(es) **III** 190, 192 **V** 81–83, 88, 134 **VII** 17
Sturm, Nikolaus **II** 75
Stuttgart
– Hof **V** 186 **VII** 29, 148, 159, 161
– Stadt **IV** 276 **V** 169, 172f., 175, 183, 185, 264
– Stiftskirche **V** 184, 189
Suawe, Bartholomäus **II** 199
Suawe, Peter **II** 189
Sudenburg s. Magdeburg
Sudermann, Daniel **V** 88
Südtirol **VI** 9 **VII** 20
Süsse, Lorenz OESA **IV** 36
Sugenheim **IV** 204
Sulau **II** 104
Sulz, Grafen von **V** 216f., 246
Sulz **V** 73
Sulzbach a. Taunus, Reichsdorf **IV** 41
Sulzbach **I** 45f., 49f., 53f., 135
Sulzburg **V** 125
– Benediktinerinnenkloster **V** 132, 145
Sulzer, Familie **VI** 27
Sulzer, Simon, Superintendent von Durlach **V** 133f., 312
Sumiswald, Kommende **VI** 233
Sundgau **V** 82, 127, 257–259, 264f., 274
Sunken-Dierbach **VI** 184
Surius, Laurentius **III** 71
Sursee **V** 315
Sybille Elisabeth von Braunschweig-Dannenberg, Regentin von Oldenburg-Delmenhorst **VI** 131, 144
Sybold, Michael SJ **I** 54
Sylburg, Friedrich **V** 39
Sylvanus, Johannes **V** 28
Sylvius Nimrod von Württemberg-Weiltingen, Herzog von Münsterberg-Frankenstein und Oels-Bernstadt **II** 104

Sylvius, Petrus **II** 15
Synergistischer Streit **IV** 20
Synkretistische Theologie, s. Irenik
Syrakus **VII** 18
Syrlin, Jörg **V** 198

T
Tabor **I** 136, 140
Taboriten **I** 136, 140f.
Tachau, Franziskanerkloster **I** 139
Täufer, Wiedertäufer **I** 49, 62, 78, 92f., 99, 107, 123–125, 143 **II** 14, 117, 121, 149, 157f., 173, 228 **III** 33, 67f., 96, 114, 116–122, 124, 134, 166f., 170, 211f., 229f. **IV** 19, 135, 150f., 173, 204, 241, 268, 270 **V** 18, 21, 23, 56, 59, 80, 134, 154, 265, 286, 292, 294 **VI** 17f., 65, 122, 124, 137f., 141–143, 178, 180 **VII** 78, 182
Tann, Eberhard von der **IV** 170, 197, 199, 202
Tann, von der, Familie **IV** 135, **183**
Tannenberg **II** 208
Tanner, Adam SJ **I** 51 **II** 28
Tannhausen, Balthasar von **I** 112
Tapper, Ruard **III** 210, 212–214
Tarantaise, Kirchenprovinz **V** 280
Tarasp **I** 87
Tast, Hermann **II** 147
Tauber, Kaspar **I** 124
Tauberbischofsheim **IV** 72, 74, 80
Taubertal, Taubergrund **IV** 65, 74f., 110
Taunus **IV** 93, 225 **V** 57 **VII** 25, 34
Taus **I** 137
Tausen, Hans **II** 148
Tecklenburg, Grafen von **III** 183
– Haus Götterswick **III** 183
– Haus Schwerin **III** 183
Tecklenburg, Grafschaft **III** 109, 131f., **182–198 VI** 132 **VII** 28
Telgte **III** 116, 127
Tempelburg **II** 203
Templin **II** 40
Tempzin, Antoniterkloster **II** 175
Tennenbach **V** 152
– Zisterzienserkloster **V** 135
Tepl, Sigmund Hausmann von OPraem **I** 139

Teplitz **I** 148
Ternier **V** 296
Tersatto **I** 115
Tertiarinnen (DO), -kloster **V** 201, 218
Terwaan s. Thèrouanne
Teschen, Herzogtum **II** 104, 116, 119, 132
Tessin **V** 301, 314
Teterow **II** 168
Tetleben, Valentin von **IV** 77
Tetzel, Johann(es) OP **II** 12, 39, 188 **IV** 69 **VI** 98
Teupitz **VI** 94
Teuschnitz **IV** 157
Teutleben, von, Familie **IV** 19
Teutoburger Wald **III** 184
Thann, Münster **V** 262
Theda Ukena, Mutter Ennos I. von Ostfriesland **III 163**
Thedinga, Benediktinerinnenkloster **III** 171
Thedinghausen, Amt **III** 45
Theobald, Andreas **VI** 85
Theodo, Herzog von Bayern **I** 74
Theosophie **VI** 126
Theres, Benediktinerkloster **IV** 102, 114
Thèrouanne, Bistum **III** 202, 214
Tholey, Benediktinerkloster **V** 62
Thomae, Nikolaus **VI** 175
Thomas Chrön (Hren), Bischof von Laibach **I** 112f.
Thomas de Vio von Gaeta s. Cajetan
Thomas, Bonaventura **II** 124
Thorn **II** 208f., 211, 217f., 222, 224 **VI** 226
– Benediktinerinnenkloster **II** 212
– Dominikanerkloster **II** 212
– St. Johann **II** 210f., 216
– St. Marien **II** 210
Thron, Zisterzienserinnenkloster **IV** 52
Thüngen, von, Familie **IV 183**, 203
Thüngen, Jörg Friedrich von **IV** 87
Thür, Johann **VI** 82
Thüringen **IV 8–39**, 62f., 78, 85, 92, 258f. **V** 133 **VI** 82f., 85 **VII** 114, 198

– Ballei Thüringen **VI 224–248**
Thüringen, Landgrafen von **IV** 63, 258
Thulba, Benediktinerinnenkloster **IV** 130, 142
Thumbshirn, Wilhelm von **III** 47
Thundorf **IV** 196
Thurgau **V** 279, 299
Thurn und Taxis, Familie **VI** 233
Thurnau, Herrschaft **IV** 204f.
Tibianus, Joannes Georgius **V** 228
Tiedemann Giese, Bischof von Ermland **II 207**, 210, 214
Tiefenbach **VI** 59
Tigerfeld **VII** 25
Tilemann Heshus(en), ev. Bischof von Samland **II** 225, 228, 230 **IV** 21f. **V** 23f.
Tilesius, Hieronymus, Superattendent von Delitzsch **IV** 35
Tilly, Johann Tserclaes von **II** 82f. **III** 37, 140 **IV** 91f. **V** 188 **VI** 145, 243 **VII** 84
Tilsit **II** 231
Timann, Johann **III** 49f., 167
Tirol, Grafschaft **I** 57, 58, 66, 73, 76, **86–101**, 88, 93, 103, 107 **V** 73, 89, 245, 249, 251, 259, 263, 269, 272f., 280, 307 **VI** 9, 25, 72, 225, 237f. **VII** 20–22, 70–78, 82, 85, 88, 101
– s. a. Österreich, Südtirol
Tirschenreuth **V** 14
Titelmans, Pieter **III** 212
Töging, Herrschaft **IV** 176
Toggenburg **V** 301, 316
Tolkemit, Starostei **II** 212
Torgau **II** 18, 20f., 27, 91 **IV** 9, 12, 238 **VI** 86
Torgauer Bund (1526) **II** 76, 169 **III** 19
Torgauer Konvent (1591) **V** 31–33, 187
Torgauisches Buch (1576) **II** 84, 99 **VI** 125
Tossanus, Daniel **V** 27, 30, 38
Tossanus, Paul **V** 38
Tost **II** 103
Toul **V 96–122**
– Bistum **V 96–122**
– Hochstift **V** 52, **96–122**

- Reichsstadt **V 96-122**
Tournai
- Bistum **III** 202, 206, 213f.
- Herrlichkeit **III** 201, 220
- Stadt **III** 212, 227
Toussain s. Tossanus, Daniel
Toussain, Pierre **V** 177, 179 **VI** 205
Toussaint d'Hocédy, Bischof von Toul **V 98**, 106
Trachenberg, Herrschaft **II** 105, 116
Träger, Konrad, Augustinerprovinzial **V** 289
Trarbach **V** 125, 153, 157, 159f.
Trebnitz **II** 125
- Zisterzienserinnenkloster **II** 110
Tremellius, Immanuel **V** 27 **VI** 179
Treptow a. d. Rega **II** 188, 194f., 197f.
Treuenbrietzen **II** 42
Tridentinum, s. Konzil von Trient
Triebel, Herrschaft **VI** 96, 100
Triefenstein, Augustiner-Chorherrenstift **IV** 217f., 229
Trient **I 86-101**
- Bistum **I 86-101 VI** 9 **VII** 70, 78
- Hochstift **I 86-101 VI** 9 **VII** 74, 85
- Stadt **I** 87
- s. a. Konzil von Trient
Trier **V 50-71**
- Kirchenprovinz **III** 59, 202 **IV** 41, 62, 183, 236, 256 **V** 10, **50-71**, 99, 110, 126 **VI** 172
- Erzbistum **III** 59, 87, 202, 214 **IV** 41, 54, 62, 183, 236, 240f., 256, 258 **V** 10, **50-71**, 99, 104, 108, 126, 128, 154, 157 **VI** 172
- Erzstift **III** 59, 88, 202 **IV** 62, 71, 76, 107, 196, 237f., 242, 256 **V** 10, **50-71**, 99, 127, 153, 157f. **VI** 24, 172, 237f. **VII** 15 Anm. 10, 74, 76, 80, 82, 99, 120
- Domkapitel **V** 53-56, 58, 61, 67
- Stadt **V** 24, **50-71**
- Jesuitenkolleg **V** 58, 64
- s. a. Reichstage
- s. a. Universitäten
Triest
- Bistum **I** 103
- Stadt **I** 103, 106

- s. a. Innerösterreich
Trifels, Burg **VI** 173
Trithemius, Johann(es) OSB **IV** 104 **V** 15
Trondheim **VII** 18
Troppau, Fürstentum **II** 103, 107, 109, 116, 127f., 130, 132
- Franziskanerkloster **II** 110
Trotzendorf, Valentin **II** 115, 120
Trsat s. Tersatto
Truber, Felician, Superintendent von Krain **I** 110
Truber, Primus **I** 109f., 115 **V** 185
Truchseß von Wetzhausen, Familie **IV 183**
Truckenbrot, Jakob **V** 132
Tschernembl, Georg Erasmus **I** 130
Tscheschen, Halt **II** 105
Tübingen zu Lichteneck, Familie **V** 270
Tübingen **I** 17, 20, 26 **II** 172 **IV** 183, 277, 283 **V** 129, 134, 140, 171f., 176, 180, 183-185, 187-189, 205, 261, 264, 268 **VI** 23f., 160, 181, 192, 205 **VII** 17f.
- Augustinerkloster **V** 176
- s. a. Universitäten
Türkenkriege **I** 104, 109, 122, 124, 140 **II** 121, 210, 223 **IV** 107, 185 **V** 34, 265 **VI** 61, 66, 68, 70, 100, 227, 233, 236, 239-241, 245 **VII** 95f., 125, 182, 185, 187f.
Türkheim, Reichsstadt **V 215**, 225
Tulich, Hermann **VI** 85
Tulln **VI** 66
Turmair, Johannes, gen. Aventin **I** 59, 62 **IV** 105 **VI** 53

U
Ubiquitätslehre **II** 28 **III** 34 **IV** 277, 282 **V** 184
Uchte, Amt **VI** 132
Uckermark **II** 35f.
Überlingen, Reichsstadt **V 215**, 225f., 228f., 234, 267
- Kapuzinerkloster **V** 228
- Pfarrkirche St. Nikolaus **V** 228
Uetersen, Damenstift **II** 144, 154 **VII** 97 Anm. 41
Uffenheim **I** 23

Uhl, Johannes **V** 224
Uhlhart, Philipp **VI** 15
Ujest, Halt **II** 105
Ulm, Reichsstadt **I** 33f., 91 **IV** 183, 208 **V** 35, 81, 108, 170, **194–212**, 216, 235, 244f., 258, 289 **VI** 28, 232
- Augustiner-Chorherrenstift St. Michael zu den Wengen **V** 197f., 201, 204–206
- Deutschordenskommende **V** 197f., 204f. **VI** 229, 231 **VII** 31
- Dominikanerkloster **V** 197, 204, 224
- Franziskanerkloster **V** 197, 204
- Franziskanerinnenkloster Sammlung **V** 197, 201
- Regelschwestern beim Hirschbad **V** 197, 201
- Heiliggeistspital **V** 197
- Spital zu den armen Siechen **V** 198
- Liebfrauenkirche/Ulmer Münster **V** 197, 204

Ulner, Peter OSB, Abt von Kloster Berge **III** 30
Ulrich, Graf von Hardegg und Machland **II** 116
Ulrich, Herzog von Mecklenburg, ev. Administrator von Schwerin **II 167**, 177–179
Ulrich I., Graf von Ostfriesland **III 163**, 164
Ulrich II., Graf von Ostfriesland **III 163**
Ulrich von Nußdorf, Bischof von Passau **VI 59**
Ulrich, Herzog von Pommern, ev. Administrator von Cammin **II 183**
Ulrich von Blankenberg, Bischof von Toul **V 98**, 101
Ulrich, Herzog von Württemberg **IV** 267 **V** 55, **169**, 170f., 173–179, 181, 263, 266 **VI** 205 **VII** 145, 148
Ulrich V., Graf von Württemberg-Stuttgart **V 169**, 170
Ultental **I** 96
Ummendorf **V** 247
Undermarck, Martin, Superintendent von Celle **III** 168

Ungarn, Königreich **I** 97, 103, 112, 119, 125, 132 **II** 106f. **IV** 267 **V** 174, 265 **VI** 85, 239 **VII** 18, 23, 37
Unger, Johann **V** 132
Ungnad von Sonneck, Hans **I** 107, 109 **V** 185
Ungnad, Sophie von **VI** 147
Union (1608) 28 **II** 54, 130 **IV** 91, 176, 208 **V** 35f., 38–40, 89, 141, 187f., 206, 308 **VI** 28, 52, 125, 187 **VII** 191
Universitäten
- Altdorf (gegr. 1578) **I** 26, 40
- Basel (gegr. 1460) **IV** 220 **V** 129, 134, 261, 268, 292, 311
- Bologna (gegr. 1088) **VI** 23f.
- Dillingen (gegr. 1551) **I** 52, 99 **III** 215 **V** 228, 246–248, 268, 271, 316 **VI** 10, 24f., 238 **VII** 101
- Dôle (gegr. 1421) **IV** 156 **V** 261 **VI** 24, 211, 215–217
- Douai (gegr. 1562) **III** 215, 228 **IV** 156
- Duisburg (gegr. 1655) **III** 98, 102
- Erfurt (gegr. 1392) **II** 13 **IV** 14, 103, 133, 154
- Erlangen (gegr. 1743) **I** 26
- Ferrara (gegr. 1391) **V** 242 **VI** 23
- Franeker (gegr. 1585) **III** 228
- Frankfurt a. Oder (gegr. 1506) **II** 37–40, 44, 48, 51, 58, 94 **VI** 96
- Freiburg i. Breisgau (gegr. 1456) **V** 129, 228, 242, 248, 261, 268, 271–273 **VI** 23
- Fulda (gegr. 1734) **IV** 163
- Gießen (gegr. 1607) **IV** 282–284 **VII** 153
- Graz (gegr. 1585) **I** 109
- Greifswald (gegr. 1456) **II** 188, 191, 196, 201, 204
- Groningen (gegr. 1614) **III** 228
- Harderwijk (gegr. 1648) **III** 228
- Heidelberg (gegr. 1386) **II** 58 **IV** 104, 154, 277 **V** 15f., 18, 20, 23, 27, 29f., 38f., 41, 43, 60, 129, 247
- Helmstedt (gegr. 1576) **II** 172 **III** 35, 37 **V** 38 **VII** 58, 153
- Herborn, Hohe Schule (gegr. 1584) **III** 51f., 175, 192 **IV** 245 **V** 60

- Ingolstadt (gegr. 1472) **I** 52, 58, 62, 64, 99, 113 **IV** 106, 115, 154, 156, 168, 172, 174f., 177 **V** 112, 129, 228, 261, 271 **VI** 238
- Innsbruck (gegr. 1669) **I** 99f., 112 **VII** 78
- Jena (gegr. 1554) **II** 225 **IV** 19f., 24, 26–28 **V** 38 **VI** 54 **VII** 58
- Köln (gegr. 1388) **III** 61, 63–66, 89, 113, 115, 209 **IV** 154, 248 **VI** 239
- Königsberg (gegr. 1544) **I** 26 **II** 215, 225, 227, 229 **VII** 152
- Kopenhagen (gegr. 1478) **II** 146, 154
- Krakau (gegr. 1364) **II** 112, 229
- Leiden (gegr. 1575) **III** 228 **V** 27
- Leipzig (gegr. 1409) **I** 142 **II** 11, 19, 25f., 92, 112 **IV** 26, 104, 224 **V** 38 **VI** 96, 104
- Lingen, Hohe Schule (gegr. 1697) **III** 195
- Löwen (gegr. 1425) **III** 64, 89, 203, 210, 215, 228 **IV** 154, 156
- Mainz (gegr. 1477) **IV** 65f., 69, 73, 79, 82 **VI** 238
- Marburg (gegr. 1526) **II** 28 **IV** 240, 261, 264, 269f., 277, 280, 282, 284 **V** 59 **VII** 58, 152
- Molsheim (gegr. 1618) **V** 91, 248, 273
- Osnabrück (gegr. 1630) **III** 141, 143
- Paderborn (gegr. 1614) **III** 157
- Padua (gegr. 1222) **VI** 24
- Paris (gegr. um 1150) **II** 12, 149
- Pisa (gegr. 1343) **VI** 24
- Pont-à-Mousson (gegr. 1572) **V** 111–115
- Prag (gegr. 1348) **I** 138f., 146f.
- Rinteln (gegr. 1623) **III** 144 **IV** 255, 284 **VI** 165
- Rostock (gegr. 1419) **II** 168, 172, 174 **VI** 124
- Salzburg (gegr. 1622) **I** 99, 109 **V** 247 **VII** 82
- Siena (gegr. 1357) **IV** 189
- Straßburg (gegr. 1566) **I** 40 **III** 190, 192 **IV** 105, 228, 270 **V** 80f., 89, 91, 129, 206, 268 **VI** 190
- Trier (gegr. 1473) **V** 54, 64
- Tübingen (gegr. 1477) **I** 20, 24, 26 **II** 172 **IV** 277 **V** 129, 134, 171, 176, 180, 184f., 205, 261, 268 **VI** 23, 192, 205
- Utrecht (gegr. 1636) **III** 228
- Wien (gegr. 1365) **I** 109, 122, 126, 128, 131 **II** 112, 125 **V** 242 **VII** 79
- Wittenberg (gegr. 1502) **I** 26, 39, 123, 142 **II** 22, 26–28, 38, 40, 56, 72, 74, 172, 179, 189f., 192, 201f., 224, 227, 229, 231 **III** 16, 28, 51, 66, 151, 166f., 174, 208 **IV** 15f., 19f., 26, 70, 104f., 151, 192, 222, 224, 240, 262 **V** 38, 205 **VI** 44, 84f., 98, 104, 108, 141, 175
- Würzburg (gegr. 1582) **I** 26 **IV** 103, 118f., 200, 206, 238

Unkair, Jörg **VI** 160
Unna **III** 154
Unteralthertheim **IV** 226
Unterelsaß s. u. Elsaß
Unterinntal **I** 88, 99
Unterliezheim, Benediktinerinnenkloster **VI** 14
Unterwalden **V** 279, 283, 290, 298, 300
Uphusen b. Emden **III** 170
Urach **V** 169, 175, 185, 187
- Brüder vom gemeinsamen Leben **V** 172

Urban VIII., Papst **I** 150 **III** 141 **IV** 162 **V** 248
Urban von Trenbach, Bischof von Passau **I** 65, 128f. **VI 59**, 60, 63, 67–71
Uri **V** 279, 298, 300
Uriel von Gemmingen, Erzbischof von Mainz **IV** 61, 67
Ursberg, Prämonstratenserkloster **V** 233, 235, 244, 252 **VI** 9
Ursinus, Zacharias **V** 24, 28, 30
Urspring, Benediktinerinnenkloster **V** 257
Ursula, Hl. **III** 65
Ursula, Gemahlin Johann Ludwigs von Nassau-Hadamar **IV** 249
Ursula, Rhein- und Wildgräfin, Gemahlin Ruprechts von Pfalz-Veldenz **VI** 191

Ursulinen (OSU), -kloster **III** 159 **V** 315 **VI** 215 **VII** 91, 101
Usedom **II** 203
Useldingen, Herrschaft **V** 125, 128, 137
Utenhove, Jan **III** 213
Utraquisten **I** 136, 139, 140–146, 148f. **II** 114, 127 **V** 40
Utrecht
- Kirchenprovinz **III** 87, 202, 214f., 230
- Bistum/Erzbistum **II** 161 **III** 87, 184, 202, 214f.
- Hoch-/Erzstift **I** 75 **III** 48, 184, 188f., 201f., 205–207 **V** 153
- Domkapitel **III** 206
- Ballei **VI 224–248**
- Stadt **III** 188, 203f., 206, 209, 224f., 228
- Theresienkirche **II** 162
- s. a. Universitäten
Uznach **V** 279, 305, 316

V
Vacha **IV** 133
- Servitenkloster **IV** 130, 134
Vaduz, Grafschaft **V** 280
Valenciennes **III** 212
Valentin von Tetleben, Bischof von Hildesheim **III** 10, 25, 29 **IV** 47
Valle Maggia **V** 279
Valois, Haus **V** 103
Varel, Amt **VI** 148
Varenholz **VI** 156
Vasa, Haus s. Wasa, Haus
Vatikan s. Rom, Kurie
Vaudémont, Fürst von s. Franz II. Herzog von Lothringen
Vechta, Amt **III** 110f., 118, 127 **VI** 137
- Franziskanerkloster **III** 126
- Zisterzienserinnenkloster **III** 121
Veesenbeck, Johann, Superintendent von Ulm **V** 206
Vehe, Michael OP **II** 72, 77
Vehus, Barbara SOCist, Äbtissin von Lichtenthal **V** 137
Vehus, Hieronymus **V** 130f., 136
Veit von Würtzburg, Bischof von Bamberg **IV 147,** 154f.

Veit von Fraunberg, Bischof von Regensburg **VI 37**
Velburg **I** 45f., 50
Velden **I** 33
Veldenz s. Pfalz-Veldenz
Velius, Caspar Ursinus (Bernhard) **II** 113
Veltius, Gerhard **III** 99
Veltlin **V** 307–309
Venator, Johann Kaspar **VI** 245
Venatorius, Thomas **IV** 170
Venedig **I** 87, 91, 97, 103 **V** 280, 308 **VI** 63
Venetien **IV** 20
Venlo **III** 94f., 121, 206
Venningen, Florenz von **V** 20
Verden
- Bistum **II** 35f., 69 **III** 10, 20, 27f., 45f., 53, 141 **IV** 62, 79, 92 **VI** 52, 116
- Hochstift **III** 11f., 14, 27, 35, 45, 48, 53, 56
- Stadt **III** 50f. **VI** 88
Verdun **V 96–122**
- Bistum **V 96–122**
- Hochstift **V** 52, **96–122**
- Domkapitel **V** 101, 105
- Reichsstadt **V 96–122**
- Benediktinerkloster **V** 100
Vergerius, Peter Paul **I** 109 **V** 19 **VI** 43
Veringen, Grafschaft **V** 257f.
Vermigli, Pietro Martyr **V** 80, 88
Verona, Bistum **I** 87, 90
Vervins **V** 117
Vesoul **VI** 200, 216f.
- Jesuitenkolleg **VI** 215
- Kapuzinerkloster **VI** 215
Vic **V** 118
Vichtenstein, Herrschaft **VI** 59
Vienne, Kirchenprovinz **V** 280
Viernheim **IV** 93
Vierzehn Nothelfer, Hl. **II** 111
Vigelius, Valentin **VI** 87
Villach **I** 106 **IV** 147
Villingen **V** 257, 265f.
- Kapuzinerkloster **V** 274
Vils, Herrschaft **I** 87
Vilseck **IV** 148
Vilshofen **VI** 61, 68

Vincke, von, Familie **III** 132
Vinne, Dionysius **III** 92
Viret, Pierre **V** 296
Virneburg, Herrschaft **V** 51
Virnsberg, Kommende **VI** 236
Vischer, Hans **I** 91
Vischer, Peter **I** 34
Visitantinnen, Salesianerinnen (OVM), -kloster **V** 119
Vlatten, Johann von **III** 90f., 93–95
Vlissingen **III** 216
Vlotho, Zisterzienser-/Zisterzienserinnenkloster **III** 90
Vöhlin, Familie **VI** 27
Vörde **III** 46
Vörden, Amt **III** 131, 143
Vogesen **V** 74 **VI** 191
Vogler, Georg **I** 15–17, 19 **IV** 198
Vogt, Johannes **IV** 169
Vogt, Nikolaus **VI** 136
Vogtland **II** 9 **IV** 12f., 33
Vohenstrauß, Amt **I** 45, 50 **V** 12
Voigtsberg, Amt **IV** 12, 33
Volkach **IV** 114, 118f.
Volmar, Isaak **V** 275
Volrad, Graf von Mansfeld-Hinterort **VI** 80, 88, 90
Vorarlberg **I** 87 **V** 241, 246, **256–277**
– s. a. Österreichische Vorlande
Vorderösterreich **V** 73, 126, 133, 141, 161, 170, 176, 195, 209, 215f., 222, 226, 234, 247, **256–277**, 280 **VI** 10f., 72 **VII** 22, 79, 85
– s. a. Österreich
Vornbach, Benediktinerkloster **VI** 62
Vorpommern **II** 185, 204
Vortlage, Haus **III** 192
Vreden
– Franziskanerkloster **III** 127
– Kanonissenstift **III** 111
Vries, Adrian de **VI** 165
Vultejus, Hermann **IV** 282

W

Waadt **V** 294f., 297, 305f., 311, 316
Waadtland **V** 295f., **VI** 200 **VI** 205
Wagner, Leonard, Superintendent von Nassau **IV** 239f.
Wagner, Liborius, Hl. **IV** 122

Wahlstatt, Benediktinerkloster **II** 110
Waidhofen **I** 119 **VII** 112
Wain **V** 195
Waizenkirchen **VI** 65
Walbeck **VI** 85
Walburga von Brederode, Gemahlin Arnolds II. von Tecklenburg **III** 190
Walburgis, Hl. **IV** 169
Waldauf, Florian **I** 88
Waldbüttelbrunn, Amt **IV** 215
Waldburg, Grafschaft **V** 258
Waldburg, Truchsessen und Herren von **V** 234, 236f., 264
Waldeck, Grafschaft **III** 59, 149, 151, 153 **IV** 62, 256 **VII** 121
Waldemar VI., Fürst von Anhalt-Köthen-Bernburg **II** 89
Waldenfels, von, Familie **IV** 183
Waldenfels, Hans von **IV** 197
Waldenser **I** 140f. **II** 187 **IV** 103
Waldkirch, Augustiner-Chorherrenstift **V** 160
Waldkirchen **VI** 63, 67
Waldsassen, Zisterzienserkloster **IV** 81 **V** 9, 12, 14, 28
Waldsee **V** 257
Waldshut **V** 257, 264f. **VI** 17
– Kapuzinerkloster **V** 274
Walgäu **V** 259
– s. a. Vorarlberg
Walhoff, Johannes **VI** 120
Walkenried, Zisterzienserkloster **III** 9, 33, 38
Walldürn **IV** 74, 90, 103
– Kapuzinerkloster **IV** 91
Wallenstein, Albrecht Eusebius Wenzel von, Herzog von Friedland und Mecklenburg, Fürst von Sagan **I** 150 **II** **105**, 133, 161, 168, 179, 203 **V** 188 **VI** 53, 125 **VII** 39
Wallis, Uko **III** 176
Wallis **V** 279, 282, 301
Wallonien **VI** 182 **VII** 102
Walpurgis, Gemahlin Ennos III. von Ostfriesland **III** 163
Walter von Cronberg, Hoch- und Deutschmeister **VI** **225**, 227, 230f., 234, 237

Walther, Michael, Superintendent von Ostfriesland **III** 178
Wangen, Reichsstadt **IV** 183 **V 215**, 225
Wansen, Halt **II** 105
Wanzka, Zisterzienserinnenkloster **II** 175
Wanzleben **II** 80
Warburg **III** 53
- Dominikanerkloster **III** 150, 159
Wardenberg, Zutpheld **II** 176f.
Waren **II** 168, 173, 176
Warendorf **III** 115f., 120
- Franziskanerkloster **III** 126f.
Warichius, Wenzeslaus **VI** 103
Warry de Dommartin, Bischof von Verdun **V 98**, 101
Warschau **II** 132, 211, 215
Wartenberg, Herrschaft **II** 105
Wartenburg, Franziskanerkloster **II** 214
Wasa, Haus **II** 132
Wasselnheim **V** 76
Wasselonne s. Wasselnheim
Wassenberg **III** 92, 116f.
Wasserburg **VII** 126
Wassertrüdingen **I** 23
Watt, Joachim **I** 122
Watzdorf, Caspar von **VI** 82
Weber, Christoph **IV** 88
Wedde, Herrlichkeit **III** 109
Weddern, Burg **III** 112
Weddingen, Kommende **VI** 234
Wedinghausen, Prämonstratenserkloster **VII** 104
Weende, Augustinerinnenkloster **III** 37
Wegelin, Georg OSB, Abt von Weingarten **III 233**, 246f.
Wegelnburg **VI** 173
Wegscheid **VI** 63f.
Wehlau **II** 221, 229 **V** 99
Wehrheim, Amt **V** 57
Weida, Amt **II** 23 **IV** 13, 16
Weidensee, Eberhard **II** 71f.
Weigand von Redwitz, Bischof von Bamberg **IV 147**, 150, 152f.
Weigand, Friedrich **VII** 184
Weikersheim, Grafschaft **VI** 243

Weil der Stadt, Reichsstadt **V** 170, 178, **215**, 225
- Kapuzinerkloster **V** 228
Weilburg **IV** 236
Weimar
- Hof **IV** 27
- Stadt **IV** 9-12, 14, 20-22, 25, 27f. **V** 185 **VII** 196f.
Weinberger, Karl **II** 129
Weingarten, Benediktinerkloster **V 232-254**, 267
Weinheim **IV** 64
Weininger, Johann, Superintendent von Durlach **V** 140
Weinsberg, Amt **V** 171, 173, 291
Weiß, Adam **I** 15-17 **IV** 70
Weißenau, Prämonstratenserkloster **V** 233f., 237, 240, 245, 247
Weißenburg (Elsaß), Reichsstadt **V 195 VI** 172, 187, 228
Weißenburg (Franken), Reichsstadt **I** 12, 33 **IV** 167
Weißenstein, Augustiner-Chorfrauenstift **III** 186
Welfen, Haus **III** 9, 11f., 14f., 36-38, 164 **VI** 155-157, 161, 164f., 167 **VII** 27, 48 Anm. 14, 54, 63, 69, 74, 78, 84, 115, 118
- Celler Linie **VI** 161
- s. auch Braunschweig, Haus und Lüneburg, Haus
Weller, Christoph SJ **II** 131
Wels **I** 122 **VI** 66
Welschnonnen, s. Kongregation Notre-Dame
Welser, Familie **VI** 23
Welser, Anton SJ **I** 52
Welser, Philippine **V** 269, 270
Wemding **IV** 173
Wenceslaus Leszczyński, Bischof von Ermland **II 207**
Wendelstein b. Nürnberg **II** 123
Wendisches Fürstenhaus s. Obotriten
Wendt, de, Familie **VI** 159
Wenzel Eusebius von Lobkowitz, Fürst von Sagan **II 105**
Wenzel II. Adam, Herzog von Teschen **II** 116
Wenzel III., Herzog von Teschen **II 104**

Wenzeslaus von Thun, Bischof von Passau **VI** 59
Werden, Benediktinerkloster **III** 88
- s. a. Werden-Helmstedt
Werden-Helmstedt, Benediktinerabtei **III** 9, 36
Werdenberg-Heiligenberg, Grafen von **V** 234
- s. a. Fürstenberg, Grafen von
Werdenfels, Grafschaft **I** 87
Werder, Diederich von der **VII** 196
Werl **III** 61, 66, 69, 78
Werne, Amt **III** 110
Werner, Johann Sigmund **II** 116, 120
Wernfeld **IV** 119
Wernigerode, Grafschaft **III** 10 **IV** 226
Wertheim, Grafen von **IV** 117 **V** 83f.
Wertheim **IV** 106
- Beginenhaus **IV** 221
- Breuberger Linie **IV** 215f.
- Grafschaft **IV** 62, 78, 100, 103, **214-232 VII** 49 Anm. 17
- Haus **IV 214-232**, 217
- Kapuzinerkonvent **IV** 91
- Kollegiatstift St. Marien **IV** 217f.
- Stadt **IV 214-232**
- Stiftskirche **IV** 230
- Spitalkirche **IV** 230
Wesel **III** 67, 89-93, 96f., 100f., 172, 220 **VII** 116
Wesenbeck, Petrus **IV** 27
Wesselburen **II** 156
Westdeutschland **VII** 123
Westerburg, Grafschaft **IV** 236
Westerburg, Arndt **III** 67
Westerburg, Gerhard **III** 66
Westermann, Johannes OESA **III** 151
Westernach, Johann Eustach von **IV** 161
Westerwald **IV** 237 **VII** 28
- Westerwald-Quartier **IV** 183
Westerwolde, Herrlichkeit **III** 109
Westeuropa **VII** 18-20
Westfälischer Frieden (1648) **I** 28, 54, 67, 81, 132 **II** 61f., 81, 83, 134, 176, 178, 204 **III** 38, 56, 68, 126-128, 143f., 159, 174, 194, 201, 232 **IV** 26, 50, 56, 93, 122, 143, 162, 185, 200, 209, 230, 249, 284 **V** 40, 43, 145, 150f., 156, 189, 207, 211, 237, 250f., 309 **VI** 22, 31, 126, 146, 184, 189, 243f. **VII** 22, 25f., 30-34, 37f., 95f., 113, 127, 133, 177
Westfalen **II** 83 **III** 111-113, 125f., 149, 151, 158, 165, 183-185, 189-191, 193f. **IV** 246 **VI** 153, 155, 157, 163 **VII** 28
- Herzogtum Westfalen **III 58-84**, 87, 89, 103, 109, 149 **IV** 236 **VII** 51 Anm. 28
- Ballei Westfalen **VI 224-248**
Westfriesland **III** 119, 172
Westheim **III** 155
Westholstein **II** 150
Westphal, Joachim **III** 170
Westphalen, Wilhelm von **III** 154f.
Westpreußen **II** 207 **VII** 23
Wettenhausen, Augustiner-Chorherrenstift **V** 233, 241 **VI** 9
Wetter **IV** 86
- ritterschaftliches Stift **IV** 264
Wetterau **III** 189-191 **IV** 41f., 51f., 85, 236, 247 **V** 27, 32 **VII** 28, 37
- Wetterauquartier **IV** 183
Wetterau, Grafen in der **III** 75 **V** 33f.
Wetterauer Grafenverein **III** 189-191 **IV** 42, 85, 236, 247 **V** 27, 32-34
Wettin, Haus **II** 10, 70, 80, 91 **III** 164 **IV** 29-32, 37, 65, 263, 271 **VI** 81, 107 **VII** 54, 158, 166
- Albertinische Linie **II 9**, 105 **IV** 19, 22, 25, 31, 33f., 37 **VI** 234 **VII** 54
- Ernestinische Linie **II** 11, 21, 23 **IV** 9, 11, 19f., 22, 25, 30-34, 100 **VII** 54
- Weimarer Haus **IV** 26f.
Wettstein, Johann Rudolf **V** 309
Wetzhausen, Erhard Truchseß von **IV** 170
Wetzlar, Reichsstadt **IV 40-59**, 256 **V** 62 **VII** 95
- Beginenhäuser **IV** 55 **VII** 95
- Franziskanerkloster, -kirche **IV** 55f. **VII** 95
- Kommende **VII** 31
- St. Marienstift, Stiftskirche „Dom" **IV** 53, 55f. **VII** 95
- Burg Karlsmunt **IV** 53

Wevelinghoven **III** 77
Wewelsburg **III** 156
Weyer, Johannes **III** 98, 192
Wiblingen, Benediktinerkloster **V** 197
Wichart, Liborius **III** 156
Wieck, Christian von der **III** 116
Wied, Grafschaft **III** 59 **V** 51
- Runkel **IV** 246
Wiedebram, Friedrich **IV** 244f.
Wiedenbrück **III** 131f., 143
- Kollegiatstift St. Ägidius **III** 144
Wiederstedt, Dominikanerinnenkloster **VI** 85
Wiedertäufer, s. Täufer
Wien **II** 112
- Hof **II** 122, 125f., 131, 133, 161, 198 **IV** 118, 121f., 158, 168, 173, 282 **V** 43f., 178, 242, 259 **VI** 71 **VII** 30, 84, 161 Anm. 63
- Stadt **I** 65, 103, 109, 119–124, 126–128, 130f., 145–147, 150 **II** 124f. **V** 242, 265 **VI** 73 **VII** 79
- St. Stephan **VI** 60
- Bistum **I** 119, 121 **VI** 60
- s. a. Universitäten
Wiener Neustadt **I** 74f., 120
- Bistum **I** 119, 121, 128
Wier, Johannes s. Weyer, Johannes
Wiesbaden **IV** 236
Wietmarschen **III** 190, 193
- Benediktinerinnenkloster Marienrode **III** 190
Wigand, Johann **IV** 21 **VI** 84, 89
Wiguleus von Fröschl, Bischof von Passau **I** 122 **VI 59**, 60, 62, 64
Wil **V** 308
Wild, Johannes OFM **IV** 77
Wild- und Rheingrafschaft s. u. Wildgrafschaft und Rheingrafschaft
Wildefüer, Hans **III** 28
Wildenauer, Johann **I** 142
Wildenberg **II** 113
Wildenbruch, Johanniterkommende **II** 199
Wildenburg, Herrschaft **III** 88
Wildenfels, Herrschaft **II** 9f. **IV** 11
Wildenstein, Herrschaft **VI** 95
Wildeshausen, Amt **III** 110, 127 **VI** 138

Wildgrafschaft **IV** 62, 78 **V** 10, 127 **VI** 172
- s. a. Rheingrafschaft
Wildungen, Grafen zu **III** 151
Wilhelm, Markgraf von Baden-Baden **V 126**, 141–146, 149f., 152, 155f., 159
Wilhelm IV., Herzog von Bayern **I 57**, 59, 61 **IV** 68, 171 **V** 131, 136 **VI** 65, 68 **VII** 76, 180
Wilhelm V., Herzog von Bayern **I 57** **III** 77, 229 **IV** 174 **V** 139 **VI** 46, 50, 69–72 **VII** 84, 156, 157
Wilhelm Heinrich, Graf von Bentheim-Steinfurt und Tecklenburg **III 183**
Wilhelm der Jüngere, Herzog von Braunschweig-Lüneburg **III 9**, 20
Wilhelm, Bruder Heinrichs d. Jüngeren von Braunschweig-Wolfenbüttel **III** 24
Wilhelm von Wesberg, Bischof von Brixen **I** 98
Wilhelm, Graf von Eberstein und Wertheim **IV 215**, 222 **V** 136, 147
Wilhelm von Reichenau, Bischof von Eichstätt **IV 167**, 169 **VII** 69
Wilhelm, Graf von Fürstenberg **V** 108, 244, 267
Wilhelm Hartmann Klaur von Wohra OSB, Abt von Fulda **IV 129**, 139
Wilhelm III. von Oranien, Generalstatthalter der Niederlande, König von Großbritannien **III 184**, 195f.
Wilhelm IV., Graf von Henneberg **IV** 30
Wilhelm I., Landgraf von Hessen **IV 255**
Wilhelm II., Landgraf von Hessen **IV 255**
Wilhelm III., Landgraf von Hessen **IV 255**
Wilhelm IV., Landgraf von Hessen-Kassel **II** 158 **III** 190 **IV** 140, **256**, 273–280 **VII** 64, 146, 162, 164 Anm. 67
Wilhelm V., Landgraf von Hessen-Kassel **IV** 92, 143, **256**, 283f.
Wilhelm VI., Landgraf von Hessen-Kassel **IV 256**, 284

Wilhelm IV. (IX.), Herzog von Jülich-Berg-Ravensberg **III 87**, 90
Wilhelm V., Herzog von Jülich-Kleve-Berg **III 87**, 93–100, 123, 125, 206
Wilhelm Westfal, Bischof von Lübeck **VI 115**
Wilhelm, Graf von Mansfeld-Arnstein **VI 79**
Wilhelm, Graf von Mansfeld-Mittelort **VI 80**
Wilhelm von Ketteler, Bischof von Münster **III 109**, 121f.
Wilhelm Friedrich, Graf von Nassau-Diez **IV 235**
Wilhelm der Reiche, Graf von Nassau-Dillenburg **IV 235**, 238–241
Wilhelm Ludwig, Graf von Nassau-Dillenburg **IV 235**
Wilhelm II., Generalstatthalter der Niederlande **III 184**
Wilhelm von Oranien, der Schweiger, Statthalter der Niederlande **III** 191, 193, 196, 217, 221, 223f. **IV** 30, 241 **V** 33 **VI** 185, 206
Wilhelm von Schenking, Bischof von Osnabrück **III 131**
Wilhelm Ludwig, Erbprinz von Pfalz-Landsberg **VI 188**
Wilhelm Lindanus, Bischof von Roermond **III 215**
Wilhelm III., Herzog von Sachsen **IV 14 VII 69**
Wilhelm IV., Herzog von Sachsen-Weimar **IV** 10, 25f., 92 **VII** 197
Wilhelm von Diest, Bischof von Straßburg **V 74–76**
Wilhelm von Honstein, Bischof von Straßburg **IV** 68, 74 **V 73**, 74–76, 83
Wilhelm (Willem) van Enckenvoirt, Bischof von Utrecht, Kardinal **III** 206
Wilhelm von Krichingen **IV 215**, 227f.
Wilhelm von Limpurg **IV 215**, 222
Wilhelmiten, -kloster **V 81 VI 96**
Wilhermsdorf **IV 183**
Will, Abel **II 227**
Willebadessen, Benediktinerkloster **III 150**

Willer, Georg **I 96**
Willibald, Hl. **IV** 168f., 179
Willing, Johannes **V 205**
Wilms, Andreas **VI 120**
Wilsnack **II** 38, 45
Wilhelm Westfal, Bischof von Lübeck (*dup deletion*)
Wimmelburg, Benediktinerkloster **VI** 83, 85
Wimpfeling, Familie **V 220**
Wimpfeling, Jakob **V** 15, 77f., 81 **VII** 179
Wimpfen, Reichsstadt **IV** 183 **V** 19, 40, 141, 170, 188, **195**, 208f.
Wimpina, Konrad **II** 38–40, 188 **III** 18
Winckelmann, Johann Justus **VI 146**
Winckelmann, Johannes **IV 282**
Winden **VI 184**
Windesheim **II** 145, 147 **III** 13, 112
Windischgraz **I 107**
Windsheim, Reichsstadt **I** 12, 33 **IV** 219 **VI** 231f.
Winfried s. Bonifatius
Winkel, Heinrich **III** 16f.
Winneburg, Philipp der Mittlere Herr von **V 158**
Winneburg-Beilstein, Herrschaft **V 127**
Wintzingerode, von, Familie **IV 83**
Wirsung, Marx **VI 15**
Wismar **II** 168–170, 172, 176, 178f. **VI 114–128**
– Dominikanerkloster **II 172**
– Franziskanerkloster **II** 172, 175
– St. Marien **II 172**
Witmarsum **III 212**
Wittelsbach, Haus **III** 21f., 29, 126, 128, 229f. **IV** 168, 171 **V** 11, 13, 153, 157, 174 **VI** 21, 40, 49, 60–62, 70, 164, 172 **VII** 54, 78, 84, 118, 189
– Bayerische Linie **III** 62, 75f., 125, 139f. **V** 12 **VI** 41 **VII** 103
– Pfälzische Linie **IV** 24 **V** 9 **VI** 41, 171, 183 **VII** 37
– Linie Pfalz-Mosbach **V 11 VI 172**
– Linie Pfalz-Neuburg **III 87 V** 9, 13 **VII 37**
– Linie Pfalz-Neumarkt **V 11 VI 172**
– Linie Pfalz-Simmern **V** 9, 11, 24 **VI** 172, 192 **VII 37**

- Linie Pfalz-Veldenz(-Lützelstein) **VI** 171, 191f.
- Linie Pfalz-Zweibrücken **V** 11, 22 **VI** 171, 173, 185
- Linie Pfalz-Zweibrücken-Birkenfeld-Bischweiler(-Rappoltstein) **V** 160 **VI** 171, 173, 189f.
- Linie Pfalz-Zweibrücken-Kleeburg **VI** 171, 187
- Linie Pfalz-Zweibrücken-Landsberg **VI** 171, 184f.

Witten **III** 97
Wittenberg **I** 17, 26, 38, 51, 60, 111, 123, 142, 144 **II** 13, 20, 22, 24–28, 38, 40f., 56, 71f., 74, 91f., 99, 112–114, 120, 147, 169, 172, 174, 179, 187–190, 192, 195f., 222, 224f., 227, 229 **III** 13, 15–17, 19, 28, 34, 36, 51, 66, 114, 116, 151, 166f., 170, 174, 208 **IV** 11–13, 15–17, 19–21, 26, 70, 104f., 109, 134, 137, 151, 172, 192, 220, 222, 224, 239f., 263, 268, 275 **V** 21, 38, 82, 184, 205, 312 **VI** 16, 19, 44, 65, 84f., 87–89, 98, 104, 108, 140, 175f. **VII** 17, 67, 111, 114, 132
- Augustinerkloster **II** 78 **III** 48
- Franziskanerkloster **II** 96
- s. a. Universitäten

Wittenberger Konkordie (1536) **IV** 268, 275 **V** 82, 176 **VI** 176
Wittenburg, Augustiner-Chorherrenstift **III** 23
Witteroda **IV** 92
Wittgenstein, Grafschaft **III** 172, 191 **IV** 236, 245–247
- s. a. Sayn(-Wittgenstein), Grafschaft

Wittichenau **VI** 101, 104, 110
Wittislingen **VI** 27
Wittmund, Herrschaft **III** 163f.
Wittstock **II** 36
Witzel, Georg **II** 16f., 41, 43 **III** 26, 98 **IV** 80, 133, 137 **V** 84 **VI** 84f., 87
Wladislaw, König von Böhmen und Ungarn **I** **135**, 141 **II** **103**, 106f., 111 **VI** 93
Wladislaw IV., König von Polen **II** 132, **207**, 232
Wöllnersches Religionsedikt (1788) **III** 197

Wörishofen, Dominikanerinnenkloster **VI** 14
Wörschweiler, Zisterzienserkloster **VI** 174, 178
Wörth a. d. Donau **VI** 37, 42
Wohlau(-Steinau), Fürstentum **II** 108, 114, 134
Wolbeck, Amt **III** 110, 121, 123
Wolf Dietrich von Raitenau, Erzbischof von Salzburg **I** **73**, 77, 81–84
Wolf, Kugelherrenkloster **V** 159
Wolf, Sohn Albrechts VII. von Mansfeld-Hinterort **VI** 88
Wolfach **V** 161
Wolfart, Bonifatius **VI** 19
Wolfenbüttel, Stadt **II** 83 **III** 9, 14, 25–27, 30, 33, 36 **V** 184 **VII** 161
- s. a. u. Braunschweig-Lüneburg
Wolferinus, Simon **VI** 87
Wolferode **VI** 83
Wolff, Christian **VII** 176
Wolfgang, Fürst von Anhalt-Köthen-Bernburg **II** **89**, 90–92, 94, 96–98 **VI** 88
Wolfgang, Bruder Albrechts IV. von Bayern **I** 45
Wolfgang, Herzog von Braunschweig-Grubenhagen **III** 10
Wolfgang I. von Ussigheim OSB, Abt von Fulda **IV** **129**, 138
Wolfgang II. Schutzpar, gen. Milchling, OSB, Abt von Fulda, Hoch- und Deutschmeister **IV** **129**, 138, 226 **VI** **225**, 236
Wolfgang von Dalberg, Erzbischof von Mainz **IV** **61**, 85–88
Wolfgang, Graf von Mansfeld-Bornstedt **VI** 79
Wolfgang von der Pfalz, Statthalter der Oberpfalz **V** 10, 20f.
Wolfgang von Closen, Bischof von Passau **VI** **59**, 68
Wolfgang von Salm, Bischof von Passau **VI** **59**, 61, 67f.
Wolfgang, Herzog/Pfalzgraf von Pfalz-Zweibrücken **I** **45**, 49f. **IV** 81, 226 **V** 10, 154, 157, 183 **VI** **171**, 173, 175–181, 186, 189, 191, 201

Wolfgang Wilhelm, Pfalzgraf von Pfalz-Neuburg **I 45**, 50–54, 66 **III** 87, 97, 101, 103 **IV** 178 **VI** 26
Wolfgang II. von Hausen, Bischof von Regensburg **VI 37**, 51
Wolfgang Ernst, Graf von Wertheim **IV 215**, 228–230
Wolfsberg **IV** 147, 162
Wolfskeel, von, Familie **IV 183**
Wolfstein **VI** 64
Wolkenstein (Sachsen) **II** 18
Wolkenstein, Haus **V** 125, 150f.
Wollin **II** 188
Wolmirstedt **II** 80, 84
– Zisterzienserinnenkloster **II** 81
Wolter von Plettenberg, Landmeister des Deutschen Ordens in Livland **VI** 230
Wolter, Christian OFM **II** 97
Woquard **III** 176
Wormditt **II** 213f.
Wormeln, Zisterzienserkloster **III** 150
Worms
– Bistum **III** 206 **IV** 62, 64, 183 **V** 10, 13f., 170, 195 **VI** 172 **VII** 70
– Hochstift **IV** 62, 256 **V** 10, 14, 127
– Reichsstadt **I** 59, 123 **II** 17, 41, 74 **III** 119 **IV** 62, 72, 262 **V** 10, 20, 24 **VI** 66, 228 **VII** 180f.
– Kommende **VII** 31
– s. a. Reichstage
Wormser Edikt (1521) **I** 59, 123 **II** 39f. **III** 115, 119, 209 **IV** 44f., 71–73, 75, 107, 133, 151, 195, 265 **V** 15, 173, 199, 263 **VI** 15 **VII** 49, 127
Wrede, von, Familie **III** 158
Wülfinghausen, Augustinerinnenkloster **III** 23
Wülzburg, Benediktinerkloster **I** 13, 20, 23
Wünnenberg **III** 156
Würben und Freudenthal, Johann Graf von **II** 132
Würden **VI** 133, 144
Württemberg, Haus **V** 127, **168–192**
Württemberg, Herzogtum **I** 18, 24–26, 45, 48, 61, 75, 88, 107, 109 **II** 25, 28 **III** 30, 34–36 **IV** 31, 80, 203, 268, 273, 277f. **V** 17, 19, 26, 35, 59, 62, 73, 126, 128f., 131, 133f., 139, 141, 145, 150, **168–192**, 195, 203, 209, 215, 224, 236, 243, 251, 258, 260, 263f., 266f., 275 **VI** 27, 177f., 182, 192, 200, 202, 236 **VII** 20f., 25, 37, 39, 49 Anm. 16, 53 Anm. 37 und 38, 54f., 56 Anm. 50, 59, 61, 70 Anm. 15, 76, 93 Anm. 11, 120, 139, 144, 149f., 152, 158, 164, 187
– Württemberg-Stuttgart **V** 169f.
– Württemberg-Urach **V** 169f.
Würzburg
– Bistum **IV** 11, 28, 62, 72, **98–126**, 129, 136, 147f., 167, 183f., 190, 206, 216, 228, 256, 258 **V** 10, 170, 195f. **VI** 226, 241 **VII** 15 Anm. 10, 71, 91 Anm. 2, 114, 125, 129
– Hochstift **IV** 11, 25, 62, 80, **98–126**, 122, 130f., 136, 138, 140f., 147, 155, 157–160, 162, 188, 193, 199, 202, 206–209, 215–217, 225f., 256, 265 **VI** 231, 241f., 245 **VII** 34, 76, 85, 87f., 93, 98
– Dom **IV** 103, 122
– Domkapitel **IV** 101f., 108, 110, 115f., 118, 138, 190, 193, 206
– Festung Marienberg **IV** 110, 117, 229
– Stadt **I** 11–13, 26, 28, 33f., 78 **III** 36 **IV 98–126**, 189–192, 196, 200, 227, 231 **VI** 51, 238, 241 **VII** 20, 100
– Augustinerkloster **IV** 102, 105, 108
– Benediktinerkloster St. Stephan **IV** 102
– Benediktinerkloster St. Jakob **IV** 102, 104, 113
– Bürgerspital **IV** 103
– Dominikanerkloster 102
– Franziskanerkloster **IV** 102, 108
– Juliusspital **IV** 118
– Klarissenkloster St. Agnes **IV** 115
– Kommende **VI** 229, 231
– Marienkapelle **IV** 103, 206
– Neumünster **IV** 105, 107, 115
– Ratskapelle **IV** 103
– Universitätskirche **IV** 118
– s. a. Universitäten
– Burggrafen von **IV** 100

Wüstenfelde **II** 157, 159
Wullenwever, Jürgen **II** 152, 155 **VI** 118, 122f.
Wunn, Thomas SOCist, Abt von Salmansweiler **V** 248
Wunsiedel **I** 23
Wurm von Geudertheim, Mathis **V** 83
Wursten **III** 47
Wurzen, Kanonikerstift **II** 10 **IV** 13
Wyck, Johannes von **III** 49
Wyrich, Graf von Dhaun-Falkenstein **III** 100

X
Xanten **II** 53 **III** 62, 89, 101f., 220

Y
Ybbs **VII** 112
Ypern
– Bistum **III** 202, 215
– Stadt **III** 224, 227 **V** 27
Ysenburg(-Büdingen), Grafschaft **IV** 41f., 62, 78, 130, 247, 256 **VII** 37
Ysenburg, Grafen von **IV** 85

Z
Zabern **V** 73, 76, 82, 84f., 89
Zaccaria Delfino, Bischof von Lesina **II** 30, 122, 124
Zachan, Komturei **II** 200
Zähringer
– ältere Zähringer **V** 127, 146
– jüngere Zähringer s. Baden, Haus
Zainer, Ludwig **V** 198
Zanchi, Girolamo **V** 27, 30, 80, 88
Zarnowitz, Zisterzienserinnenkloster **II** 212
Zarskoje Selo **VI** 123
Zasius, Johann Ulrich **VII** 191
Zbyněk II. Berka von Duba, Erzbischof von Prag **I** 147
Zedlitz und Neukirch, Georg von Freiherr **II** 114
Zehdenick, Zisterzienserinnenkloster **II** 44 **VII** 97 Anm. 41
Zehender, Johann **V** 135
Zehmen, Achatius von **II** 211
Zeil **IV** 148, 150
Zeilsheim **IV** 64

Zeitblom, Bartholomäus **V** 198
Zell a. Harmersbach, Reichsstadt **V** 73, **215**, 225
Zell, Matthias **V** 78
Zella, Benediktinerinnenkloster **IV** 130, 132, 142
Zepper, Wilhelm **IV** 245
Zerbst **II** 89–92, 94, 96–99 **VII** 132
– Augustinerkloster **II** 96–98
– Franziskanerkloster **II** 96–98
– Kollegiatstift St. Bartholomäus **II** 97
– St. Nikolai **II** 96
– Zisterzienserinnenkloster **II** 96–98
Zertlin, Konrad **IV** 150
Zeschlin, Johann SJ **I** 53
Zeven, Benediktinerinnenkloster **III** 46, 54
Ziegenhain, Grafschaft **IV** 63, 269f., 274
Ziegenrück, Amt **II** 23 **IV** 13
Ziegler, Bernhard **I** 20 **II** 120
Ziegler, Jakob **VI** 67
Ziesar **II** 36
Zimmermann, Peter **IV** 86
Zimmermann, Wilhelm **IV** 103
Zimmern, Herrschaft **V** 216
Zimmern, Wilhelm Werner von **V** 221
Zincgref, Julius Wilhelm **V** 39
Zinner, Philipp SJ **V** 142
Zirkwitz, Halt **II** 105
Zisterzienser (SOCist), -kloster **I** 12, 95, 139 **II** 11, 175, 192, 198, 212 **III** 16, 90, 111f., 121, 150, 166 **IV** 43, 74, 81, 102, 110, 217, 263 **V** 14, 23, 41, 238, 240f., 247f. **VI** 96, 98, 101, 110, 133, 174, 178 **VII** 92
Zisterzienserinnen (SOCist), -kloster **I** 34, 37, 49 **II** 44f., 75f., 78, 81, 96, 98, 110, 125, 150, 172, 212 **III** 46, 90, 111, 136, 144, 150, 171, 187f. **V** 14, 23, 248 **VI** 101, 108 **VII** 94f.
Zittau **II** 29 **VI** 95f., 99, 101f., 105
– Johanniterkommende **VI** 99
– Minoritenkloster **VI** 96, 100
Zittauer Land **VI** 93
Zobel von Giebelstadt, Familie **IV** 183
Zobten **II** 121

Zollern, Karl von **V** 271
Zollikon **V** 286
Zollner, Erasmus **VI** 44
Zorn von Bulach, Georg **I** 47
Zossen **VI** 94
Zuckau, Prämonstratenserinnenkloster **II** 212
Zülpich **III** 78
Zürich **I** 36, 144 **II** 120 **III** 67, 117 **IV** 263 **V** 86, 208, 221f., 224, 264, 279, 281, 283–288, 290, 297–302, 304, 308, 310–312, 315 **VI** 19, 177
- Chorherrenstift SS. Felix und Regula (Großmünster) **V** 283
- Damenstift Fraumünster **V** 284
Zürn, Jörg **V** 228
Zütphen, Heinrich von OESA **II** 146, 156 **III** 48, 208
Zug **V** 279, 298–300
Zuleger, Wenzel **V** 27–29
Zurzach **V** 218
Zusmarshausen **VI** 20
Zutphen
- Grafschaft **III** 201, 206f.
- Stadt **III** 227
Zwätzen, Kommende **VI** 234
Zweibrücken
- Grafschaft/(Ober-)Amt **VI** 172f., 178

- Grafschaft Zweibrücken-Bitsch **V** 126
- Stadt **VI** 171, 175–177, 179, 182–187
- Alexanderkirche **VI** 174
- Karlskirche **VI** 188
- Reuerinnenkloster St. Maria Magdalena **VI** 174
- s. a. Pfalz-Zweibrücken
Zwettl **VI** 66
Zwickau **IV** 12
Zwiefalten, Benediktinerkloster **V** 172, 233, 236, 243, 247
Zwiespalten/Frankenburg **I** 131
Zwingenberg, Amt **IV** 63
Zwinger, Theodor **V** 311
Zwingli, Huldrych **I** 36, 96 **III** 67, 166–168, 209f. **IV** 205, 219, 266 **V** 81 **V** 283–289, 291–293, 297–300, 302, 310 **VI** 17–19, 177 **VII** 111 Anm. 16
Zwinglianer **I** 79, 124, 143 **III** 31, 33, 50, 116, 229 **V** 23, 202 **VI** 19f., 178
Zwischenahn **VI** 135
Zwolle **II** 154 **III** 203

Die zuletzt erschienenen Bände der Reihe. Einen ausführlichen Prospekt über die Reihe erhalten Sie direkt vom Verlag Aschendorff, Postanschrift: 48135 Münster

Katholisches Leben und Kirchenreform im Zeitalter der Glaubensspaltung

Die Territorien des Reichs im Zeitalter der Reformation und Konfessionalisierung. Land und Konfession 1500–1650. Herausgegeben von Anton Schindling und Walter Ziegler.

49 **1: Der Südosten.** Brandenburg-Ansbach/Bayreuth – Nürnberg – Pfalz-Neuburg – Bayern, Nieder- und Oberösterreich – Salzburg – Tirol, Brixen, Trient – Innerösterreich – Böhmen. 1992, 2. Auflage, 152 Seiten, 10 Karten, kart. 32,– DM.

50 **2: Der Nordosten.** Albertinisches Sachsen – Kur-Brandenburg – Magdeburg – Anhalt – Schlesien – Schleswig-Holstein – Mecklenburg – Pommern, Cammin – Königlich Preußen, Ermland – Herzogtum Preußen. 1993, 3. Auflage, 233 Seiten, 12 Karten, kart. 49,80 DM.

51 **3: Der Nordwesten.** Braunschweig-Lüneburg, Hildesheim – Bremen, Erzstift und Stadt – Köln, Erzstift und Freie Reichsstadt – Jülich-Kleve-Berg – Münster – Osnabrück – Paderborn – Ostfriesland – Tecklenburg, Bentheim, Steinfurt, Lingen – Niederlande, Lüttich. 1995, 2. Auflage, 235 Seiten, 14 Karten, kart. 45,– DM.

52 **4: Mittleres Deutschland.** Ernestinisches Sachsen, kleinere thüringische Gebiete – Frankfurt am Main, Friedberg, Wetzlar – Kurmainz – Würzburg – Fulda – Bamberg – Eichstätt – Reichsritterschaft in Franken – Wertheim – Nassau, Ottonische Linien – Hessen. 1992, 288 Seiten, 14 Karten, kart. 39,80 DM.

53 **5: Der Südwesten.** Kurpfalz, Rheinische Pfalz und Oberpfalz – Kurtrier – Straßburg, Hochstift und Freie Reichsstadt – Lothringen, Metz, Toul, Verdun – Baden und badische Kondominate – Württemberg – Ulm und die evangelischen Reichsstädte im Südwesten – Rottweil und die katholischen Reichsstädte im Südwesten – Weingarten und die schwäbischen Reichsklöster – Österreichische Vorlande – Schweiz. 1993, 323 Seiten, 11 Karten, kart. 39,80 DM.

56 **6: Nachträge.** Augsburg, Freie Reichsstadt und Hochstift – Regensburg, Freie Reichsstadt, Hochstift und Reichsklöster – Passau – Mansfeld – Lausitzen – Lübeck, Freie Reichsstadt und Hochstift, Wendische Hansestädte Hamburg, Wismar, Rostock, Stralsund – Oldenburg – Lippe, Schaumburg – Pfalz-Zweibrücken, Zweibrückische Nebenlinien – Freigrafschaft Burgund/Franche-Comté, Freie Reichsstadt Besançon – Deutscher Orden. 1996, 248 Seiten, 11 Karten.

57 **7: Bilanz und Register.** Sieben Bilanz-Beiträge beschäftigen sich mit den evangelischen und den katholischen Territorien, der Reichsintegration im Konfessionalisierungsprozeß, den Territorialstädten, der Typologie des Reformationsfürsten, den späten Konfessionalisierungen sowie den männlichen und weiblichen geistlichen Gemeinschaften. Das Register wird alle KLK-Territorien-Hefte umfassen.

54 **Volksfrömmigkeit in der Frühen Neuzeit.** Herausgegeben von Hansgeorg Molitor und Heribert Smolinsky. 1994, 138 Seiten, kart. 32,– DM.

55 **Giuseppe Alberigo: Karl Borromäus.** Geschichtliche Sensibilität und pastorales Engagement. 1995, 83 Seiten, 1 Abbildung, kart. 27,– DM.

Aschendorff